히스토리텔링 차이나

히스토리텔링 차이나
삼황오제 시대에서 한漢 제국까지

초판 1쇄 인쇄 2022년 12월 12일
초판 1쇄 발행 2022년 12월 19일

지은이 박계호
펴낸이 정해종

펴낸곳 ㈜파람북
출판등록 2018년 4월 30일 제2018‑000126호
주소 서울특별시 마포구 토정로 222 한국출판콘텐츠센터 303호
전자우편 info@parambook.co.kr **인스타그램** @param.book
페이스북 www.facebook.com/parambook/ **네이버 포스트** m.post.naver.com/parambook
대표전화 (편집) 02‑2038‑2633 (마케팅) 070‑4353‑0561

ISBN 979-11-92265-86-5 03910
책값은 뒤표지에 있습니다.

히스토리텔링 차이나

HISTORY TELLING CHINA

삼황오제 시대에서 한漢 제국까지

박계호 지음

깃털을 타고 중국 역사로 날자

역사라고 하면 재미있으면서도 왠지 모르게 무거운 느낌을 받는다. 그렇지만 이 책은 누구나 쉽게 볼 수 있도록 중국 역사 속 에피소드를 소개한다. 한마디로 '가벼운 깃털을 타고 중국 역사를 이리저리 쉽게 날아보기 위해 쓰인 중국 이야기책'이다.

역사는 흐름이며, 상식이고 거울이자, 우리 삶의 강력한 무기다. 이 책은 중국 고대 전설의 시대부터 한나라까지의 역사를 다룬다. 각 시대에 등장하는 대표적 인물과 역사적 배경을 흐름을 통해 이야기한다. 우리 자신의 현재를 비춰 보고 미래의 좌표를 설정하는 데 있어, 독자들에게 흥미로운 이야기로 역사적 도움을 주고자 한다. 그리고 역사의 흐름에서 독자들에게 상식과 온고지신(溫故知新)의 지혜를 전하는 데 목적이 있다.

역사의 본질은 '활동(kinetic)'이다. 맹목적인 활동이 아니라 활동의 결과로 무엇인가를 얻는 활동이다. 인간의 역사든 자연의 역사든, 역사는 활동하는 과정을 통해서만이 나타난다. 그 과정을 통해 자연의 도전과 그에 대한 인간의 응전이라는 자연법칙 속에 내재된 적자생존과 공생공존이라는 서로 대립되는 논리와 가치를 함께 이해한 자가 역사를 만들어갈 수 있다. 이 책은 이러한 사실을 전제로 쓰였다.

인류가 활동하면서 자연과 함께 만들어낸 역사라는 생태계 속에서 그 속성인 '변화와 적응'이라는 대명제는 살아남기 위해 시대적인 요구와 환경에 맞는 활동이 절대적으로 필요함을 알려준다. 그리고 지속적으로 변화하고 있는 시대적 환경에 적응하기 위해서는 적자생존의 논리도 중요하겠지만, 함께 공생공존할 수 있는 길을 찾아가는 것도 중요한 일이다. 그렇기에 중국의 고대 역사에서 인물과 시대적 배경을 통해 우리가 알아야 할 실용주의를 찾는 것이야말로 이 책의 중심이다. 2,500여 년간 중국 사회를 지배한 것은 대부분 유교와 관련된 사상이었지만, 오히려 그 속에 감추어진 공생공존의 삶을 추구하는 실용주의가 더 중요한 역할을 했다고 필자는 판단했기 때문이다.

'환경과 변화' 속에서 다양한 형태의 활동을 통해서 만들어지고 있는 역사라는 틀 속에서 인간의 활동이 어떠한 과정을 거치며 어떻게 나타났는지 알아보는 것은, 지금을 살아가고 있는 우리가 커다란 거울을 통해서 현재 우리의 모습을 비춰 보는 것과 같다. 역사는 비록 과거의 것이지만, 역사적 현상은 우리 삶의 현재와 미래의 판단 기준이 될 것이기 때문이다.

역사를 움직이는 원동력은 '사람'이다. 오나라의 마지막 왕 부차 때 병사들에게 병법을 가르치며 『손자병법』을 저술한 손무의 후손인 손빈이 기원전 320년경에 쓴 『손빈병법』에는 이런 말이 있다.

"하늘과 땅 사이에 사람보다 귀한 것은 아무것도 없다(天地之間 莫貴於人)."

사람이 가장 소중하다는 '사람 중심 사상'이 지금으로부터 2300년 전에 이미 중국에서 나왔다. 이것은 상당히 의미 있는 선언이다. 왜냐하면 사람 중심 사상은 역사의 중요성을 바탕으로 한 것이기 때문이다.

사마천은 역사를 알아야 하는 이유를 『사기』에서 다음과 같이 요약하고 있다.

"나라의 군주는 반드시 역사를 알아야 한다. 역사를 알지 못하면 앞에 아첨하는 자가 있어도 깨닫지 못하고, 뒤에 나라를 어지럽히는 난신적자(亂臣賊子)가 있어도 알지 못한다. 그리고 신하도 역사를 알아야 한다. 역사를 알지 못하면 항상 있는 일도 선례만을 고집할 뿐 적절하게 대처할 줄 모르고, 또한 어려운 일을 당해서는 그것을 해결할 방법을 알지 못한다."

그렇다! 바로 우리의 현실이다. 여기에 우리가 역사를 알아야 하는 중요한 이유가 있다. 과거 역사를 통해 우리 자신의 현재 모습을 비춰보려고 노력하는 것은 중요한 가치가 이미 자신의 삶에 잠재되어 있기 때문이라고 감히 말하고 싶다.

필자가 대학에서 동양학을 공부하고 대학원에서 국제 경영학을 공부한 것과, 현재 중국 정부와 관련된 일을 하며 중국에 대한 이해도를 높일 수 있었던 것은 이 책을 저술하는 데 더없이 좋은 동기 부여가 되었다. 앞으로 이 책의 후속으로 중세 중국과 근현대 중국의 역사 이야기와 고사성어 이야기 등을 집필할 계획이다. 독자들에게 전하는 중국 이야기가 우리가 해야 할 역할을 끄집어낼 수 있으리라는 기대감에 필자는 더없이 기쁜 마음이다.

이 책의 차례는 중국 역사의 출발점인 삼황과 오제 전설의 기원부터 시작한다. 삼황오제에 대한 이해 없이 중국을 이해하려는 것은 모래 위에 집을 짓는 것과 마찬가지다. 왜냐하면 출발점을 정확히 알아야 그 과정을 올바로 이해할 수 있고, 또한 도착점까지의 거리를 정확히 측정할 수 있기 때문이다.

이 책은 중국 고대 역사의 흐름을 통해 중국 역사에 대한 기본 상식과 우리가 실생활에서 알아두어야 할 점을 정리했다. 아마도 이 책의 내용 중 일부는 독자들이 이미 알고 있는 것도 있으리라 생각한다. 그렇더라도 우리가 그동안 일부 잘못 알고 있던 부분이나, 새롭게 알게 되는 부분을 통해 정확하게 중국사를 알게 되기를 바란다.

이 책을 준비하는 동안 많은 조언을 아끼지 않은 친우 윤종헌, 그리고 이 책을 쓰도록 여러 차례 권고해주신 신용필 박사님께 감사의 마음을 전한다. 아울러 이 책을 저술하는 데 격려의 말을 전해주신 중국 장쑤성(江蘇省)의 유리쯔홍(于立忠) 당서기 겸 하이안(海安) 전(前) 시장님과 루잰인(陸建銀) 장쑤성 하이안 과학기술원장님, 그리고 장쑤성 난통(南通)의 등펑(丁鋒) 부시장님께 특별히 감사의 마음을 전한다.

박계호

차례

소진의 합종책과 장의의 연횡책

히스토리 12
최고의 천재 경제학자 가의의 충고

히스토리 13

흉노로부터 배우자

역사를 가장 잘 알고 있는 다른 나라가 어디냐는 질문을 던지면 대개 중국이라고 답한다. 우리가 초등학교 시절 한국 역사를 처음 배우기 시작할 때부터 항상 같이 따라다니는 나라가 바로 중국이기 때문이다.

반대로 우리가 가장 모르고 있는 나라 역시 중국이다. 중국은 넓은 땅에서 오랜 세월 동안 수많은 제후국들이 서로 다른 각각의 문화와 이해관계 속에서 대립과 갈등을 겪으면서 흘러온 나라다. 각종 전쟁과 혁명을 통해서 55개 민족들이 모여 하나의 나라로 만들어진 국가가 바로 중국이기 때문이다. 이러한 과정을 통해서 중국은 동양문화라는 거대한 줄기를 만들어냈다. 이 광대한 세계에 대한 이해를 돕기 위해 필자는 중국의 13가지 '히스토리'를 들려준다.

1. 인류는 초창기부터 하늘과 태양을 절대신으로 숭배해왔다. 중국에서는 '천자(The Son of Heaven)'라고 불리는 천자 사상으로부터 동양문화를 만들어냈으며, 고대 이집트에서는 통치자인 파라오(Pharaoh)를 '태양의 아들(Son of the Sun)'이라 부른다. 이와는 별개로 하나님을 섬기는 기독교는 거대한 서양문화의 기초를 만들어냈다. 이러한 동서양 양쪽 문화의 초기는 모두 신화적인 요소가 매우 강했다. 고대 중국도 전설로 시작되어 역사의 틀을 만들었다.

전설과 신화는 재미있는 역사 이야기다. 그래서 이 책도 전설로 내려오는 삼황과 오제 이야기부터 시작한다. 삼황은 인류의 문명을 만든 세 명의 통치자를 의미하고, 오제란 이들의 업적을 계승 발전시켜온 다섯 명의 임금을 말한다. 우리가 흔히 말하는 요, 순 임금도 바로 오제에 속하는 통치자다.

2. 중국에서는 요순시대를 중국 역사에서 가장 평화로웠던 시대라고 말한다. 이 시대가 왜 평화로운 시대였는가를 『우서(虞書)』의 「요전(堯典)」, 「순전(舜典)」 등을 참고해서 우리가 꼭 알아두어야 할 사항을 기술했다.

3. '중국 이야기' 하면 언뜻 떠오르는 것이 고사성어다. 고사성어는 사람이 살아가는 삶의 현장에서 나온 말이다. 그래서 고사성어를 알면 당시의 상황을 알 수 있다. 우리가 지금 사용하고 있는 고사성어에 대한 이야기는 보통 상(은)나라와 바로 이어지는 주나라 때부터 나오기 시작했다. 예를 들면, 우리가 자주 사용하는 "식언(食言)하지 말라", "암탉이 새벽에 울면 집안이 망한다", "술을 부어 연못을 만들어라", "마지막 한 삼태기의 흙까지 지켜라. 한 방에 날아갈 수 있다" 등의 말들이 모두 상(은)나라와 주나라 때 나온 이야기들이다.

이러한 이야기들이 어떠한 배경에서 나왔으며, 여기서 우리는 무엇을 배워야 할까? 그리고 이야기의 결과는 어떻게 되었을까? 그 속에서 지혜를 얻었으면 하는 마음이다.

4. 사람이 살면서 가장 중요한 것은 무엇일까? 옛날이나 지금이나 사람이 사는 것은 모두 동일하다. 첫 번째는 먹고사는 문제일 것이다. '먹고사는 것이 먼저'라는 실용주의는 깊은 우정을 뜻하는 사자성어 '관

포지교'로 우리에게 알려진 관중에 의해 처음으로 제시되었다. 관중은 관자라고도 하며, 공자보다 170여 년 전 사람이다.

전쟁이 많았던 그 당시 춘추시대에 "배고프면 전쟁에서 이기지 못한다", "창고에 곡식이 가득 차야 예절을 안다"라는 관중의 확고한 실용주의는 공자의 인의사상에 가려져 2,500년 동안 겉으로 드러나지 못한 채 전해왔다. 그러나 돈과 재물을 좋아하고 매우 현실적인 지금의 중국인을 이해하려면 관중을 이해하는 것이 필수다.

5. 예로부터 중국 사람들이 가장 좋아하는 옷은 비단옷이다. 비단옷은 부와 신분을 드러내는 상징적인 옷이기 때문이다. 지금의 상하이 부근을 중심으로 장쑤성에서는 광활한 지역에 뽕나무를 심었다. 뽕나무에서 누에가 자라고, 누에 실에서 비단이 나온다. 그래서 뽕나무는 매우 귀하게 여겨졌다. 누에는 뽕잎을 먹고 산다. 뽕잎을 따는 사람은 동네 여인네들이었다.

그러다 보니 뽕나무밭으로 남정네들이 들어와서 여인을 희롱하는 일이 발생하기도 했다. 또한 광주리를 들고 여인네들이 광활한 뽕나무밭에서 뽕잎을 따게 되면, 이웃 동네 여인들이 들어와서 서로 자기네 땅이라고 우기며 머리채를 붙들고 싸우곤 했다.

이 지방이 오나라와 월나라 그리고 초나라의 국경 지방이었다. 이것이 확대되어 양쪽 집안싸움으로 번지고, 양쪽의 군수가 이 소식을 듣고 병사를 동원하면서 전쟁으로까지 번졌다. 이렇게 시작된 싸움이 확대되어 오나라와 월나라의 전쟁으로 이어졌다. 여기에서 와신상담, 오월동주 등 많은 사자성어가 만들어졌다. 결국 뽕나무밭 때문에 오나라와 월나라는 역사에 기록된 최악의 앙숙으로 남게 되었다. 뽕나무밭 사건이 오와 월의 역사의 변곡점이 된 것이다.

만약 이와 비슷한 싸움이 벌어진다면 우리는 어떻게 대처했을까? 독자들과 함께 생각해보고 싶은 마음이다.

6. 공자의 사후 77명의 제자들은 모두 각 나라로 뿔뿔이 흩어졌다. 그중에서 제일 활동이 많았던 제자는 누구였고, 그가 어떤 활약을 했으며, 역사적으로 어떤 결과를 만들어냈을까? 공자 제자들의 파란만장한 이야기가 궁금하다.

7. 우리가 꼭 알아두어야 할 역사적 사항이 있다. 바로 합종과 연횡이다.
합종은 강대국 진나라에 맞서기 위해 약한 나라끼리 연합했던 것이고, 연횡은 각국이 진나라와 일대일로 함께 공존했던 전략을 말한다. 지금 중국에서 시행하고 있는 '일대일로(一帶一路)'의 기본 아이디어인 셈이다.
여기서 한 가지 분명히 알아야 할 사항은 합종과 연횡 이 두 전략은 명분은 좋았으나 그 결과는 모두 실패로 끝났다는 사실이다. 그 이유는 무엇이었으며, 그것을 주도한 인물은 어떻게 되었고, 최종적으로 누가 이득을 보았는가?
합종과 연횡을 진행하는 동안, 각 나라의 이해관계가 서로 얽매여서 치열한 두뇌 싸움과 수많은 모략과 권모술수가 판쳤다. 이 부분에서 우리가 세상을 살아가는 실용적 지혜를 알아두길 바라는 마음이다.

8. 인간이 생존한다는 것은 문명의 발달과 함께 공존한다는 의미다. 우리는 살아오면서 자신이 만든 문명의 혜택을 받아왔고, 이것은 앞으로도 우리가 발전시켜야 할 과업이다. 그러나 지금 우리는 편하게 사용하는 문명의 이기가 주는 고마움을 잘 느끼지 못하고 있는 것이 사실이다. 우리가 지금 사용하고 있는 여러 편리한 기구들에 대한 원천적 기술

의 가치를 제대로 인식하지 못하고 있다. 그래서 여기에 진시황이 만든 문명의 업적과 이와 관련된 역사적 사실을 상세히 기술했다.

9. 22세의 젊은 나이에 이미 군대를 통솔하여 군사를 일으킨 거장(巨將) 항우. 그가 지닌 젊은 통솔력과 기백은 어디서 나왔는가? 그리고 지금의 젊은이들이 항우에게서 무엇을 배우고, 무엇을 반면교사(反面教師)로 삼아야 하는가? 초와 한으로 이어지는 역사의 거대한 변곡점을 만든 사면초가(四面楚歌)를 보면서 우리는 무엇을 얻을 수 있을까? 직접 느끼기 바라는 마음이다.

10. 마찬가지로 우리는 배수진을 친 한신을 어떠한 눈으로 바라볼 것인가? 어린 시절을 매우 가난하게 보내다가 한나라 승상인 소하의 눈에 띄어, 결국 유방과 함께 항우를 꺾고 한나라를 세우는 데 결정적 공헌을 한 한신. 우리가 눈여겨봐야 할 인물이다. 조나라를 치기 위해 배수진이란 전략을 만들어낸 한신의 지략과 능력은 어느 정도였을까?

11. 중국에서 최초로 노동자, 농민 그리고 하급 관리들에 의해 탄생한 나라가 바로 한(漢)나라다. 한나라 건국 주역들의 면면을 살펴보면 농민, 뱀 장사, 상갓집에서 피리 불어주던 사람, 상여꾼, 비단 장사, 옥졸 등 그 면모가 다양했다. 이들이 귀족들이 다스리던 진(秦)나라를 무너뜨리고 새로운 통일 제국을 세웠다. 그 중심에는 우리가 잘 알고 있는 유방이 있었다.

유방이 세운 한나라는 노동자 계급에 의해 수립된 중국 최초의 제국이었다. 이것이 후일 마오쩌둥이 중화인민공화국을 건설하는 데 이념적인 도움이 되었으리라 생각된다. 그러나 이들의 집권 후 통치 방법은 사회주의적인 방식은 아니었다. 그 당시는 사회주의라는 것은 생각할 수도 없던 시기였기 때문에 전통적인 봉건주의 방식을 택했다.

한고조 유방으로부터 시작된 한나라는 마지막 왕인 헌제 때 멸망하기까지 오로지 유방의 후손들이 전한(前漢) 14대 214년, 후한(後漢) 14대 196년, 모두 410년 동안을 통치한 전형적인 유씨 왕조였다.

12. 나라를 단단히 하고 백성들의 평안을 구하기 위해서는 좋은 통치자와 관료가 있어야 한다는 사실은 역사가 증명하고 있다. 한나라에서 바로 그러한 역할을 한 인물이 가의였다. 우리에게는 잘 알려지지 않았지만, 한나라 최고의 천재 학자로 나라의 중심을 잡은 인물이 바로 가의다. 가의의 활동상을 통해서 정치 지도자들이 백성과 나라를 위해 어떻게 행동해야 하는지 살펴보았으면 하는 마음이다.

13. 한족을 제외하고 우리가 중시해야 할 또 다른 민족이 있다. 중국에서 오랑캐로 불렸던 흉노다. 중국 역사를 통해서 춘추전국시대의 작은 여러 나라들을 제외하고 주요 나라들의 평균 수명은 70년을 넘지 못했다. 우리가 잘 알고 있는 『삼국지』의 위, 촉, 오 가운데 조조의 위나라는 45년이었으며, 유비의 촉나라는 42년이었다. 그리고 마지막까지 살아남은 손권의 오나라도 58년밖에 되지 않았다. 그러나 흉노는 1,000여 년을 지속해왔다. 문자도 없고 변변히 남은 유물이나 유적도 없는 흉노가 이렇게 오랫동안 생존했던 이유는 무엇일까? 우리가 배워야 할 점이 바로 여기에 있다. 흉노가 우리에게 남긴 것은 무엇인지, 우리가 흉노를 통해서 배워야 할 점이 무엇인지, 동서 문화 교류에 절대적 역할을 했던 실크로드는 어떻게 만들어졌는지, 역사를 살펴보며 앞으로 우리의 역할을 어떻게 설정해야 할지, 우리 모두가 함께 고민해야 할 부분이다.

히스토리

1

중국은 언제 어디서부터 시작되었을까?

중국 역사의 기원, 자연에 도전하는 인간의 이야기

Story 01
시작은 전설과 신화로부터

문명의 시작에는 언제나 신화와 전설이 있다. 중국의 역사시대* 이전을 이야기하는 신화와 전설은 무엇일까? 그 안에는 어떤 역사가 들어 있을까?

중국 사람들은 그들의 역사가 전설의 삼황(三皇)과 오제(五帝)로부터 시작되었다고 믿는다. 삼황오제란 중국 고대 전설에 나오는 세 지도자와 다섯 임금을 나타내는 말로, 이 삼황오제의 신화는 역사에서 실제로 일어난 일과 다름없을 정도로 중국인들이 널리 받아들이는 이야기다.

그렇다면 삼황오제는 누구인가? 여러 설이 있지만 가장 널리 받아들여지는 버전은 다음과 같다. 『서경』은 복희씨(伏羲氏), 신농씨(神農氏), 수인씨(燧人氏)를 '삼황'이라고 말한다. 사마천의 『사기』에서는 황제(黃帝), 전욱(顓頊), 제곡(帝嚳), 요(堯), 순(舜)을 '오제'라고 기록하고 있다. 이 전설적 통치자들이 재주와 기술로 인간의 생활에 필요한 도구들을 만들어내어 중국의 문명이 창조되었고, 중국의 역사가 시작되었다는 이야기다. 이처럼 신화를 문명사(文明史)로 연결시킨 점에서 중국인들만의 독특한 역사관이 엿보인다.

영국의 역사학자인 토인비(Arnord J. Toynbee)는 그의 명저 『역사의 연구(A Study of History)』에서 말한다.

---

* 선사시대 이후 문자로 기록되어 확인할 수 있는 사실의 시대. 중국에서는 은나라 이후부터 본격적인 역사시대에 속한다.

자연환경의 도전에 맞서 싸우는 응전에 성공한 극히 일부분의 사람만이 문명을 탄생시킬 수 있다.

중국인들은 인간이 자연의 도전과 맞붙어 자연을 이겨낸 최초의 응전을 삼황과 오제에서 찾았다. 그리고 삼황과 오제가 가르쳐준 방법, 곧 시대적 순리(順理)에 따르는 것을 정치의 기본으로 삼았다.

Side Story 국가의 기원

동양과 서양을 막론하고 국가의 기원은 대개 전설과 신화로부터 시작되는 경우가 대부분이다. 여기에는 하늘의 뜻을 따르는 순리의 방법과, 인간의 욕심을 따르는 폭력의 방법이 공존했다. 로마와 중국의 경우가 그랬다.

전쟁의 신인 마르스(Mars)가 레아 실비아(Rhea Sylvia)라는 성화를 지키는 처녀신을 유혹해서 쌍둥이 아이를 낳았다. 이 아이들을 기를 능력이 안 되는 실비아는 아이들을 뗏목에 실어 강가로 띄워 보냈다. 뗏목은 언덕 주변으로 흐르는 강가의 무화과나무에 걸렸다. 그때 아이들은 울고 있었는데, 지나가던 암늑대가이 울음소리를 듣고 그곳으로 가서 아이들을 데려다 자신의 새끼처럼 젖을 먹여 키웠다. 그런데 어느 날 한 양치기가 늑대가 젖을 먹이며 기르고 있던 쌍둥이 아이를 보았다. 이 사람은 쌍둥이 아이를 집으로 데려다가 자신의 아내와 함께 정성껏 길렀

다. 이들 부부는 이 아이의 이름을 로물루스(Romulus)와 레무스
(Remus)라고 지어주었다.

이 아이들이 성장해서 자신의 출생의 비밀을 알게 된 후, 로물
루스는 자신을 따르는 무리들을 이끌고 반란을 일으켜 양치기
의 수호 여신인 팔레스(Pales) 축제가 열리는 4월 21일에 새로
운 나라를 세웠다. 그리고 나라 이름을 자신의 이름을 따서 로마
(Roma)라고 지었다. 이때가 기원전 753년이었다. 이후로 암늑
대는 로마를 상징하는 동물이 되었다. 후에 로물루스는 권력을
차지하기 위해 동생 레무스를 칼로 살해했다. 로마의 역사는 이
렇게 사람의 욕심이 만든 피의 역사로부터 시작되었다.

반면 중국의 기원은 이와는 정반대로 하늘의 순리에 따르는 것을
기본으로 한다. 이렇게 볼 때 중국인들은 근본적으로 평화와 순리
를 따르는 민족성이 내재되어 있다고 보아도 무방할 것 같다.

Story 02

인간이 사용하는 도구의 원천기술을 찾아라

오늘날 우리가 사용하고 있는 도구는 인간의 생각과 기술을 기반으
로 창조되고 발전해온 것이다. 도구는 인간의 필요에 의해 만들어졌다.
그런데 도구 중에서는 만들어진 과정이 전설이나 신화로 전해 내려오는

것도 있다.

전설이나 신화는 인간의 탄생이나 문명의 기원 등을 자연과 우주와 하늘에 연관 지어 인간들이 지어낸 이야기다. 그렇기에 그 민족을 이해하는 데 문화사적으로 매우 중요한 역할을 한다. 중국인들도 신화를 통해 자신에 대해 이야기한다. 삼황은 사람이 살아가는 데 필요한 여러 가지 물건을 고안하고 사용 방법을 가르쳐준 3명의 선구자를 말한다.

복희씨는 그물과 나무 화살촉을 만들어 인류에게 물고기 잡는 법과 수렵하는 방법을 가르쳐주었다.

신농씨는 농기구를 만들어 농사짓는 방법을 인류에게 가르쳐주었다. 곡식을 경작하고 식량을 생산하는 기술로 인해 사람들이 집단을 이루어 정착생활을 하는 것이 가능해졌다.

수인씨는 나무를 비벼 불을 발명했다. 복희씨에게서 배워 얻은 물고기와 짐승의 고기, 그리고 신농씨에게 배워 얻은 농작물과 곡식을 가지고 사람들은 불로 익혀 먹을 줄 알게 되었으며, 아울러 추운 겨울을 견딜 수 있게 되었다.

반면 서양에서는 불과 도구를 만드는 기술을 다른 신으로부터 모두 훔쳐서 사용했다. 미국의 사회학자인 다니엘 벨(Daniel Bell)은 그의 논문집인 『정보사회와 문화의 미래(The Winding Passage: Essays and Sociological Journeys)』*에서 그리스 신화의 프로메테우스(Prometheus)와 에피메테우스(Epimetheus) 형제 이야기를 다룬다.

그리스 신들의 우두머리인 제우스(Zeus)는 프로메테우스와 에피메테우스 형제에게 이렇게 명령했다. "새롭게 창조된 생명체 모두가 생명

---

* 미국 최고의 사회학자 다니엘 벨이 1980년에 발표한 논문집. 복잡성이 두드러지는 현대 사회에서는 다양한 사상에 따른 통찰이 필요하다는 이론을 제시했다.

을 보존할 수 있게 각각 적합한 능력을 주어라." 이에 동생 에피메테우스는 제우스의 명을 받들어 어떤 동물에게는 더 잘 달리는 힘을 주었고, 어떤 동물에게는 더 멀리 날 수 있는 능력을, 어떤 동물에게는 땅을 파는 능력을 주었다. 그리고 약한 짐승을 잡아먹고 사는 육식동물들은 덜 번성하게 했고, 잡아먹히는 약한 동물은 더욱 번성할 수 있게 해서 개체 수를 조절했다. 그래서 어떤 종도 멸종하지 않고 모두 함께 공존하도록 했다. 이처럼 다른 짐승들에게는 모두 각각의 능력이 주어졌는데, 인간에게만 아무것도 남겨놓지 않았다. 다른 동물들은 모두 삶의 방법이 갖춰져 있는 반면, 인간만은 벌거벗은 맨발에 잠잘 곳도 없고 먹을 것도 제대로 먹지 못하고 있었다. 이것을 안 프로메테우스는 인간에게 아테나(Athena)** 와 헤파이스토스(Hephaistos)*** 로부터 불을 훔치도록 시켰다. 그리고 도구를 만드는 기술과 재능도 훔쳐 생활에 필요한 도구를 만들 수 있게 했다. 이렇게 훔쳐온 것을 사용함으로써 인간은 살아갈 최소한의 수단을 얻게 되었다.

비록 신화이지만 동양과 서양은 자연을 어떻게 보고, 어떻게 이용하는지에 대한 기본적인 인식이 출발부터 달랐다. 이 비교는 중요한 점을 시사한다. 중국인들은 아주 옛날부터 이미 도구의 중요성을 알았던 것이다. 그들은 도구의 발명을 문명 진화의 핵심적인 과정으로 보았고, 삼황의 전설을 통해 그것을 구체적으로 의인화했다. 중국인들은 그것에 그치지 않고 도구에 대한 기술을 지속적으로 발전시키려고 노력했다.

케임브리지 대학의 로버트 템플(Robert Temple) 교수의 말이다.

**   제우스의 딸로 전쟁의 여신이다. 기술, 방적기술, 옷 만드는 재봉기술의 신이기도 하다.
***   제우스와 헤라 사이에 태어난 아들로 대장장이 장인. 화산에서 분출하는 불로도 표현되는 야금기술의 신이다.

사람들이 역사에서 오랫동안 간과해온 것 중 하나는 현대 세계를 지탱하고 있는 기초적인 발명과 발견의 절반 이상이 중국에서 기원했다는 사실이다. 지금 서양은 중국에 많은 빚을 지고 있다.

앞서 말한 토인비 역시 문명을 발전시킨 중국인들의 노력을 칭송했다.

계속되는 자연의 새로운 도전에 대한 인간의 응전이 성공하지 못할 경우, 이미 발생한 문명은 전진하지 못한다. 문명이 지속적으로 성장하려면 그 문명이 직면하게 되는 새로운 문제들을 제대로 해결하지 않으면 안 된다.

오늘날 세계 최대의 공업국으로 부상한 중국. 중국인들은 산업의 시작한 뿌리를 삼황에서 찾는다. 그래서 "인류의 불과 도구의 사용에 대한 원천기술은 중국에 있다"라는 이야기도 회자된다. 중국인들은 도구의 발명과 산업의 진화가 삼황 때부터 시작되었다는 가설을 중국 문명사의 흐름 속에 편입시켰다. 기술 발전에 대한 이런 역사적 업적은 오늘날 중국인들이 그들의 조상과 문명에 긍지를 갖게 해주는 원동력이다.

Side Story 태극기의 원리

만약 복희씨가 지금 우리나라 국기인 태극기에 사용되는 8괘를 만들었다고 한다면 믿을까? 그렇다. 복희씨가 4괘의 원류가 되는 8괘를 처음 만들었다. 복희씨가 만들어서 전해 내려오는 것을 공자가 취합하여 『주역』이라는 책으로 새롭게 만들었다.

복희씨의 8괘는 우주의 원리와 우리 삶의 구성 원리를 설명한 것이다. 우리나라 태극기의 4괘는 이 8괘로부터 취한 것이다. 4괘는 건(乾: 하늘을 상징), 곤(坤: 땅을 상징), 감(坎: 물을 상징), 이(離: 불을 상징)로 구성되어 있으며 합쳐서 우주를 뜻한다. 참고로 태극기의 중앙에 있는 것은 태극(太極)이라 하여 음양의 시작과 끝을 말하는 것이다. 태(太)는 '크다'는 뜻이고, 극(極)은 '무궁하다'라는 뜻이어서, 이 둘이 합하면 '더없이 커서 더 이상 갈 수 없는 끝'*이라는 의미다.

즉 태극기의 원리는 무궁한 우주와 우리 삶의 근본으로부터 출발한 것이다. 태극과 4괘는 비록 중국으로부터 기원한 것이지만, 태극기는 그 기원을 떠나서 우리의 보편적인 삶의 원리를 나타내는 것이다.

---

* 무극이태극(無極而太極): 송나라 주렴계(周濂溪)가 쓴 『태극도설(太極圖說)』에 나오는 말로, 태극이란 용어는 공자에 의해 나왔고 무극이란 용어는 주렴계에 의해 나왔다.

히스토리텔링 차이나

Story 03

중국 역사의 출발

역사가 시작되는 시점, 또는 출발점에 얽힌 이야기를 보면 그 나라의 역사적 뿌리나 문화의 정체성을 알 수 있다. 그것은 그 나라 사람들이 만든 신화나 전설 속 왕이나 영웅의 이야기에 녹아 있다.

서양의 그리스 신화에서도 하늘을 지배한 제우스, 아테네의 수호 여신 아테나, 사랑의 여신 아프로디테, 불을 훔쳐 인간에게 전해준 프로메테우스, 그리고 인간에게 한 가닥 희망을 남겨 준 판도라 상자 등등, 많은 이야기들이 있다.

중국도 마찬가지다. 삼황이 이룩해놓은 최초의 업적은 다섯 명의 왕, 즉 오제에 의해 계속 이어지며 발전했다. 중국인들에게 오제란 보통 황제, 전욱, 제곡, 요, 순을 말한다.

황제(黃帝)는 지금도 중국인들로부터 민족의 조상이며 문명의 창시자로 추앙받는 존재다. 황제는 처음으로 하늘과 땅에 제사를 지내기 시작했다. 계절의 중요한 시기마다 제단을 쌓고 의식을 거행했는데, 이것을 봉선(封禪)*이라고 했다. 그 이후로 봉선은 중국의 왕들이 받드는 제사가 되었다.

황제가 붕어(崩御)**하자 교산(橋山)***에 장사 지냈는데, 그의 증손

---

* 봉(封)은 흙으로 제단을 쌓아 만들어서 하늘에 제사를 지내는 것을 말하고, 선(禪)은 땅에 지내는 제사를 말한다.
** 임금의 죽음을 뜻하는 말.
*** 지금의 산시성(陝西省) 황릉현(黃陵縣) 서북쪽에 있는 산.

자 전욱(顓頊)이 이어 제위에 올랐다. 전욱은 후일 진시황이 다스렸던 진나라의 시조라고 한다. 전욱은 머리가 비상해서 지략에 뛰어났고, 하늘의 별과 달의 운행에 맞춰 곡식을 파종했다. 할아버지인 황제의 뜻을 받들어 늘 깨끗한 마음으로 하늘과 땅에 제사를 올렸다.

전욱이 죽자 그의 손자인 제곡(帝嚳)이 그 뒤를 이어받았다. 제곡은 하늘의 뜻을 받들어 백성을 다스렸으며, 인자하면서도 성품이 온화해서 모든 백성이 그를 잘 따랐다. 제곡은 모든 일을 어느 한쪽에 치우치지 않고 순리에 맞게 처리할 줄 알았다.

제곡이 세상을 떠나자 그의 아들인 방훈(放勛)이 계승했는데, 그가 바로 성군으로 유명한 요(堯) 임금이다. 요는 문명의 지도자로서 아주 풀기 어려운 자연의 문제들과 마주하고 있었다.

Story 04

곤, 탁류에 휩쓸리다

인류 4대 문명은 모두 기원전 3000~2500년 사이 강가에서 시작되었다. 티그리스강과 유프라테스강을 끼고 발생한 메소포타미아 문명, 나일강을 끼고 발생한 이집트 문명, 인더스강을 끼고 발생한 인더스 문명, 황하 유역의 중국 문명이 그것이다.

강을 끼고 있으면 물이 풍부하여 문명의 발생에 최적의 조건이다. 그런데 문제는 비가 많이 와서 홍수가 일어나는 것, 즉 물 관리를 제대로 할 수 없는 것이다. 중국의 황하도 범람이 잦아서 많은 피해를 입었다. 홍수를 다스리는 일은 요 임금뿐만 아니라 후대 임금들에게도 가장 큰 과제였다.

　요 임금 때는 높은 산까지 침수될 정도로 강이 넘쳐흘렀다. 홍수에 마을이 떠내려가서 백성들이 살아갈 길을 잃었다. 『구약성경』에 나오는 노아의 방주에 버금가는 대단한 홍수가 아니었을까. 요 임금은 산을 넘고 구릉을 뒤덮을 정도로 심한 홍수에 신하 중에서 제후들을 통치하는 업무를 담당하던 사악(四嶽)*에게 대책을 물었다. 이에 사악은 치산치수를 맡길 사람으로 곤(鯀)을 추천했다.

　요 임금은 곤이 홍수를 담당할 만한 그릇이 못 됨을 알고 있었으나, 강의 범람이 워낙 시급한 일이라 일단 수락했다. 곤은 꼬박 9년 동안 혼신의 힘을 기울였다. 그러나 결국 홍수 관리에 실패하고 말았다. 백성들은 곤을 원망했다. 요 임금은 홍수 관리 실패의 책임을 물어 곤을 그 자리에서 물러나게 했다. 사악의 잘못된 인재 추천과 그를 등용하여 정책을 맡긴 요 임금의 실책이었다.

---

*　지금의 국무총리에 해당하는 직분을 가진 사람.

Story 05

우, 물과 산을 다스리다

　곤은 왜 치수에 실패했을까? 세상의 순리라는 깊은 이치를 알지 못했기 때문 아니었을까. 물은 높은 곳에서 낮은 곳으로 흐르고, 겨울에는 춥고 여름에는 덥다. 자연현상이다. 이처럼 자연의 이치나 도리를 따르

는 것이 바로 순리다. 여름철에만 있는 모기가 만약 추운 겨울철 눈앞에서 윙윙 날아다닌다면 불길한 예감이 들지 않겠는가? 물이 낮은 곳에서 높은 곳으로 갑자기 거꾸로 솟아 흐른다면 이 역시 마찬가지일 것이다. 흐르는 물은 잘 흐르도록 길을 만들어줘야 한다. 흘러내리는 물을 흐르는 통로도 만들어주지 않고 둑을 쌓아 막게 되면 언젠가는 터지기 마련이다.

『명심보감(明心寶鑑)』에 유명한 말이 있다. "역천자(逆天者)는 망(亡)하고 순천자(順天者)는 흥(興)한다." 곧 "하늘의 순리에 거꾸로 행하면 망하고 하늘의 순리를 따르면 번창한다"는 의미다.

곧 다음으로 중국 문명의 난제, 물을 관리하여 홍수를 다스리는 치수 사업에 뛰어든 사람은 우(禹)였다. 우는 순리를 이해하는 인물이었다. 우는 물이 넘치지 않고 흐르도록 수로를 파서 물길을 터주었고, 물이 수로 방향으로 흐르게 했다.

우는 황하의 서쪽 상류 지류인 산시성으로부터 허난성을 거쳐 지금의 산둥성에 있는 기주까지 물이 잘 흐르도록 강을 정비하고 수로를 만들었다. 이 강과 수로를 통해서 물이 모두 황하로 흐르도록 했다.

이렇게 되니 서쪽 지방 끝에 있는 간쑤성에서 생산되는 공물들을 수로를 통해 동쪽의 산둥성까지 운반할 수 있게 되었다. 아울러 동서의 물자가 이 수로를 통해 교류함으로써 백성들의 생활이 골고루 안정되었다. 백성들이 우를 칭송하지 않을 수 없었다.

중국에는 황하를 포함해서 크게 아홉 개의 큰 강이 황해로 흐른다. 우는 아홉 개 강의 지류를 파악하고 흘러가는 방향을 면밀히 관찰해, 백성들에게 강물의 방향과 수량을 수시로 알려주었다. 백성들이 물을 잘 이용할 수 있도록 하기 위해서였다.

그다음으로 우가 한 일은 산을 가꾸는 치산 사업이었다. 우는 산을 관리하고 나무를 심는 치산 사업이 홍수를 방지하기 위해 매우 중요하다는 사실을 잘 알고 있었다. 치산도 역시 황하를 따라 산시성에 있는 견산(汧山)부터 시작해, 산시성의 뇌수산(雷首山), 허베이성에 있는 지주산(砥柱山) 등 아홉 개 산이 중심이었다. 우는 사람이 다닐 수 있도록 길을 냈다. 그런 다음 길을 강과 수로와 연결하여 산들을 황하를 거쳐 황해까지 서로 이었다. 이렇게 되니 전국 9주가 사람과 물자가 통행할 수 있게 하나로 연결되었다. 그러자 사방의 모든 변방 지역까지 안정적으로 살게 되었으며, 각종 생활 물자의 교류도 활발하게 이루어져 백성들에게 여유가 생겼다.

이렇게 13년 동안 산과 물을 다스린 결과, 우는 백성들로부터 칭송받게 되었다. 우는 오늘날에도 역사상 가장 훌륭하게 치산치수를 한 인물로 평가받고 있다.

Side Story 중국의 지형

중국 동쪽 하류에서 홍수가 많이 나는 이유는 무엇일까? 중국의 지형적 특성은 서쪽이 산세가 거대하고 지대가 매우 높다. 서쪽의 간쑤성에는 평균 고도 4,000미터의 기련(祁連) 산맥이 있고, 신장 자치구에는 평균 고도 6,000미터의 곤륜(昆侖) 산맥, 평균 고도 4,000m인 천산(天山) 산맥, 그리고 시짱 자치구에 7,000미터 이상의 히말라야 산맥 등이 있다. 이에 비해 황해가 있는 동쪽은 해발 표고가 15미터밖에 되지 않아 하루 종일 차로 달려도 산이 보이지 않는 평원 지방이다.

한마디로 중국은 서쪽은 높고 동쪽은 낮은 전형적인 서고동저(西高東底) 지형이다. 물은 상류와 하류의 표고 차가 클수록 빠른 속도로 흐른다. 중국은 서쪽과 동쪽의 평균 고도 차이가 거의 5,000미터나 되기 때문에, 서쪽의 강물이 동쪽에 이르러서는 거대한 강과 호수를 이룬다. 그래서 동부의 쑤저우(蘇州), 항저우(杭州), 하이안(海安), 옌청(塩城) 등에는 크고 유명한 호수가 많다. 특히 비가 많이 오는 우기 때는 인구가 많은 황하와 양자강의 중, 하류 지방은 강물이 넘쳐흘러서 물 관리와 치산치수를 나라 정책의 가장 우선으로 둘 수밖에 없었다. 그래서 중국은 옛날부터 치산치수를 가장 잘하는 임금을 성군으로 여겼다.

히스토리텔링 차이나

Side Story 강어귀 풍경

허난성 동백산(桐栢山)에서 발원한 회수(淮水)는 안후이성을 거쳐 장강(양자강)과 합류해서 장쑤성을 지나 황해로 흘러간다. 이 회수는 장쑤성 동북부에 있는 양주(揚州)를 거쳐 장쑤성에 있는 지금의 태호(太湖)로 흐르며, 호수 주변의 흙에 양분과 습기를 공급하여 갈대와 대나무가 장관을 이룰 정도로 무성히 자란다. 지금의 장쑤성이 위치한 양자강 하류 지역은 이처럼 땅이 매우 기름져서 광활하게 넓게 펴진 밭에 사람들이 뽕나무를 심어 양잠업이 크게 발달했다. 그래서 지금도 상하이(上海)와 하이안(海安)을 중심으로 비단과 실크 방적 산업이 매우 발달했다. 이곳 동네 여인들이 서로 뽕나무의 소유권을 두고 싸우다가 일어난 전쟁 이야기는 이 책의 '스토리텔링 6'에서 다루고 있다.

장쑤성의 하이안과 옌청은 이러한 경제력을 바탕으로 새로운 인공지능과 전자, 바이오 산업의 신흥 메카로 떠오르고 있으며, 이곳을 "장강 삼각주"라고 한다. 자연의 조건을 최대한 활용해서 산업을 일으키는 중국의 모습이다.

중국에서 가장 평화로웠던 요순시대

적재적소, 중국의 인재 기용 이야기

Story 01

역사상 가장 평화로웠던 정권 교체

인사가 만사라는 말이 있듯이 사람을 잘 뽑는 일은 매우 중요하다. 특히 누군가의 뒤를 이어 그 직무나 일을 맡아 보는 후임자를 뽑는 일은 업무나 정책의 연속성 때문에 더욱 그러하다. 70년간 재위하고 이제는 후임자에게 자리를 물려줄 때가 됐다고 생각한 요 임금은 그동안 훌륭하게 일을 해온 사악에게 임금 자리를 맡아볼 것을 권유했다. 그러나 그는 다음과 같이 그것을 거절했다. "본인들은 덕이 없어 임금의 자리를 욕되게 할 것입니다."

요 임금은 후사를 맡아볼 인재를 찾아보라고 다시 관리들에게 말했다. 이에 신하들은 요 임금의 아들 단주(丹朱)를 추천했지만, 요 임금에게는 사사로운 정이나 개인의 이익에 이끌려 왕위를 물려주면 안 된다는 강한 원칙이 있었다. "이런! 내 아들은 덕이 모자라고 완고하오. 또 다른 사람들의 흠을 많이 보니, 나라의 일을 맡기기에는 부족하오."

요 임금은 아무리 뛰어나다 할지라도 덕망과 능력이 없으면 자신의 아들이라도 등용하지 않았다. 전에 홍수를 담당하는 일에 곤을 임명했다가 실패한 경험 덕분이었다. 요는 다시 신하들에게 추천을 의뢰했다. "그대들은 심성이 바르고 어진 덕성을 지닌 사람을 찾아서 신분과 직위와 출신을 가리지 말고 추천해주오."

이에 신하들이 지방에서 홀로 사는 우순(虞舜)이라는 효성이 지극한 사람을 천거하기에 이르렀다. 순은 원래 농사를 지으며 그릇을 만들며 살아오던 사람이었는데, 덕망이 높고 매우 겸손했다. 평소에 순에 대

히스토리텔링 차이나

한 소문을 익히 들어온 요 임금은 자기의 딸을 순에게 시집보내 살게 해서 순의 덕행을 알아보았다.

새롭게 가정을 꾸린 순은 지극한 효성으로 집안을 봉양했고, 덕과 지혜로써 주위 사람들과 함께 지냈으며, 하늘의 뜻을 거스르지 않았다. 요 임금은 이러한 순을 '하늘의 뜻을 지키며 모든 백성을 평안하게 다스릴 사람'이라고 생각하여 대를 이을 사람으로 뜻을 두었다.

3년 후 요 임금은 순에게 왕위를 물려주었고, 순은 몇 차례의 사양 끝에 결국 왕의 자리를 받아들여 국가의 정사를 맡아보게 되었다. 이런 과정을 거쳐 중국 역사상 가장 평화적인 정권 교체가 이뤄진 것이다. 왕위를 이어받은 순 임금은 요 임금의 천명사상과 덕치사상을 그대로 받들었고, 모든 백성들은 그를 따르며 요와 순을 칭송했다. 지금까지도 중국인들은 요순시대를 태평성대의 모범으로 찬양하고 있다.

Story 02

공정한 법 집행으로부터

순 임금은 먼저 조상을 모신 종묘에 나아가 조상께 참배하고, 하늘과 땅에도 제사드렸으며, 이어 나라의 법 제도를 만들어서 상벌을 분명히 했다. 그렇다면 중국 최초로 만든 형벌의 종류는 어떤 것이었을까?

죄를 지은 사람에게는 법으로 다섯 가지 형벌이 정해졌다.

귀양살이 보내는 형벌: 유유오형

채찍으로 몸을 치는 형벌: 편작관형

교화시키기 위해 종아리 치는 형벌: 복작교형

벌금으로 대신 내는 형벌 : 금작속형

과실이나 재앙으로 인해 죄를 범한 자는 사면해주나, 악한 죄를 짓고도 끝까지 회개하거나 뉘우치지 않는 자에게는 극한 형벌을 내린다: 생재사사 호종적형*

그리고 순 임금은 이렇게 덧붙였다. "이 모든 형벌도 신중하고 또 신중하게 판단해야 한다. 형벌은 벌을 주는 데 목적이 있는 것이 아니라 모든 사람을 순화시키고 구제하려는 데 그 목적이 있는 것이다."

순은 법으로 형벌을 내리되, 과실이나 천재지변으로 지은 죄는 너그럽게 용서해주었다. 돈이 있는 사람은 형벌 대신 벌금을 물게 해서, 그것으로 속죄케 했다. 그러나 죄를 짓고도 뉘우침이 없거나 끝까지 잘못을 인정하지 않을 때는 사형까지 이르는 혹독한 형벌에 처해, 그에 걸맞은 죄를 물었다. 이것이 9년 동안이나 홍수의 범람을 다스리지 못하고 치산치수에 실패하여 백성을 도탄에 빠뜨리게 하고도 전혀 반성하지 않았던 곤을 산둥성 동쪽에 있는 우산(羽山)에서 처형한 이유다. 곤은 요 임금 때부터 고위 관직을 맡고 있었지만, 순 임금은 그것에 연연하지 않고 엄정하고 공평하게 그 죄에 해당하는 법을 집행했다. "이렇게 법도를 지켜 잘못된 일에 대해서는 우선 교화시키고 그렇지 못할 때는 가차 없이 형벌을 가하니, 자연스럽게 천하의 모든 사람이 법규를 지키며 따르게 되었다."

---

* 　象以典刑, 流宥五刑, 鞭作官刑, 扑作教刑, 金作贖刑, 眚災肆赦, 怙終賊刑: 『서경(書經)』 '우서 (虞書)'

요즘 말로 하면 지위에 상관없이 잘못이 있으면 철저히 그 죄를 묻는 무관용 원칙을 적용했다고 볼 수 있다. 이렇게 나라의 법 제도를 바로잡은 순 임금이 그다음으로 할 일은 홍수의 범람을 막는 것이었다. 치산치수를 맡아볼 인재를 뽑는 중대한 일, 순은 요 임금의 실패를 반복하지 않아야 했다.

Story 03

아버지의 원수

사전에 보면 적재적소(適材適所)의 뜻이 이렇게 나온다. "어떤 일을 맡기기에 알맞은 재능을 가진 사람을 알맞은 자리에 씀."

붓꽃이나 튤립, 국화를 심은 화분은 햇볕이 따뜻하게 비치는 곳에 두어야 잘 자라고, 선인장은 물이 없는 사막 같은 곳에서 자라게 해야 하며, 이끼는 그늘지고 습기가 많은 곳에 두어야 잘 자란다. 이들의 장소를 서로 바꿔서 기르면 모두 죽어버린다. 사람도 마찬가지다. 이것이 바로 인재를 적재적소에 배치하는 원리다.

요 임금의 치적을 물려받은 순 임금의 과제는 백성들이 평안하고 잘 살게 하는 것이었다. 이를 위해서는 홍수를 다스리는 것이 무엇보다 중요했다. 순 임금은 다시 사악에게 인재를 추천하도록 했다. "누구든 하늘의 명을 따라 요 임금의 업적을 빛낼 수 있는 자가 있다면, 나는 그에게 나랏일을 맡길 작정이오."

대신들이 물과 땅을 다스리는 사공(司空)의 직책에 추천한 사람은,

앞서 살펴본 것처럼 지난 요 임금 때 9년간 홍수를 다스리다 실패해 우산에서 처형당한 곤의 아들, 우였다. 의외였지만 순 임금은 쾌히 승낙하고는 우를 불렀다. "그대가 물과 땅을 다스리는 데 정성을 다해주시오."

곤은 치수에 실패해서 백성들을 힘들게 만들어 많은 원성을 샀지만, 부친의 실패를 보고 자란 아들 우는 부친의 일을 반면교사(反面教師)로 삼았다. 여기에서 우의 현명함이 드러난다. 죽임을 당한 부친의 잘못을 억울하게만 여겼다면 결과는 달랐을 것이다. 우는 오히려 그 불행을 백성을 위해 자신의 인격을 수양하는 주춧돌로 삼았다. 우는 부친의 실패를 교훈 삼아 업무에 임했다. 자기 집 앞 대문을 지나면서도 13년 동안 한 번도 들어가지 않을 정도로 부지런히 일했다. 그는 신발을 두껍게 만들어 신고 육로는 수레로, 수로는 배로, 동토에서는 썰매로 중국 전역을 돌아다녔다.

우는 우선 땅을 측량하기 위해 먹줄, 자 등 여러 측량도구를 가지고 다니며, 각 지방의 지형을 조사하여 국토를 관리하기 쉽도록 전국을 아홉 개 구간으로 나누었다. 산과 강은 그 지역에 맞게 이름을 지어 쉽게 기억하도록 했으며, 길을 내고 밭을 만들었다. 이렇게 만든 밭은 백성들에게 나눠 주어 곡식을 경작하도록 했다.

마침내 왕으로부터도 부지런하고 성실함을 인정받은 우는 나중에 순 임금의 후계자가 되었다. 우가 세운 나라가 중국 최초의 세습 왕조인 하(夏)나라다.

Story 04

알고 보니 신

『한서(漢書)』에 보면 '농업은 천하의 근본(農天下之本也)'이라는 말이 나온다. 농업은 사람이 살아가는 데 가장 중요한 생명 같은 존재라는 뜻이다. 인류 문명의 근본이며, 인류와 함께 성장해온 기술인 농경. 고대 중국에서도 땅을 가꾸고 경작하는 것은 그 무엇보다 중요한 일이었다.

농업과 곡식을 담당하는 후직(后稷)이라는 자리를 만든 사람이 바로 순 임금이다. 이 자리에는 기(棄)라는 사람이 임명되었다. 기는 어릴 때부터 여러 곡식을 심는 일을 좋아해서 백성들로부터 칭찬을 받았는데, '후직'이라는 직책도 그의 이름을 따서 만든 것이었다.

"기여! 백성이 기아에 허덕이오. 그대가 농업을 맡아 백성이 굶주리지 않게 해 주시오." 순의 명을 받은 기는 농업에 힘쓰며 곡식을 파종하고 수확할 시기를 사람들에게 알렸다. 이 후직의 후손들이 후일 주(周)나라 건국의 시조가 되었다.

사실 후직(后稷)에서 '직(稷)'이라는 말은 '농업신'을 의미한다. 주나라 대에 백성들은 많은 신을 섬기고 있었다. 그중 가장 중요했던 신은 농사짓는 땅을 관리하는 '토지신'과 곡식을 경작하고 추수해서 거두는 일을 맡은 '농업신'이었다. 그 토지신의 이름이 '사(社)', 농업신이 '직(稷)'이었다. 나중에 왕의 조상을 모시는 종묘(宗廟)[*]를 만들면서, 종묘

---

* 역대 왕과 왕비의 위패를 모시는 사당.

와 사, 직에게 제사 지내는 공간을 종묘사직(宗廟社稷)이라고 부르게 되었다. 사와 직, 이 두 신에게 제사드리는 제단은 사직묘(社稷廟)라고 불렸으며, 제후들이 이곳에 제사를 올렸다.

이 제사는 제후와 백성들을 정신적으로 하나로 묶는 데 중요한 역할을 했다. 그리고 후세로 내려오면서 왕실의 제사로 변모하여 나라의 평안과 풍년을 바라는 국가 공동체 의식으로 굳어지게 되었다.

지금 우리가 잘 아는 조선의 종묘사직이 바로 이러한 의미에서 출발한 것이다. 서울의 광화문 옆에는 사직동이 있다. 여기에 토지신과 농업신에게 제사 드리던 사직단(社稷壇)이 있기에 붙여진 이름이다.

Story 05
적재적소의 인물 등용

순 임금 시기에는 변방의 오랑캐와 도적들이 들끓어서 백성들이 편히 쉬지 못했다. 순 임금은 평소 병법과 형벌에 대해서 잘 알고 있는 고요(皐陶)를 찾았다. 고요를 부른 순 임금은 그에게 법률과 형벌을 담당하는 '사(士)'의 직책에 임명해서 형벌을 직접 관장하도록 했다. 이것이 요즘 말하는 사 자 돌림 직업, 즉 판사, 검사, 변호사의 유래이기도 하다.

"고요여! 지금 오랑캐가 침입해서 중국을 혼란스럽게 하고, 도적이 도둑질과 살인을 자행해서 나라의 안과 밖을 어지럽게 하오. 그대를 형벌을 관장하는 사로 임명하니, 다섯 가지 형벌을 죄의 경중에 따라 적절하게 집행하여 민심이 따르게 하시오. 죄인을 유배지로 보낼 때는 형벌의 경중에 따라 가깝고 먼 곳으로 조정해서 보내시오. 오직 투명하고 공정하게 법을 실현해야 모든 백성의 신뢰를 받을 수 있소."

고요가 이 지시를 잘 따르자, 모든 백성이 법에 대한 신뢰를 갖게 되어 나라의 질서와 안녕이 유지되었고, 모두가 평화로운 생활을 누릴 수 있었다. 그러는 한편 순 임금은 백성들이 서로 화목하게 지내지 못함을 늘 안타깝게 생각하여 설(契)을 사람이 지켜야 할 다섯 가지 도리를 담당하는 사도(司徒)로 임명했다.

"설이여, 부모 자식과 형제가 서로 불신하오. 그대에게 사도의 직을 맡길 테니, 다섯 가지의 가르침을 공경하고 널리 펴서 서로서로 너그럽고 관대한 마음을 갖도록 해주시오."

다섯 가지 가르침이란 부자(父子), 군신(君臣), 부부(夫婦), 장유(長幼), 붕우(朋友)의 관계에서 서로 지켜야 할 덕목, 즉 오륜(五倫)을 말한다. 이 설의 후손은 후에 은(殷)나라의 시조가 되었다.

순 임금의 인재 등용 과정이 이와 같았다. 해당 분야에서 가장 적당한 인물을 가장 적절한 곳에 배치함으로써 그들의 능력을 최대로 발휘하도록 한 것이다. 이런 적재적소의 인물 배치를 통해 모든 백성이 공평하게 화평을 누렸으니, 이는 순 임금이 지금까지도 중국 역사에 가장 훌륭한 성군으로 불리는 이유다. 요와 순에 의해 만들어진 덕치와 천명사상은 후일 주(周)나라의 천자사상과 함께 현재까지 5000년 중화사상의 뿌리가 되었다.

Side Story 중국의 뿌리, 『서경』

우리가 역사에 대한 지식과 상식을 얻으려면 먼저 동서양의 고대 역사에 관한 책을 찾아봐야 한다. 중국에서 가장 오래된 역사를 기록한 책 가운데 하나가 『서경(書經)』이다.

『서경』은 요순시대부터 하(夏), 은(殷), 주(周)나라 시대까지, 대략 기원전 2300년부터 기원전 700년까지 약 1,600여 년 동안 전해오던 역사적 사실들을 공자가 정리해서 편집한 역사서다. 요순시대의 기록은 아직 정확히 증명된 것이 없다. 그 때문에 이 시기를 보통 전설의 시대라고 하지만, 중국에서는 『서경』을 근거로 이 시기를 초기 역사시대라고 여긴다.

『서경』은 고대 중국인들의 생각의 뿌리가 고스란히 담긴 지식의 보고다. 『서경』에 나타난 중국의 문화, 사상, 사회, 종교, 지리, 역법, 경제, 정치, 군사, 철학 등 고대 중국인의 삶의 모든 면은 수천 년을 이어 지금까지 내려오고 있다. 그렇기에 지금의 중국, 중국인을 이해하기 위해서는 앞에서 설명한 삼황오제는 물론 『서경』에 대해 알아야 한다. 흔히 동양사상이라 하면 『논어(論語)』, 『맹자(孟子)』, 『대학(大學)』, 『중용(中庸)』과 같은 사서(四書)가 먼저 떠오른다. 하지만 『서경』에는 역사에 관한 지식과 아울러 삶에 대한 지혜가 들어 있다. 그래서 『서경』을 먼저 읽고 답을 구할 것을 권한다.

Side Story 달력 이야기

하늘의 움직임과 날씨 그리고 기상에 관한 사항을 관측하는 곳을 기상청이라고 한다. 우리나라에서는 1981년까지 이 기상청을 관상대(觀象臺)라고 불렀다. 이 이름이 바로 『서경』에 나온다. 고대 중국인들은 날씨 등의 자연현상은 물론 해, 달, 별과 같은 하늘의 움직임에 매우 민감했다. 고대인들에게 해와 달과 별 같은 우주의 법칙은 감히 넘볼 수 없는 신의 고유한 영역이었다. 인간들은 예로부터 이를 우상으로 섬겼다. 중국인들은 농사뿐만 아니라 정치나 전쟁에서도 바람과 비 등 자연현상을 적극적으로 이용해왔다.

하늘과 자연의 움직임에 가장 민감했던 때는 요 임금 시절이었다. 요 임금은 황하의 파괴적인 범람 탓에 하늘의 움직임이나 날씨에 대해 매우 관심이 높았다. 우선 요 임금은 희씨(羲氏)와 화씨(和氏)를 임명해서 하늘의 해와 달과 별의 움직임을 관찰하는 일을 맡기고는, 이 일을 하는 것을 관상(觀象)이라 불렀다. '관상대'라는 용어가 여기에서 비롯되었으며, 지금 우리가 말하는 기상 관측의 시작이다.

관상을 통해서 하늘의 움직임을 관찰한 요 임금은 천체의 움직임을 기준으로 날짜를 계산했다. 1년을 366일로 하고 윤달을 제정해서 1년을 만들고, 다시 1년을 춘하추동(春夏秋冬) 네 계절로 나누었다. 그리고 관상에서 계절의 변화와 날씨를 관찰하여 농민들에게 알려주도록 하여, 농민들이 농사를 짓는 데 때를 놓치지 않도록 했다.

은허(殷墟)에서 발굴된 은나라 때의 갑골문에도 윤달을 '십삼월'이라고 기록했다. 하늘의 관찰이 은나라 때 이미 일반 실생활에 적용되었음을 알 수 있는 사례다.

히스토리

중국의 정통성을 세운 주나라 무왕

중국인의 문화적 정체성을 창조한 사람들 이야기

Story 01

뱉은 말을 먹지 말라

경우에 맞지 않는 말, 이루어지지 않을 말, 전혀 상황에 맞지 않는 엉뚱한 말. 이런 말을 누가 내뱉으면 "식언하지 마라"라는 답이 돌아오곤 한다. '식언(食言)', 한자로 먹을 식(食), 말씀 언(言)을 문자 그대로 해석하면 "말을 먹다"라는 뜻이다. 이 말이 최초로 쓰인 순간은 언제일까?

하(夏)나라는 치산치수를 완성시킨 우(禹)가 세운 나라다. 하나라의 통치 기간은 대략 기원전 2180년경부터 시작해서 기원전 1750년경까지 약 430년 동안이다. 얼마 전까지만 해도 하나라는 전설의 시대라고 알려졌으나, 최근 들어 하나라 유적이 곳곳에서 발견되며 일부를 역사 시대로 편입하고 있다

하나라의 뒤를 이어 탄생한 것은 은(殷)나라다. 은나라는 보통 상(商)나라라고도 한다. 기원전 1750년경 은나라의 탕왕(湯王)이 하나라의 걸왕(桀王)을 폐망시키고 국호를 '상'으로 정한 후, 대략 기원전 1120년까지 약 630여 년간 중국을 통치했다.

역사에서 어느 국가든 그 패망에는 반드시 이유가 있다. 하나라의 마지막 왕 걸은 말희(妹喜)라는 여인에 빠져 국정을 돌보지 않고 부패와 폭정을 일삼았다. 이로 인해 관리들은 걸왕을 등지기 시작했으며, 백성들도 폭정을 견디다 못해 여러 지역에서 반란을 일으켰다. 그중 가장 규모가 컸던 반란은 황하 하류 부근, 오늘날의 산둥성 남서쪽과 허난성 동쪽 부근에 자리하던 상(商)이라는 부족이 일으켰던 반란이었다.

상족을 이끌던 탕은 덕이 많아 백성들로부터 존경을 받던 인물이었

다. 그리하여 많은 관리들과 백성들이 탕을 따르게 되니, 탕은 자연스럽게 부족장을 벗어나 백성들과 관리들에 의해 제후로 추대되었다. 탕은 하나라 걸왕의 폭정을 보다 못해 걸왕을 치려고 결심했다. 그리고 걸왕을 치기 위한 명분을 얻기 위해 지금의 산시성에 있는 명조(鳴條)에서 병사들을 모아놓고 연설했다.

"지금 하나라의 모든 백성들이 한탄하며 말한다. '이 나라가 언제나 망할까? 내가 걸왕과 함께 죽는 것이 차라리 낫겠다.' 그대 병사들은 바라건대 나와 함께 싸워 걸왕이 하늘의 벌을 받도록 하자. 그러면 내가 그대들에게 많은 상을 내릴 것이다. 그대들은 잘 들으라. 내 결코 지금 내 말을 먹지 않으리라. 그러니 그대들은 나의 말을 반드시 따르라. 내 말을 따르지 않는 자는 처자와 함께 죽일 것이며 용서하지 않으리라."

지금 우리가 사용하는 '식언(食言)'이라는 말이 여기서 나왔다. '말을 먹지 않으리라'는 탕의 결연한 의지가 결국은 걸을 죽이고 하나라를 멸망시키는 결과를 가져왔다. 하나라를 멸망시킨 탕은 제후들과 백성의 추천으로 왕이 되어, 나라 이름을 상(商)으로 정했다.

상나라는 19대 반경(盤庚) 임금 때 지금의 허난성에 있는 은허(殷墟)로 도읍을 옮겼는데, 그 뒤로 이 지방의 이름을 따서 은나라로 불렸다.

은대 문화의 찬란함은 화려한 청동기 유물에서 잘 드러난다. 그리고 하나라 때부터 중국인들은 문자를 만들어 사용했는데, 은나라는 하나라에서 사용하던 상형문자를 발전시켜 거북이의 등이나 소뼈같이 넓적한 곳에 문자를 새겼다. 이를 갑골문자(甲骨文字)라고 한다. 이때의 문자는 주로 점을 보고 그 기록을 전하는 데 사용되었다. 이러한 사실은 은의 도읍지였던 지금의 허난성 안양시(安陽市)에서 1928년 은허 유적지가 발견되면서 드러났다. 여기서 초기 한자가 쓰인 거북등과 소뼈, 그리고 놀라운 예술성을 지닌 청동기 유물들이 발견되었다.

찬란했던 은나라 문명도 탕왕이 은나라를 세운 지 약 630여 년이 지난 후, 마지막 왕 주(紂)의 폭정으로 인해 결국 주(周)나라 무왕에게 멸망하고 말았다.

Story 02

수양산에서 굶어 죽은 백이와 숙제

주나라 무왕의 은나라 정벌을 이야기하기 전에 꼭 알고 넘어가야 할 사람이 있다. 바로 폭군인 은나라 주왕(紂王)과 백이(伯夷)와 숙제(叔齊) 이야기다.

형인 백이와 동생인 숙제는 은나라 사람으로, 남을 원망하는 일 없이 다른 사람들과 어울려 서로 도우면서 없으면 없는 대로, 있으면 있는 대로 모든 일에 감사하는 마음으로 살았다. 원래 이들은 지금의 허베이성에 있는 은나라의 작은 종속국인 고죽국(孤竹國) 제후의 아들이었다. 이들의 아버지가 늙어 더 이상 나라를 다스릴 수 없게 되자, 둘째 아들인 숙제에게 왕위를 이양하려 했다. 그러나 숙제는 형인 백이에게 양보했고, 백이는 절대로 왕위를 맡을 수 없다고 사양하다가 결국 두 형제 모두 고죽국을 떠났다. 왕위를 이을 사람이 사라짐으로써 인해 고죽국은 자연스럽게 없어지고 말았다.

이 형제가 은나라를 걱정하며 주(周)나라의 문왕(文王)을 찾아갔다. 그들은 자신들이 살고 있는 은나라를 치지 말 것을 간절히 부탁했다. 백이와 숙제는 은나라 주왕이 달기(妲己)라는 여인에 빠져 국정을 팽개치고 백성들은 도탄에 빠져 나라가 어지러웠으니, 이때를 이용해 주나라가 쳐들어오리라는 것을 예측하고 있었다.

실제로 주나라 무왕은 은나라 주왕을 정벌하여 은나라 백성들을 구제하려는 계획을 세우고 있었다. 당시는 무왕의 아버지였던 문왕이 죽은 지 얼마 되지 않았던 때였다. 무왕은 아버지의 위패를 수레에 모셨다. 이때 백이와 숙제가 무왕에게 말하기를 "부친인 문왕이 돌아가시고 장례도 치르지 않고 바로 전쟁을 하려 하다니, 이는 인륜에 어긋나는 일이며 자식 된 도리가 아니며 효를 해치는 것입니다. 그리고 다른 나라의 왕을 치려고 하는 것은 잘못된 일입니다."

이 말을 들은 무왕의 관리들은 백이와 숙제의 목을 치려고 들었다. 그러나 은나라를 떠나 낚시와 함께 세월을 보내다가 주나라로 와서 무왕의 군사로 있던 강태공은 "이들은 의인(義人)이다"라며 백이와 숙제 형제를 죽이지 않고 돌려보냈다.

이후 무왕은 은나라를 정벌했다. 그러나 백이와 숙제 형제는 지조를 지키며 자신들이 섬겼던 은나라를 버리지 않았다. 그들은 주나라 백성이 되는 것을 치욕으로 생각하고 주나라에서 생산되는 양식은 전혀 먹지 않았다. 그리고 지금의 산시성에 있는 수양산(首陽山)으로 들어가서 풀과 나무 잎사귀만 먹으며 연명했다. 이들 형제는 수양산에서 시 한 수를 남기고 그곳에서 굶어 죽고 말았다.

저 수양산에 올라가서 풀이나 뜯어 먹자꾸나.
주나라 무왕이 우리 은나라의 주왕을 죽였으니
서로가 그 잘못을 알지 못하는구나.
그 좋았던 신농, 우, 하 같은 태평 시대는 모두 지나가 버렸으니 우리는 장차 어디로 돌아간단 말인가?
아! 이제는 죽음뿐이로구나.
연약하고 쇠잔해져 가는 우리 운명이여!

Story 03

최초의 논쟁적 중국인

생각하기도 싫은 내용이지만, 전에 신문에 실렸던 어느 기사가 떠오른다. 어느 딸이 자기 아버지를 크게 다치게 한 사건이다.

아버지는 매일 집에 밤늦게 들어와서 엄마와 동생들에게 폭언과 폭행을 일삼으며 집안을 공포로 몰아넣었다. 특히 술을 먹은 날에는 그야말로 엉망이었다. 도저히 집에 있을 수가 없어 가족들이 피신할 정도였다. 그러면 아버지는 피신한 곳까지 찾아가서 못살게 굴었다. 가족들은 오히려 아버지가 없는 평온한 가정을 바랐다. 그러다가 큰딸이 가정을 지키기 위해 흉기로 아버지를 크게 다치게 만들었다. 폭음과 폭력을 일삼았던 아버지가 없으니, 가정은 평온해졌다.

가정을 위한 큰딸의 행위는 정당한 것이었을까? 무왕에 대한 백이와 숙제의 비판이 떠오른다. 백이와 숙제가 죽은 후 600여 년 동안은 주(周)나라 천하였다. 공자가 백이와 숙제의 죽음에 대해서 언급할 때까지, 백성을 괴롭히며 폭정을 일삼았던 주(紂)왕을 끝까지 따르며 섬기려 했던 이들의 죽음이 정당한지에 대해 약 600여 년 동안 많은 논란이 있었다.

공자는 "가는 길이 같지 않은 사람하고는 서로 함께하지 않는다"라고 언급하며, 이들의 죽음을 의로운 죽음이라고 평가해주었다. 그 이후부터 백이와 숙제의 죽음이 제대로 대접을 받기 시작했다.

은나라 주왕은 많은 병사와 세력을 가지고 있었지만 백성들은 모두 도탄에 빠져 있었다. 그러나 백이와 숙제는 주(周)왕의 과거 행실과는 상관없이 자신들이 모셨던 왕에게 절개와 의리를 지키는 것을 신하로서 당연한 것으로 생각했다. 공자는 은나라를 끝까지 지키려 했던 백이와 숙제의 지조와 절개를 높이 평가했다. "추운 겨울이 돼서야 소나무와 잣나무가 푸르다는 것을 안다"라는 말이 있듯이, 온 세상이 혼탁해졌을 때라야 비로소 청렴한 사람이 드러난다.

한(漢)나라 문제(文帝) 때 천재 학자인 가의(賈誼)는 이렇게 말했다. "욕심이 많은 사람은 재물 때문에 목숨을 잃고, 나라를 지키려는 사람은 명분 때문에 목숨을 잃고, 권세를 과시하는 사람은 권세 때문에 죽고, 일반 백성들은 살아가기 위해 자기의 생활에만 매달린다." 백이와 숙제 형제는 명분을 지키기 위해 자신들의 목숨을 버린 전형적인 경우였다. 백이와 숙제의 죽음에 대해 드러내놓고 언급된 예는 역사 사료에 충분히 나와 있지는 않다. 단지 『사기』에서 보이는 몇몇 구절과 『논어』에 공자가 언급한 내용으로 판단하는 수밖에 없다. 그리고 당시 일반 백성들은 역사적인 자료에 접근할 수 없었기 때문에 백이와 숙제에 대해서는 잘 몰랐고, 임금을 모시던 관료들과 지식인들 사이에서는 많은 언급과 논쟁이 있었을 것으로 판단된다. 이것을 공자 시대에 이르러 논쟁을 잠재우기 위해 공자가 공식적으로 판단해준 것이다. 그러나 200여 년 후 맹자에 의해서 백이와 숙제에 대한 공자의 판단이 잘못된 것이라고 다시 번복된다.

전국시대 때 제(齊)나라 선왕(宣王)이 맹자에게 '무왕이 주(紂)를 죽인 일'에 대해 물었을 때 맹자는 이렇게 대답했다. "인(仁)을 해치는 자를 적(賊)이라 하고, 의(義)를 해치는 자를 잔(殘)이라 하고 잔적(殘賊)한 사람을 일부(一夫)*라 합니다. 나는 일부인 주(紂)를 죽였다는 말은 들었어도 군주를 시해했다는 말은 듣지 못했습니다." 즉 "잔인하며 폭정을 일삼는 군주는 악당이지 군주가 아니며, 그런 사람을 죽이는 것을 훌륭한 군주를 살해한 것과 같이 놓을 수 없다"란 의미다.

이것이 그 유명한 맹자의 '혁명론'이다. 만약에 무왕이 은나라를 정벌하지 않았다면 주왕의 폭정으로 말미암아 은나라에는 간신과 도둑이 들끓고, 백성들의 삶은 극도로 황폐해졌을 것이다. 맹자는 폭군인 은나라 주왕을 죽인 무왕의 행동을 당연하고 정당한 것으로 보았다.

맹자는 무왕의 행위를 높이 평가한 반면, 공자는 주왕을 향한 지조와 절개를 지키기 위해 수양산에서 굶어 죽은 백이와 숙제 형제를 높이 평가했다. 어느 쪽이 옳은 판단인지 평가는 독자에게 맡긴다.

---

* 평범한 일반인을 뜻하나, 여기서는 낮잡아 이르는 '놈'이나 '악당'이라는 표현으로 보는 것이 맞다.

Story 04
안 되면 내 탓, 잘되면 당신 탓

어떤 일을 할 때에는 분명한 명분이 있어야 한다. 전쟁이나 싸움도 마찬가지다. 그리고 명분은 순리에 따르는 명분이어야 한다. 주나라 무왕의 맹세가 그랬다. 군사를 일으킨 무왕은 황하를 건너 허난성에 있는 맹

진(孟津)이라는 나루터에 다다랐고, 그곳에서 제후와 병사들을 모아놓고 연설했다. 음력 2월 이른 봄의 이 연설은『주서(周書)』에 기록되어 있다.

나의 우방 제후와 나의 병사들이여, 나의 맹세를 분명히 들으라.

하늘과 땅은 만물의 부모이며, 사람은 만물의 영장이다. 진실로 어질고 총명하면 천자가 될 수 있고, 천자는 백성들의 부모다. 그런데 지금 은나라 주왕은 위로는 하늘의 뜻을 따르지 않고, 아래로는 백성에게 큰 고통을 주고 있다. 그는 술과 달기라는 여자에 빠져 백성들에게 매우 포악한 짓을 저지르고 있다. 주왕은 죄를 지은 당사자뿐만 아니라 아무런 죄도 없는 그의 일가족과 친족까지도 형벌을 내리고 있다. 능력과 관계없이 벼슬을 하고 있는 사람의 후손이라는 이유 하나로 벼슬을 대대로 물려받게 했다. 그리고 화려한 궁전과 누각과 정자를 세우고 여기저기에 연못을 파놓고 호화로운 생활을 하며 사치한 옷만 입으며 어질고 죄 없는 관리들을 잔인하게 죽였다.

모두 나의 말을 들으라.

'착한 사람이 착한 일을 하면서 시간이 부족하다 하고, 흉악한 사람도 악한 짓을 하면서 시간이 부족하다고 한다'는 말이 있다. 이와 같이 은나라 주왕은 지금 온갖 법도에 어긋나는 일을 하면서 시간이 빨리 지나간다고 말하고 있다. 헐벗고 굶주린 노인을 돌보지 않고 죄지은 무리들과 어울려 음탕한 짓을 하고 술을 먹고 주정하고 오만무례하고 포악무도한 일을 저지르고 있다. 신하들도 이에 물들어서 서로 작당을 하고 집안끼리도 서로 원수로 삼고 권세로 협박하여 서로를 헐뜯고 있다.

지금 은나라 주왕은 많은 백성과 병사를 거느리고 있지만, 마음이 뿔뿔이 흩어져 있고 하나로 뭉쳐 있지 못하여 전혀 단결하지 못하고 있다. 그러나 지금 여기 나와 함께 있는 우리 병사들은 숫자가 비록 얼마 되지는 않지만 하나의 마음으로 뭉쳐 있다. 그러나 주왕의 주변 사람들은 우리보다 천배나 많이 있지만 조금밖에 안 되는 우리 병사들보다 못하다. 하늘은 지금 우리 백성들이 하고 있는 것을 다 보고 계시고, 하늘은 우리 백성들이 듣고 있는 것을 모두 듣고 계시다. 백성들에게 잘못이 있으면 이는 모두 나 한 사람에게 책임이 있는 것이다.

아, 그대들의 덕과 마음을 하나로 합하여 공을 세우면 그것은 영세토록 빛날 것이다.

덕을 베풀 때는 반드시 그 덕을 골고루 베풀어야 하며, 악을 제거할 때는 반드시 그 뿌리부터 제거해야 한다. 그러므로 내가 그대들과 함께 우리 백성들을 못살게 괴롭히는 원수를 완전히 멸망케 하려는 것이다. 그대들은 굳세게 나아가 그대들의 임금인 이 몸의 일을 이룩하도록 하라.

많은 공을 세우는 사람에게는 후한 상을 내려주겠고, 나아가 싸우지 않으면 여러 사람들이 보는 앞에서 밟혀 죽을 것이다. 내가 주왕을 이긴다면 그것은 결코 내가 잘나서 이긴 것이 아니라 돌아가신 아버님 문왕께서 허물이 없으셨기 때문이다. 그리고 내가 이 싸움에서 패하면 그것은 나의 아버지인 문왕이나 여러분의 잘못이 아니라 모두 내가 어질지 못하기 때문이다.

무왕 군사의 사기는 하늘을 찌르는 듯했다. 하지만 무기와 병사의 숫자에서는 비교가 되지 않을 정도로 절대적인 열세였다. 무왕은 이 맹진 전투를 승리로 이끌지 못했다. 전투는 실패로 끝났다. 하지만 무왕은 은나라 주왕의 백성을 향한 폭정을 도저히 놔두고 볼 수 없었다.

사람 대신 출신

어떤 결과에는 그 결과가 일어나게 만든 분명한 원인이 있다. 은나라를 망치게 한 원인 중에는 '관인이세(官人以世)'와 '죄인이족(罪人以族)'이 있었다. '관인이세'는 '벼슬을 하는 사람의 친인척이나 후손이 능력이 있고 없음을 떠나서 벼슬을 물려받는 것'을 말한다. 어느 조직이든 능력 유무에 상관없이 직위를 세습 형태로 운영하게 된다면 결국은 망하고 만다. 그리고 '죄인이족'은 '가족 중 한 사람이 죄를 지으면 그 일가족이 모두 죄인으로 취급받는 것'을 말한다. 요즘으로 치면 바로 연좌제다. 우리나라에도 1980년에 법적으로 완전히 폐지될 때까지 연좌제가 있었다. 자신과는 직접 관련이 없는 이유로 죗값을 물어 처벌한 것도 은나라를 망하게 만든 원인이었다.

은나라 주왕은 말재간이 매우 뛰어날 뿐만 아니라 맨손으로 맹수를 때려잡을 정도로 힘이 세서 자신을 능가하는 사람은 없다고 생각했다. 모든 신하들을 자신만 못하다고 여겨 다른 사람의 말을 전혀 듣지 않았다. 주변에서 주왕에게 충언을 해주던 미자(微子)와 같은 충신들은 이러한 주왕의 행태를 견디다 못해 결국 다른 나라로 떠나버렸다.

주왕에게는 비간(比干)이라는 이복형이 있었다. 비간은 주왕의 행동이 매우 염려되어 "신하는 죽더라도 끝까지 임금께 충언해야 한다"라며 주왕의 곁을 떠나지 않고 남아 계속 간언을 올렸는데, 술과 달기에 빠진 주왕은 비간의 충언을 듣기는커녕 비간을 잡아 죽이고 해부해서 심장을 꺼내 신하들에게 보여주었다. 망조가 든 나라의 말기적 현상이다.

주왕의 이러한 행동을 보다 못한 주나라 무왕은 결국 허난성 북쪽 황하 인근의 목야(牧野)에 병사들과 제후들을 모아놓고 다시 한 번 결전을 다지게 된다.

Story 06

암탉이 새벽에 울면

"암탉이 새벽에 울면 집안이 망한다"라는 옛말을 한두 번쯤 들어보았을 것이다. 새벽에 닭이 우는 울음은 수탉이 내는 소리다. 셰익스피어의 비극 『햄릿』에 나오는 묘사에 따르면, 햄릿은 친구와 경비병들과 함께 밤에 경비를 서다가 작은 아버지에게 죽임을 당한 선왕의 유령을 보았다. 햄릿은 깜짝 놀랐다. 유령의 모습은 새벽까지 지속되었다. 해가 뜰 무렵 수탉이 우는 소리가 들렸다. 경비를 함께 섰던 햄릿의 친구가 말했다. "수탉은 새벽의 나팔수로 높은 목청으로 새벽을 알리면 밤새 여기저기 떠돌아다녔던 유령들과 헛것들이 수탉의 울음소리를 듣고 모두 자기가 있던 곳으로 줄달음치며 숨는다." 그의 말대로 유령의 모습은 온데간데없이 사라져버렸다.

반면 암탉은 새벽에 울지 않는다. 암탉이 울면 밤새 떠돌아다니던 유령과 허깨비가 도망가지 않는다는 것이다. 『서경』 목서(牧誓) 편에도 주나라 무왕이 "암탉은 새벽에 울지 않는다. 암탉이 새벽에 울면 집안이 망한다(牝鷄之晨,惟家之索)"라고 말하는 대목이 있다.

주나라 무왕이 맹진 전투에서 패하고 10년 후, 무왕은 은나라 주왕과 다시 전투를 벌이기 위해 목야에서 제후들과 병사들을 모아놓고 최후의 연설을 했다. 목야의 서쪽 지방인 산시성, 쓰촨성, 간쑤성 등에서 온 병사들도 있었고, 허난성 목야 주변의 제후들과 일반 백성들도 있었다. 이때 무왕은 오른손에는 흰 깃발을 들고, 왼손에는 금도끼를 쥐고 있었다.

아, 서쪽 지방의 멀리 떨어진 곳에서 온 사람들이여, 힘들고 고달프겠다!

나를 보고 여기까지 찾아온 우방 각지의 모든 군주들이여! 그리고 그동안 나를 도와온 모든 사람들이여, 창과 방패를 높이 들고 싸울 준비를 하라. 내 이제 맹세하리라.

옛말에 '암탉은 새벽에 울지 않는다. 암탉이 새벽에 울면 집안이 망한다'라는 말이 있다. 그런데 지금 은나라 주왕은 여인 달기의 말만 듣고 있고 충신들의 말은 전혀 듣지 않는다. 그리고 다른 지방에서 죄를 지어 도망친 죄인들에게도 벼슬을 주니, 은나라는 범죄로 문란하게 되었으며, 백성들은 잔학한 폭정에 시달릴 수밖에 없었다. 이제 나는 하늘이 내릴 벌로 이들을 다스릴 것이다.

여기서 '암탉'이란 원래 '달기'를 비유적으로 표현한 말이었는데, 이것이 여성을 의미하는 말로 그동안 우리 사회에서 널리 쓰였다. 여성의 역할과 활동이 매우 커진 현대 사회에서 이러한 부정적 의미로 쓰는 것은 맞지 않다. '암탉'의 원래 뜻은 일의 본질을 의미하는 것이다. '암탉이 새벽에 울면 집안이 망한다'라는 말은 본질이 정상적이지 않다면 우리의 가정과 사회, 국가 공동체가 흐트러진다는 의미다. 이는 우리 자신에게도 마찬가지로 해당된다. 본질을 찾는 일이 얼마나 중요한 일인지 알아야 할 것이다.

술을 부어 연못을 만들고 고기로 숲을 만들어라

아마도 은나라에서는 암탉이 새벽에 매우 심하게 울었던 모양이다. 은나라 주왕은 모든 것이 비정상이있다. 나라가 한번 기울어지기 시작하면 온갖 새로운 조짐들이 보이기 마련이다. 나라의 왕이 국사를 못 볼 정도로 지나치게 술에 취해 온갖 추행을 일삼는다면, 그 나라의 신하들과 백성들은 왕을 등지고 새로운 길을 찾기 시작할 것이다.

주나라 무왕이 목야에서 연설을 마칠 때, 같은 시각 은나라 주왕은 각 지방에서 수많은 악사들과 광대들을 불러 모아 잔치를 벌이고 있었다.

술로 연못을 만들고 빽빽하게 들어찬 나무처럼 고기를 매달아 놓고서 벌거벗은 남녀들이 그 안에서 서로 쫓아다니게 하면서 밤새도록 술을 마시며 놀았다.

『사기』의 기록이다. 이것이 바로 우리가 알고 있는 주지육림(酒池肉林)이다. 술 주(酒), 못 지(池), 고기 육(肉), 수풀 림(林)이다. 왕의 이러한 행동 때문에 백성들의 원성은 날로 높아가고 많은 제후들과 신하들이 주왕의 곁을 떠나기 시작했다. 주왕의 폭정은 갈수록 더욱더 심해져 갔다. 이런 상황을 잘 알고 있던 무왕은 은나라를 다시 치기로 결정하고는 목야의 연설을 마치고 곧바로 은나라로 공격해 들어갔다. 은나라 병사들은 오히려 무왕의 군대에 합류하여 거꾸로 자신들이 모셔왔던 주왕을 공격했다. 무왕이 들어온다는 소식을 들은 은나라 제후들과 백성들은 오히려 무왕에게 절하면서 반겼다.

무왕은 은나라를 점령한 후 도로를 정비하고 주왕이 살았던 궁을 수리했다. 그리고 창고에 있는 곡식을 풀어 가난한 백성들에게 나누어 주었다. 무왕은 전쟁 중 죽은 수많은 병사들을 추모하기 위해 사당을 지었으며, 전쟁을 마치고는 자신의 땅으로 돌아갔다.

주(周)나라의 건국 시조는 앞서 살펴본 것처럼 농사를 담당했던 후직(后稷)이라는 직분을 가진 기(棄)였다. 그로부터 9대 임금인 고공단보(古公亶父) 때 서북쪽에서 거주하고 있던 오랑캐 융적(戎狄)*의 침입을 받아 지금의 산시성 서안(西安) 부근에 있는 주원(周原)이라는 곳으로 옮겨와 살았다. 이들은 이곳의 이름을 따서 나라 이름을 주(周)라고 지어 불렀다. 이들은 군주를 제(帝)라고 부르지 않고 왕(王)이라는 칭호로 불렀다.

은나라를 무너뜨린 무왕은 관리들을 소집하여 그동안 일어났던 모든 사실을 알리고, 홀로 조상의 묘가 있는 산시성의 빈(豳)**에 있는 언덕에 올라 은나라의 도읍***을 바라보며 밤늦도록 잠들지 못하고 깊은 상념에 잠겼다. 전쟁을 통해 많은 사람의 죽음과 은나라의 멸망을 보았던 무왕은 주나라의 앞날이 걱정되었던 것이었다. 이를 곁에서 지켜본 동생 단(旦)이 무왕께 물었다. "어찌하여 잠들지 못하십니까?" 이에 무왕은 대답했다. "하늘이 우리 주나라를 보호할 것이다… 내 다시는 무기와 병사를 사용하지 않으리라."

---

* 당시 중국을 사방으로 둘러싸고 있던 민족을 오랑캐라고 불렀는데, 동쪽에 있던 오랑캐를 이(夷), 서쪽을 융(戎), 남쪽을 만(蠻), 북쪽을 적(狄)이라 했다.

** 주나라 무왕이 호경에 도읍지를 정하기 전까지 도읍지 역할을 한 곳. 지금의 산시성 순읍현 서남쪽에 있다.

*** 허난성 안양에 있는 은허(殷墟)를 말한다.

이로써 은나라는 완전히 막을 내리고, 중국 정통성의 출발지인 주(周)나라가 시작되었다.

Story 08

끝날 때까지 끝이 아니다

무왕이 은나라를 멸망시키고 정식으로 천하의 왕이 되자 주변의 많은 오랑캐들이 무왕에게 공물을 바쳤다. 이중 서쪽 지방인 지금의 카자흐스탄 부근에 여족(旅族)* 이라는 오랑캐가 있었다. 대부분의 오랑캐들은 공물로 그 지방의 특산물을 보내왔는데, 특이하게도 여족만이 그 지방에서만 자라는 큰 개 한 마리를 바쳤다. 이것은 무왕이 평소 개와 집에서 기르는 애완동물을 매우 좋아한다는 사실을 미리 알고 있었기 때문이었다. 무왕은 보기 드문 큰 개를 받고 매우 기뻐했다. 이 당시 무왕을 보좌하고 있던 태보(太保)** 소공(召公)이 무왕의 이러한 행동을 보고 안타까운 마음으로 상소를 올렸다.

"대왕님이시여! 대왕님께서 이 나라의 정치를 잘 펴시었기 때문에 주변의 많은 오랑캐족들이 옷과 음식과 그릇 등, 그 지방에서 나는 가장 좋은 특산물을 가지고 대왕님을 뵙고자 이렇게 찾아왔습니다. 이것은

---

* 지금의 카자흐스탄 부근에 있는 대완(大宛)이라는 나라로 말과 개가 유명했다.
** 지금의 부총리와 비슷한 직책.

히스토리텔링 차이나 066

대왕님께서 덕을 멀리 있는 오랑캐에 이르기까지 널리 두루 베푸셨기 때문에 그런 것입니다.

이들 오랑캐 중에는 대왕님과 먼 친척 되는 사람들도 많이 있습니다. 대왕님께서는 그들로부터 받은 보석과 진귀한 것들을 그들에게 다시 되돌려 나누어 주십시오. 그러면 그 나라 사람들은 대왕님을 매우 좋아하게 되어, 더욱 우호를 다지게 되는 기회가 될 것입니다.

훌륭한 덕을 지닌 사람은 결코 남을 업신여기지 않고 오히려 배려하는 법입니다. 백성들에게 선하고 유익한 일을 베푸시면, 백성들에 대한 덕과 배려는 저절로 이루어지게 됩니다. 그리고 대왕님께서 좋아하시는 것들만 귀하게 여기지 마시고 오히려 백성들이 항상 사용하는 물건을 귀하게 여기시면, 백성들의 생활은 더욱 풍요롭게 될 것입니다.

다시 말씀드리면 개와 말은 여기 토질에 맞지 않으면 기르시지 마시고, 우리나라 기후나 토질에 맞지 않는 새나 짐승은 우리나라에서 키우지 마십시오. 먼 곳에서 가지고 온 보물보다 여기 있는 우리 백성들의 안위를 더 보살피시면, 가까이 있는 백성들은 편하게 될 것이고 대왕님을 존경하고 우러러보게 될 것입니다.

대왕님이시여! 작고 사소한 일이라도 마지막 끝까지 조심하지 않으면 끝내 큰 어려움에 직면하게 됩니다. '아홉 길 높이의 산을 만드는데 마지막 흙 한 삼태기가 없어서 여태까지 쌓아놓은 공이 무너지지 않도록 하십시오.' 마지막 한 삼태기까지 최선을 다하면 백성들이 살고 있는 거처가 안전하게 될 것이고, 대왕께서는 자손 대대로 왕업을 누리게 될 것입니다.

'위산구인 공휴일궤(爲山九仞 功虧一簣)', 아홉 길이나 되는 높은 산을 쌓는데 마지막 한 삼태기의 흙을 채우지 못해서 지금까지 쌓아온 공이 한 번에 무너진다. 즉 '모든 것이 완전히 끝나야 끝나는 것'이라는 의미다. 끝까지 마무리를 짓지 못하고 마지막 한 번의 방심으로 지금까지 쌓아 올린 공이 물거품이 되어버릴 수 있다는 경각심을 불러일으키는 말이다.

대왕의 신분으로 진기한 물건에 마음을 빼앗겨 자기가 좋아하는 것으로 욕심을 채우면 천하를 다스릴 수 없으며, 겸허한 마음을 갖고 마지막까지 최선을 다하여 국정을 운영해야 백성들로부터 인심을 얻고 천하를 다스릴 수 있게 된다. 이것이 소공의 진언이었다.

그렇다! 끝날 때까지 끝이 아니다. 완전히 끝나야 끝나는 것이다.

부동산과 하늘의 뜻

나라의 땅을 자신의 개인 땅처럼 가족과 친구들에게 나누어 주고 각기 그 땅을 다스리게 하는 것이 가능한 일이었을까? 주나라 시대에는 이것이 가능했다.

기원전 1120년 은나라를 멸망시킨 주나라는 국가의 기틀을 잡기 위해 친족들과 국가에 공헌한 사람들에게 일정한 영토를 주었다. 그리고 그 영토 안에 거주하고 있는 사람들을 다스리도록 했는데, 이러한 권력을 가지고 있던 통치자를 제후(諸侯)라 한다. 이 제후가 통치하는 나라를 제후국이라고 하며, 이러한 방식의 정치제도를 봉건제도라고 한다. 봉건제도는 주나라를 세운 무왕 때 처음으로 시작되었다. 이는 중앙 집권제를 유지하기 위한 제도이면서도 지방자치제와 비슷한 중국 특유의 정치제도다.

예를 들면 우리가 알고 있는 공자가 태어난 지금 산둥성 곡부에 자리 잡은 노(魯)나라는 주 무왕이 조카인 백금(伯禽)에게 준 땅이었다. 진(晋)나라는 산시성 근방의 북쪽 오랑캐의 침입을 막기 위해 무왕이 동생인 당숙(唐叔)에게 준 땅이었다. 위(衛)나라는 이민족인 송(宋)을 감시하기 위해 무왕이 또 다른 동생인 강숙(康叔)에게 준 땅이었다. 산둥성에 위치했던 제(齊)나라는 주 왕조 건설에 큰 공을 세웠던 강태공에게 준 땅이었으며, 이는 동쪽의 오랑캐를 감시하기 위한 것이었다.

그리고 오월동주(吳越同舟)*로 잘 알려진 오(吳)나라는 주나라 문왕(文王)**이 큰아버지인 태백(泰伯)에게 준 땅이었으며, 기원전 580년경 수몽(壽夢) 때 지금의 장쑤성 무석(無錫)으로 도읍지를 정하며 나라 이름을 '오'로 명명했다.

이와 같이 주나라 무왕은 가까운 친인척들에게 여러 지역을 나눠 주어 수도인 호경을 중심으로 주나라의 친위 제후국들을 만들었다. 이 제후국들은 주변 오랑캐의 침입으로부터 주 왕실을 지켜주는 방패 역할을 하게 되었으며, 호경에 있는 주 왕실이 중심이 되어 천하의 일을 관리했다. 주나라 초기 영토를 받은 제후국의 수는 약 100여 국으로 추정된다.

주 왕실을 중심으로 한 봉건제도는 기원전 221년 제나라가 진(秦)나라의 진시황에 의해 멸망할 때까지 약 900여 년 동안 유지되었다.

주나라는 영토를 받은 제후국들이 주왕에게 충성하도록 했다. 주 왕

실은 각 제후국을 순시하면서 제후국으로 하여금 주나라 왕을 알현하도록 했고, 정기적으로 자기 지역의 특산물을 주 왕실에 상납하도록 했다. 이 당시 주나라 왕을 천자(天子, The Son of Heaven)라고 불렀는데, 이는 같은 시기에 이집트에서는 통치자인 파라오(Pharaoh)를 태양의 아들(Son of the Sun)이라고 불렀던 것과 비교된다.

『시경(詩經)』은 말 그대로 시를 모아 엮은 책이지만, 일반 백성들은 여기에 곡을 붙여 흥얼거리며 노래로 불렀다. 『시경』 소아(小雅) 편에서 일반 백성들이 주나라 왕의 통치를 노래한다.

> 하늘 아래 주 왕의 땅이 아닌 곳이 없고, 땅에 사는 사람치고 주 왕의 신하가 아닌 자가 없다.

하늘 아래 모든 땅은 왕의 땅이고, 하늘 아래 모든 백성도 왕의 신하라는 국가 신조를 백성들에게 노래로 만들어 퍼뜨린 것이다. 주나라 왕의 지배 영역은 주나라의 봉건 제후국뿐만 아니라 그들이 오랑캐라고 부르는 주변의 이민족까지도 포함했다. 주나라 사람들은 전 세계가 모두 주나라 왕의 영역이라고 생각했던 것이다. 이로 인해 중국의 '천자(天子) 사상'이 백성들 사이에 자연스럽게 형성되었고, 백성들이 주나라 왕을 하늘로 여기며 숭배하게 된 것이다.

이때 형성된 천자를 숭배하는 '천자 사상'은 이미 하나라로부터 시작된 '천명(天命) 사상'과 함께 역대 군주들에게 그대로 전승되었다. 그리고 오늘날 중국이 천하의 중심이라는 '중화사상(中華思想)'을 형성하는 기초가 되었다.

Side Story 중국인이 좋아하는 숫자와 색

어느 민족이나 좋아하는 색이 있고 선호하는 숫자가 있다. 서양에서 7을 좋아하듯, 중국 사람들은 8을 가장 선호한다. 중국에서는 '돈을 벌다'나 '부자가 되다'라는 말을 '파 차이(发财, fa cai)'라고 쓰는데, 여기서 파(发, fa)는 '많은 재물을 얻어서 왕성히 일어나다'라는 뜻이다. 마찬가지로 8(八) 자를 중국말로는 똑같이 '파(fa)'라고 읽는다. 이것이 유래가 되어서 지금도 중국인들은 8을 가장 좋아한다. 자동차 번호판도 8이 연속적으로 들어가는 번호판은 부르는 게 값일 정도로 선호도가 높다.

그리고 중국인이 가장 좋아하는 색은 붉은색과 노란색이다. 중국은 예로부터 색의 상징성을 매우 중요하게 여겨서, 옷의 색으로 신분을 구별하기도 했다. 오제 가운데 하나로, 중국 민족의 조상으로 추앙받는 황제(黃帝)도 황색을 선호해서 노란 비단옷을 입고 다녔다고 기록되어 있다. 참고로 하나라를 정복한 상나라 탕왕은 먼저 복색과 제기 등의 색을 모두 백색으로 바꾸고, 모든 백성들이 백색 옷을 입고 백색을 숭상하도록 했다. 하나라 때에는 흑색을 숭상했고, 주나라 때는 적색을 숭상했다.

이러한 전통이 지금까지 이어져 중국 국기인 오성홍기(五星紅旗)도 노란색과 붉은색의 조합이다. 다섯 개의 노란색 별은 중국 공산당, 노동자, 농민, 민족 자산계급과 소자산계급을 의미하며, 바탕의 홍색은 공산주의 혁명을 의미한다.

Side Story 천하를 낚다

강태공(姜太公)이라는 이름으로 더 유명한 여상(呂尙)은 원래 은나라 관리였다. 그러나 관직을 버리고 황하의 줄기인 위수(渭水)에서 조그만 배를 타고 낚시를 하며 홀로 세월을 보냈다. 강태공은 늘 일자로 곧게 편 낚싯바늘로 낚시를 했는데, 사람들이 물고기가 물지도 못하는 바늘을 쓰는 이유를 묻자 "나는 지금 세월을 낚고 있소"라고 답했다. 이 유명한 일화로 강태공은 오늘날까지 낚시꾼의 대명사로 불린다.

강태공은 후에 주나라 무왕을 도와 주나라 건국의 일등 공신이 되었고, 무왕으로부터 지금의 산둥성 부근을 봉토로 받아 제나라를 세웠다.

히스토리

숨겨진 실용주의자, 관중

중국의 시장경제 원리 이야기

Story 01

관포지교 외에는 알려진 게 없는 인물

가장 기본적인 세 가지, 입는 것, 먹는 것, 사는 곳, 즉 의식주는 사람이 생명을 유지하고 살아가기 위해 가장 필수적인 요소다. 물론 인간으로서 더 나은 삶을 위해 도덕적 규범을 지키며 서로 도우며 살아가야 함은 물론이다. 하지만 먹고사는 문제가 해결되지 않고서는 이런 것들은 모두 부차적인 문제다. 이 문제에 가장 앞서가며 열린 마음을 갖고 있던 이가 바로 제나라의 관자(管子, 기원전 725~645)다. 관자의 이름은 이오(夷吾)이며 자(字)는 중(仲)이다. 이 가운데 관중(管仲)이라는 이름이 우리에게 가장 익숙하다.

지금까지 중국의 춘추전국시대라고 하면 유가나 도가 등의 사상가들이 주로 알려져 있다. 공자보다 170년 전에 태어난 관중은 역사적 인식의 전면으로 나온 적이 거의 없었다. 어찌 보면 대중에게는 가려진 존재라고 하겠다. 단지 포숙아(鮑叔牙)*와의 우정을 알려주는 고사성어인 관포지교(管鮑之交)로만 익숙할 뿐이다.

관중은 춘추시대인 기원전 725년, 지금의 상하이로부터 내륙으로 들어간 안후이성의 서북부 지방에서 태어났다. 당시 지방을 떠돌아다니며 장사를 했던 상인을 '상고(商賈)'라고 불렀는데, 관중도 이 상고 출신이었다. 관중은 정치가로 입문하여 제나라 환공을 도와 제나라를 춘추

___

* 포숙(鮑叔)이라고도 불리며, 기원전 716~644년 활동해 관중보다 1년 먼저 죽었다.

시대의 패권 국가로 성장시켰다.

관중은 한때 상인으로 일했던 것처럼 실용주의자였다. 그의 사상은 인(仁)과 의(義)의 대의명분을 내세우는 유가와, 무위자연의 초자연적 사상을 내세우는 도가와는 달리 질서를 중시했다. 그러면서도 오직 법으로 사회를 다스릴 수 있다고 보는 한비자(韓非子)의 법가와도 달랐다. 그는 하늘의 움직임과 순리 속에서 질서를 찾고, 그 질서 속에서 형식적인 것을 버리고 실리와 실용을 따르는 현실주의자였다. 관중의 실용이란 한마디로 백성을 잘살게 하는 것으로 것을 뜻한다.

그의 사상을 한마디로 비유하면 직선이다. 경영학에서 CPM(Critical Path Method, 주 경로 찾기)이라는 용어가 있다. 이것은 설정한 목표를 향해 시간과 비용을 최소화시키고 생산성을 높이기 위해 가장 빠른 방법을 찾는 것이다. 예를 들어, 어둡고 깜깜한 둥근 원(圓) 안의 한 지점에서 반대편 지점을 찾아갈 때 가장 가까운 경로는 지름이다. 이렇게 지름을 찾는 것처럼 경제성을 얻기 위해 최상의 경로를 만드는 것이 관중 사상의 핵심이었다.

Story 02

최초의 학문 연구기관을 세우다

인재를 양성하고 그들을 통해 국가의 경쟁력을 높이기 위해 나라마다 학문 기관을 만든다. 조선시대에는 집현전(集賢殿)을 두어 학자들로 하여금 학문을 연구하도록 했다. 8세기 이슬람 세계에서도 바그다드에

바이트 알히크마(Bait al-Hikma, 지혜의 집)라는 학문 기관을 두어, 여기서 그리스어 등 각국의 언어를 번역하고 과학 및 천문학 등을 연구하게 했다. 특히 이곳에서는 플라톤과 아리스토텔레스 같은 그리스 철학자들의 책을 번역하여 이를 이슬람 문화와 접목시켰고, 이것이 이슬람 특유의 문명을 만들어낸 산실이 되었으며, 오늘날 전세계 인구의 1/5을 차지하는 14억 이슬람의 발판이 되었다.

중국에서도 제나라는 수도인 임치(臨淄)에 직하학궁(稷下學宮)이라는 학문 연구 기관을 두어 전국의 우수한 인재들을 초청해 공부하도록 했다. 여기서 학문을 마친 사람들은 관직을 부여받거나, 혹은 그곳에 계속 머무르며 학문 연구를 이어갈 수 있었다. 직하학궁에는 뛰어난 학자들이 많이 모여들었다. 여기서 학자들이 사회, 경제, 정치를 연구하고 토론했다.

관중도 직하학궁에서 공부했다. 후일 맹자와 순자도 여기서 공부한 학자였다. 그리고 우리에게는 잘 알려지지 않았지만 지금 우리가 알고 있는 음양오행설을 체계화시킨 전국시대 말기 제나라의 추연(鄒衍)이라는 학자도 여기서 공부했다. 특히 한나라 초기의 정치가이며 천재 경제학자인 가의(賈誼)*와 조조(晁錯)** 같은 관료들이 관자를 읽고 그의 사상을 배웠다. 사마천도 관중의 여러 글을 읽고 나서 "매우 상세하구나, 관자의 말이여"라며 관중을 칭송했다.

기원전 390년 그리스에도 이와 비슷한 학문을 공부하는 기관이 있었는데, 바로 플라톤이 세운 아카데미아(Akademia)라는 학원이었다.

---

* 기원전 200~168년 한나라 문제(文帝) 때의 경제학자이자 정치가. 어릴 적부터 시와 글에 매우 뛰어나 천재라고 불렸다.
** 기원전 200~154년 한나라 경제(景帝) 때의 정치가. 중농주의와 중앙집권제를 주장했으며, 농민들의 농산물 거래 시 부피와 무게의 개념을 정립했다.

여기서 공부한 학자들을 '아카데미 학파'라 불렀다. 플라톤의 제자인 아리스토텔레스도 기원전 335년에 리케이온(Lykeion)이라는 학교를 세워 아테네 젊은이들을 교육시켰다. 여기에 '페리파토스(Peripatos)'라 불리는 유명한 숲속 오솔길 산책로가 있었는데, 아리스토텔레스가 이 길을 거닐며 젊은이들과 토론했다고 해서 그의 제자들을 페리파토스 학파, 혹은 소요학파라고 불렀다.

그리스의 아카데미아나 페리파토스는 우리에게 많이 알려져 있으나 그보다 300년이나 앞선 직하학궁에 대해서는 알려진 바가 거의 없다. 그러나 직하학궁이야말로 동양 사상의 산실로, 이곳을 통해 관중, 맹자, 순자 등 중국의 많은 사상가들이 학문을 쌓아나갈 수 있었다.

20세기 이후로는 전 세계가 미국의 영향력 안에 들었다. 이것은 19~20세기 초반에 설립된 미국의 각 연구소 및 대학이 매우 큰 역할을 했기 때문이었다. 특히 미국의 외교, 경제정책을 이끈 1916년에 설립된 브루킹스(Brookings) 연구소, 미국 노벨상의 산실이 된 미국 국립보건원의 암 연구소(1948년 설립), 새로 발명된 기술에 대한 세계 표준을 정하는 미국국립 표준기술연구소(1901년 설립) 등 많은 연구소들이 지금의 미국을 이끌고 있다. 하나라도 더 알아야 산다는 2,700년 전 관중의 사상이 그대로 실현되고 있는 것이다. 지금 우리에게도 해당되는 말이다.

Side Story 관중 기념관

관중이 살았던 당시에도 하늘을 중심으로 하여 주나라 때부터 내려오던 유학 사상이 있었다. 이를 선진유학(先秦儒學)이라고 한다. 관중은 공자의 정통 유학 사상이 확립되기 전의 사람이라 먹고사는 부(富)의 문제에 대해 자유롭고 솔직하게 접근할 수 있었다. 그리고 개인이 잘살아야 나라가 부강해진다는 지극히 단순한 부의 논리를 제한 없이 표현할 수 있었다. 이것이 오늘날 중국인들이 가장 좋아하는 개인의 부와 부국강병의 기틀을 추구하는 사상적 계기로 연결된다.

공자의 유교 사상은 인의나 예보다 부를 먼저 논하는 것을 금했다. 1840년 청나라의 아편전쟁 때까지 이런 금기가 이어졌다. 그래서 중국인들은 겉으로는 공자의 인과 예를 말하면서, 속으로는 먹고사는 문제에 집착한다는 인상이 퍼지게 되었다. 최근 중국 정부는 관중의 전통 경제 이론과 새로운 실용주의를 되살리기 위해 2004년 9월 16일 제나라 도읍지였던 산둥성 임치의 6만 평 대지 위에 약 50억 원을 들여 관중기념관을 개관했다.

이곳에서 관중의 경제 부흥을 통해 국민을 새롭게 하는 경제신민(經濟新民)과 부국강병을 찾는 것도 좋지만, 더불어 관포지교와 친구를 알아주는 지음(知音)을 찾아서, 중국이 이웃 나라와 공존하는 새로운 길을 찾았으면 하는 것이 필자의 바람이다.

춘추 전쟁의 시대

제나라의 관중을 이해하기 위해서는 춘추시대(春秋時代)의 시대적 배경을 먼저 알아두는 것이 필요하다. 기원전 1120년경에 건국된 주나라는 고대 중국의 종주국이었다. 주 왕조는 자신을 제외한 다른 민족들을 모두 오랑캐라고 불렀다. 주나라는 동쪽으로는 이(夷), 서쪽으로는 융(戎), 남쪽으로는 만(蠻), 북쪽으로는 적(狄)이라고 부르는 오랑캐 집단과 끊임없이 전쟁을 벌였다. 기원전 770년 주 왕조는 서쪽의 이민족인 견융족(犬戎族)의 침입을 받아 수도인 호경(鎬京)*이 함락되어, 그해에 도읍지를 동쪽에 있는 낙양(洛陽)으로 옮겼다.** 이때를 춘추시대의 시작으로 잡는다.

관중이 살았던 춘추시대는 주 왕조를 중심으로 제후국들 사이에 끊임없이 전쟁이 벌어지는 혼란한 시대였다. 세월이 흘러 주나라의 제후국이었던 진(晉)이 한(韓), 위(魏), 조(趙) 세 나라로 갈라지는데, 이것을 기점으로 주나라는 세력을 점차 잃어버려 유명무실해지고, 제후국들 간의 전쟁은 더욱 치열해진다. 이때를 기점으로 춘추시대가 끝나고, 전국시대(戰國時代)가 시작된다. 춘추시대와 전국시대에 이르는 550년, 도읍지를 동쪽의 낙양으로 옮긴 때부터 기원전 221년 진시황이 중국을

---

* 지금의 산시성 서안(西安)으로, 주(周)의 도읍지였다. 장안(長安) 등의 이름으로 진(秦), 한(漢), 수(隋), 당(唐) 시대까지 1,600여 년간 번영을 누렸던 도시다.
** 주나라가 낙양으로 도읍지를 옮기기 전까지를 서주(西周) 시대라고 부르고, 동쪽으로 옮긴 이후를 동주(東周) 시대라고 부른다.

통일하기까지의 시기를 춘추전국시대(春秋戰國時代)라고 부른다.

춘추전국시대라는 말은 모두 역사책에서 유래했다. '춘추(春秋)'는 공자가 저술한 역사서인『춘추』에서, '전국(戰國)'은 전국시대의 역사를 기술한『전국책』에서 유래했다.

춘추전국시대	춘추시대(BC 770년~BC 453년) 주요 인물 관자, 공자, 노자
	전국시대(BC 453년~BC 221년) 주요 인물 맹자, 순자, 한비자, 묵자

참고로 고대 중국에는 한자어는 다르지만 우리말로는 발음이 똑같은 제후국이 여럿 있었다. 즉 진(秦), 진(晋), 진(陳)과 위(衛), 위(魏) 그리고 한(韓), 한(漢) 등이 그것이다. 이들은 모두 다른 나라다.

Story 04

배고프면 전쟁에서 이기지 못한다

미국의 심리학자인 매슬로우(Maslow)는 인간의 욕구를 다섯 단계로 나누었다. 그 첫 단계는 생리적 욕구(Physiolgoical Needs), 즉 먹고 자는 일이다. 배가 부르면 그다음은 신체적으로 몸이 위험에 노출되지 않도록 보호를 받고 싶어 한다. 이를 안전의 욕구(Safety Needs)라고 한다. 자신이 안전하다고 느껴지면 그다음은 자신이 소속된 사회에서 소속감을 느끼고 다른 사람들로부터 인정받기를 원한다. 즉 사회

적 소속의 욕구(Belonging Needs)다. 그러고 나면 다른 사람들로부터 존경받기를 원하는 4단계에 이른다. 인간관계를 통한 사회적, 인적 네트워크를 더욱 단단하게 만들어가고 싶어 하는 4단계를 존경의 욕구(Esteems Needs)라 한다. 이것이 성취되고 나면 마지막으로 5단계인 자아실현의 욕구(Self-Actualization)에 이르게 된다는 것이 매슬로우의 욕구 이론이다.

어렸을 때부터 배고팠던 경험을 많이 한 관중은 이와 비슷한 생각을 가졌다. 사람은 우선 배가 불러야 하며, 그런 다음 안전한 곳에서 다치지 말아야 한다. 이런 생각을 한 것에는 시대적 배경이 있다.

춘추시대는 주 왕조 중심의 중앙 통치력이 점점 쇠약해지고, 전쟁과 동맹을 통해서 여러 제후국들이 자국의 이익을 취하며 강력한 지위를 만들던 시대다. 대부분의 제후들은 주나라 왕실에 대한 충성과 종속 관계를 유지했지만, 평소 왕실에 불만을 가진 일부 제후들은 주나라 왕실과는 별도로 자신들의 특색에 맞는 정치, 사회, 경제, 군사 정책을 만들어갔다.

이들은 자연히 강한 제후국과 약한 제후국으로 나뉘게 되었고, 강한 제후국들은 세력을 더욱 팽창시켜 독자 세력으로 커졌다. 제후국들 사이에는 세력 확장을 위한 경쟁이 일어났고, 이는 국가 간 전쟁으로 번졌다. 이렇게 되면서 강한 제후국과 주 왕실의 주종 관계는 흔들릴 수밖에 없었다. 결국 충성과 종속 관계는 서서히 붕괴하기 시작했다.

『좌전(左傳)』에 의하면 춘추시대에는 500회가 넘는 이민족과의 전쟁과 100회가 넘는 제후국 간의 전쟁이 있었다. 소규모 전투까지 합치면 대략 1,200회가 넘는 전쟁이 있었던 것으로 전해진다. 춘추시대 초기 100여 개국이었던 제후국들이 춘추시대 말기에 이르러 약한 제후국은 모두 강한 제후국에게 흡수되어 강대국 13개국*과 약소국 서너 개국으로 줄었다. 이는 약육강식의 시대에 제후국 간의 전쟁이 얼마나 치열했던가를 보여준다. 또한 그만큼 주 왕실이 쇠약해졌다는 것을 뜻한다. 치열한 전쟁의 와중에 가난하게 성장한 관중이 자연스럽게 가장 먼저 찾은 것은 먹고사는 문제였다. 관중에게 예의범절 같은 건 모두 후차적인 것이었다. 그렇다고 예와 의를 전혀 무시한 것은 아니었다. 단지 환경과 때에 따라 예와 의를 지나치게 강조하는 것을 경계하여 "지나친 것은 모자란 것만 못하다"라는 과유불급(過猶不及)을 기준으로 삼았다. 관중은 전쟁을 통해서 전쟁의 참혹함을 경험했다. 그래서 그는 이렇게 말했다.

군대는 도를 갖추거나 덕이 지극할 필요는 없지만, 왕을 보좌하고 패업을 이루기 위해서는 도덕과 예의가 필요하다. 그러나 지금 군대를 운용하는 데에는 도와 덕보다는 우선 먹을 것이 부족하지 말아야 한다. 먹을 것이 부족하면 전쟁에서 이기지 못한다. 전쟁에서 이기더라도 죽거나 다친 사람이 없어야 한다. 영토를 차지하더라도 죽거나 다친 사람이 많으면 그 나라는 오래가지 못한다.

관중은 춘추시대라는 전쟁과 사회적 변동의 시기를 겪으면서 자신이 직접 겪은 경험을 통해 현실적인 삶의 방식을 제시했다. 지금 우리가 흔히 말하는 '사람은 다치지 말아야 한다'라는 안전과 인명존중 사상은 2,700여 년 전 이미 관중에 의해 실현되고 있었다. 그는 전쟁에도 예와

---

*   『사기』 제후 연표에 따르면 노(魯), 제(齊), 진(晋), 진(秦), 진(陳), 초(楚), 송(宋), 위(衛), 채(蔡), 조(曹), 정(鄭), 연(燕), 오(吳)의 13개 나라다.

도가 필요하다고 강조했다. 현실주의와 인본주의가 함께 어울려 성장해야 된다는 것이 그의 기본 철학이자, 이 시대를 살아가는 우리가 배워야 할 철학이다.

모든 것에는 때가 있는 법이다

『주역(周易)』에 의하면 우리가 사회적인 시스템, 즉 사회적 제도에 참여하는 데 가장 중요한 것은 모든 것에 때(時)가 있음을 아는 것이다. 이것을 주역에서는 다음과 같이 풀이한다.

변할 때가 있으며: 시변(時變)
쓰일 때가 있고: 시용(時用)
행동할 때가 있으니: 시행(時行)
이것들이 모두 어우러져 때에 맞게 함을 이르는 것이다: 시중(時中)

시중은 명분과 실리가 같아지는 상태다. 명분과 실리는 항상 절대적

---

* 『역경(易經)』이라도 한다. 고대 중국 사람들은 거북의 등을 이용해서 점을 봤다. 그러나 거북 등의 모양이 너무 복잡해서 사람들이 기억하기가 쉽지 않았다. 그래서 삼황의 한사람인 복희씨가 처음으로 거북 등의 점사를 쉽게 일정한 규칙으로 풀어 8개의 괘(卦)를 만들었다. 후대 사람들이 거북 등의 복잡했던 점사를 팔괘로 쉽게 풀이했다고 해서 이것을 '역(易)'이라 했다. 그 후 주나라 무왕이 괘의 의미를 풀이하여 주나라의 역, '주역(周易)'이라고 했다. 사서삼경(四書三經) 중 하나다.

으로 똑같은 가치관이 아니고, 경우에 따라 대립하고 갈등하기 마련이다. 그래서 이 둘을 서로 일치시키는 판단이나 선택은 매우 중요한 일이다. 어떤 때는 명분론에 얽매여 현실적 판단을 제대로 못할 경우가 있고, 그 반대로 실리만을 추구하다가 명분을 잃어버릴 때가 있다. 즉 한쪽으로 치우쳐 균형을 잃는 경우가 있다. 그래서 균형을 맞춘 상태인 시중이 필요하다. 시중(時中)은 때의 시기와 상황에서 그 쓰임(時用)이 서로 변하면서(時變) 현상의 본질을 정확히 이해할 때(時行)에만 생기는 중용의 지혜를 말한다.

이러한 시중의 상황을 정확히 인지해야 사회적 시스템 안에서 자신이 원하는 합의를 만들어낼 수 있는데, 이것을 현실에 가장 적절하게 적용한 사람이 바로 관중이었다. 그렇다면 관중이 중시한 때(時)라는 것은 무엇일까? 관중은 자연의 섭리에서 그 예를 들었다.

봄에는 새로 나온 싱싱한 채소를 먹고, 여름에는 그늘진 서늘한 곳에서 지내며, 가을에는 잘 익은 과일을 먹고, 겨울에는 불을 때며 따뜻하게 산다. 모든 현명한 사람들은 활동할 때와 조용히 기다리고 있을 때, 문을 열 때와 닫을 때, 굽힐 때와 펼 때, 열심히 일할 때와 편안히 쉴 때, 줄 때와 받을 때가 반드시 있는 법이다. 때가 맞으면 움직이고, 때가 맞지 않으면 조용히 머문다.
이 때문에 선비들은 뜻을 가지고 있어도 때가 아니면 바깥으로 나서지 않는다.

그래서 관중은 사람들이 난세에 처했을지라도 자신을 겸손히 낮추며 조용히 때를 기다리면 기회가 찾아올 것이며, 때를 안다는 것은 마치 여름철에는 그늘로 가서 쉬고, 겨울에는 따뜻한 곳에 머무는 것과 같은 것이며, 추위와 더위의 재난을 피할 수 있는 것과 같다고 말한다. 이것은 150년 후 공자와 노자의 대화에서 노자가 언급하는 내용이다. 노자 역시 때(時)를 매우 중시해서 군자의 비유를 들어 공자에게 다음과 같이 말했다.

군자도 때를 만나면 관직에 나아가지만, 때를 잃어버리거나 못 만나면 이리저리 날려 다니는 홀씨처럼 떠돌아다니는 유랑의 신세가 될 것입니다.

모두에게 권고하는 말이다. 유랑의 신세를 면하려거든 때를 잘 찾아라. 두보(杜甫)의 '춘야희우(春夜喜雨)'**라는 시 한 편을 소개하겠다. 때에 관한 아름다운 시다. 때를 맞추어 내리는 봄비를 맞아 꽃이 피어나듯, 비록 어두운 시절이지만 때가 되면 밝은 미래가 온다는 희망의 시다.

봄날 밤에 내리는 반가운 비

반가운 비가 때를 알아서 내리니,
지금 봄, 만물이 싹트고 자라나네.
내리는 비는 바람결을 따라 조용히 밤을 맞이하니,
소리 없이 만물을 적시네.
들길은 어둠에 덮여 깜깜한데,
강 위에 떠 있는 배는 홀로 불을 밝히고 있구나.
새벽에 붉게 젖은 땅을 보니,

** 712~770년. 이백과 함께 중국 역대 최고의 시인으로 칭송을 받는 두보가 안사(安史)의 난을 피해 쓰촨성 성도(成都)로 가족과 함께 피신했을 때 지은 시다.

금관성^{***}의 꽃이 활짝 피었도다.

두보가 안록산의 난을 피해 가족을 데리고 쓰촨성 성도로 피신해서 힘들게 살던 49세 때 지은 시다. 두보가 피신해온 성도에는 몇 달 동안 비 한 방울 내리지 않는 매우 심한 가뭄이 지속되어 백성들이 매우 힘든 나날을 보내고 있었다. 두보는 비가 오길 무척 갈망하고 있었는데, 때마침 어느 날 밤에 반가운 봄비가 내렸다. 이 시는 가뭄의 시련을 딛고 '때를 찾아' 내린 봄비에 대한 아름다운 희망을 노래한 시다. 얼마 전 한국의 대통령이 중국을 방문했을 때 중국 국가주석에게 '모든 것에는 때가 있기 마련이다'라는 의미를 설명하기 위해 두보의 '춘야희우'를 인용해 읊은 것이 화제가 되기도 했다.

***　성도(成都)의 옛 이름으로 두보가 안록산의 난을 피해 피신하여 친구의 도움을 받아 지내던 곳이다.

Side Story 전화기 발명가가 바뀐 때

'기회'란 '때'를 말하는 것이려니와 이것은 누구에게나 공평하게 있는 것이다. 그러나 이것은 아무것도 하지 않고 가만히 있는데 저절로 주어지는 것은 아니다. 꾸준히 노력하는 가운데 찾아오는 것이다.

전화를 발명한 알렉산더 벨(Alexander G. Bell)은 이런 말을 남겼다. "한쪽 문이 닫히면 다른 문이 열린다. 하지만 우리는 닫힌 문만 오랫동안 보고 집착해서 열린 다른 문을 보지 못한다." "지금 하는 일에 집중하라. 하나의 초점이 모아질 때만 햇빛은 불꽃을 낸다." 이런 말은 하나의 가능성을 찾아 끝까지 나아갈 때 우리는 기회를 맞게 된다는 뜻이다.

우리는 전화기를 최초로 발명한 사람을 미국의 알렉산더 그레이엄 벨로 알고 있다. 그는 1876년 8월 3일 처음으로 사람의 목소리를 전파를 이용한 전보로 보내는 데 성공했다. 이것을 발판으로 삼아 1877년에 현재 미국의 최대 통신회사인 AT&T를 설립했다. 그러나 벨은 인간의 음성을 전보로 보내는 것에만 성공했지 이것을 수신할 수 있는 도구, 즉 수신기는 미처 생각하지 못했다. 그런데 이탈리아의 안토니오 메우치(Antonio Meucci)라는 과학자가 1871년 전화기를 만들어서 특허 신청을 했다. 그러나 그 설계도면을 분실하는 바람에 돈이 없어서 자신의 특허를 인정받지 못했다. 이러한 사실이 인정되어 2002년 미국 의회는 전화기를 최초로 발명한 사람을 알렉산더 벨이 아니라 안토니오 메우치로 정식 인정했다.

우리가 그동안 알고 있었던 최초로 전화기를 발명한 사람이 뒤바뀐 순간이다.

Story 06
진짜 친구는 다르다

독일어로 '샤덴프로이데(Schdenfreude)'라는 말이 있다. '샤덴'은 고통과 손실이라는 뜻이고, '프로이데'는 기쁨과 환희라는 뜻인데, 이 둘을 합해서 심리학 용어로 친구나 남이 잘되는 것을 못 보는 경우, 즉 남의 불행이나 고통을 보면서 느끼는 기쁨을 말한다. "사촌이 땅을 사면 배가 아프다"라는 우리 속담처럼, 자신의 일을 자랑하며 잘나가던 친구가 어느 날 갑자기 실패했을 때 속으로 고소하다거나 쌤통이라고 느끼는 경우를 말한다.

그런데 관중의 친구 포숙아는 달랐다. 제(齊)나라 13대 왕 희공(僖公)*에게는 제아(諸兒)와 규(糾), 막내 소백(小白) 이렇게 세 아들이 있었다. 기원전 698년 희공이 죽자 큰아들인 제아가 9년간 제나라를 통치했는데, 제아는 여색과 술에 빠져 폭정을 일삼으며 관리와 백성을 못살게 굴었다.

이에 두 동생도 자신들에게 해가 돌아올 것이 두려워 둘째 규는 관중과 함께 노(魯)나라로 도망쳤고, 셋째 동생은 포숙아를 데리고 바로 옆 나라인 거(莒)나라로 도망쳤다. 이렇게 두 형제와 관중과 포숙아가 갈라졌다.

이때 제나라가 혼란한 틈을 타서 노나라가 제나라를 공격했다. 그러

---

*   환공의 아버지로 기원전 730년~698년까지 32년간 제나라 왕으로 재위했다.

나 노나라는 제나라에 패하고 말았다. 여기서 관중은 희공의 셋째 아들 소백을 적으로 생각하고 활을 쏘아 허리에 부상을 입혔다. 포숙아가 모시던 소백이 부상을 당하게 되니 친구 사이인 관중과 포숙아는 완전히 갈라선 꼴이 되었다.

제나라는 큰형 제아의 통치를 끝내고 백성들과 관리들은 인품과 덕을 갖춘 소백을 임금으로 옹립했다. 이 임금이 바로 환공(桓公)이다. 새롭게 왕으로 즉위한 환공이 제일 먼저 할 일은 혼란스러운 나라를 안정시키는 일이었다. 환공은 자신을 도왔던 포숙아를 재상으로 삼으려고 불렀다. 포숙아는 환공이 어려울 때도 변하지 않고 끝까지 섬긴 신하였다. 그러나 포숙아는 겸손히 벼슬을 사양하며 이렇게 말했다.

"신은 왕의 신하에 불과합니다. 왕께서 신에게 덕을 베풀어주셔서 신을 따뜻하게 해주셨으며 굶주리지 않게 해주셨습니다. 만약 꼭 나라를 다스리려 하신다면, 그 적임자는 신이 아니라 관중입니다. 제가 관중보다 못한 것이 다섯 가지 있습니다.

첫째는 백성들을 너그럽게 포용하고 덕을 베풀어 사랑하는 것이 그보다 못하고,

둘째는 나라를 규율과 법도로 다스리는 것이 그보다 못하고,

셋째는 충성과 신의로 제후와 협력하는 것이 그보다 못하고,

넷째는 예의와 법규를 만들어 백성 모두가 본받게 하는 것이 그보다 못하고,

다섯째는 갑옷을 입고 투구를 쓰고 북채를 잡고 군사를 일으켜 용감하게 백성들을 따르게 하는 것이 그보다 못합니다.

관중은 백성의 부모입니다. 장차 자식을 다스리고자 한다면 부모를 버릴 수 없습니다."

이 말을 들은 환공은 과거에 자신이 관중으로부터 화살로 허리를 맞았

던 일을 상기하면서 말했다. "관중은 직접 활을 쏴 과인의 허리띠를 맞혀서 하마터면 내가 죽을 뻔했소. 그런데 그를 등용한다는 것이 말이 되오?"

포숙아가 답했다. "그때 그 사람은 자신의 주군을 위해 행동했습니다. 만약 이번에 왕께서 그를 용서하시어 돌아오게 하신다면 그는 왕을 위해서도 그렇게 할 것입니다."

그러나 환공은 관중을 받아들이기 어려웠다. 포숙아는 환공에게 과거에 관중과 있었던 일을 자세하게 들려주고는 자신의 생각을 이야기했다. 관중과 포숙아는 함께 장사를 한 친구였다. 포숙아의 말을 자세히 듣고 나서 환공이 말했다. "그렇다면, 어떻게 하면 관중을 불러올 수 있겠소?"

관중은 첫째 아들 제아의 폭정을 피해서 지금 규와 함께 노나라로 도망친 신세였다. 관중의 능력과 재능을 잘 알고 있던 노나라에서는 관중을 국정을 책임질 대부로 등용하려고 계획하고 있었다. 포숙아가 말했다. "서두르십시오. 서두르지 않으시면 관중을 노나라에 빼앗길 것입니다. 노나라에 시백이라는 대부가 있는데, 그는 관중의 지혜와 능력을 잘 알고 있습니다. 노나라 왕은 관중에게 노나라 일을 맡기려 할 것입니다."

포숙아가 계속 말을 이었다. "제나라의 사직을 안정시키길 원하신다면 관중을 빨리 맞아들이십시오."

환공이 다시 말했다. "정말 그렇게 해도 괜찮겠소?"

과거 관중이 자신에게 했던 행동 때문에 계속 부정적인 입장을 고수하던 환공도 포숙아의 말을 믿고 관중을 등용했다. 관중도 포숙아의 이야기를 전해 듣고는 친구의 말을 전적으로 신뢰해 환공을 만났다. 이렇게 되면서 제나라 역사는 관중과 함께 새롭게 시작되었다. 포숙아는 정치적으로는 반대편에 섰지만 소중한 친구였던 관중을 끝까지 믿었다. 포숙아가 환공에게 관중을 천거한 것이야말로 춘추시대의 가장 중요한 전환점이었다.

Story 07
친구 포숙아는 또 다른 나 자신이다

'지음(知音)'이라는 말이 있다. 글자 그대로 해석하면 '소리를 알아듣다'는 뜻이다. 그러나 이 단어에는 각별한 의미가 있다. 그것은 '자신을 잘 이해해주고 자신의 말을 경청해주는 둘도 없는 아주 가까운 친구'라는 의미다.

춘추시대 때 백아(伯牙)와 그의 친구 종자기(鍾子期)라는 인물이 있었다. 백아는 거문고를 잘 탔고, 종자기는 백아의 연주를 잘 들어주는 둘도 없는 친구였다. 백아가 거문고로 높은 산의 느낌을 연주하면 종자기는 "아주 훌륭하다. 높이 솟은 태산과 같은 느낌이다"라 했고, 연주가 마치 물 흐르는 듯하면 "멋있다. 그 느낌이 넘칠 듯이 흘러가는 강물과 같다"라며 백아가 연주하는 그대로를 늘 알아듣고 칭찬했다.

그런데 어느 날 종자기가 갑자기 병으로 세상을 떠났다. 백아에겐 세상에서 자기를 알아주던 친구가 없어진 것이었다. 백아는 더 이상 자신의 음악을 제대로 들어줄 사람이 없다는 것을 알고 거문고를 부수고 현을 모두 끊어버렸다. 그러고는 죽을 때까지 거문고를 연주하지 않았다.

이것을 백아가 거문고 현을 끊어버렸다고 하여 백아절현(伯牙絶絃)이라 한다. 이 말은 진나라 진시황 때 여불위가 쓴 『여씨춘추(呂氏春秋)』에서 나온다. 이때부터 자신을 이해하는 가장 소중한 친구를 이를 때 '지음'이라는 표현을 쓴다.

마찬가지로 관중에게는 어릴 때부터 친구인 포숙아가 있었다. 관포지교(管鮑之交)는 관중과 포숙아의 관계라는 뜻으로, 친구 사이의 두터운 우정을 비유할 때 흔히 사용하는 말이다. 진정한 친구 관계가 맺어지기 위해서는 그 바탕에 서로를 이해하는 마음이 있어야 가능하다. 관중과 포숙아의 관계는 관포지교라는 말을 들을 정도로 서로에 대한 진실한 마음이 바탕에 있었다. 포숙아는 관중의 어려웠던 과거를 알아주었고, 또한 둘은 서로를 잘 이해하는 마음을 가지고 있었다. 관중이 사람을 사귀는 가장 기본적인 생각은 바로 진실성이었다. 그래서 그는 늘 이렇게 말했다.

"겉으로만 좋아하는 벗은 친하지 않은 것과 같다. 겉으로만 친한 척하는 사귐은 결과가 없는 것과 같고, 겉으로만 베푸는 덕은 보답으로 돌아오지 않는다. 진심을 다해 마음의 덕을 베푸는 사람은 사방에서 사람들이 모여든다."

관중과 포숙아 두 사람은 함께 제나라에 살면서 청년 시절부터 여러 지방을 돌아다니며 장사를 하며 서로 매우 친하게 지냈다. 포숙아는 가난한 관중의 성실하고 진솔한 마음을 잘 알아주었다. 관중은 가난하다는 열등감 때문에 처음에는 포숙아와 거리를 두었고, 포숙아를 많이 속였다. 하지만 포숙아는 그러한 일을 일일이 따지지 않고 관중을 잘 이해해주었다. 관중은 포숙아에 대해 이렇게 말했다.

"내가 예전에 매우 가난했을 때 포숙아와 함께 장사를 한 적이 있었다. 이익을 서로 나눌 때 내가 더 많이 차지하곤 했다. 그럼에도 포숙아는 나를 탓하지 않고 오히려 나를 이해했다. 그것은 포숙아가 내가 가난하다는 사실을 알고 있었기 때문이었다. 예전에 내가 포숙아를 대신해서 어떤 일을 벌이다가 실패해서 그를 곤궁에 빠뜨리고 힘들게 한 적이 있었다. 그러나 포숙아는 나를 어리석다고 비난하지 않았다. 그것은 일을 하다 보면 시운이 좋을 때와 나쁠 때가 있다는 것을 포숙아가 알고 있기 때문이었다. 또 내가 일찍이 세 번이나 벼슬길에 나섰다가 세 번 모두 군주에게 쫓겨난 적이 있었는데, 이에 대해 포숙은 나를 못났다고 여기지 않았다. 내가 그렇게 된 것은 아직 때를 만나지 못했을 뿐이라는 걸 알고 있었기 때문이었다. 그리고 내가 세 번이나 전쟁터에 나가 세 번 모두 도망쳤을 때가 있었는데, 그때에도 포숙은 나를 비겁하다고 여기지 않았다. 그것은 나에게 늙으신 어머니가 있음을 알고 있었기 때문이었다.

왕의 아들 규가 왕권에서 패하자 나와 함께 규를 모셨던 소홀(召忽)*은 죽고 나는 붙잡혀 굴욕을 당했을 때에도 포숙은 나를 염치도 없는 자라 여기지 않았다. 그것은 내가 사소한 일에는 부끄러움을 느끼지 않으나 천하에 공명을 날리지 못한 것을 수치로 여기고 있음을 알고 있었기 때문이다. 나를 낳아준 이는 부모님이지만 나를 알아준 이는 포숙아다."

아리스토텔레스가 말했다. "친구는 또다른 자기 자신이다."

---

* 제나라 희왕이 죽고 권력 다툼으로 내부적으로 혼란했을 때 희왕의 둘째 아들 규는 관중과 대부 소홀을 데리고 노나라로 피신했다. 시간이 지나 제나라가 평온을 되찾게 되자, 소홀은 관중에게 제나라로 돌아가도록 하고 자신은 노나라에서 죽음을 택했다. "나는 이제 마음을 정했습니다. 앞으로 당신은 재상으로 제나라를 도울 것이며 나 소홀은 제나라를 곁에서 도울 것입니다. 그러나 주인은 죽게 하고 내 몸은 살아서 쓰임을 받으면, 이는 또 한 번 나를 욕되게 하는 것입니다. 당신은 살아서 신하 노릇하고 나 소홀은 죽어서 신하 노릇하겠습니다." 이 말을 남기고 소홀은 자결하고, 관중은 제나라로 돌아가 포숙아의 추천으로 제나라 재상이 되었다.

수상은 여기서 나왔다

　'상(相)'이라는 직책이 있다. 지금 우리가 사용하고 있는 재상(宰相), 수상(首相) 등에 나오는 '상'이라는 직책은 누가 어떻게 만든 것일까?

　제나라 환공 이전에는 행정 조직에 군주를 보필하는 지금의 비서실 같은 직책이 없었다. 관중은 제나라의 행정 제도를 개혁하면서 '상(相)'이라는 독특한 직책을 만들어 환공을 보필하고 모든 관리를 다스렸다. 또한 자신이 재상(宰相)의 직으로 일하면서 모든 조직을 총괄했다. 관중이 만든 이 '상'이라는 직책은 중국 역대 정치 제도에 많은 영향을 미쳤다. 환공이 포숙의 추천으로 관중을 등용하고는 첫해에 관중을 불러 물었다.

　"사직을 안정시킬 수가 있겠소?"

　"왕께서 패왕이 되시면 사직이 안정될 것이고, 왕께서 패왕이 되지 않으시면 사직이 안정될 수 없습니다."

　"나는 감히 이처럼 큰 목표를 생각하지도 않았소. 다만 사직의 안정만 바랄 뿐이오."

　관중이 다시 패왕이 되기를 간청했으나 환공은 "그것은 불가능 하오"라고 답했다. 얼마 후 환공은 다시 관중을 불러들였다.

　"알겠소, 나라를 다스리는 일을 위해서 힘써주시오."

　관중은 환공의 이 말을 듣고 머리를 조아려 두 번 절하고 일어나면서 말했다.

　"오늘 왕께서 천하를 다스리는 패업을 성취하시기로 마음을 먹었다면 신은 명령을 받들고 과업을 성취하기 위해서 '상(相)' 자리에 오르겠습니다."

환공의 목표는 오로지 나라의 사직을 안정시켜서 모든 백성들이 편안하게 사는 것이었다. 그런데 관중의 목표는 그것과 함께 환공을 '춘추의 패자*'로 만드는 것이었다.

어느 날 환공은 관중을 다시 불렀다.

"이런 일을 하기 위해서는 조금이나마 군비를 확충해야 하지 않겠소?"

"안 됩니다. 그러면 백성이 궁핍하게 됩니다. 환공께서는 우선 백성과 함께해야 합니다. 군대보다도 백성들을 우선해서 후하게 대해야 합니다. 제나라는 사직도 아직 안정이 안 되었는데 백성을 우선하지 않고 군대를 우선하게 되면 밖으로는 제후들과의 관계도 제대로 정립되지 못하고, 안으로는 백성들과의 친밀함도 모두 잃어버립니다."

"알겠소."

관중으로부터 시작된 '상(相)'이라는 직책은 가장 먼저 백성을 위해서 군주를 보필하고 국가의 군사 및 제례 등 전체 관직을 총괄하는 자리였다. 이것이 역사를 거듭해 내려오면서 실질적인 수상의 직으로 정착되었으며, 모든 조직을 총괄하는 직책으로 지금까지도 많은 국가들이 사용하는 용어가 되었다.

---

* 춘추시대의 강대국 다섯 나라로 보통 제(齊), 진(晉), 초(楚), 오(吳), 월(越)을 말한다. 이들 다섯 강대국은 동맹을 맺고 서로 돌아가면서 맹주를 결정했는데, 이 맹주를 '패자(霸者)'라고 칭했다. 이 다섯 군주를 오패라고 불렀으며, 이는 제나라의 환공, 진나라의 문공, 초나라의 장왕, 오나라의 합려, 월나라의 구천을 말한다. 이중 가장 먼저 패권국이 된 것은 제나라의 환공이었다. 그래서 환공이 제일 먼저 춘추 오패의 패자가 되었다.

지도자가 솔선수범하라

사람에게 가장 중요한 문제는 먹고사는 문제다. 『총, 균, 쇠』를 저술한 재레드 다이아몬드 교수는 옛날 아프리카나 하와이에서 마을의 추장이 수확기에 마을의 모든 농민들로부터 수확한 곡물을 모두 거둬들인후 저장해두었다가 필요할 때에 주민들에게 조금씩 나누어 주는 식으로자신의 권위를 높여갔다고 한다. 마을 사람들이 자신을 따르게 하고 추장의 지위를 유지하기 위해, 마을 사람들을 먹는 것으로 통치한 것이었다. 그만큼 먹는 문제는 예나 지금이나 가장 중요한 이슈인 것이다.

마찬가지로 관중 역시 백성들이 먹고살기 위한 경제적인 현실을 최우선으로 생각했다. 먼저 백성의 생활이 풍족해야 그것을 바탕으로 예의범절이 반듯해지고 사회가 안정될 수 있다는 생각을 가졌다. 그래서관중은 군주가 백성의 소리를 잘 듣고, 백성이 원하는 것을 뜻대로 베풀어주고, 백성이 원치 않는 것은 그 이유를 찾아서 백성을 설득하고 이해시키도록 하는 정책을 펼쳐야 하며, 그래야만 부국강병(富國強兵)을 이룰 수 있다는 생각을 사상의 근저로 삼았다. 그리고 아무리 명분이 좋은국가 정책이라도 백성들의 삶이 궁핍하면 아무런 의미가 없다고 여겼다. 그는 철저한 민본주의자였다.

창고에 곡식이 가득 차야 예절을 알고, 옷과 먹을 양식이 풍족해야 명예와 치욕을 알고, 군주가 법도를 잘 지키면 온 가족이 화목하게 결속한다. 그러나 나라를 다스리는 데 필요한 네 가지 원칙, 즉 예, 의, 청렴함, 부끄러움을 제대로 알지 못하면 나라가 망한다. 그리고 군주가 내리는 지시나 명령은 마치 물이 높은 곳에서 낮은 곳으로 흐르는 것처럼 자연스러워야 민심에 올바로 순응할 수 있다.

어느 날 환공이 관중에게 어떻게 해야 백성들을 잘 다스릴 수 있는지 물었다. 관중은 평소 갖고 있던 생각을 말했다.

"백성을 다스리는 군주는 사계절의 농사일에 힘쓰고 우선 곡식 창고에 먹을 양식이 가득하도록 지켜야 합니다. 나라에 재물이 많으면 먼 곳에 있는 백성들이 찾아옵니다. 그리고 창고에 곡물이 가득 차면 백성은 예절을 알게 됩니다. 먹고 입는 것이 풍족하면 백성이 영예와 부끄러움을 알게 됩니다. 지금 군주께서 몸소 농기구를 들고 땅을 개간하여 여기서 곡식을 수확하신다면, 백성들은 그것을 따라서 배워 양식을 배불리 먹을 수 있고, 논과 밭을 가질 수 있습니다."

"그러나 여전히 거리에 굶주리는 사람이 있으니 어찌 된 일이오?"

"이는 부유한 사람들이 양식을 창고에 몰래 재어놓았기 때문입니다. 그리고 몇 안 되는 소수의 부유한 사람이 재물을 독점하고 있기 때문입니다."

군주가 직접 농기구를 들고 밭에 나가 백성들과 함께 일을 하면 모든 백성이 이를 보고 따라 하지 않을 수 없다. 이렇게 군주의 도리가 바로 솔선수범이라는 것이 관중의 사상이었다. 그리고 자신의 생각을 환공을 통해서 펼치려 했다.

관중은 우선 군주가 솔선수범해서 백성들의 본이 되어야 하고, 백성들이 배가 불러야만 예의범절을 바로 알고 청렴함과 부끄러움을 알게 되며, 그래야만 나라를 잘 다스릴 수 있다는 경제 사상을 가지고 있었다.

Story 10
이 세상에 공짜는 없다

상대를 먼저 생각하는 것이 관중의 정치 사상이었다. 하루는 환공이 관중에게 참다운 정치의 비결은 무엇인지 물었다. 이에 관중이 답했다.

"주는 것이 바로 얻는 수단이라는 것을 아는 것입니다(將欲取之, 必固與之)."

바로 등가교환(等價交換)의 법칙이다. 내가 원하는 것을 얻기 위해서는 일단 그에 해당하는 대가를 지불하는 것부터 시작해야 한다. 특히 같은 가치를 가진 두 상품을 교환하기 위해서는 내가 가진 것부터 내주어야 한다. 사람이라면 모두 이러한 생각을 갖고 있기 때문에 어느 누구도 등가교환의 법칙을 피할 수 없다.

이 등가교환의 법칙을 철저히 적용한 것이야말로 관중의 사상이다. 관중의 사상은 '이 세상에 공짜는 없다', '사람은 원하는 것이 있다'라는 것을 전제로 한다. 상대가 원하는 것이 내 눈에 보이지 않을 때에는 내가 상대에게 무엇인가를 만들어서 주거나, 아니면 내가 먼저 베풀어야 한다.

관중은 이런 사상을 바탕으로 상대에 대한 배려를 통해 자신이 원하는 것을 얻을 수 있음을 알았다. 국가의 이익을 찾는 방법도 마찬가지였다. 제후국과의 관계에서도 제나라의 이익을 위해 이런 사상을 정치적으로 적절하게 활용했다.

상대가 용감해지고 싶어 할 때, 내가 상대를 용감해질 수 있도록 해주면 남들이 나를 공경할 것이며, 상대가 이익을 얻고자 할 때, 내가 이익을 얻도록 해주면 남들은 나를 어질다고 할 것이다. 상대가 알고 싶어 할 때, 내가 알도록 해주면 남들이 나를 총명하다고 할 것이다. 어떤 일을 할 때는 조심하고 조심하여 조금씩 달라지도록 해야 하며, 반드시 한 번 더 생각하여 남에게 드러나지 않도록 해야 한다.

이와 같이 다른 사람으로부터 이익을 얻고자 한다면, 먼저 그 사람에게 이익을 줄 수 있는 여건을 만드는 것이 이익을 얻을 수 있는 가장 현실적인 방안이다. 이러한 등가교환의 법칙을 가장 철저히 실행하고 그 방법론을 제시한 사상가가 바로 관중이다.

미국의 경제학자 조지 길더는 저서 『부와 빈곤』에서 "자본주의는 주는 것에서부터 시작된다(Capitalism begins with giving)"라고 언급했는데, 이 말을 기준으로 본다면 자본주의의 기본 바탕은 이미 관중으로부터 시작되었다 해도 지나친 말이 아닐 것이다.

Story 11

소비를 해야 돈이 생긴다

그동안 관중의 실용주의 사상은 유가와 도가 사상에 묻혀 있었다. 우리는 유교적인 잣대로 평가한 중국이리는 나라는 알고 있었으나, 실용주의 사상에 물든 현재의 중국은 제대로 알지 못한다.

관중을 제대로 앎으로써 현재 중국이라는 나라와 중국인을 이해하는 데 커다란 도움을 얻을 수 있을 것이다. 중국인의 근저에는 소비, 즉

돈을 쓴다는 사유가 들어 있다. 지금도 중국의 부유한 사람들은 돈 쓰는 것을 좋아한다. 이런 생각이 바로 관중으로부터 나왔다. 관중은 소비를 강조했다. 관중은 민생을 안정시키기 위해서는 부유한 사람들이 소비를 많이 해야만 돈이 풀려서 생산과 유통이 활발해지고, 그렇게 되면 물건을 생산하는 수공업이 활성화되어 일반 백성들이 생산 활동에 참여할 수 있는 기회가 많아지고, 그 결과 백성들의 소득이 올라가서 사회적 안정을 이룰 수 있다고 주장했다. 그는 요즘 회자되는 소득 주도형 경제 성장을 처음으로 주장한 인물이었다.

『관자』에는 치미(侈靡) 편이 있다. 분수에 넘을 치(侈), 많이 소비할 미(靡), 즉 '분수에 넘는 사치'를 이를 때 사용하는 말이다. 어느 날 환공이 관중에게 물었다.

"백성들이 힘들어할 때 백성을 잘 다스리기 위해서는 어떻게 해야 하오?"

"치미(소비를 많이 하는 것)보다 더 좋은 것은 없습니다."

"소비를 많이 하도록 할 때 임금께서는 아름다운 보물을 많이 갖고 되고, 제후는 금과 보화를 갖게 되고, 대부는 개와 말을 기르며, 백성은 베와 비단을 가지게 될 것입니다. 이와 같은 섭리를 잘 활용하면 백성을 부유하게 할 수 있습니다. 치미의 뜻을 정확히 알고 그 일을 수행할 전문 관리를 등용해야 합니다. 그렇게 되면 군주는 좋은 일로 백성들로부터 존경을 받게 되고, 이런 군주가 오랫동안 정치를 하게 되면 나라가 평안해지고, 백성이 질병으로부터 고생하지 않고, 가축이 번성하며, 오곡이 제때에 무르익게 되고, 그런 뒤에는 백성에게 어떠한 도움을 요청하더라도 백성들이 모두 따라옵니다."

관중은 백성이 골고루 잘살게 하는 방법으로 재물을 많이 갖고 있는 부자들이 소비를 하도록 해서 산업을 활성화시키는 것이 최선이라 생각했다. 이것이 자연의 섭리를 따르는 길이며, 민생을 안정시킬 수 있는 최선의 방법이라고 보았다. 분배와 소비를 강조한 것이 관중이 가진 경제 사상의 핵심이었다.

우리는 중국인들의 소비 스케일이 매우 큰 경우를 종종 본다. 우리가 중국인을 제대로 이해하기 위해서는 중국인이 추구하는 기본 실리가 무엇인지를 알아야 한다. 그렇지 않고서는 중국인을 제대로 이해할 수 없다. 그렇기에 현대 중국이라는 국가와 중국인을 이해하는 데 가장 알아두어야 할 인물이 바로 관중이라 생각한다.

Story 12
관중이 말하는 시장경제 원리

유교를 중시했던 조선시대에는 관중과 같은 실용주의 사상가를 받아들일 수가 없었다. 모든 것을 도덕과 예의 같은 유교적인 잣대로 평가했던 조선시대에는 실리주의 학자가 오히려 세속적인 인물로 비판받을 수밖에 없었다. 다행히 조선 중기 이후 정약용 같은 실학자의 등장으로 관중의 사상이 받아들여지기 시작했다. 정약용이 저술한『목민심서(牧民心書)』에서 '목민'이라는 제목이『관자』의 첫째 장 제목인 '목민(牧民)'에서 빌린 짐으로노 쉽게 알 수 있다.

관중은 '이익을 추구하려는 마음이 인간의 본성이다'라는 기본 사상을 바탕으로, 이를 도덕과 실리로 합리화하여 실용적인 대안을 제시했다. 그는 역설적이게도 모든 것이 파괴되는 전쟁터에서 하늘의 뜻을 따르는 순리와 자연의 질서를 배웠으며, 춘추전국시대의 혼란 속에서 자신이 전쟁에 직접 참여하여 깨달은 이치를 세상에 알렸다.

이와 함께 하늘의 뜻과 섭리를 백성들과 함께 공유하기 위해 군주가 어떻게 실천해야 하는지의 문제에 대한 답을 현실적인 방법론에서 찾았다. 그 답으로 『관자』 백심(白心) 편에서 이렇게 말한다.

하늘은 한 사람을 위해 그 운행의 주기를 바꾸지 않고, 현명한 군주나 성인 역시 한 사람을 위해 그 법을 바꾸지 않는다.

곧 군주를 포함해 어떤 사람이든 모두 동등하게 법의 구속을 받아야 하며, 신분의 높고 낮음에 상관없이 모든 사람은 법 앞에 평등하다는 것이 관중의 통치 사상이었다. 즉 세상을 독점적으로 혼자 움직이거나 다스려서는 안 된다는 것이다.

그것은 하늘이 순리에 따라 정상적으로 운행하는 것과 같아서, 모든 백성이 이익을 얻게 된다. 군주 역시 순리에 따라 행동하게 되면, 백성이 그 이익을 얻게 된다. 이렇게 되어 모두가 골고루 큰 이익을 얻게 되는 것이다.

모든 사람이 함께하게 되면 그 이익은 커진다. 관중은 구체적인 방법론을 다음과 같이 말한다.

군주는 나서지 말고 백성에게 맡겨놓고 조용히 기다리면 된다. 때가되면 명분이 생기게 된다. 이 명분을 올바로 실천하면 저절로 다스려지게 되고, 사리에 어긋난 명분은 저절로 없어질 것이다. 명분이 바르고 이에 맞는 법이 만들어지면 군주는 가만히 있어도 된다. 그러나 명분과 법도는 저절로 생기는 것이 아니고, 쉽게 없앨 수 있는 것도 아니니, 사회적 변화와 순리에 따라 일을 올바로 판단하고 때를 알아 그 법도로 삼아야 한다.

군주는 변하고 있는 사회를 순리대로 판단하고, 그때에 맞는 올바른 제도를 만들어 통치해야 한다. 그렇게 하면 시스템, 즉 제도가 움직여서 때가 되면 사회적 합의가 만들어지는 것이다.

사회적 명분에 어긋나는 것이라면 그것은 저절로 없어질 것이다. 왜냐하면 혼자서 되는 일이 아니기 때문이다. 사회적 명분은 일부러 만들어지는 것도 아니고, 또한 사람들이 인위적으로 없애버린다 해도 없어지는 것도 아니다. 국가적으로나 사회적으로 필요한 것이라면 때에 맞게 법으로 만들어서 시행하면 되는 것이다. 그러나 사회적 명분은 물건을 사고파는 시장과 같아서 일반 백성에게 맡겨두면 명분도 물 흐르듯이 흘러서 때가 되면 자연스럽게 수요 공급이 이루어진다.

이처럼 관중은 시장경제 원리에 의한 사회적 합의를 강조했다.

Story 13
영원한 우방은 없는 법

어느 국가나 자국의 이익을 위해서 어제의 우방도 버리기 마련이다. 이는 옛날이나 지금이나 똑같은 사회 현상이다. 우리는 국가의 경제, 정치, 군사 등의 처지가 변함에 따라 우방국이 하루아침에 달라질 수 있다는 점을 현실적인 문제로 새겨야 한다.

관중의 시대에도 마찬가지였다. 제나라는 백성을 위한 실용주의 정책으로 말미암아 마침내 동방의 강국으로 부상했다. 한편 남쪽에서는 새롭게 떠오른 초(楚)나라가 북쪽으로 치고 올라와 노(魯), 정(鄭), 송(宋), 진(陳) 등 여러 제후국들을 위협했다. 이들 제후국들은 강국이었던 환공의 제나라에 구원을 요청했다. 이에 관중은 이들의 요청을 받아들여, 기원전 656년에 진(陳), 정(鄭), 노(魯), 조(曹), 채(蔡), 송(宋), 허(許)나라 등과 동맹을 맺어 초나라의 침략을 방어했다. 이들 약소 제후국들은 당연히 환공에게 고마움을 표하면서 제나라를 종주국 모시듯 모든 협조를 다했다.

제나라 환공은 관중의 제의에 따라 북쪽의 오랑캐인 적족(狄族)의 침입을 막기 위해서 위(衛)나라와도 연합을 맺었으며, 서쪽 이민족인 융족(戎族)의 침입을 막기 위해서 송(宋) 등 주변 여러 제후국과도 회맹을 맺어 이들 제후국과 주 왕실을 보호했다.*

---

* 제나라는 주나라 무왕이 강태공으로 알려진 여상에게 준 땅에서 시작되었다. 이때는 주나라를 중심으로 한 봉건제가 온존했기 때문에 각 나라는 주 왕실을 보호해야 했다.

그러나 나라 사이에 영원한 우방은 없는 법이다. 기원전 645년 관중이 죽고 2년 후 환공마저 죽었다. 환공이 죽은 후 제나라에는 환공의 아들들이 군주의 자리를 놓고 쟁탈을 벌이는 내란이 일어났다. 환공에게는 원래 부인이 셋 있었다. 그러나 이들 부인 사이에 아들이 없었다. 환공은 세 부인 이외에 애첩을 여섯 두었는데, 이들 각각의 애첩들 사이에 모두 열 명의 아들이 있었다. 환공과 관중은 셋째 애첩 사이에 난 아들 효공(孝公)을 태자로 세웠다. 그러나 10월에 환공이 죽자 아들들은 서로 왕권을 차지하기 위해 환공의 시신을 놔둔 채 분란을 일으켰다. 환공의 시신은 침상에서 구더기가 문밖까지 나오도록 67일 동안이나 그대로 방치되었다. 결국 12월에 첫째 애첩의 큰아들인 무궤(無詭)가 즉위하고 나서야 입관을 했다.

이 기회를 노린 송, 위 등 주변 나라들은 오히려 제나라를 침략하여 제나라 왕족을 잡아들이고 백성들의 재산을 약탈했다. 이제는 거꾸로 제나라가 위태롭게 되었다. 이들 나라는 남쪽의 초나라와 오랑캐에게 위협을 받았을 때 제나라 관중과 환공이 모두 도와주었던 나라였다. 결국 제나라 환공과 관중이 쌓아올린 공적도 환공 사후 아들들의 내분으로 모두 사라지고 말았다. 제나라는 서서히 내리막길을 걷게 되었다. 관중이 도와주었던 우방들은 모두 제나라의 적이 되고 말았으니, 영원한 우방은 없는 법이다.

Story 14

사마천이 평가한 관중

사마천은 『사기』에서 관중을 이렇게 평가했다.

나는 일찍이 관중이 쓴 책인 『목민(牧民)』과 『산고(山高)』, 『승마(乘馬)』, 『경중(輕重)』, 『구부(九府)』를 비롯해서 『안자춘추(晏子春秋)』를 읽어보았다. 그 내용이 매우 상세했다. 관중의 책을 읽고 나니 그의 행적을 알고 싶어 그에 대한 전기를 쓰고자 마음먹었다.

사마천은 관중을 매우 관대하게 본 반면, 공자는 관중이 인과 예를 존중하는 주나라 왕을 돕지 않고 제나라 환공을 도와 무력으로 제나라를 천하의 패자로 만든 것을 원망했다. 공자는 관중이 현실적인 실력만을 앞세우고 예의에는 어긋난다는 이유로 그를 소인(小人)이라고 평가했다. 실용주의 사상이 공자 당시에는 천대받았다는 사실을 알 수 있다. 하루는 공자가 이렇게 말했다.

"관중은 그릇이 작구나!"

그러자 어떤 사람이 물었다. "그러면 관중은 검소했습니까?"

"관중은 삼귀(三歸)*를 두었으며 관리의 일을 겸직하지 않았으니**

---

* 돈이 되거나 사치가 될 만한 것 세 가지를 의미한다.

** 관중 당시에는 관리가 한 가지 업무만 하는 것이 아니라 돈을 절감하기 위해 여러 업무를 겸직한 경우가 많았다.

어찌 검소했다고 할 수 있겠는가?"

관중보다 170여 년 뒤에 태어난 공자는 예나 인에 조금이라도 어긋나는 정치는 참다운 정치로 여기지 않았다. 어찌 보면 관중을 큰 그릇이 못 된다고 평가했던 게 자연스러울 수밖에 없었다. 관중의 실용주의 노선을 인정하지 않았던 것이다.

이러한 관중의 실용주의 사상은 우리나라에서 18~19세기 초에 와서야 정약용 등에 의해 뚜껑이 열리고 민간으로 확산되기 시작했다. 조선시대 600년 동안 우리 사회를 지배해왔던 유교 사상은 삶의 기본 중심이 되는 '인의예지'라는 철학을 중시했다. 그렇지만 또 다른 측면에서 실용주의를 소홀히 했다는 점을 간과해서는 안 될 것이다.

공자 이후 아편전쟁 이전까지 중국의 문화 및 사상은 공자와 관련된 사상, 즉 주자학, 성리학, 고증학 등이 절대적이어서 먹고사는 실용주의는 제대로 대접을 받지 못했다. 공자는 "군자는 먹는 것에 배부름을 구하지 아니하고, 거처하는 것에 편안함을 구하지 않는다"라고 했다. 군자는 먹고사는 의식주 문제를 추구하거나 집착하지 않는다는 말이다. 일반 세상 사람들은 관중을 현실을 바로 직시하는 현인으로 불렀으나, 공자는 그가 먹고사는 문제만을 우선으로 하고 인과 예는 뒷전으로 두었다는 이유로 관중을 소인으로 평가한 것이다. 공자가 관중에 대해 또 한마디를 덧붙였다.

관중은 쇠약해가는 주 왕조를 도와 주 왕조가 인과 예로 백성을 교화시켜서, 주나라 왕을 천하를 다스리는 왕도 정치의 군자로 만들어야 하는데, 왜 제나라 환공을 도와 인과 예를 버리고 실력만을 숭상하는 패도 정치의 군주로서만 이름을 떨치게 하려 했는가?

유교 사상이 주류였던 시대적 상황에서 돈과 재물을 우선으로 하는 관중의 실용주의를 언급한다는 것은 사회적으로 용납할 수 없는 일이었다. 그러나 실용주의가 가장 강력하게 주창되었던 시대가 또 있었으니, 그것은 관중 사후 460년이 지나 한(漢)나라 5대 문제와 6대 경제 시기 천재 학자 가의(賈誼)가 활동하던 때였다.

Side Story 웃지 않는 여인

주(周)나라 12대 유왕(幽王)은 그의 본부인보다 첩인 포사(褒姒)를 총애했다. 본부인의 아들인 태자 의구(宜臼)를 폐위시키고, 포사의 아들 백복(伯服)을 태자로 세울 정도였다. 그런데 포사는 평소에 전혀 웃지 않았다. 유왕은 포사가 웃는 모습을 보려고 갖은 방법을 동원했다. 하지만 포사는 여전히 웃지 않았다.

당시 서쪽 오랑캐의 침입이 잦아, 적이 나타나면 봉수대에 봉화를 올려 제후들에게 알리도록 되어 있었다. 어느 날 유왕이 시험 삼아 봉화를 올렸는데, 봉화를 보고 달려온 제후들은 적군이 없자 모두 어리둥절했다. 포사는 이것이 재미있어서 드디어 크게 웃었다.

포사의 웃음을 본 유왕은 기뻐서 장난 삼아 여러 차례 봉화를 올렸다. 기원전 770년, 서쪽의 오랑캐인 견융이 주나라를 침략했다. 다급해진 유왕은 봉화를 올려 병사들을 소집했으나, 이미 여러 차례 당한 제후들은 유왕이 또 장난치는 줄 알고 오지 않았다.

결국 서쪽 오랑캐에게 수도를 빼앗긴 유왕은 산시성 여산에서 제후들에게 죽임을 당했다. 제후들은 포사를 사로잡고 원래 왕후의 아들인 의구를 왕으로 세웠으니, 이 왕이 주나라 평왕이다. 수도인 서안을 오랑캐에 빼앗긴 평왕은 수도를 동쪽에 있는 낙양으로 옮겼는데, 이때가 동주(東周)가 시작되는 기원전 770년이었다.

히스토리

중국의 역사를 바꾼 뽕나무밭 사건

오나라와 월나라의 전쟁 이야기

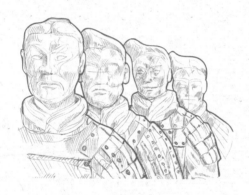

옛날부터 뽕나무밭에서는 애정 사건이

옷감 가운데 가장 고급으로 치는 것이 바로 비단이다. 비단은 누에 고치로 부터 나오는 명주실을 이용한 천으로, 매우 가볍고 촉감이 부드 러우면서도 색상이 화려해서 지금도 고급 의류에 사용되고 있다.

비단은 중국 고대로부터 가장 귀중한 생산물로 여겨졌다. 귀족을 나 타내기 위한 신분 표시의 방법으로 은나라 때부터 비단옷을 만들어 입 기 시작했다. 은나라 이후 세워진 주나라는 각 지방에 약 100여 개국 에 달하는 제후국을 두었다. 주나라는 이 제후국들을 통제하는 한 방법 으로 그 지역 토산품을 받치도록 했는데, 비단을 가장 선호했다. 그만큼 귀족들이 가장 좋아하는 물건이 바로 비단이었다.

비단은 누에고치로부터 나온다. 그리고 누에는 뽕나무에서 자란다. 『한서(漢書)』*에는 비단이 귀중한 상품이었기에 누에를 기르는 뽕나무 밭은 일반 논이나 밭보다 땅값이 2~3배 비쌌다고 기록되어 있다.

지금의 저장성 닝보(寧波), 장쑤성 하이안(海安) 부근의 신석기 유적 지인 하모도 유적지**와 기원전 3000~2500년인 앙소 문화 말기 산동

---

* 사마천의 『사기(史記)』는 한나라 무제 때까지만 기록되어 있다. 그래서 한나라의 반고가 『사기』를 참고로 하여 한고조로부터 이후 약 230년간의 한나라 역사를 기록한 역사책이 바로 『한서』다. 그래 서 『사기』와 『한서』에는 한나라 역사가 동일한 내용으로 겹치는 부분이 많다.

** 1973년과 1978년에 닝보의 양자강 하류 강가에서 한 농민이 수로를 파다가 우연히 신석기 유적을 발견했다. 이곳에서 볍씨와 목재 생산 도구, 누에고치, 토기와 같은 생활용품 등이 발견되었다. 이것 은 양자강 하류를 중심으로 기원전 7000~3000년경에 신석기 문화가 광범위하게 번성했음을 증명 하는데, 이 문명을 하모도 문명이라 한다.

성 부근에서 누에고치가 발견되었다. 누에고치가 발견되었다고 해서 비단이 생산되었다고 단정 지을 수는 없지만, 일단 고대 중국인들은 뽕나무에 대해 관심을 많이 가지고 있었다는 것만큼은 확실하다.

중국 역대 임금 중 땅을 가장 소중히 여겨 치산치수를 훌륭히 한 임금을 꼽자면 단연 순 임금이 등용한 우***를 꼽는다. 그의 아버지 곤은 사리사욕을 채우는 데만 신경을 쓰고 땅을 잘못 관리하여 치산치수에 실패했다. 그 이유로 순 임금으로부터 지금의 상하이에서 북쪽으로 약 400킬로미터 떨어진 우산(羽山)에서 죽임을 당했다.

우는 순 임금으로부터 홍수를 관리하는 직책을 받은 후 13년 동안 치산치수를 하면서 중국을 아홉 개 주로 나눠 땅을 관리하며 뽕나무를 처음으로 심었다. 그곳이 바로 산둥성에 있는 연주라는 곳이었다. 『하서(夏書)』**** 우공 편에는 이렇게 기록되어 있다.

제수와 황하 사이에 연주가 있다. 아홉 곳의 강물을 흐르게 해서 '뇌하'라는 호수 주변을 개발해서 밭으로 만들고 '옹수'라는 강과 '저수'라는 강을 서로 합류하게 했다. 거기에 뽕나무가 잘 자랄 수 있는 토지를 만들어 그 땅에 뽕나무를 기르게 하니, 언덕 위에 살고 있는 사람들도 내려와 뽕나무밭이 있는 곳에 살았다. 이곳의 흙은 검고 기름져 풀은 우거지고 수목은 길게 자랐다. 이곳의 공물은 옻칠과 명주실, 그리고 대바구니와 비단이었다.

이처럼 뽕나무는 예전부터 귀중한 나무로 인식되었다. 그리고 뽕나

***   우공(禹貢)이라고도 한다. 중국의 역사가 시작되는 하나라를 건국한 임금이다. 공(貢)이란 제후들이
      바치는 지방의 토산물을 말하는데, 보통 인물을 존경하는 의미로 사용되었다.
**** 우를 비롯한 하(夏) 왕조의 역사를 기록한 역사책.

무는 연인들 사이에 사랑의 나무로도 여겨져 문학에서 자주 인용되곤 했으며, 우리나라에서도 1960~1980년대에 애정과 관련된 영화 제목으로 뽕나무가 자주 등장하곤 했다. 『시경』에서도 뽕나무의 열매인 오디를 따는 여인을 찾아와 남자가 사랑의 마음을 뽕나무에 빗대어 묘사한 시가 나온다.

어수룩한 사내가 돈을 들고 명주실을 달라 하네.
명주실 사러 온 것이 아니었네, 나를 꾀러 온 것이었네.

이 시는 사내 하나가 히쭉히쭉 웃으며 돈을 가지고 뽕나무밭에서 일하고 있는 여자에게로 와서 명주실을 산다고 했는데, 진짜 명주실을 사려고 온 것이 아니라 오디 따는 여자를 꾀러 온 것이었다는 내용이다. 이 시에서 보는 바와 같이 고대로부터 남녀 간의 애정 관계를 뽕나무에 비유해서 일반 백성들이 노래로 부를 정도로 뽕나무와 관련된 사연이 많았다.

Side Story 나무의 상징

나무에는 여러 상징이 있다. 그중 대표적인 것이 뽕나무와 은행나무다. 뽕나무는 주로 사랑의 상징으로 전해 내려왔고, 은행나무는 학문을 상징하는 아카데미의 나무로 전해 내려왔다.
중국 고대로부터 뽕나무밭은 여인네들이 모여서 일하는 일터였다. 광주리를 들고 오디를 따야 했고, 집에서 기르는 누에에게 먹일 뽕잎을 따야 했다. 보통 뽕잎을 따거나 오디를 따는 일은 모두 여인네들의 몫이었다. 장쑤성과 저장성의 뽕나무밭은 끝이 보이지 않을 정도로 넓어서, 그 안에서 무슨 일이 벌어져도 아무도 모를 정도였다. 여기에 남친네들이 꼬이는 것은 당연했다. 남녀 간에 애정 행각이 벌어진 곳이 바로 뽕나무밭이었다. 이러한 사실이 유래가 되어 뽕나무는 사랑과 관련된 소설과 영화의 소재가 되었다.

공자가 여름에 제자들을 가르칠 때 주로 은행나무 밑에서 가르쳤다. 그래서 은행나무는 동양에서 아카데미의 상징으로 전해 내려오고 있다. 중국과 일본, 한국의 대학이나 지방 향교 등, 학문과 관계된 장소에는 은행나무가 있는 것을 많이 볼 수 있다.

Story 02
오나라의 역사를 바꾸어놓은 뽕나무밭 사건

비단은 예부터 부의 상징이자 동시에 각 제후들에게는 자신의 세력을 나타내는 표식이 되었다. 제후들은 부와 영토에 대한 집념이 강했고, '비단'과 '영토'는 제후들의 권위를 나타내는 상징으로 인식되었다. 그래서 춘추시대부터 제후국 간의 영토 전쟁이 매우 치열할 수밖에 없었다. 춘추시대 초기 100여 개국이었던 제후국들이 춘추 말기인 기원전 450년경에는 13개국으로 줄었다. 춘추시대는 계속되는 치열한 생존 싸움으로 약소국은 사라지고 강대국만 살아남는 적자생존의 원리가 그대로 적용된 시대였다. 그 당시 열국 간의 부와 영토에 대한 대립과 갈등이 얼마나 치열했는지를 보여준다.

그중 하나가 지금의 상하이 부근, 장쑤성, 안후이성 그리고 저장성에 걸쳐 있던 오(吳)나라와 초(楚)나라의 국경에 있는 뽕나무밭을 두고 벌어졌던 영토 사건이다. 사마천의 『사기』에는 기원전 519년 오나라와 초나라의 국경 지방에 있는 뽕나무의 소유권을 놓고 두 나라가 전쟁을 일으킨 사건이 흥미롭게 기록되어 있다.

오나라와 서쪽 내륙으로 인접해 있던 초나라는 평소 사이가 좋지 않아 사소한 일로 싸움이 잦았다. 초나라의 조그마한 변방 마을인 종리(鍾離*와 오나라의 국경 지역인 비량지(脾梁氏)**는 길 하나를 두고 서로 인접해 있었다. 이 두 마을에는 뽕나무밭이 많아서 잠업이 성행했는데, 이 국경 지역에 살고 있는 여인들끼리 뽕나무의 소유권을 놓고 서로 자기 것이라고 우기다가 서로 다투는 일이 잦았다.

어느 날 초나라의 종리에 살고 있는 여인이 평소와 다름없이 길 건너 오나라에 있는 뽕나무밭에 가서 뽕잎을 따고 있었다. 이를 본 오나라 여인이 가만히 있을 리가 없었다. 두 여인 사이에 머리채를 잡아당기며 큰 싸움이 벌어졌다. 이것이 집안싸움으로 번졌다. 평소에도 이 국경 지역에 살고 있는 양쪽 집안은 서로 감정이 좋지 않았는데, 이 소식을 들은 초나라 평왕은 크게 노해 오나라를 공격하도록 했다. 집안싸움이 결국 양국의 군대까지 동원된 전쟁으로 확대되었다.

그 결과 초나라가 크게 패하여 오나라에게 뽕나무밭뿐만 아니라 지금의 안후이성 동부 지역에 있는 종리와 북부 지역에 있는 거소(居巢)

---

* 지금의 장쑤성 서쪽 안후이성에 붙어 있는 마을이다.
** 지금의 안후이성 천장시(天長市).

지역 일대를 모두 빼앗겼다. 이에 국경 지방에 살고 있는 초나라 군수가 분노하여 마을의 군대를 꾸려 오나라를 침략해서 빼앗겼던 종리와 거소 지역을 다시 빼앗았다.

오나라 왕인 료(僚)가 이 소식을 듣고는 크게 분노했다. 그렇지 않아도 뽕나무밭을 자주 넘어오는 초나라에 대해 적개심을 가지고 있었던 신하들은 오나라 왕 료에게 "지금이 초나라를 멸망시킬 수 있는 적기이니 광(光)을 보내서 점령하도록 하시는 것이 좋을 듯합니다"라고 말했다. 광은 오나라 왕 료의 사촌 형이었다. 이에 왕은 신하들의 말대로 사촌 형 광에게 초나라 국경을 공격하도록 했다. 광은 국경에 있는 종리와 거소의 뽕나무밭과 그 지역 일대를 모두 차지해서 오나라 백성들로부터 권위와 능력을 인정받았다.

이때 초나라에서는 평왕이 죽어 국상 중이었다. 오나라 왕 료는 초나라가 혼란할 것이라고 생각해서 초나라를 다시 기습 공격했다. 그러나 초나라는 이를 미리 알고 병사들을 준비시켜 오나라 군사를 포위하고는 도망갈 길을 막아버렸다. 오나라 병사들은 초나라 병사들에게 포위당해 오도 가도 못 하는 신세가 되었다.

상황이 이렇게 되니 오나라 왕 료가 있는 궁성과 도성에는 군사들이 없어 텅 비게 되었다. 이 틈을 타서 광은 사촌 동생인 왕 료를 술자리에 초대하고는, 료가 거하게 취한 것을 확인한 후 매복시킨 군사들을 동원해 료와 그 무리를 모두 죽였다. 그야말로 순간적인 쿠데타였다. 그리고 스스로 왕위에 즉위했는데, 그가 바로 합려(闔閭)다.

이때가 합려의 나이 23세, 기원전 514년 음력 4월이었다. 우리는 역사에서 군주 한 사람의 역할이 얼마나 중요한지를 보았다. 합려의 등장으로 인해 중국 역사에서 가장 원한이 깊었던 두 나라, 중국 역사를 바꿔놓았던 오나라와 월나라의 50년간 전쟁이 시작되었다.

뽕나무밭 자원을 확보하라

중국과 인도와 부탄 세 나라가 만나는 접점을 이루고 있는 카슈미르 지방에 판공호라는 경치 좋은 호수가 있다. 이 호수는 뛰어난 풍광 덕분에 해마다 많은 관광객들이 찾는다. 또한 그 아름다움 덕분에 영화 촬영지로도 유명하다. 이 지역은 중국군과 인도군이 서로 감시를 하고 있는 접경 지역이다. 가끔 양국 병사들이 서로의 지역으로 들어갔다가 다시 돌아오곤 했다. 그러다 보니 이곳에서 국경을 서로 침범한 두 나라 병사들 간에 간간이 사건이 벌어졌다. 2020년 초에는 싸움이 크게 번져 약 20여 명이 사망하는 사건이 벌어졌다고 보도된 바 있다.

판공호라는 훌륭한 관광 자원을 두고 벌어진 싸움이었다. 주먹질이 점점 확대되어 급기야 총싸움으로 번졌다. 싸움은 확대되어 대포와 탱크가 동원되고, 이것이 더욱더 확대되어 전투기와 폭격기, 최첨단 헬기까지 동원된 유혈 사태로 번졌다. 이처럼 산업이 고도화된 지금도 국가 경쟁력 확보 차원에서 자원을 매우 중요하게 관리한다. 국가 간에 자원 전쟁이 치열하다.

자원을 통해 서로 이익을 취하려는 전쟁은 2500년 전이나 지금이나 똑같다. 쿠데타로 오나라 왕이 된 광은 오나라와 월나라의 기나긴 전쟁을 일으켰다. 뽕나무 분쟁으로 빼앗은 종리 지역은 수몽(壽夢)이 기원전 585년 오나라를 건국한 후 주 왕실과 자주 회동했던 곳으로, 오나라 건국의 상징성이 매우 높은 곳이었다. 또한 뽕나무와 누에를 통해서 나오는 비단 때문에 서로 차지하려고 전쟁도 불사했던 곳이었다.

이 당시에는 뽕나무가 많은 지역을 중심으로 인구가 밀집했다. 뽕나무에서 자라는 누에에서 나오는 명주실로 비단을 만들고, 그 비단으로 옷을 만드는 과정을 통해 현대의 방적 산업과 유사한 형태의 산업이 발달했기 때문이었다. 자연스럽게 뽕나무를 중심으로 사람들이 모여들 수밖에 없었다.

옛날이나 지금이나 인구는 중요한 국가 자원이다. 영토와 인구가 절대적 국력이었던 봉건 시대에는 뽕나무밭이 많은 지역이야말로 제후들이 서로 차지하려는 중요한 거점이 되었다. 이것이 오늘날 중국 인구 분포의 역사적 요인으로 반영되어 현재까지 이르고 있다.

오늘날 중국에서 양잠업과 비단의 주 생산지는 상하이가 있는 장쑤성, 항주가 있는 저장성, 산둥성 그리고 홍콩이 있는 광둥성이다. 이들 지역은 지금도 중국에서 인구 밀도가 가장 높다. 중국의 인구 분포 구조가 지금처럼 만들어진 요인 중 하나가 바로 뽕나무밭이었다.

Story 04

오나라 건국의 역사

월나라 구천에 의해 멸망할 때까지 112년간 유지된 오나라 건국의 역사를 살펴보자.

오(吳)나라는 기원전 585년 수몽(壽夢)이 세웠다. 수몽에게는 저번(諸樊), 여채(餘祭), 여말(餘眛), 계찰(季札) 이렇게 네 아들이 있었다. 아버지 수몽은 넷째 아들인 계찰에게 왕위를 물려주려 했다. 그러나 계찰은 조용하게 사는 것을 좋아해서 이를 거절하고는 산속으로 들어가 밭 농사를 지었다. 그래서 둘째인 여채가 왕위를 이어받았다. 여채는 왕으로 16년간 재위했다.

여채가 죽은 후 셋째인 여말이 왕위를 계승했다. 여말은 왕으로 즉위하고 4년이 채 안 되어 병으로 죽고 말았다. 여말이 죽은 후 오나라 사람들은 산속에서 밭을 가꾸며 살아가고 있는 넷째 계찰을 다시 왕으로 삼으려 했으나 계찰은 이 역시 사양했다. "몸을 깨끗이 하고 행동을 바르게 하며 선한 일을 행하며 오직 의인의 바른길을 가는 것이 나의 갈 길이다. 부귀영화는 나에게는 귓가에 스쳐 지나가는 추풍(秋風)과 같은 것이다." 이렇게 왕위를 거절하고는 산속 마을로 돌아갔다.

할 수 없이 오나라 사람들은 여말의 아들을 왕으로 세우고 이름을 료(僚)라 했다. 수몽의 큰아들 저번에게는 장자인 광(光)이 있었는데, 사촌 동생인 료가 사촌 형을 제치고 먼저 왕이 된 것이다.

앞서 설명한 바와 같이 광은 료를 술자리에 초대하여 취하게 만들고는 순식간에 료를 죽이고 왕이 되었으니, 이가 바로 합려(闔閭)다. 그리고 합려의 아들이 월나라 구천(句踐)에게 패하여 오나라 마지막 왕이 되는 부차(夫差)다.

Story 05
과연 그대는 여장부로다!

우리가 흔히 하는 말 중에 '여장부'라는 말이 있다. 여장부(女丈夫)란 현명하고 원칙과 신념을 굽히지 않고 끝까지 지켜나가는 꿋꿋한 의지를 가진 여자를 말한다. 이 말은 한(漢)나라 조엽(趙曄)이 쓴 『오월춘추』의 오자서 편에 처음 나온다.

어느 정점에서 변화되어 방향이 바뀌는 순간을 보통 변곡점이라 한다. 어느 시대나 역사의 중요한 변곡점에는 항상 그것을 주도한 인물과 그 인물을 만든 사건이 있기 마련인데, 오(吳)나라에 오자서(伍子胥)*가 바로 그러한 인물이다. 오자서는 초나라 평왕(平王) 때 사람으로 할아버지 때부터 3대에 걸쳐 초나라에 충성을 바친 이른바 충신 가문이었다. 그는 인품과 성격이 꿋꿋해서 왕에게 질책을 받을 정도로 바른말과 직언을 잘했다. 항상 이런 사람 곁에는 그를 비방하고 못마땅하게 여기는 사람이 있게 마련이다. 초나라 평왕에게는 비무기(費無忌)라는 신하가 있었는데, 그가 바로 그런 사람이었다.

비무기는 오자서의 아버지 밑에서 태자의 교육을 담당했는데, 오자서가 왕에게 직언하는 행동을 아주 못마땅하게 생각하고 있었다. 그래서 비무기는 오자서 일가족을 죽이려는 계획을 짰다. 하루는 비무기가 왕에게 이렇게 말했다.

---

* 기원전 559~484년 초나라 인물로 37세에 오나라로 망명했다.

"오자서의 아버지 오사에게는 아들이 두 명 있는데 모두 재능이 뛰어나서 죽이지 않으면 나중에 초나라에 큰 화가 있을 것입니다. 오자서 아비를 잡아 가두십시오. 그렇지 않으면 나중에 초나라의 후환이 될 것입니다."

비무기의 말을 들은 왕은 은근히 걱정이 되었다. 오자서에게는 형 오상(伍尙)이 있었다. 오자서는 고집이 세고 참을성이 강해서 한번 옳다고 생각되면 끝까지 소신을 굽히지 않고 실행하는 성격이었다. 이에 반해 형 오상은 성격이 양순해서 어른이 시키면 그대로 따르는 성격이었다. 왕은 비무기가 시키는 대로 오자서의 아버지에게 그대를 살려줄 테니 두 아들을 모두 불러오도록 명했다. 이 말을 전해 듣고 형 오상이 가려고 하자 오자서가 말렸다.

"초나라 왕이 우리를 부르는 것은 아버지를 살려주려고 하는 것이 아니라 우리 둘 중에 한 명이라도 도망가면, 나중에 우리가 초 왕에게 복수할 것을 두려워해서 아버지를 인질로 삼으려고 거짓으로 우리 형제를 부르는 것입니다. 우리 형제가 이 말을 듣고 거기에 가면 함께 죽임을 당할 것입니다. 우리가 가는 것이 아버지에게는 절대 도움이 되지 않습니다. 우리가 지금 왕의 부름을 받고 간다면 나중에 복수조차 할 수 없게 될 것입니다. 차라리 다른 나라로 도망갔다가 나중에 군사를 빌려서 아버지의 원수를 갚는 것이 나을 듯합니다. 우리가 함께 죽을 필요가 없습니다."

그러자 형 오상은 동생 오자서에게 말했다.

"그래. 너는 다른 나라로 도망가거라. 너라면 나중에라도 아버지의 원수를 갚을 수 있을 것이다. 나는 아버지가 계신 곳으로 가서 함께 죽을 것이다."

형 오상이 초나라 왕에게 가자마자, 평왕은 곧바로 오자서의 아버지와 오상을 죽여버렸다. 평왕은 비무기의 말만 듣고 아무런 죄목도 없이 오자서의 아버지와 형을 죽인 것이었다. 아버지와 형을 모두 잃은 오자서는 평왕과 비무기를 평생의 원수로 삼아 복수할 것을 맹세하고는 오나라로 도망가기로 결심했다. 이때가 오자서 나이 37세였다.

오자서는 먼저 송나라로 갔다. 거기서 초나라 군사의 추적을 피해 옆에 붙어 있는 정나라를 거쳐 오나라로 갔다. 그러나 초의 추격대가 오자서의 뒤를 계속 쫓아오고 있어 매우 위험한 상황이었다. 그때 마침 양자강에서 고기잡이 노인이 배를 타고 강을 거슬러 올라가고 있었다. 오자서는 노인에게 강을 건너달라고 다급하게 부탁했다. 그 노인은 오자서가 평범한 사람이 아님을 한눈에 알아차리고 멀리 떨어진 나루에 내려주었다.

초의 추격을 간신히 벗어난 오자서는 강을 따라 가던 중 장쑤성 율양(溧陽)이라는 곳에서 병이 나 음식도 제대로 먹지 못하고 굶주린 상태였다. 이때 강가에서 빨래하고 있는 여인을 만났다. 며칠을 제대로 먹지 못한 오자서는 그 여인의 광주리에 음식이 있는 것을 보고는 부탁했다.

"부인, 밥 한 끼 얻을 수 있겠습니까?"

"저는 아직 결혼하지 않은 처녀의 몸으로 낯선 남자에게는 함부로 먹을 것을 줄 수 없습니다."

여인은 처음에는 단호하게 거절했다. 그러나 오자서가 며칠을 굶어서 비록 외모는 초라했지만 그 인품에서 나오는 당당한 모습에서 범상한 인물이 아님을 알아보고는, 결국 마실 물과 음식을 충분히 대접했다. 배불리 먹은 오자서는 고마움과 함께 그 여인의 지난 일들이 궁금해서 자세하게 물어보았다.

"나는 어머니와 함께 스스로 정절을 지키며 남에게 시집가려 하지 않고 처녀의 몸으로 30년을 살아왔는데 어찌 사내장부에게 음식을 대접하는 일이 옳은 일이겠습니까. 그대의 떳떳함과 인품을 보고 내가 예의를 넘는 행동을 했으니 나는 스스로를 용서할 수 없습니다. 그대는 어서 떠나가십시오."

이에 오자서가 몇 걸음 가다가 뒤를 돌아보니 여자는 강물에 몸을 던졌다. 오자서는 슬픔과 함께 감탄했다.

"아아! 정조를 지키며 현명하고 단호함과 함께 지조를 잃지 않으니, 과연 여장부(女丈夫)로다!"

원칙과 신념을 굽히지 않고 끝까지 지켜나가는 꿋꿋한 의지를 지조라 한다. 오자서는 지조와 함께 정조를 지키고 단호한 결단력을 가지고 있는 여자를 '여장부'라고 맨 처음 표현한 것이다.

Side Story 여장부와 아마존 이야기

브라질에는 아마존강, 미국에는 아마존이라는 기업체가 있다. 이 '아마존'이라는 말이 곧 여장부라는 의미다.

지금의 튀르키예 북쪽 흑해 연안의 작은 지역에 여자들만으로 이루어진 아마존족이 살고 있었다. 아마존족은 호메로스(Homeros)의 『일리아드 오디세이』에 그 이야기가 나온다.

이들은 힘이 좋고 싸움을 잘하고 활동력과 판단력이 매우 좋아서, 주변 국가들이 아마존족을 두려워하면서도 한편으로 호기심의 눈으로 바라보았다. 이러한 환경에서 가끔 주변 국가 남자들이 국경 넘어 아마존 지역으로 침입해서 여인을 유혹하기도 했다. 아마존족은 아이를 낳아 사내아이면 노예로 팔았고, 여자아이들만 아마존 자신들이 키웠다.

한번은 아마존 여왕이 힘의 상징인 헤라클레스와 싸웠다. 여왕은 헤라클레스에게 붙잡혀 자신의 허리띠를 빼앗겼다. 여왕을 잃은 아마존들은 헤라클레스가 있는 아테네로 쳐들어가 쑥대밭으로 만들었다. 여장부들의 대단한 일거(一擧)였다.

이러한 여장부들의 신화는 이야기를 통해서 중세 스페인으로도 전해 내려왔다.

1532년 11월 16일 스페인의 피사로(Francisco Pizarro)는 168명의 병사를 데리고 잉카 제국을 공격했다. 잉카의 병사들은 8만 명이었다. 스페인 병사들은 말을 타고 총으로 무장했다. 잉카인들은 총을 여기서 처음 보았다. 잉카의 병사들은 총으로 무장한 스페인 병사들에게 돌팔매질이나 가죽 봉지에 물을 담아 던지는 물매질로 대항했다.

그런데 스페인 병사들에게 신기한 점은 잉카의 수많은 여인네들이 전투 요원으로 함께 참가한 것이었다. 피사로가 느낀 여인네들의 힘과 전투 정신은 상상 이상이었다. 잉카 제국은 이 전투에서 피사로에 의해 멸망했지만, 이후에 피사로 부대의 대장으로 브라질을 최초로 횡단한 오레야나(Francisco de Orellana)가 이 여인네들에게 아마존 신화의 이름을 따서 '아마존'이라는 이름을 붙여주었다. 사람들은 이후로 이 지역을 아마존이라고 불렀으며, 이곳에 흐르는 강을 아마존강이라고 불렀다.

아마존 여인네들의 힘, 시금도 여장부의 힘이 모여 세상을 밝혀 나가는 주역이 되고 있다.

Story 06

서로 돕고 위로하라

사람이 힘들거나 고통받을 때 필요한 것은 위로의 말이다. 어려운 일도 공유하면 위로가 된다. 같은 처지에서 같은 입장이 되어주는 것은 가장 큰 위로가 된다. 이것을 극단적으로 생각하면, 죽고 싶은 사람 곁에는 함께 죽어줄 사람이 필요할 것이다.

T. S. 엘리엇의 시 '황무지'는 '4월은 가장 잔인한 달. 죽은 땅에서 라일락을 키워내고 … 지난겨울은 차라리 따뜻했다"라고 시작한다. 이 시가 우리에게 위로가 되는 이유는 무엇일까?

꽃 중에서 가장 화려하고 향기로운 꽃은 라일락이다. 죽은 땅에서는 같이 죽어줄 사람이 필요한데, 가장 화려한 라일락을 키워내는 것보다 더 잔인한 것은 없을 것이다. 오죽했으면 봄보다 추웠던 지난겨울이 차라리 더 좋았다고 표현했을까?

같은 마음으로 아픔을 위로해준다는 동병상련(同病相憐)이라는 말이 있다. 오자서의 동병상련은 어떠한 경우였던가? 오자서가 오나라에 도착하니, 마침 오나라 왕 료(僚)가 정권을 잡고 있었다. 그러나 왕 료는 곧 사촌형 광에게 죽임을 당했다. 왕이 된 광은 스스로를 합려라 불렀다. 이때부터 오나라와 위쪽에 붙어 있는 월나라는 틈만 생기면 구실을 찾아 서로 싸울 정도로 앙숙이었다. 오나라 왕 합려는 초나라에서 망명 온 오자서를 불러 지금의 외무 장관에 해당하는 행인(行人)의 직책을 주고 나랏일을 논의했다.

이 시기에 마침 초나라에서 대부로 있었던 백비(伯嚭)[*]가 오나라로 도망쳐 와 있었다. 오자서도 초나라에 있을 때 비무기의 이간질로 아버지와 형이 모두 초나라 평왕에게 죽임을 당하고 오나라로 도망 온 처지였다. 백비의 할아버지 백주리(伯州犁)는 초나라에서 백성들로부터 존경을 받고 왕의 총애와 신임을 받은 대신이었다. 왕은 국정을 백주리와 논했고 자신의 업무까지 백주리에게 담당시킬 정도로 신뢰를 받은 인물이었다. 그런데 비무기는 남이 잘되는 것을 못 보는 성격이었다. 결국 비무기의 거짓말과 이간질로 인해서 백주리는 초나라 평왕에게 죽임을 당했다. 졸지에 할아버지를 잃은 백비는 자신도 죽을 것을 염려해서 오자서가 있는 초나라로 도망 온 것이었다. 오자서도 백비와 똑같은 사정으로 오나라에 도망 온 처지여서 이 두 사람은 서로를 잘 알고 있었다.

합려는 오자서와 상의한 끝에 백비에게 대부(大夫)라는 직책을 맡기고 국정을 같이 논의했다. 오나라 다른 대신이 오자서에게 물었다.

"왕께서는 백비의 무엇을 믿고 대부의 지위를 주는 것입니까?"

"내 억울함이 백비의 억울함과 같기 때문이오. 같은 병을 앓는 사람은 서로를 위로하며, 같은 어려움을 당하면 서로 돕습니다. '놀라서 날아간 새는 서로 한곳에 모이고, 물살 빠른 여울을 흐르는 강물은 합류하여 함께 흘러간다'는 노래(河上歌)가 있습니다. '북쪽 오랑캐 말은 북쪽을 바라보고 서며, 남쪽 월나라 제비는 남쪽의 따뜻한 해를 보고 즐거워한다'는 말이 있습니다. 어느 누가 같은 입장에 처해 있는 사람끼리 서로 도와주지 않겠습니까? 그리고 서로를 염려하며 서로를 애처로워하지 않겠습니까?"

---

[*]   후한 때 조엽이 쓴 『오월춘추』에는 백희(白喜)라고 나와 있다.

'같은 병을 앓는 사람은 서로 가엽게 여긴다'는 동병상련(同病相憐)과 '같은 어려움을 당하면 서로 돕는다'는 동우상구(同憂相救)는 '서로 어려움을 당할 때는 위로하며 돕는다'는 같은 뜻으로, 오자서와 백비와의 관계를 통해 그 뜻을 알 수 있다.

그렇게 같은 처지에 있었던 오자서와 백비, 이 둘은 서로를 위로하며 함께 합려를 섬겼다. 그러나 꼿꼿한 오자서와 욕심과 탐욕이 많은 백비, 성격과 행동이 전혀 다른 이 둘은 결국 갈라서게 된다. 동병상련의 결과는 어떻게 되었을까?

때는 공자가 노나라의 재상이 되고 난 5년 후인 기원전 496년, 드디어 오나라가 월나라를 공격했다. 그러나 오히려 월나라의 구천이 반격에 나서 지금의 저장성에 있는 취리** 전투에서 오나라 왕 합려에게 부상을 입혔다. 부상을 입은 합려는 퇴각하고, 결국 상처가 커져 죽게 되었다. 합려는 아들 부차를 불렀다.

"부차야! 월나라를 잊지 말라."

"잊지 않을 것입니다."

그리고 그날 저녁 합려는 죽었다. 이것이 오와 월 두 나라를 앙숙으로 만든 가장 큰 계기가 되었다. 월나라 구천의 아버지 윤상(允常)도 구천이 어렸을 때 오왕 합려에게 죽임을 당했다. 그런데 공교롭게도 그의 아들 합려도 월나라와의 강소성 취리 전투에서 구천에게 죽은 것이었다. 이때부터 시작된 두 나라의 앙숙 관계는 기원전 473년 오나라가 월나라에게 망할 때까지 계속되었다.

** 지금의 장쑤성 소주시(蘇州市)에 있는 고소(姑蘇). 남쪽 월나라 국경 부근에 있다.

Story 07

감정을 갖고 의사결정을 하지 마라

일반적으로 자신에게 어떤 일이 일어날 때 가장 먼저 생기는 것이 감정이다. 그런데 감정이 지나치면 흥분하기 마련이다. 중요한 의사결정을 할 시점에 흥분된 상태에서 이성적인 판단을 잃으면 일을 그르치게 된다. 중요한 의사결정을 할 때에는 절대 차분해야 한다. 오나라에 대한 구천의 격한 감정은 월나라 역사에 치욕으로 남은 와신상담(臥薪嘗膽)의 결과를 가져왔다.

구천이 월나라의 왕위에 오른 지 3년이 되었다. 그는 병사와 장비 등 전쟁 준비가 부족한 상태에서 단지 오나라에 대한 복수심 하나만 가지고 오나라를 치려고 했다. 구천은 원래가 전쟁을 싫어하는 사람이었다. 하지만 어렸을 때 아버지가 오나라 합려에게 죽임을 당했기 때문에 때가 되면 오나라를 치겠다는 계획을 항상 가지고 있었다.

그러나 구천의 오른팔 충신인 대부 범려(范蠡)[*]는 지금은 전쟁 준비를 전혀 갖추지 못한 상황이기에 오나라를 친다는 것은 백전백패라며 오나라와의 전쟁을 극도로 반대했다. 하지만 구천은 "내가 이미 결정했다"라고 격한 감정 상태로 말하고는 군사를 동원해 오나라를 공격했다.

단순히 보복 감정만으로 준비가 덜 된 군사를 동원해 전쟁을 일으킨

---

* 기원전 536~448년 인물. 원래 초나라 사람이었으나 월나라의 구천을 도와 오나라를 멸망시키는 데 큰 공을 세웠다. 그러나 기원전 473년 월나라가 오나라를 멸망시키면서 오왕 부차의 처리 방법을 놓고 구천과 의견이 갈리면서 버림을 받았다. 그 후 여러 나라를 돌며 장사를 하는 상인으로 제2의 인생을 시작했다.

구천은 오나라 부차에게 무참히 패했다. 구천은 지금의 저장성에 있는 회계산에서 오나라 병사들에게 완전히 포위당해 꼼짝할 수 없게 되었다. 여기서 월나라 구천이 할 수 있는 길은 두 가지밖에 없었다. 하나는 금은보석 등 예물을 오나라에 바치고 빠져나오는 길, 또 하나는 항복하고 구천 자신이 오나라에 노복으로 들어가는 길이었다.

오나라에 대해 반감과 두려움을 가지고 있던 구천은 오나라가 다시 쳐들어올 것을 늘 걱정했다. 이에 구천은 자신이 오나라 부차에게 볼모로 들어가서 용서를 구하면 오나라가 침략하지 않을 것이라고 판단했다. 구천은 대부 문종(文種)을 불러 부차에게 가서 자신이 볼모로 들어가겠다는 사실을 전하도록 했다.

문종은 오나라로 가서 부차를 만나 구천이 한 말을 그대로 전했다. 부차는 이 문제를 갖고 회의를 열었다. 당시 오나라에 있던 오자서는 성격이 곧고 직선적이었다. 그는 부차에게 이번에 월나라를 멸망시키지 못하면 나중에 오나라가 월나라에게 큰 화를 당할 수 있으니, 이 기회에 월나라를 공격하자고 주장했다. 그러나 백비는 부차에게 싸움 대신 구천을 볼모로 데려오자고 주장했다.

부차는 백비의 손을 들어주었다. 문종에게 월나라를 다시 침략하지 않을 테니 구천을 오나라에 볼모로 데려오라고 명했다. 오자서의 주장 대신 백비의 주장을 받아들인 부차의 결정은 후일 오나라와 월나라 역사를 뒤바뀌게 만드는 결정적 시초가 된다. 부차가 백비의 뜻을 따르지 않았다면 와신상담(臥薪嘗膽)의 고사성어도 생기지 않았을 것이다. 결국 잘못된 의사결정 하나가 역사를 바꾸게 되었다.

상대를 공격하려면 자세를 낮추어라

기원전 492년 구천이 월나라 왕에 오른 지 5년 만에 오나라의 노복이 되기 위해 대부 문종, 범려와 함께 절강(浙江)*을 넘었다. 구천은 하늘을 우러르며 길게 한숨을 쉬고는 스스로 잔을 들고 눈물을 흘리며 잠잠히 아무런 말이 없었다. 그는 절강을 넘기 전에 여러 신하들을 하나하나 불러 나라의 뒷일을 부탁했다.

"내가 비록 북쪽의 오나라에 들어가서 오 왕의 노복이 되나 여러 대부들이 각각 맡은바 직분을 잘 지켜 월나라의 종묘사직을 잘 보존해주기 바라오."

신하들은 눈물을 흘리며 구천을 애처롭게 바라봤다. 구천은 하늘을 향해 눈물을 흘리며 탄식했다.

"죽는다는 것은 모든 사람이 두려워하는 바이다. 그러나 내가 설마 죽는다 해도 나에게는 전혀 두려움이 없도다."

그러고는 곧장 배에 올라서는 끝내 뒤를 돌아보지 않았다. 구천은 오나라에 들어가서 부차에게 스스로를 신하라 칭하며, 무릎을 꿇으라고 하면 꿇겠다는 심정으로 자신을 최대한 낮추었다. 그러나 마음속으로는 오나라에 대한 복수의 칼을 갈고 있었다.

오자서는 부차에게 "지금 구천을 죽이지 않으면 우리 오나라가 나

---

* 저장성 북쪽에 있는 강으로 장쑤성과 접해 있으며 오와 월의 국경을 이루고 있다.

중에 월나라에게 큰 화를 당할 것입니다"라고 간언했다. 그러나 백비는 "오자서는 나라의 일을 길게 보지 못하고 너무 턱 앞의 일만 생각해서 나라를 위험하게 만듭니다"라며 반대했다.

오자서와 백비는 서로 의견이 완전히 달랐다. 이에 오 왕은 백비의 의견을 따라 구천을 현재의 장쑤성 소주(蘇州)에 있는 영암산(靈巖山) 기슭 석굴에서 마구간을 청소하고 말을 관리하는 일을 하도록 했다.

구천은 허름한 옷을 입은 채 말을 먹이고 말똥을 치우며 마구간 청소를 했다. 그야말로 참담한 생활이었다. 구천은 일할 때는 이를 갈며 원한에 사무쳤지만, 오 왕 앞에서는 분통함을 참고 몸을 최대한 낮추었다. 오 왕이 보기에 구천에게 원망하는 기색을 전혀 찾아 볼 수가 없었다. 구천은 오나라 신하의 명령에 복종하며 마구간에 관한 모든 일을 가리지 않고 했다. 이것이 '자신을 감추고 때를 기다려라'라는 의미의 도광양회(韜光養晦)다.

구천이 오나라의 궁궐에서 말을 관리하며 마구간에서 생활한 지 3년이 지났다. 오 왕은 백비를 돌아보며 이제 3년이 되었으니 석방해주는 것이 어떠냐고 의견을 물었다.

"월나라가 이미 신하로 항복한 것과 다름없으니 풀어주면 우리나라에 이득이 됩니다. 대왕께서는 뜻대로 하시기 바랍니다."

백비는 왕의 뜻을 따랐다. 그러나 곁에 있던 오자서는 거듭 반대했다.

"지금 월나라를 멸하지 않으면 후에 반드시 후회하게 될 것입니다. 구천은 어진 왕이고 범려와 문종은 훌륭한 신하입니다. 만약 지금 그들을 월나라로 돌려보낸다면, 국력을 회복해 틀림없이 나중에 우리를 향해 큰 반란을 일으킬 것입니다."

오자서의 반대에도 불구하고 부차는 백비의 뜻에 따라 구천과 범려를 풀어주었다. 다음날 오자서는 오 왕 부차에게 다시 간언했다.

"제가 알기로는 그동안 구천은 속으로는 호랑이와 이리의 마음을 품고 밖으로는 겸손한 척만 했습니다. 이것은 겉으로 드러나는 감정을 꾸며 자신의 목숨을 보존하려고 한 것에 불과합니다. 지금 대왕께서는 일시적인 말만 좋아하시고 뒷날의 환난은 걱정하지 않으십니다. 그리고 충직한 건의는 버리시고 아첨하는 자의 달콤한 말은 받아들이십니다. 호랑이가 자세를 낮추는 것은 공격하려는 준비 자세이고, 이리가 몸을 낮추는 것은 사냥감을 낚아채기 위해서입니다. 대왕께서는 겉으로 하는 말과 겉모습만 보고 월 왕 구천을 살려주셨습니다. 구천이 마구간과 창고를 깨끗하게 하고 전혀 불평하는 기색을 나타내지 않은 것은 대왕을 속이기 위해서입니다. 나중에 하루아침에 종묘사직이 무너지고 폐허가 되면 후회한들 무슨 소용이 있겠습니까?"

"그만두고 다시는 말하지 말라. 과인은 차마 더 듣지 못하겠다."

부차는 그렇게 오자서의 말을 끊고 듣지 않았다. 오자서의 간언을 듣지 않는 부차의 이러한 판단이 결국 와신상담(臥薪嘗膽)의 결과로 이어져, 후에 오나라 멸망의 원인이 될 줄 누가 알았겠는가?

Story 09

곰의 쓸개를 맛보다

우리가 흔히 쓰는 말로 절치부심(切齒腐心)이란 말이 있다. 끊을 절(切), 이 치(齒), 썩을 부(腐), 마음 심(心), '몹시 분해서 이를 갈고 마음을

썩이며 한을 품는다'라는 뜻으로 『사기』에 나오는 말이다.

구천은 절치부심하며 3년 만에 월나라로 돌아왔다. 그러고는 오나라에 있었을 때의 고통을 잊을 수가 없었다. 그는 문지방에 쓸개를 매달아 걸어놓고 앉을 때나 누울 때나 쓸개를 쳐다보며, 음식을 먹을 때에도 끊임없이 입으로 쓰디쓴 쓸개의 맛을 보았다. 그리고 스스로에게 되뇌었다.

"너는 회계산에 포위당했을 때와 마구간에서 일할 때의 치욕을 잊지 않았을 테지?"

와신상담(臥薪嘗膽), 누울 와(臥), 땔나무섶 신(薪), 맛볼 상(嘗), 쓸개 담(膽)*, 땔나무섶을 베고 자고, 쓸개를 맛본다'는 뜻이다.

구천은 오나라에 대한 원수를 갚기 위해 스스로 밭을 갈고 부인은 길쌈을 하며 고기조차 먹지 않았다. 추운 겨울에도 두 겹으로 된 옷을 입지 않았다. 몸가짐을 낮추고 가난한 사람을 돕고 백성들과 함께했다. 밤에는 남들이 보지 않는 곳에서 억울함에 눈물을 흘렸다.

"군왕께서는 무슨 근심이 그렇게 많으십니까? 적국과 전쟁을 모의하는 것은 군왕께서 걱정할 바가 아니며 오히려 신하들이 할 일입니다."

신하들이 위로했으나 워낙 가슴에 뼈저리게 맺힌 원한이라 쉽게 가라앉지 않았다. 구천은 오나라에서 돌아오자마자 복수하리라 다짐하고 스스로 몸을 혹독하게 학대하고 밤을 새워 일했다. 눈이 감기고 졸릴 때면 쓴 잎과 풀을 씹으며 발이 시릴 때면 찬물에 발을 담갔다.

구천은 병사들을 훈련시키고 하나하나 싸울 준비를 갖춰나갔다. 이 때 오나라 주변의 정세는 오나라를 중심으로 제나라, 초나라, 진나라가

---

* 사마천의 『사기』와 조엽의 『오월춘추』에는 신(薪)이 직접적으로 나오지 않는다. 원래 구천은 '쓸개를 맛보다'라는 상담(嘗膽)만 했을 뿐이다. 와신(臥薪)이 들어간 것은 북송(北宋)의 문학가 소식(蘇軾)이 만들어 넣은 것이다.

각축을 벌이고 있었다.

어느덧 구천이 오나라에서 돌아온 지 7년이 지났다. 그동안 구천은 와신상담하며 오나라에 대한 복수를 꾸준히 계획하고 있었다. 이때 월나라의 대부 부동(扶同)이 조심스럽게 구천에게 말했다.

"공격하려는 새는 행동하기 전에 먼저 엎드립니다. 맹수는 공격하려 할 때 반드시 엎드려 자세를 낮춥니다. 매는 먹이를 낚아채려 할 때 반드시 낮게 날며 날개를 움직이지 않습니다. 계획을 실행하려 할 때는 반드시 말을 부드럽게 하여 백성들과 화합해야 합니다. 지금 대왕께서 오나라를 징벌하시려면 말이 새나가지 않도록 해야 됩니다."

곁에 있던 봉동(逢同)도 연이어 말했다.

"사나운 새는 공격할 때 자신의 모습을 낮추어 감추는 법입니다."

구천은 이들의 말에 "좋은 계책이오"라고 대답하고는 여러 대신들에게 모습을 드러내지 않고 좀 더 준비를 한 다음 오나라가 혼란한 틈을 이용해 공격할 수 있도록 만반의 준비를 갖추도록 했다.

Story 10

아! 동병상련의 결과가 이렇구나!

통치자는 자신의 주변 사람을 잘 관리해야 한다. 자신에게 충언과 고언을 할 수 있는 사람을 등용해야 한다. 통치자 주변에는 귀에 달콤한 말만 해서 나라를 혼란스럽게 만드는 사람이 있게 마련이기 때문이다.

꼿꼿한 오자서와 왕의 비위를 맞추며 아첨했던 백비, 두 사람의 다툼이 그렇다. 이 둘은 모두 왕에게 충성을 다 했지만 그 방법에 있어서는 완전히 달랐다. 그리고 두 사람 간의 논쟁에서 왕은 항상 백비의 손을 들어 주었다. 군주의 결정에 따라 역사가 바뀌는 경우가 여러 차례 있었는데, 바로 이것이 그 시발점이다.

오자서가 초나라에서 오나라로 도망 온 지 어느덧 20년이 되었다. 그는 옛날에 가난하여 하루 세 끼도 제대로 먹지 못하고 병이 날 정도로 굶주려 있을 때 여인이 자기에게 먹을 음식을 해준 장쑤성 율양을 다시 찾았다. 율양의 강가를 거닐며 길게 한숨을 내쉬면서 같이 온 손무*에게 말했다.

"내가 일찍이 하루 세 끼를 제대로 먹지 못해 배가 고팠을 때 한 여인에게 밥을 구걸하였는데, 그 여자가 나에게 밥을 해 먹이고는 물에 빠져 죽었다."

오자서의 말을 듣고 있던 손무는 안타까운 마음에 눈물을 흘렸다.

오자서는 그녀의 가족에게 금으로 보답하려고 그 여인의 집을 찾았다. 그러나 집을 찾지 못해 금을 강물 속에 버리고 그곳을 떠났다. 얼마 후 한 노파가 슬픈 노래를 부르며 지나가는 것을 보고 오자서가 물었다.

"무엇 때문에 그리 슬픈 노래를 하는 것이오?"

"내게는 딸이 있었는데 서른이 되도록 시집을 못 가고 수절하였소. 옛적에 여기서 빨래를 하다가 우연히 배고픔에 처한 한 청년을 만나 그에게 밥을 해주어 먹이게 되었는데, 그 일이 세상에 알려질까 두려워서 스스로 이 강물에 몸을 던졌소. 그래서 그 헛된 죽음에 상심해서 이곳에 와서 슬픔을 달래고 있는 중이오."

오자서가 여장부(女丈夫)라고 말했던 바로 그 여자의 어머니였다. 율양 강가를 찾은 오자서는 자신을 도와준 여인의 옛일을 생각하면서

---

* 대략 기원전 545~470년 인물. 『손자병법(孫子兵法)』을 쓴 춘추시대 군사 전략가. 제나라에서 출생했으며 오나라 왕 합려와 부차 밑에서 병사들에게 병법을 가르쳤다.

쓸쓸히 돌아왔다. 부차에게 죽임을 당하리라는 것을 미리 예감한 것인지도 몰랐다. 오자서에게 반감이 매우 심했던 부차는 그를 죽일 기회를 만들어가고 있는 중이었다.

오자서는 돌아와 부차에게 여러 차례 진언했다.

"월나라는 뱃속에 생긴 병처럼 골칫거리입니다. 백비의 허황된 감언이설을 믿지 마십시오."

그러나 부차는 오자서의 이 말 역시 전혀 듣지 않았다. 오히려 백비가 부차를 부추겼다.

"오자서는 고집이 매우 세며 사람됨이 너무 꼿꼿해서 인정이 없고 시기심이 강해서 원한을 많이 가지고 있습니다. 그가 품고 있는 원한이 나중에 큰 화를 일으킬까 근심이 됩니다. 원컨대 대왕께서는 하루속히 오자서를 처리하십시오."

부차는 결국 백비의 농락에 오자서에게 촉루(屬鏤)라는 이름의 검을 내리고 "그대는 이 칼로 죽으라"라고 명을 내렸다. 오자서는 하늘을 보고 탄식했다.

"아! 간신 백비가 이 나라를 어지럽히고 있는데도 왕은 도리어 나를 죽이려 하시는구나. 내가 그의 아버지 합려를 도와 패자로 만들었고, 그가 왕위에 오르기 전 여러 태자들이 왕위를 다투고 있을 때 내가 죽음을 무릅쓰고 선왕으로부터 보살폈는데, 너무나 안타깝도다. 내가 보필하지 않았다면 그는 왕위에 오를 수 없었을 것이다. 그가 왕위에 오르고 나서 나에게 오나라를 나누어 주려고 했을 때도 나는 감히 그것을 바라지 않았다. 그러나 지금 그는 아첨하는 간신의 말을 듣고 나를 죽이려 하는구나."

그는 곁에 있는 사람에게 원한에 맺힌 마지막 말을 남겼다.

"나의 묘 위에 가래나무를 심어 오 왕 부차가 죽었을 때 그 나무를 베어 그의 관을 짤 때 사용하라. 그리고 내 눈알을 도려내어 월나라를 향해서 오나라 궁궐 동쪽 문 위에 걸어두고, 월나라 군사들이 쳐들어와 오나라를 멸망시키는 것을 내 눈알로 볼 수 있게 하라."

그러고는 부차가 내린 검으로 스스로 목을 찔러 죽었다. 이 소식을 듣고 크게 노한 부차는 오자서의 시체를 가져다가 말가죽 자루에 넣어 강물에 던져버렸다. 오나라 사람들은 오자서를 불쌍히 여겨 강기슭에 사당을 세우고 오자서의 이름을 따서 '서산(胥山)'**이라고 불렀다.

** 장쑤성 오현(吳縣)에 있는 산이다.

Story 11

오자서를 대할 면목이 없구나

우리가 보통 쓰는 말 가운데 "있을 때 잘해"라는 말이 있다. 친구나 동료나 선후배 관계에서 함께 있을 때는 그들의 충고나 고마움을 잘 생각하지 못하게 되는 경우가 많다. 그 사람이 없을 때야 비로소 그 사람에 대한 고마움을 알게 되는 경우를 종종 겪는다. 부차와 오자서의 관계에서 그것을 찾아볼 수 있다.

오나라에서 돌아온 구천은 세월이 꽤 오래 흘렀음에도 오나라를 생각하면 아직도 잠을 못 이룰 정도로 원한에 사로잡혀 있었다. 그동안 차근차근 전쟁 준비를 해왔던 구천은 범려에게 수군 2,000명, 훈련받은 병사 4만 명, 친위병 6,000명, 그리고 군막에서 직무를 관장하는 병사 1,000명을 보내 오나라를 공격하게 했다. 월나라 군사를 이끈 범려는 오나라를 크게 패배시키고 부차의 아들 태자를 죽였다.

그 후 4년 뒤 구천은 오나라를 다시 공격했다. 구천은 오나라를 크게 무찌르고, 오 왕 부차를 지금의 장쑤성 소주(蘇州)에 있는 고소산(姑蘇山)에 3년 동안 포로로 붙잡아 두었다. 포로가 된 부차는 구천에게 빌었다.

"지금 왕께서는 저를 처벌하시려는데 절대적으로 왕의 명령에 따르겠습니다. 하지만 회계산에서 제가 왕께 그랬던 것처럼 저를 용서해주실 수 없겠습니까?"

자신이 구천이 오나라에 노복으로 들어왔을 때 죽이지 않고 3년 동안 회계산에서 살려주었던 것을 상기시키며, 반대로 구천에게 구원을 청한 것이었다. 이에 범려는 부차를 살려주는 것에 반대했다.

"대왕께서는 오나라에서 3년간의 치욕적 생활을 잊지 않으셨겠지요. 지금 하늘의 뜻은 오나라를 우리에게 다스리라고 준 것인데 어찌 하늘의 뜻을 거스를 것입니까?"

"나는 그대의 뜻을 따르고 싶으나 어찌 부차를 그렇게 할 수가 있겠소?"

평소 마음이 유순한 구천은 부차를 차마 죽일 수가 없었다. 그래서 범려의 뜻을 따르지 않고 부차를 풀어주었다. 구천은 부차를 용동(甬東)*으로 보내 그곳을 다스리도록 했다. 월나라의 노복이 되어도 좋으니 목숨만이라도 부지하기를 바랐던 부차는 용동에서 스스로 목숨을 끊었다. 목숨을 끊기 전 자신에게 충직한 고언을 해주었던 오자서가 생각났다.

"오자서를 대할 면목이 없구나."

오 왕 부차의 마지막 말이었다. 이로써 수몽이 기원전 585년에 세운

---

* 지금의 저장성 주산시(舟山市)로 항구 도시다.

오나라는 112년 만에 월나라 구천에 의해 완전히 멸망했다. 이때 부차의 나이 약 55세, 기원전 473년이었다.

Story 12
토끼를 잡으면 사냥개는 필요 없다

우리 사회에서 토사구팽(兔死狗烹)이라는 말이 한때 유행한 적이 있었다. 토끼 토(兔), 죽을 사(死), 개 구(狗), 삶아 먹을 팽(烹), '토끼가 잡히면 토끼를 잡던 사냥개는 필요 없게 되어 주인이 삶아 먹는다'는 뜻이다. 즉 필요할 때는 이용하고 필요 없게 되면 버린다는 의미다. 이 말은 평생 구천을 도왔던 범려가 구천의 버림을 받고 쫓겨났을 때 한 것이었다.

그 경위는 이러하다. 범려의 도움으로 구천은 부차를 잡을 수 있었으며, 강대국 오나라를 차지할 수 있었다. 이 모두가 충신 범려가 없었다면 해낼 수 없는 일이었다. 월나라 구천은 오나라를 점령하고 오나라가 약탈했던 여러 나라 땅을 각각 돌려주었다. 오나라가 점령한 송나라 땅은 송나라로 돌려주었고, 노나라 땅은 노나라로 돌려주었고, 초나라 땅은 초나라로 돌려주었다. 이에 각 제후들은 모두 구천에게 감사를 표하고 구천을 패왕(霸王)*이라고 불렀다.

구천은 세력이 커지자 범려의 고언을 듣지 않고 혼자 독선적으로 일

---

* 춘추시대 강대국 다섯 나라 제(齊), 진(晉), 초(楚), 오(吳), 월(越)을 오패라고 불렀으며, 이 나라들의 왕을 패왕이라 불렀다. 제나라 환공, 진나라 문공, 초나라 장왕, 오나라 합려, 월나라 구천을 말한다.

을 결정하는 경우가 점점 늘어났다. 범려의 입장에서는 무척 안타까운 일이었다. 고소산에 3년간 포로로 붙잡힌 오 왕 부차가 구천에게 월 왕의 노복이 되어도 좋으니 용서해달라고 간청을 했을 때도, 범려는 구천에게 옛날 오나라에서 3년간 마구간 청소를 하며 노복 생활을 했던 때를 상기시키며 말했다.

"왕께서 오나라에서 돌아오신 후 매일 아침부터 밤늦게까지 그때의 생각을 뼈에 새기며 오 왕에 대한 복수를 20년 동안이나 계획하셨습니다. 이를 어찌 하루아침에 번복하십니까? 그동안 치밀한 준비와 계획하에 오늘에야 우리가 오나라 땅을 정복했는데, 하루아침에 이를 저버린다면 그게 어찌 나라라고 하겠습니까? 왕께서는 오나라로 끌려가서 3년 동안 온갖 굴욕과 수모를 겪으면서 말과 마구간 관리를 했던 그때의 고난을 어찌 잊으셨습니까?"

그러나 구천은 범려의 말을 전혀 듣지 않고 단번에 거절했다. 범려는 이제 자신이 구천을 섬기는 데 한계에 이르렀음을 스스로 느꼈다. 구천의 연약한 감정과 편견에 얽매인 정치를 늘 염려했던 범려는 결국 마지막 말을 남기고 떠났다.

"왕께서는 나랏일에 더욱더 힘쓰십시오. 신은 이제 사직을 고합니다."

범려는 작은 배를 타고 삼강을 빠져나와 지금의 장쑤성 소주(蘇州)에 있는 태호(太湖)를 거쳐 제나라로 갔다. 월나라 사람들은 범려가 어디로 가는지 몰랐다. 구천의 와신상담으로부터 시작된 오나라 정벌이 결국 범려의 사직으로 이어진 것이었다. 범려는 제나라로 가서 같이 구천을 섬겼던 대부 문종에게 편지를 보냈다.

"나는 새가 모두 잡히면 좋은 활은 거두어지는 것이고, 교활한 토끼가 모두 잡히면 사냥개는 삶아지는 법이오. 월왕 구천은 목이 길고 입은 새처럼 뾰족하니, 어려움을 함께할 수 있어도 즐거움을 같이할 수 없소.

그대는 왜 월나라를 떠나지 않는 것이오?"

나중에 구천에게 본인처럼 당하지 말고 월나라를 떠나도록 종용한 것이었다. 이것이 바로 토사구팽(兎死狗烹)의 어원으로, 범려가 문종에게 한 말이었다.

문종이 이 편지를 읽고 병을 핑계로 궁궐에 들어가지 않으니, 어떤 사람이 문종이 반란을 일으킨다고 구천에게 거짓으로 고했다. 이 말을 들은 구천은 문종에게 월나라 검을 내렸다. 문종은 검을 받아들고 이내 자결했다.

구천은 오나라를 평정한 이후 자신의 양팔인 범려와 문종이 필요 없게 되자 이들을 모두 쫓아버리거나 죽였다. 그렇지만 구천은 범려를 잊지 못해 그의 형상을 본떠 동상을 세우고는 그 옆자리에서 아침저녁으로 국정을 의논했다.

그러나 때는 이미 늦었다. 충신을 모두 잃은 구천은 말년을 쓸쓸히 보내다가 기원전 465년 55세에 죽었다. 구천이 죽은 후 그의 아들 석여(鼫與)가 6년을 즉위한 이후 마지막 왕친(王親)에 이르기까지 여덟 왕을 거치는 동안 와신상담으로 시작된 월나라의 패권은 토사구팽으로 충신을 모두 잃은 채 243년 동안 지속해오다가 초나라에 의해 완전히 막을 내렸으니, 이때가 기원전 222년이었다.

Story 13
가뭄이 난 해에 배를 사들여라

오늘날 중국인이 돈을 좋아하게 만든 사람은 여럿일 수 있겠으나 이미 언급한 관중과 함께 또 알아두어야 할 인물이 있다. 바로 계연(計然)[*]이다.

계연은 월나라에 물건을 사려는 소비자가 많다, 즉 소비 시장이 그만큼 크다는 경제 논리로 접근한 인물이었다. 그는 소비 경제의 중요성과 사이클을 아는 학자였다. 경제와 장사의 기본을 알고 생산된 물자나 농산품을 미리 비축해놓고 이를 필요한 시점에 백성들에게 제공하는 순환의 경제학을 주장한 학자였다. 그는 범려의 절대적 스승이었다. 계연은 구천에게 다음과 같이 건의했다.

"군주는 전쟁이 일어날 것에 미리 대비해야 합니다. 그리고 때와 쓰임을 안다는 것은 세상 돌아가는 것을 안다는 것이니, 때와 필요한 물자를 미리 알고, 만물의 흐름을 모두 알아두어야 합니다. 비가 안 와서 흉년이 들 때 배를 사들이고, 수해가 날 때 수레를 사들여야 합니다."

"생활 물가의 가격이 일정하도록 조정하고, 세금을 공평하게 거둬들이고, 시장에 물품 공급이 적절하여 부족하지 않게 하는 것이 나라를 다스리는 기본입니다. 물자를 창고에 비축하는 이유는 물가를 일정하게 하고 물건을 온전하게 보존하기 위한 것이지, 돈과 물자의 흐름을 방해

---

[*] 범려에게 장사하는 방법을 가르쳐준 스승이다. 월 왕 구천을 도와 월나라 경제를 확립했다. 지금의 허난성에 있는 규구(葵丘)에서 출생했으며 출생 연도는 알려지지 않았다.

하게 하기 위한 것이 아닙니다.

　물건을 사고팔 때는 부패하고 상한 것을 팔아서는 안 되고, 또한 그런 것들은 남겨두어서는 안 됩니다. 그리고 물건을 쟁여두어서 물건이 오르기를 기다려서도 안 됩니다. 물건이 남아도는지 부족한지를 조사하면 값이 오를지 내릴지를 미리 알 수 있습니다. 물건이 비싸질 대로 비싸지면 값은 다시 내려가게 되고, 바닥까지 내려가게 되면 값은 다시 올라가게 됩니다. 물건 값이 오를 때는 물건을 바로바로 내다 팔고, 가격이 내려갈 때는 손에 구슬을 잡듯 사들여야 합니다. 재물과 돈은 물이 흘러가듯 원활하게 유통시켜야 합니다.”

　이처럼 계연의 건의는 국가 통치의 가장 기본이 되는 개념이다. 우리가 지금 들어도 전혀 어색하지 않는, 요즘 말하는 거시 경제의 효시였다. 후에 범려는 계연의 말을 범려 자신의 장사 철학의 기본으로 삼아 많은 돈을 벌게 된다.

　구천은 계연의 제안을 받아들여 그대로 시행했다. 그 결과 월나라는 구천 때에 가장 부강해져서 모든 백성들이 구천을 우러러보았다. 이를 바탕으로 구천은 때를 기다렸던 오나라를 칠 명분을 만들게 된 것이다.

Story 14

최초로 대표 브랜드를 만든 상인

　우리가 물건을 고를 때 제일 먼저 생각하는 것은 제품의 상표, 즉 브랜드다. 브랜드라고 하면 자기 상품을 경쟁 업체와 구별하고 다른 회사

의 제품보다 돋보이게 하려는 일종의 표시다. 이것은 상품의 고유한 표시만으로 소비자에게 품질에 대한 신뢰를 높여, 자사 제품을 많이 팔기 위한 중요한 판매 전략이다.

물건을 많이 팔기 위해 옛날부터 자신만의 독특한 장사 방법이 여러 형태로 만들어졌다. 그중 우리가 지금도 사용하는 브랜드 마케팅 전략을 만들었다. 범려는 온갖 고생을 겪으면서도 20여 년간을 구천의 곁에서 도왔다. 구천이 와신상담하며 회계산의 치욕을 되갚게 했다. 범려는 구천이 오나라를 정복하는 데 결정적인 역할을 했다. 범려의 치밀한 계획하에 월나라는 오나라를 멸망시킬 수 있었다. 범려는 상장군이 되었다. 그러나 범려는 구천이 오나라를 멸망시키면서 포로로 잡은 오 왕 부차를 풀어준 것에 대해 구천과 의견을 달리해, 결국 구천에게 사직을 고하고 배를 타고 제나라로 들어갔다.

제나라에 도착한 범려는 성과 이름을 치이자피(鴟夷子皮)로 바꾸었다. 그는 자신의 스승인 계연이 구천에게 한 말을 늘 기억하고 있었다.

"재물과 돈은 물이 흘러가듯 원활하게 유통시켜야 하는 것입니다."

범려는 제나라에서 아들과 함께 열심히 농사를 지으면서 재산을 모았다. 몇 년이 지나 그의 재산은 엄청나게 불어 어마어마한 재산가가 되었다. 제나라 사람들은 범려를 군주 곁에서 돕는 상국(相國)으로 추천했다. 그러나 그는 오히려 벼슬을 반납하고 재산을 여러 친지와 마을의 가난한 사람들에게 나누어 주고는, 재산 일부만 가지고 지금의 산둥성에 있는 도(陶)라는 마을로 다시 떠났다.

산둥성의 도(陶) 지방은 사방으로 교통이 발달해서 사람들이 많이 다니며 물자를 교환하고 장사를 하기 아주 좋은 지역이었다. 여기서 그는 스스로를 도 지방의 주공(朱公)이라는 뜻의 '도주공(陶朱公)'이라 부르고, 아들과 함께 농사를 지으며 농산물 저장법을 개발했다. 그는 지은 농산물과 상품을 저장해두었다가 때가 되면 다시 되파는 식으로 장사를 해서 큰돈을 벌었다. 범려는 신용을 가상 중요시해서 신용이 좋은 사람들에게는 외상으로 물건을 판매해 사람들로부터 많은 호응을 받았다. 그는 외상의 의미도 모르는 사람들에게 '신용 판매'라는 개념을 도입한 최초의 상인이었다.

그가 진(秦)나라 땅으로 가서 장사할 때는 자신의 물건에 항상 '상(商)'이라는 표시를 했다. 그리고 자신의 수레 깃발에 '상(商)'이라는 글자를 써서 꽂고 다녔다. 이것은 자신의 물건을 다른 상인의 것과 구별하기 위해서였다. 범려는 중국에서 최초로 브랜드 마케팅을 펼친 상인이었으며, 이 '상(商)'은 지금까지도 중국뿐만 아니라 여러 한자권 국가에서 상업 활동을 대표하는 브랜드로 사용되고 있다.

Story 15

때는 준비된 사람에게만 오는 법

시간은 일정하게 흘러간다. 환경과 주변의 조건은 규칙적이든 불규칙적이든 변하게 되어 있다. 우리는 변화에 맞추어 노력하며 살아가지 않으면 안 된다. 이렇게 변화의 선상에 자신의 여건과 필요가 일치되는 지점, 즉 때에 맞추어서 일을 알맞게 실행하는 것을 '시중(時中)'이라고 한다.

예를 들어 자연의 섭리에 따라 봄에 때가 되면 씨를 뿌리고 물을 주고, 가을에 거두어들이고, 겨울에는 다음 농사를 위해 씨앗을 저장하고 준비하는 일이 바로 시중이다. 또한 알맞은 때와 장소를 찾아서 장사를 하는 일이 그것이다.

시중은 준비된 사람에게만 오는 것이다. 봄에 뿌릴 씨앗도 겨울에 미리 씨앗을 저장해놓고 봄을 기다리는 사람에게만 오는 것이다. 가을의 추수도 봄과 여름에 물과 거름을 주고 가을을 준비한 사람에게 오는 것이다. 이것이 시중의 기본이다.

범려가 바로 그런 사람이었다. 범려는 월나라에서는 '범려'로, 제나라로 가서는 '치이자피'로, 도 지방으로 가서는 '주공'으로 이름을 바꾸면서 가는 곳마다 이를 알렸다. 범려가 세 번씩이나 나라를 옮겨 다니며 돈을 벌고 이름을 떨치게 된 것 모두가 그의 세상을 읽는 능력에 있었다. 세상을 보는 범려의 능력은 매우 뛰어났다. 그가 도 지방에서 장사할 때는 물건을 사서 창고에 쟁여두고 때가 되면 물건을 내놓아 팔았다. 모든 것을 적절한 때에 맞춰 운영했다.

그래서 스스로 "나는 나의 힘으로 된 것은 없고 적당한 시기를 따라 운영했을 뿐"이라고 겸손하게 말했다. 하지만 범려가 성실과 노력으로 준비하면서 때를 기다려왔기에 가능한 일이었다. 그는 나이가 들어 자식에게 장사를 맡겼지만 스스로 더욱 노력하여 마침내 수만금의 재산을 모았다. 범려는 20여 년 동안 세 번이나 큰 재산을 모았는데, 이 중 두 번은 가난한 친지나 사람들에게 모두 나누어 주었다.

그는 마침내 도 지방에서 죽었다. 사람들은 범려를 '도주공(陶朱公)'이라고 불렀는데, 후세 사람들은 돈 많은 부자를 가리킬 때 여전히 '도주공'이라는 표현을 즐겨 사용한다.

Side Story **범려의 현지화와 브랜드화**

현지화는 '어떤 일이 현지의 상황에 맞게 됨'이라는 뜻이다. 이런 현지화 개념은 예전부터 중요하게 여겨졌으며, 지금은 글로벌 경영의 가장 중요한 핵심 전략이 되었다. 이와 아울러 브랜드화는 자신의 상품을 다른 상품과 차별화하기 위한 가장 중요한 요소라는 것을 우리는 이미 알고 있다.

현지화와 브랜드화를 최초로 실행한 인물이 바로 정치인에서 상인으로 변신한 범려였다. 범려는 구천과 작별하고 오나라를 떠나 제나라, 도나라, 진나라 이렇게 세 번이나 지역을 옮기며 장사를 했다. 또한 오나라에서 사용하던 자신의 이름까지도 버리고 그 지역의 이름으로 바꾸어 사용했다. 진나라에서는 진나라 사람이 가장 선호하는 '상'(商)이라는 표시로 자신의 상품을 현지화, 브랜드화했다.

범려의 장사 방법은 그 당시는 물론이고 2,500년이 지난 근대까지 누구도 생각하지 못할 혁신적인 방법이었다. 그는 우리가 배워야 할 철저한 장사꾼이다.

히스토리 6

공자의 제자 자공의 외교를 배워라

춘추전국시대를 관통한 외교 이야기

공자 사후 77명의 제자들은 어디로 갔을까?

『논어(論語)』는 공자(孔子)*가 직접 쓴 책이 아니라 공자 사후 그의 제자들이 스승에게 배운 내용과 가르침을 정리한 책이다. 당시 공자의 제자들은 스승에게 배운 자신들만의 기록을 가지고 있었다. 공자가 사망한 후 제자들이 배운 것을 서로 토론하고 논의하고 정리하여 책으로 만들었다. 그래서 이 책을 토론할 논(論), 알릴 어(語), 『논어』라 부르게 되었다.

당시는 춘추전국시대로 중국은 수많은 나라로 쪼개져 매우 어지럽고 혼란한 사회였기 때문에 제대로 된 배움의 길이 없었다. 각 지방의 여러 나라에서는 공자에게 가르침을 얻기 위해 공자가 있는 노(魯)나라로 제자들이 모여들었다. 이렇게 공자의 가르침을 받은 제자는 77명이나 되었다. 그러나 공자가 죽은 후 제자들은 각자의 처한 상황과 이익에 따라 여러 땅으로 뿔뿔이 흩어졌다. 그중에는 군사 전략가로 변신한 제자도 있었으며, 은둔하여 나타나지 않은 제자도 있었다.

공자의 제자 중 가장 돈을 많이 번 제자는 자공(子貢)이었다. 반면에 가장 가난하게 살았던 제자는 공자가 가장 아꼈던 제자인 안회(顏回)였다. 안회는 공자보다 30세나 어린 제자로, 몸이 약해 젊은 나이에 머리가 백발이 되었고, 29세에 병으로 죽어서 공자가 그의 죽음을 매우 안타까워했다. 안회는 우리가 '대나무 그릇에 밥을 먹고 바가지 물을 마신

히스토리텔링 차이나

---

* 기원전 551~479년 노나라의 대학자 겸 사상가. 지금의 산둥성 곡부(曲阜)에서 출생했다.

다'는 가난을 상징하는 말로 많이 쓰는 단사표음(簞食瓢飲, 대나무 광주리 단(簞), 먹이 사(食), 바가지 표(瓢), 마실 음(飲))의 상징인 인물이기도 하다.

공자보다 9세 연하이며 성격이 거칠었던 자로(子路)는 스승인 공자가 죽은 후 위(衛)나라로 가서 지금의 허난성에 있는 포(蒲) 지방의 대부가 되었다. 진(陳)나라 출신의 제자이며 공자보다 48세 연하인 자장(子張)은 자신이 태어난 진나라로 되돌아갔다.

자하(子夏)는 스승 공자보다 44세 연하인데, 공자가 세상을 떠난 뒤 홀로 서하(西河)^{**}로 가서 젊은이들을 가르쳐, 묵가(墨家)^{***}의 대표적인 인물들을 키워냈다. 나중에는 자식의 죽음에 너무 슬피 울다가 실명했다.

자사(子思)는 하루 세 끼조차 먹기 힘들 정도로 가난해 초라한 뒷골목에 은거하며 살았다. 공자와 같은 노나라 제자인 자우(子羽)는 초나라로 가서 은둔하며 일생을 보냈다.

이와 같이 공자의 제자들은 공자 사후 제각기 흩어져서 각자 자신의 처지에 따라 삶을 보냈다. 반면 자공(子貢)과 같은 특이한 경우도 있다. 자공의 원래 이름은 단목사(端木賜)였는데 위대한 사람이나 존경을 나타내는 사람에 붙이는 자(子) 뒤에 공(貢)을 붙여 사람들이 자공이라 불렀다. 공(貢)의 뜻은 『서경』의 주에 '궁중이나 나라에 공적으로 바치는 공물(貢物)을 공(貢)이라 했다. 제후들이 천자에게 바치는 지방의 토산물을 공(貢)이라 했다'라고 정의되어 있다.

***

^{**}　　황하의 서쪽을 의미하며 지금의 산시성에 있는 지명.
^{***}　　묵자가 주창한 겸애주의 학파. 사람은 누구나 일을 해야 한다는 노동근본설을 주장했다. 전국시대 말기 진나라의 통일과 함께 쇠약해지기 시작해서 한나라 때 완전히 소멸되었다.

너는 그릇이니라

사람을 평가할 때 가장 많이 비유되는 도구는 그릇이다. 여러 가지 많은 도구들이 있는데 왜 하필이면 그릇으로 사람을 비유할까?

음식은 사람의 생명과 직결된다. 그러한 음식을 담아두는 것이 그릇이다. 음식을 담아둘 그릇이 없으면 음식을 저장하고 보관할 방법이 없다. 특히 고대 중국에서는 종묘 제사를 중요시했다. 그렇기 때문에 제사를 지내는 데 사용하는 제기(祭器)를 매우 중요하게 취급했다. 마찬가지로 공자는 인의예지를 가장 중요한 가치로 보았기 때문에 사람의 인성을 그릇으로 비유했다. 공자 이후에 노자(老子)도 『도덕경(道德經)』에서 도(道)를 그릇에 비유하여 '큰 그릇을 채우는 데는 시간이 오래 걸린다'는 대기만성(大器晚成)으로 그릇을 비유했다. 이것은 공자가 자공을 그릇에 비유한 일에서 유래한 것으로, 후세 사람들이 누군가의 인품과 인성을 표현할 때 즐겨 그릇으로 비유했다.

자공은 공자가 가장 칭찬한 제자였다. 공자가 73세 되던 해 4월에 세상을 떠날 때 모든 제자들은 3년간 상복을 입었으나 자공만은 공자 무덤 옆에 조그만 막사를 짓고 6년간 상복을 입고 무덤을 지켰다. 이후 세상으로 나간 자공은 언변과 장사 기술이 매우 뛰어나 각 지방을 돌면서 최고 부자가 되었다.

자공은 공자보다 31세 아래로 원래 위(衛)나라 사람인데 공자에게 배우기 위해 노나라로 왔다. 그는 뛰어난 언변과 지혜를 바탕으로 한 외교술로 각 제후국을 다니며 전쟁을 막는 데도 커다란 공헌을 했다.

자공은 언변이 너무 능한 나머지 공자가 그를 가르치면서 그의 성격을 억누르려고 많은 노력을 했다고 전해진다. 자공이 몇 년간 공자의 가르침을 받고 난 뒤 어느 날 물었다.

"저는 어떤 사람입니까?"

"너는 그릇이니라."

"어떤 그릇입니까?"

"호련(瑚璉)*이다."

이렇게 말할 정도로 공자는 자공의 사람됨을 알아보았으며, 자공 또한 공자를 늘 따랐다. 그는 말솜씨와 지혜가 매우 뛰어나 '공자의 이름이 온 천하에 골고루 알려지게 된 것은, 자공이 공자를 앞뒤로 모시면서 도왔기 때문이었다'라는 말이 있을 정도로 주변 여러 국가에 공자의 가르침을 전했다. 공자의 말을 전하려는 자공의 노력은 마치 예수가 죽은 후 로마 사람이었던 바울(Paul)이 각 나라와 지방을 돌며 예수의 말씀을 전했던 것과 같았고, 부처 사후 제자 가섭(迦葉)이 각 지방을 돌아다니며 부처의 말씀을 전했던 것과 비교할 수 있을 것이다.

공자 당시는 매우 혼란스러운 춘추전국시대였기 때문에 제후국들끼리 서로 다른 나라를 지배하기 위해 전쟁을 벌이던 시기였다. 기원전 483년, 강대국인 제나라의 장군 전상(田常)**이 공자가 있는 노나라를 치려는 계획을 하고 있었다. 노나라는 군사력이 매우 약해서 다른 제후국들의 침략을 매우 두려워하던 때였다. 군사력뿐만 아니라 경제력 등모든 면에서 약소국인 노나라로서는 대비책이 없었다. 이 소식을 듣고공자는 자신의 노나라를 걱정하며 제자들을 불러 모아 말했다.

---

* 종묘 제사 때 쓰는 귀한 그릇.

** 기원전 485년 출생한 제나라의 정치가. 다른 이름으로 전성자(田成子) 또는 전항(田恒)이라고도 한다.

"각 나라 제후끼리 서로 싸우는 것을 나는 항상 부끄럽게 여겼다. 노나라는 내 고향이며 선친의 묘가 있는 곳이다. 지금 제나라가 우리를 치려고 하는데, 그대들이 한번 나가 설득할 생각은 없는가?"

이에 자석(子石)과 자장(子張)이 나서겠다고 했지만, 공자는 이 두 제자 대신 언변과 지혜가 뛰어난 자공을 보냈다.

Side Story 그릇의 비유

여러 가지 많은 도구들 가운데 왜 하필이면 그릇으로 사람을 비유했을까? 공자는 『논어』에서 "군자는 그릇처럼 살지 않는다(君子不器)"라고 말했다. 음식은 그 음식과 맞는 그릇에만 담아야 한다. 접시에 담을 음식이 있고, 뚝배기에 담을 음식이 있고, 병에 담을 음식이 따로 있다. 즉 그릇은 일정한 형태를 가지고 있어서, 모든 것을 다 담을 수 없고 담고자 하는 음식만 담을 수 있다. 사람은 다양한 형태의 인성을 가지고 있기 때문에 한가지 모양의 그릇에 모두 담을 수 없다. 그래서 공자는 하늘(天)의 뜻을 헤아려야 하는 군자의 마음은 모든 것에 두루 미쳐야 하므로 고정된 형태를 고수해야 하는 그릇처럼 살지 말라는 주의를 준 것이다.

그런데 제사에 사용하는 가장 중요한 음식은 아무런 그릇에 담아서는 안 된다. 가장 중요한 그릇에 담아야 한다. 종묘 제례 때 사용하는 가장 중요한 그릇이 바로 호련이다.

우리는 사람을 평가할 때 보통 '그 사람은 그릇이야'라고 말할 때가 있다. 보통 이런 말은 그 사람을 긍정적으로 평가하는 것이라고 생각한다. 그러나 사람에 대해 긍정적으로 표현하기 위해서는 그릇 앞에 '훌륭한, 멋있는, 성실한'과 같은 속성을 묘사하는 형용사를 넣어 '그 사람은 훌륭한 그릇이야'라고 표현해야 한다.

그래서 자공이 공자에게 "저는 어떤 그릇입니까?"라고 물었을 때, 공자는 자공을 종묘 제사 때 쓰는 가장 중요한 그릇인 호련이라고 답했던 것이다.

Story 03

자공의 한 수를 배워라

한 분야에서 뛰어난 사람은 뭔가 달라도 다르다. 자신을 보호하면서 상대방의 명예와 함께 실리도 챙겨준다면 그것처럼 더 좋은 일은 없을 것이다. 자공이 바로 그랬다.

당시 공자가 있는 노나라는 공자의 영향으로 예와 인을 숭상했다. 당연히 싸움을 싫어했으며 전쟁 준비에도 소홀히 할 수밖에 없었다. 자공은 제나라로 먼저 가서 실권자인 전상을 만났다. 그런데 전상은 제나라 대신으로 세 번이나 추대되었는데, 다른 신하들의 반대에 막혀서 대신이 되지 못해 개인적으로 신하들에게 불만이 많았다. 자공은 전상의 이러한 처지와 약점을 잘 알고 있었다.

"당신이 노나라를 치는 것은 잘못된 일입니다. 노나라는 성벽도 낮고 성을 둘러싼 연못은 좁고 얕으며 대신들도 위선적이고 상대할 가치도 없는 사람들입니다. 임금도 어리석고 어질지 못해서 병사들과 백성들도 남과 전쟁하는 것을 싫어합니다. 이런 나라와 싸워봤자 아무런 득도 없습니다. 오히려 부차가 왕으로 있는 오나라를 치는 것이 더 좋습니다. 왜냐하면 오나라는 성벽도 두껍고, 성벽을 둘러싸고 있는 연못도 넓고 깊으며, 정예 병사들이 좋은 무기로 무장하고 있으며, 대신들도 현명합니다. 이러니 강대국인 제나라로서는 오히려 오나라 정벌이 명분이 있습니다."

자공은 제나라 같은 강국이 노나라 같이 약한 나라를 치는 것은 제나라의 체면과 위엄을 스스로 깎아 제나라 임금의 명예와 권위가 실추될 수 있다는 점을 염두에 두고 설명했다. 마치 힘센 어른이 어린아이와 싸워서 이기는 것은 이겨도 다른 사람들에게는 웃음거리밖에 되지 않을 것이라며 전상을 설득했다.

"만약 당신이 어느 누가 싸워도 이길 가장 약한 노나라를 치게 되면, 싸움을 일으켰던 당신은 이겨도 왕과 신하들로부터 비웃음을 받게 될 것이며, 이로 인해 왕과 신하들 사이에도 틈이 생겨 다툼이 일어날 것입니다. 그렇기 때문에 이런 나라와는 싸워봐야 득이 될 게 전혀 없습니다. 오히려 오나라 같은 강한 나라를 쳐야 왕도 체면을 얻고 더 큰 명예와 위엄을 얻을 수 있을 것입니다."

그러나 전상은 '약한 나라는 그냥 두고 오나라 같은 강한 나라를 치는 것이 더 좋다'는 자공의 말이 전혀 이해되지 않았다. 그는 자공에게 화를 내며 물었다.

"그대 말을 들으니 그대는 사람들이 어렵다고 하는 것은 쉬운 일이라 하고, 그대가 쉽다고 하는 것은 다른 사람들이 어렵다고 하는데, 이렇게 나에게 말하는 이유는 무엇인가?"

"어느 나라든지 걱정과 우환이 있게 마련인데, 그것이 내부에 있으면 강한 나라를 공격하는 것이 좋고, 우환이 외부에 있으면 약한 나라를 공격하는 것이 좋습니다. 그런데 지금 당신의 걱정과 우환은 내부에 있습니다. 제가 들으니 당신은 세 번이나 임금에 의해 대신으로 임명되었는데, 당신의 말을 듣지 않고 반대하는 세력들 때문에 모두 실패했습니다. 지금 노나라같이 약한 나라를 쳐서 당신의 나라가 이긴다 해도 싸움에 이긴 것으로 임금의 마음만 위로하고, 대신들의 위세만 드날리게 할뿐이지, 당신은 아무것도 못 얻고 모든 공은 거기서 끝나고 당신에게 돌아오는 것은 허공뿐입니다. 그래서 임금이 당신을 얕보게 되고, 관계는 더 멀어질 것입니다. 위로는 임금의 마음만 교만하게 만들고, 아래로는 신하들을 거만하게 만들 것입니다."

자공은 노나라를 치면 전상의 원래 목적과 다르게 임금과 대신들 사이에 다툼이 일어나 전상의 입지가 더욱 좁아질 것이라고 염려했다.

자공의 생각은 전상의 제나라가 강한 오나라와 싸워서 이겨야지만 내부적으로 전상의 입지가 강화될 뿐만 아니라 세력을 확대시킬 수 있게 되고, 그의 반대 세력을 없애게 되어 왕으로부터 신임을 더욱 받을 수 있게 된다는 것이었다. 만약 오나라에게 지더라도 제나라 내부는 전쟁으로 혼란해질 것이고, 임금도 백성들로부터 신임을 못 받게 되어, 결국은 백성들로부터 고립되어 따돌림을 받을 것이다. 그렇게 되면 제나라를 통치할 사람은 전상밖에 없을 것이라는 게 자공의 생각이었다. 그래서 약소국인 노나라를 치는 것보다 오나라를 쳐야 한다는 것이었다. 자공은 전상에게 계속 말했다.

"만약 제나라가 오나라와의 싸움에서 이기지 못한다면, 당신네 제나라 백성들은 집 밖 길거리에서 죽게 될 것이고, 제나라 대신들의 세력은 그 힘을 잃게 될 것입니다. 그렇게 되면 위로는 당신과 대립하는 내부의 적이 없어지게 되고, 아래로는 임금이 비난을 받을 테니, 당신에 대한 백성들의 비난은 없어지게 될 것입니다. 임금을 고립시켜 제나라를 좌우할 수 있는 사람은 오로지 당신밖에 없게 될 것입니다."

상황 논리를 적용한 자공의 절묘한 한 수였다. 자공의 말을 다 듣고 난 전상은 고개를 끄떡이며 대답했다.

"좋소. 그렇지만 우리 군대가 이미 노나라를 치기 위해 출동했는데, 지금 와서 오나라로 방향을 돌리게 되면 대신들이 의심할 텐데 어찌 하면 되겠소?"

"당신은 여러 핑계를 대면서 군대를 멈추게 하고 끝까지 시간을 벌도록 하시오. 그러는 동안 나는 오나라 왕에게 가서 제나라를 공격하도록 할 테니, 그때 당신은 오나라와 싸우면 됩니다."

전상의 확답을 받은 자공은 남쪽에 있는 오나라로 가서 왕 부차를 만났다. 노나라 대신 제나라와 싸움을 붙이기 위해서였다. 제나라를 방문한 이후 자공은 오와 월 그리고 진(晉)나라를 차례로 방문한다.

Story 04
강자와 맞붙어서 명분을 만들어라

우리가 흔히 하는 말로 "이왕 붙을 거라면 강자와 붙어라"라는 말이 있다. 강자와 맞붙기 위해서는 자신을 향한 강한 다짐과 단단한 준비가 필요하다. 즉 자신을 단단하게 다질 수 있는 기회이자 내부적인 결속을 이루는 데 효과적인 명분이 되기도 한다. 그렇다면 강자와 맞붙기 위한 자공의 논리는 무엇인가?

노나라는 주변에서 가장 약한 국가이기 때문에 주변 여러 나라가 서로 노나라를 노리고 있었다. 마침 오나라도 약한 노나라를 치기 위해 준비하고 있었다. 자공은 오나라 왕 부차를 찾아가 이렇게 말했다.

"듣건대 일국의 나라를 다스리는 왕자(王者)는 다른 나라에게도 왕의 후사가 끊어지지 않게 도와준다고 합니다. 그리고 패권을 잡은 나라는 강합니다. 그러나 3만 근이나 되는 무거운 것이라도 한 근도 안 되는 가벼운 것에 의해 저울추가 움직인다고 합니다. 지금 만승(萬乘)*의 강대국 제나라가 그의 10분의 1밖에 되지 않는 천승(千乘)**의 약소국인 노나라를 공격하여 차지하려는 것은 노나라를 차지한 이후에 당신네 오나라를 침략하기 위해서인데, 저는 진실로 왕을 위해 걱정이 됩니다. 만약 지금 오나라가 약한 노나라를 치려고 한다면, 그것은 명분만 드러낼뿐, 오나라에게는 아무런 실익이 없습니다. 오히려 강한 제나라를 공격

---

*   만 대의 전차를 가진 강한 나라를 일컫는다.
**   천 대의 전차를 가진 약한 나라를 일컫는다.

하는 것이야말로 나중에 오나라에게 큰 이익이 될 것입니다. 제나라를 징벌하고 나서 그다음으로 진(晉)나라를 치게 된다면, 이것이야말로 최상의 명분과 실리를 함께 얻는 것입니다. 즉 쇠약해져 가는 노나라를 치는 것보다는, 강한 제나라를 쳐서 오나라가 강대국다운 명분과 실리를 찾는 것이야말로 지혜로운 군자가 해야 할 일입니다. 현명한 군자라면 그렇게 이행할 것입니다."

그러자 오나라 왕 부차가 말했다.

"좋소. 그렇지만 내가 과거 남쪽에 있는 월나라와 전쟁을 해서 월나라 왕 구천을 회계산에 가둬놓고 고생을 시키고 우리 오나라에 볼모로 삼아 3년 동안 곤욕을 치르게 한 적이 있었소. 월나라 왕 구천은 현명한 군주라서 우리 오나라에 복수하기 위해 곰쓸개를 먹으면서 군사를 양성하며, 분명 나에게 보복할 기회를 노리고 있을 것이오. 이러한 이유로 해서 내가 먼저 월나라를 정벌할 테니 그대가 그때까지 기다려준다면 내가 그대의 말을 따르겠소."

오나라와 월나라는 평소 앙숙 관계로 서로 틈을 엿보고 있었다. 월나라 구천은 오나라 부차에게 복수하기 위해 오나라를 칠 만반의 준비를 하고 있었다. 부차는 그것을 두려워하고 있던 터였다.

"지금 월나라는 노나라만큼이나 약합니다. 그리고 지금 오나라는 제나라와 맞먹을 정도로 강합니다. 그런데 왕께서 제나라를 놔두고 과거의 감정 때문에 월나라를 먼저 공격한다면, 제나라는 이미 약한 노나라를 정복했을 것입니다. 약하고 작은 월나라를 두려워해서 먼저 치겠다고 나서는 것은 용기 있는 자가 할 일이 아닙니다."

자공은 제나라가 노나라를 정복한다면 감히 어느 나라도 건드릴 수 없는 강대국으로 성장하게 될 것이라고 염려했다. 그래서 오나라 왕 부차에게 월나라보다는 제나라를 먼저 칠 것을 제안한 것이었다. 지금 자공은 자신의 스승인 공자의 노나라를 구하는 데 모든 초점을 맞추고 각 나라에 명분을 만들어주는 지혜를 발휘하는 것이었다.

Story 05
어려움을 피하지 마라

사람은 누구나 어려움이나 곤란한 경우에 부딪힐 경우가 있다. 스스로 힘든 길을 만들고 거기서 성과를 찾아 보람을 찾으려는 경우도 있고, 쉬운 길을 찾아가려는 경우도 있다. 하지만 어떠한 경우든 한번쯤 어려움에 부딪히게 마련이다.

자공은 제, 오, 월, 진 이렇게 네 나라에게 명분과 실리를 찾아주면서 강공책을 택했다. 그는 오나라 왕 부차에게 말했다.

"월나라보다 제나라를 먼저 공략하십시오. 지금 월나라의 군사력은 약소국 노나라 수준에 불과하고, 지금 대왕이 계신 오나라의 군사력은 제나라만큼이나 강합니다. 대왕께서 제 말씀을 듣지 않고 월나라를 공격하신다면, 그때는 제나라가 그 틈을 타 노나라를 점령할 것입니다. 작은 이익에 몰두한 나머지 크게 해를 입을 것을 잊어버린다면, 그것은 지혜가 아닙니다."

자공은 부차에게 거듭 말했다.

"용감한 자(勇者)는 어려움을 피하지 않고, 어진 자(仁者)는 곤란한 처지에 놓인 자들을 어려움으로 몰아넣지 않으며, 현명한 자(智者)는 때를 놓치지 않고, 남을 다스리는 자(王者)는 다른 나라에 대를 이어갈 후

손을 끊지 않음으로써 의(義)를 세웁니다. 지금 노나라는 제나라에 핍박을 당하고 있습니다. 노나라를 구하기 위해서 제나라를 먼저 징벌하고, 그 이후에 대왕께서 진(晉)나라까지 굴복시킨다면, 각국의 제후들은 모두 오나라 대왕을 알현하기 위해 찾아올 것입니다. 그렇게 된다면 대왕께서는 자연스럽게 패업을 이루어 각국을 모두 통솔하실 것입니다. 또한 대왕께서 월나라를 그렇게 두려워하신다면, 제가 월나라 왕을 만나서 설득해 오나라를 지원하도록 하겠습니다."

이에 부차는 기뻐했지만, 한편으로 옛날에 자신이 구천에게 했던 일 때문에 두려운 생각을 가지고 있었다.

"나는 과거 월나라와 전쟁해서 월 왕 구천을 오나라로 불러들여 회계산에 가두고는 마구간을 청소하는 노복으로 삼고 3년 만에 월나라로 돌아가게 한 적이 있었소. 그래서 월 왕은 나에게 복수하려는 마음이 있을 것인데, 나는 그것이 두렵소."

"대왕께서 월나라 왕 구천을 이토록 두려워하시니 제가 월왕을 만나도록 하겠습니다."

자공은 구천을 만나기 위해 또다시 월나라로 떠났다.

Story 06

자신을 숨기고 때를 기다리십시오

신은 공평해서 누구에게나 똑같은 시간과 때를 준다. 이 시간과 때를 살리고, 못 살리고는 결국 자신의 몫이다. 태어나서 학교에 입학할

때가 있고, 졸업할 때가 있고, 회사에 입사할 때가 있고, 사회생활을 하면서 더 좋은 환경으로 나아갈 때가 있다. 이처럼 사회와 시스템의 때에 맞추어 활동하는 것은 당연하지만, 그 안에서 자신의 역할을 찾아 준비하는 것이야말로 무엇보다 중요한 일이다. 무엇보다 때에 맞추기 위해서는 노력이 절대적으로 필요하다. '때는 준비된 사람에게만 온다'라는 옛말처럼 자신에게 찾아온 때를 살리기 위해서는 거기에 합당한 노력이 있어야 한다.

자공은 때를 어떻게 이야기했을까? 월나라 왕 구천은 자공이 자신을 만나러 온다는 소문을 듣고는 길을 깨끗하게 하고 직접 수레를 몰고 성 밖까지 나가 자공을 영접해 왕궁으로 왔다. 그리고 먼저 자공에게 질문을 던졌다.

"우리 월나라는 궁벽하고 협소한 나라입니다. 대부께서는 어인 일로 이곳까지 오셨소이까?"

"신은 지금 오 왕 부차를 만나고 왔는데, 노나라는 그대로 두고 대신에 제나라를 치라고 했습니다. 그러나 부차는 월나라를 두려워하고 있습니다. 오 왕이 말하길 '내가 제나라를 치는 것은 월나라를 먼저 정복하고 나서야 하겠다'고 했습니다. 오 왕의 뜻이 이러하니 반드시 월나라를 공격할 것입니다. 상대에게 보복할 뜻이 없으면서도 상대를 의심케 한다면 이는 일을 서투르게 하는 것이고, 보복하려는 뜻을 상대에게 미리 알아차리게 하는 것은 일을 그릇되게 하는 것이며, 일을 실행하기도 전에 일이 발설된다면 이는 일을 매우 위태롭게 하는 것인바, 이 세 가지는 일을 실행하는 데 크게 피해야 하는 것입니다."

"과거에 오나라 왕 부차는 우리 월나라를 해쳐 백성을 죽이고 백관들을 경멸했소. 종묘가 무너지고 도성은 폐허가 되었으며, 나 자신도 물고기와 다름없게 되어 아무런 힘도 쓰지 못하고 있었소. 이제 내가 오나라를 골수에 깊이 사무칠 정도로 원망하고 있소. 과인은 일찍이 과인의 역량을 무시하고 오나라와 전쟁을 벌였다가 회계산에서 큰 곤욕을 치러 그때의 분통함과 억울함이 골수에 사무쳤소. 지금도 밤낮으로 복수할 생각에 입술과 혀가 바싹바싹 타들어가오. 그때 나는 오나라 왕에게 나의 모든 것을 숨기고 몸을 낮추어 충성을 다하며 때를 기다렸소. 오나라 왕 부차와 함께 죽는 것이 내 소원이오."

그러고 나서 구천은 자공에게 어떻게 하면 복수할 수 있는지를 물었다.

"오나라 왕은 난폭해서 신하들이 제대로 견디지 못하고 자주 전쟁을 일으켜 백성들은 왕과 대신들을 원망하고 있으며, 나라는 피폐해져 있습니다. 더구나 대신들은 안으로 동요를 일으키며 사리사욕에만 빠져 있습니다. 오 왕 부차의 오른팔 격인 오자서는 바른말을 하다가 죽임을 당했고, 지금은 백비라는 대신이 임금의 비위만을 맞춰가면서 나랏일을 주관하며 자기의 욕심만을 채우기에 급급합니다. 대왕께서는 이 틈을 이용하시면 됩니다. 지금 대왕께서 오나라로 사신을 보내 오 왕의 뜻에 맞는 좋은 선물을 보내어 오 왕의 환심을 사고 높여주시면, 그는 월나라를 공격하지 않고 제나라를 공격할 것입니다. 만약 오나라가 제나라를 이기지 못하면 대왕에게는 좋은 복이 되실 것이고, 오나라가 제나라를 이긴다면 그다음은 반드시 여세를 몰아 진(晉)나라를 공격할 텐데, 그러면 제가 미리 진나라 왕을 찾아뵙고, 오나라가 진나라를 공격하려는 의도를 미리 알려주어, 진나라로 하여금 오나라가 쳐들어오기 전에 먼저 오나라를 공격하도록 하겠습니다. 그렇게 되면 오나라 병사들은 기진맥진하여 그 세가 크게 약화될 것입니다. 오나라의 병사들이 제나라와 진나라와의 싸움에서 지쳤을 때 왕께서 이 틈을 타 오나라를 공격하신다면, 오나라를 반드시 멸망시킬 수 있을 것입니다."

자공의 말을 자세히 들은 월나라 왕 구천은 크게 기뻐하며 자공에게 황금과 검 한 자루, 좋은 창 두 자루를 선사했다. 그러나 자공은 이를 받지 않고 곧바로 오나라로 향했다.

Story 07

속에 숨어 있는 말을 조심하라

자공은 다시 오나라로 가서 부차에게 말했다.

"신이 대왕의 말을 월 왕에게 말씀드렸더니 월 왕은 크게 두려워하여 말하기를 '과거에 내가 일찍이 아버지를 잃고 불행한 시절을 보냈습니다.* 내가 내 자신을 과대평가하여 오나라를 치러갔다가 군대는 패하고 몸은 오나라에 붙들려 죄를 지었습니다. 회계산에서 지내며 몸은 피폐해졌지만 오나라 대왕이 제사는 지낼 수 있도록 혜택을 베풀어주셨습니다. 오 왕께서 죽음을 내리셔도 잊지 못하거늘 내가 어찌 감히 오나라 치는 일을 꾸며 내겠습니까?'라고 하며 매우 두려워하는 기색이었습니다. 월 왕께서는 따로 사신을 보내 대왕께 사죄하겠다고 합니다."

며칠이 지나 자공의 말대로 월나라 대부 문종이 사신으로 오나라에 도착해 말했다.

"월나라의 사신인 저 문종이 오나라와의 친선을 돈독히 하기 위해서

---

* 구천의 아버지인 윤상(允常)은 오나라 왕 합려에게 죽임을 당했다.

아뢰옵니다. 옛날에 구천께서 불행히도 어린 시절에 부친을 잃고 자신의 역량을 모른 채 오나라를 쳐 군대는 패하였으며 몸은 피폐해져 회계산으로 도망쳤으나, 대왕님의 은혜로 종묘사직 제사는 올릴 수 있었으니 죽어서도 이를 잊지 못합니다. 제가 은밀히 들으니 대왕께서 제나라를 치시겠다는 뜻을 가지고 계신 것으로 알고 있습니다. 대왕께서 큰 뜻을 수행하려 하신다면 저희 월나라는 비록 적으나마 사방의 군졸 삼천을 이끌고 대왕의 뜻을 따르려고 합니다. 친히 갑옷과 투구를 입고 무기를 들고 앞장서서 싸우겠습니다. 싸움터에서 우리 임금과 저는 죽어도한이 없습니다."

부차는 크게 기뻐하며 자공을 불렀다.

"월나라 사신 문종이 와서 병사 삼천을 보내주고, 구천도 나를 따라함께 제나라를 치겠다고 하는데 괜찮겠는가?"

"절대 안 됩니다. 남의 나라를 비게 하고 남의 나라 백성을 이끌고또한 그 군주까지 따르도록하는 것은 잘못된 행동입니다. 패물은 받고군대를 보내는 것까지는 괜찮지만, 월나라 왕이 직접 전쟁에 참여해서따르는 일은 절대 안 됩니다."

부차는 고개를 끄덕이며 자공의 말을 받아들였다. 자공은 다시 오나라를 떠나 이번엔 진(晉)나라로 향했다.

자공과 문종의 말 속에 엄청난 계략이 숨어 있다는 사실을 오왕 부차는 모르고 있었다.

미리 준비하고 기다려라

자공은 진나라로 가서 임금인 진정공(晉定公)을 만나 말했다.

"앞일을 미리 계획하지 않고 갑자기 정하면 다급한 일에 대응할 수 없으며, 군대를 미리 정비해놓지 않으면 적을 이길 수 없습니다. 지금 오나라가 제나라를 치려고 하는데, 만약 오나라가 제나라를 이기지 못하면 그 틈을 타서 월나라가 전쟁을 일으킬 것이고, 만약 오나라가 제나라에 승리하면 반드시 그 여세를 몰아 군대를 이끌고 진나라로 쳐들어올 것입니다. 그때 대왕께서는 어떻게 하시겠습니까?"

"어떻게 대응해야 하겠는가?"

"싸움에 대비해서 무기를 수리하고 병사들을 쉬게 하고 기다리십시오."

진나라 정공은 이를 승낙했다. 자공이 노나라로 돌아오니 과연 오나라의 부차는 군사를 일으켜 애릉에서 제나라와 전투를 벌여 대승을 거두었다. 이때가 기원전 484년, 부차 12년이었다.

2년 뒤 부차는 그 여세를 몰아 지금의 허난성 봉구현인 황지(黃池)에서 진나라 군대와 전투를 벌였다. 월나라 왕은 오나라가 다시 진나라를 친다는 소식을 듣고 이 틈을 이용하여 오나라를 공격했다. 세상을 꿰뚫고 있었던 자공의 계획대로 모든 일이 진행된 것이었다.

부차는 월나라가 자신의 나라를 공격했다는 말을 듣고 급히 진나라에서 회군한 후, 지금의 장쑤성 태호(太湖)인 오호(五湖)에서 월나라와 싸웠다. 그러나 이미 때는 늦었다. 부차는 월나라 구천에게 대패했다.

부차는 아버지인 합려의 뒤를 이어 춘추시대의 패자가 되려 했다.

하지만 오호에서 월나라 구천에게 패함으로써 수몽이 건국한 이래 110여 년을 내려온 오나라는 완전히 막을 내리게 되었다. 이후 부차는 오자서의 충언을 따르지 않은 것을 뒤늦게 후회하며 기원전 473년 55세의 나이에 스스로 목숨을 끊었다. 이로써 오나라 시대는 완전히 끝나고, 월나라가 새로운 패자로 등장했다.

월나라 구천은 오나라 부차에게 3년간 볼모로 잡혀 있을 때 자신을 굽히고 마구간을 청소하면서 부차를 섬겼다. 그랬던 구천이 월나라로 다시 되돌아와 와신상담하며 차근차근 준비한 전쟁으로 끝내 오나라를 멸망시켜 최후의 패자가 된 것이었다.

사람에게는 잘될 때가 있고 또한 안될 때가 있는 법이다. 소위 잘나갈 때 이를 잘 관리하지 못하면 언젠가는 반드시 떨어질 수 있다. 역사의 순환이 사람 개개인에게도 있을 수 있는 것이다.

Story 09

자공의 외교력

공자의 노나라를 구원하기 위한 자공의 외교 전략 덕분에 제일 약소국이었던 공자의 노나라는 아무런 피해 없이 주변의 존경을 받는 나라로 존속할 수 있었다.

진나라는 더욱 강대해졌고, 오나라는 결국 멸망하게 되었으며, 월나라는 5개국 동방의 패자가 되었으니, 이 모두가 자공이 10년 동안 만들어낸 춘추전국시대의 지각 변동이었다. 자공은 자신의 지혜와 상대를 포용하는 능력으로 주변 나라를 설득해서 자신의 뜻대로 만들어가, 결국 월나라를 동방의 패자로 만들었다.

이후 자공은 제나라에 살면서 조(曹)나라와 노나라를 왕복하며 장사를 하여 큰돈을 벌었다. 그는 공자의 77명 제자 가운데 가장 부유했다. 자공은 시중 물가의 시세를 보아가며 물건을 사고팔아 시세 차익을 이용해서 큰 이득을 챙겼는데, 그때마다 재물을 잘 굴려서 엄청난 돈을 벌었다. 그는 남의 장점을 드러내는 것을 좋아하는 성격이었으며, 대신에 남의 잘못도 숨겨주지 못하는 성격이었다고 『사기』에서 전한다.

자공이 각 제후의 초청을 받아 방문할 때면 네 마리 말이 끄는 마차를 타고 비단과 각종 선물을 잔뜩 가지고 갔다. 그렇기 때문에 자공은 가는 곳마다 왕들로부터 큰 환영과 좋은 대우를 받았다. 또한 그는 가는 곳마다 공자의 가르침을 전파했다. 가장 약소국이었던 노나라의 공자가 세상에 이름을 알리게 된 것도 이러한 자공의 역할이 있었기 때문이었다. 그래서 사마천은 『사기』에서 '한 사람이 세상에 더욱 드러나기 위해서는 재력과 세력이 있어야 하는 것 아니겠는가?'라고 말하며, 공자와 『논어』가 세상에 알려진 데에는 자공의 재력과 외교력이 큰 역할을 했음을 언급했다.

자공은 기원전 456년, 64세의 나이로 제나라에서 세상을 떠났다.

히스토리

소진의 합종책과 장의의 연횡책

강자들의 전쟁에서 약자가 살아남는 법

Story 01
약할 때는 서로 합종을 하라

개인이나 국가에 항상 따라다니는 것은 바로 경쟁이란 단어다. 우리가 가장 바라는 것은 경쟁 없는 사회나 국가이지만 경쟁이란 말은 피할 수 없게 되었다. 경쟁에서 이겨야만 생존할 수 있다는 원리가 어느새 우리 자신과 사회 그리고 국가에 스며들었다. 경쟁은 이미 구조적으로 생존의 필수처럼 되어버렸다.

요즘 들어서 매스컴에서 기업들 간 합종연횡(合從連橫)이라는 말을 종종 듣게 된다. 이것은 강대 기업과의 경쟁에서 이기기 위해서 약소 기업들끼리 서로 뭉치든지, 아니면 강대 기업과 함께 합력해서 공존하든지, 생존을 위해 둘 중 하나를 택한다는 말이다. 합종과 연횡은 전국시대 강대국 진(秦)나라에 대항하기 위한 수단으로 약소국 여섯 개 나라가 실행한 전략이었다. 그렇지만 명분은 좋았으나 결과는 모두 실패로 끝나고 말았다. 그 이유는 무엇일까?

당시 전국시대에는 진나라가 가장 강대국이었다. 진을 제외한 나머지 약소국들은 그들 나름대로 살아남기 위한 방법을 찾아야만 했다. 이 수백 개의 나라가 경쟁했던 춘추시대가 끝나고 새롭게 재편된 전국시대에서 살아남은 나라들은 진나라라는 강대국에 대항하기 위해 생존 전략을 새롭게 짜지 않으면 안 되었다.

여기서 전국시대(戰國時代, Warring States Period)란 진(晉)나라가 기원전 453년 한(韓), 위(魏), 조(趙)의 셋으로 쪼개지고, 이때부터 진(秦)나라의 진시황(秦始皇)이 중국을 통일한 기원전 221년까지 약 232

년 동안 전쟁이 끊이지 않던 시대를 뜻한다.

『사기』에는 당시 진나라가 주변 여러 나라를 위협하고 괴롭혔으며, 특히 바로 옆에 붙어 있는 위나라를 20년 동안 다섯 차례나 공략하여 60여 개의 성을 빼앗았다고 기록되어 있다. 진나라의 괴롭힘에 시달려 온 위나라는 혼자서의 힘으로는 도저히 진나라를 대적할 능력이 없어서 새로운 길을 찾게 되었다. 그 해답은 이웃에 있는 나라들과 협조하여 진나라의 침략을 막는 것이었다.

당시 진나라는 중국의 서쪽 지금의 산시성 서안 지역에 있었는데, 세력을 팽창하기 위해 끊임없이 동쪽 지역으로 진출하려고 했다. 이에 대해 심각한 위협을 느끼고 있었던 한, 위, 조, 연, 제, 초나라가 제나라를 중심으로 자연스럽게 동맹을 맺게 되었다. 그렇게 되니 세력의 분포는 진나라와, 진나라에 대항하는 나머지 6개국 연합의 형태로 양분된 형태가 되었다.

현재 하버드대 케네디 스쿨 교수로 있는 스테판 월트(Stephen Walt)는 동맹이 힘의 균형을 이루기 위해 반드시 필요하며, 이것은 가장 위협을 주는 강대국을 견제하기 위해 만들어진다고 언급했다. 전국시대 당시 약소국들은 진나라의 위협에 대항하기 위한 동맹이 절실히 필요했다. 이를 실행하기 위한 방법으로 먼저 약소국들이 하나로 연합을 해서 강대국에 대항하는 방법(alliance)과, 이와는 반대로 그 강대국과 연합해서 함께 공존하는 방식(bandwagoning)이 있다.

전자를 '합종 전략[*]'이라 하고, 후자를 '연횡 전략[**]'이라 한다.

합종책은 진나라를 제외한 6개국이 서로 합쳐 위협적인 진나라에

---

[*]　　합종책(合從策, vertical integration)이라 하며 수직적 결합을 말한다.
[**]　　연횡책(連橫策, horizontal integration)이라 하며 수평적 결합을 말한다.

대적하자는 책략인데, 이것을 주장한 사람은 전국시대 때 동주(東周)의 낙양에서 태어난 소진(蘇秦)이었다. 소진은 진나라에 대항하기 위해서는 6개국이 서로 연합하는 수밖에 없다는 합종책을 주장하며, 자기의 책략을 관철하기 위해 여섯 개 나라를 돌아다니며 왕들을 설득했다.

합종책이 성공하기 위해서는 진나라를 제외한 6개국이 하나로 똘똘 뭉쳐야 가능한 일이었다. 그러나 각국의 이해관계가 서로 달라 하나로 뭉치기에는 문제점이 많았다. 우선 합종을 논의하기 위해서는 여섯 개 나라 왕들이 한자리에 모여야 하는데, 각 나라의 이해관계가 서로 달라 처음으로 열린 모임에는 6개국 중 한, 위, 조 세 나라밖에 참가하지 않았다. 진나라가 이미 낌새를 알아차리고 합종을 깨뜨리기 위해 미리 제나라에 비단과 금은보화를 주고 자기 편으로 만들어버렸기 때문이었다.

합종에 참여한 6개국 중 제나라같이 진나라와 친밀한 나라는 도의상 진나라를 공략하는 데 협력할 수 없다는 한계가 있었다. 그렇게 되니 소진의 합종책은 제대로 만들어지기도 전에 근본적인 문제점을 해결하지 못하고 출발하게 되었다. 즉 합종은 이미 실패할 수밖에 없는 태생적 한계를 가지고 있었다.

소진이 주장한 합종이란 합할 합(合), 세로 종(從)이란 뜻 그대로 세로로 합한다는 의미다. 전국시대에 강대국 진나라에 대항하기 위해 6개국이 연합한 외교 정책을 말한다. 소진은 성장하면서 주로 제나라에서 군사 및 병법에 관한 책을 많이 읽고 그쪽 방면의 공부에 매진했다. 그는 언변술이 뛰어나 각 제후국들의 정세와 흐름을 매우 잘 알고 있었다. 이것이 훗날 여섯 나라를 합종시키기 위해 각 제후들을 설득시키는 데 큰 영향을 끼쳤다.

Story 02
옆에 있는 나라부터 잘 사귀어라

자주 만나지 못하는 먼 친척보다 가까이 있는 이웃이 서로 더 잘 돕는다. 옆집에 사는 이웃 사람이 제일 가깝듯 보통 이웃 나라가 제일 가깝다. 사람은 바뀔지언정 이웃 땅이나 나라는 바뀌지 않고 그대로 있기 때문이다.

소진은 먼저 바로 옆에 붙어 있는 조나라로 갔다. 그러나 거기서 거부당하고 연나라로 향했다. 연나라는 지금의 산둥성과 요령성 북쪽에 있었다. 연나라는 진나라와의 사이에 조나라를 두고 있어서 진나라로부터 직접 침입당할 위험이 없었다. 지형상 조나라는 연나라의 방패막이가 된 꼴이었다. 연나라와 조나라는 붙어 있었기 때문에 하루 이틀 내로 전쟁이 일어날 수 있었다. 이것은 서로에게 치명적인 손실을 가져올 수 있었다.

소진은 여기에 착안해 연나라와 조나라가 서로 합종을 한다면 효과적으로 진나라의 침략에 대비할 수 있을 것이라고 연나라를 설득했다. 이에 연나라의 문후(文侯)*는 소진의 합종을 따르기로 했다.

"우리나라는 약소국이오. 바로 서쪽으로는 강대한 조나라가 있고, 남쪽으로는 제나라가 인접해 있소. 제나라와 조나라는 강한 나라인데, 그대가 합종을 이루어 우리 연나라를 안전하게 해준다고 하니 과인은 그

---

* 기원전 361년에서 333년까지 약 28년간 재위한 연나라 왕.

대를 따르겠소."

그리고 소진에게 마차와 금과 비단을 주며 조나라로 가도록 했다. 상대방의 지리적 약점과 필요한 사항을 사전에 미리 파악하고 상대에 맞추어 설득을 성공시킨 소진이었다.

Story 03

약자들끼리 백지장도 같이 들면 가볍다

아무리 쉬운 일이라도 서로 힘을 합치면 더욱 쉬워진다. 지극히 평범한 진리다. 스스로 노력하는 사람은 하늘까지도 백지장을 맞들어준다. 하늘은 스스로 노력하는 사람을 돕는다. 머리가 비상한 소진은 이 말의 의미를 잘 알고 활용한 사람이었다.

소진은 조나라 숙후(肅候)*에게 건의할 합종책을 골몰히 생각하고 있다. 이즈음 막강한 군사력을 가진 진나라는 조나라를 공격할 계획을 갖고 있었다. 이것을 알아차린 소진은 곧바로 숙후를 찾아갔다. 합종을 하려는 6개국 중 만약 어느 나라라도 서로 싸움을 벌인다면, 그것은 서로에게 치명적인 상처가 될 수밖에 없었다. 그렇기에 소진은 진나라에 대항하기 위해서 서로 싸우지 말고 6개국이 함께 연합해야 한다는 생각을 숙후에게 전했다.

---

* 기원전 349년에서 326년까지 약 23년간 재위한 조나라 왕.

"지금 진나라는 조나라를 공격하지 않고 있는데 그 이유를 알고 계십니까? 그것은 한과 위가 뒤에서 서로 연합하지 않을까 두려워하기 때문입니다."

사실 진나라는 조나라를 두려워하지는 않았지만, 만약 조나라가 옆에 있는 한나라나 위나라와 동맹을 맺어 함께 진나라를 공격해오지 않을까 염려했다. 조, 한, 위 세 나라의 병사 수만 합쳐도 수십만 명이나 되고, 전쟁용 수레 전차도 천 량이나 되며, 전쟁용 말은 만 필이나 되기 때문이었다.

조나라는 진나라보다 작아서 진을 공격할 만한 수준은 아니지만, 만약 한과 위와 함께 동맹을 맺는다면 진나라를 위협할 수준이 된다는 것을 소진은 알고 있었다. 소진은 조나라 왕에게 여섯 나라가 힘을 합쳐 합종할 것을 설득했다.

"신이 천하의 지도를 보니 조나라 및 그 주변국 제후들의 땅은 진나라의 다섯 배이고, 조나라 주변국 제후들의 군사를 모두 헤아려 보니 진나라의 열 배입니다. 여섯 나라가 하나로 힘을 합쳐서 서쪽에 있는 진나라를 공격하면 진나라도 별수 없이 무너질 것입니다."

그러고는 진나라가 이들 나라를 공격했을 때 각각의 나라들이 할 일을 설명했다. 진나라가 초나라를 공격할 때는 제나라와 위나라가 군사를 파견하고, 한나라는 진나라의 식량 운송로를 차단하고, 조나라는 강을 지키며, 연나라는 진나라의 북쪽 진입 길목을 지키는 전략이었다. 마찬가지로 진나라가 한나라와 위나라를 공격했을 때, 조나라를 공격했을 때, 그리고 제나라를 침략했을 때를 각각 가정해 미리 각국에서 해야 할 일을 미리 설정해놓았다.

소진은 조나라 왕 숙후에게 다짐하며 말했다.

"여섯 나라가 합종으로 연맹을 맺어 공동으로 진나라에 대항하면 진나라 군대는 함곡관(函谷關)**으로 도망갈 수밖에 없습니다. 그들은 산동 지역에서 아무런 힘도 쓰지 못할 것입니다. 이와 같이 된다면 왕의 일은 성공할 것입니다." "과인은 나이가 어리고 왕위에 오른 지 얼마 되지 않아서 국가를 편안히 다스릴 이러한 계책에 대해서는 아무한테도 들어본 적이 없어 잘 모르겠소. 하지만 지금 그대가 천하를 보존하고 나라를 평안하게 할 좋은 계략을 가지고 있으니 과인은 그 뜻을 따르겠소."

조나라는 소진의 합종책을 적극적으로 따르기로 했다. 소진은 상대를 설득하기 전에 주변 각국의 환경과 여건을 철저히 조사해서 합종의 명분을 만들어갔다.

** 지금의 허난성 영보현 북동쪽 산에 있는 매우 험악한 관문이다.

Story 04

닭의 머리가 될지언정 소의 꼬리는 되지 마십시오

옛말에 '닭의 부리가 될지언정 소의 꼬리는 되지 마'는 말이 있다. 이 말을 보통 사자성어로 계구우후(鷄口牛後, 닭의 부리, 소의 꼬리)라고 하는데,『사기』에 나오는 원래 말은 '영위계구, 무위우후(寧爲鷄口, 無爲牛後)'다. 한자로는 차라리 녕(寧), 되다 위(爲), 닭 계(鷄), 입 구(口), 없을 무(無), 소 우(牛), 뒤 후(後)다. 이 말은 소진이 자신의 합종책으로 한(韓)나라 선혜왕(宣惠王)을 설득하기 위해서 한 말이었다.

히스토리텔링 차이나

소진은 각국의 지리, 군사, 경제, 문화 등을 사전에 철저히 연구했다. 그리고 자신의 합종책을 설명하기 위해 한나라로 가서 선혜왕을 만났다. 한나라는 철이 많이 생산되어서 활과 칼, 갑옷 등 전쟁에 사용하는 병기를 제일 많이 생산하는 나라였다.

"천하의 강한 활과 활을 만드는 쇠는 모두 한나라에서 생산됩니다. 한나라 병사들이 화살을 쏘면 100발을 멈추지 않고 쏠 수 있습니다. 멀리서 맞으면 화살 끝이 보이지 않을 정도로 가슴에 박히며, 가까운 데서 맞으면 화살 끝이 가슴을 뚫고 나갈 정도로 깊숙이 박힙니다."

사실 한나라는 주변의 다른 나라들보다 훨씬 작았기 때문에 인구와 병사도 주변 다른 나라들보다 훨씬 적었다. 그러나 지하자원이 풍부해서 철, 동의 생산량이 많았다. 소진은 이것을 병사들의 무기로 만들어서 사용한다면, 오히려 강한 군대를 만들 수 있다는 사실을 사전에 미리 알고 한나라로 간 것이었다. 그는 선혜왕에게 계속 설명했다.

"한나라 병사들은 매우 용감하기 때문에 견고한 갑옷을 입고 강한 화살을 갖고 예리한 칼을 차고 있으면 한사람이 100명을 감당할 수 있습니다. 이것은 지나친 말이 아닙니다. 이렇게 강한 한나라의 병사와 현명한 대왕이 계시는데 서쪽의 진나라에 굴복한다면, 그것은 국가의 치욕이며 천하 사람들이 한나라를 놀리게 될 것입니다. 대왕께서는 이 점에 대해 곰곰이 생각해보시기 바랍니다. 속담에 '차라리 닭의 부리가 될지언정 소의 꼬리는 되지 마라'는 말이 있습니다. 지금 만약에 대왕께서 진나라에 투항해서 진나라를 받든다면, 이는 소의 꼬리가 되는 것과 무엇이 다르겠습니까?"

소진은 선혜왕을 간곡하게 설득했다. 그러자 소진의 말을 듣고 있던 선혜왕의 안색이 금방 바뀌어 팔을 걷어 세우고 하늘을 바라보며 긴 한숨을 쉬며 말했다.

"나는 비록 부족한 점이 많지만 진나라에게 순종하려는 것은 아니오. 지금 조나라 왕도 나와 같은 생각일 텐데 나도 동의하오. 나는 우리한나라를 그대의 뜻과 생각에 따르겠소."

결국 선혜왕도 소진의 합종에 동의했다.

Story 05

작을 때 베지 않으면 나중에는 도끼를 써야 합니다

우리말에 '호미로 막을 걸 가래로도 막지 못한다'는 말이 있다. 마찬가지 의미로 '작을 때 베지 않으면 나중에는 도끼를 사용해야 한다'는 말도 있다. 이 말은 사자성어로 호래부가(毫釐斧柯), 가는 털 호(毫), 풀을 벨 래(釐), 도끼 부(斧), 도끼자루 가(柯)라고 하는데, 원래는 『사기』의 '호래불벌, 장용부가(毫釐不伐, 將用斧柯, 터럭만 한 풀이라도 베어두지 않으면, 나중에는 도끼를 사용해야 한다)'에서 나온 말이다. 아무리 사소한 일이라도 사전에 미리 대비해놓아야 한다는 의미다. 이 말은 소진이 위(魏)나라 양왕(襄王)에게 한 말이었다.

한나라 선혜왕으로부터 합종책에 동의를 얻은 소진은 한나라 위쪽에 붙어 있는 위나라 양왕에게로 갔다. 위나라는 산은 별로 없으나 땅이 좁았다. 또한 좁은 땅에 농지가 많아서 가축을 기를 만한 곳이 별로 없었다. 하지만 좁은 땅에 인구가 많고 말도 많아서, 거리에 수많은 수레가 밤낮으로 다녔다. 그리고 주변의 다른 나라에 비해 인구밀도가 높아서 비교적 활기찬 나라였지만, 군사 수는 다른 나라에 비해서 적은 편이었다. 그래서 위나라는 진나라를 섬기고 있었다. 소진은 이를 매우 못마땅하게 생각하며 위나라 양왕에게 말을 꺼냈다.

"위나라의 역량은 초나라보다 작지 않습니다. 위나라는 천하의 강국이고 대왕께서는 천하의 현명한 국왕이십니다. 지금 대왕께서 서쪽에 있는 진나라를 섬기며 스스로 위나라를 진나라의 속국이라 여겨 진나라를 위해 궁전을 건축하고, 진나라 대신들의 의복까지도 만들어서 봄과 가을마다 진나라에 바친다면, 이것은 있을 수 없는 일입니다."

소진은 먼저 위나라 양왕의 사기를 올려주고는 진나라와의 관계에 대해 이야기했다. 위나라의 군사가 다른 나라에 비해서 적은 것을 알고 있었던 소진은 양왕에게 병사의 수보다 병사들이 단단한 훈련을 통해 단합된 힘을 충분히 발휘하는 것이 더 중요하다고 강조했다. 하지만 위나라 양왕은 진나라의 속국으로 지내는 것이 오히려 편하다고 생각했다. 소진이 자신의 뜻을 이루기 위해서는 먼저 위나라와 진나라의 관계를 끊어야만 했다.

위나라는 진나라의 침략을 받지 않으려고 진나라에 충성의 표시로 자기 땅의 일부분을 쪼개 주었다. 싸워보지도 않고 위나라 땅을 그대로 빼앗긴 것이기에 소진은 이를 매우 언짢게 생각했다. 그래서 소진은 양왕에게 이렇게 말했다.

"만약 신하들 중에 진나라에 복종하고 진나라를 섬길 것을 건의하는 사람들이 있다면, 그들은 모두 간신입니다. 그자들은 나라의 이익보다 자기의 이익을 취하여 밖으로는 강대국에 의지하고, 안으로는 군주를 농락해 나라의 땅을 강대국에게 바쳐서 자기의 이익만을 취했습니다. 대왕께서는 이런 점을 분명하게 잘 살펴보시기 바랍니다."

소진은 계속 말을 이어갔다.

"옛말에 '덩굴의 싹을 처음에 자르지 않아 덩굴이 기다랗게 얽힌다

면 어떻게 하겠는가? 작을 때 베지 않으면 장차 도끼를 사용해야 한다'
는 말이 있습니다. 사전에 깊이 생각하지 않으셔서, 나중에 큰 화가 따
르면 어떻게 하시겠습니까? 대왕께서 제 의견을 들으시고 여섯 나라가
합종하여 전심전력으로 뜻을 통일한다면 강력한 진나라의 침략을 막을
수 있습니다."

합종책에 대한 소진의 설득에 양왕이 결국 수긍했다.

"나는 모든 것이 부족하여 일찍이 이렇게 훌륭한 가르침을 들은 적
이 없소. 나는 우리 위나라 백성들과 함께 당신의 의견에 따르겠소."

결국 소진은 위나라 양왕의 설득에도 성공했다. 각 나라의 사정을
훤히 파악해서 적절한 비유를 써가며 자신의 편으로 끌어들이는 소진의
설득력이 빛나는 순간이다.

Story 06

미리 겁부터 먹지 마십시오

과거에 한 번도 경험해본 적 없는 일을 하게 되면 으레 겁부터 생길
때가 있다. 그렇지만 겁과 두려움이 지나칠 때는 자신이 갖고 있는 능력
을 제대로 발휘하지 못하고 스스로 무너지는 경우가 생긴다. 그래서 '일
단 부딪혀보고 나서, 그다음에 이야기하자'는 말이 있는 것이다.

시중에 회자되는 이야기 중에 어느 대기업 회장이 한 임원으로부터
보고를 받는 중에, 그 임원이 처음 하는 일이라서 안 된다고 말하자, 회
장이 "이 봐, 해봤어?"라고 물었다고 한다. 이 이야기는 기업가들이 자주

애용하는 에피소드다. 처음으로 하는 일에 겁부터 먹지 말고 일단 해보고 나서 그다음에 말해보자는 것, 바로 소진이 제(齊)나라 선왕(宣王)을 설득한 방법이었다.

소진은 제나라로 가 선왕을 만났다. 제나라의 수도 임치(臨菑)는 생활 일용품이 풍부했다. 집집마다 창고에 물건들이 쌓여서 백성들은 여유 있는 생활을 누렸고, 거리에는 노랫소리가 그치지 않았다. 산둥성에 위치한 제나라의 주변에는 남쪽으로 우리에게도 잘 알려진 태산(泰山)이 있고, 동쪽으로는 낭야산(琅琊山)이 있고, 서쪽으로는 청하(淸河)가 있고, 북쪽으로는 발해만(渤海灣)이 있어서, 사면이 천혜의 요새를 이루고 있는 나라였다. 이러한 제나라의 사정을 잘 알고 있던 소진은 선왕에게 말했다.

"제나라는 사방으로 요새가 있는 나라입니다. 땅은 사방으로 2,000리나 되고, 정예 군사도 수십만이며, 곡식도 창고마다 가득 쌓여 있습니다. 더구나 수도 임치는 가구 수가 7만이나 되며, 한 가구당 남자의 수가 셋 이상입니다. 임치에서 동원할 수 있는 군사의 수만 해도 21만 명이나 됩니다. 임치는 아주 부유해서 여기 백성들은 닭싸움, 개싸움, 공치기 놀이 같은 것을 하지 않는 사람이 없습니다."

제나라는 진나라와 지형적으로 떨어져 있었지만, 선왕은 언제 진나라가 침략할지 모른다는 걱정을 품고 있었다. 그래서 선왕은 오히려 진나라를 받들어 섬기는 것이 전쟁을 피할 수 있는 길이라고 믿었다. 그러나 지형적으로 보면 진나라에서 제나라로 가기 위해서는 산둥성에 있는 힝부(亢父)*라는 지역을 지나야 하는데, 이 길은 매우 험하고 도로의 폭

---

* 지금의 산둥성 제령시(濟宁市)에 있는 고대 유적지.

이 일정치 않아서 전차나 수레가 마음 놓고 다닐 수 없었다. 소진은 이러한 지형을 알고 있었기에 진나라가 마음 놓고 제나라를 침략하지 못할 것이라고 이미 판단했다. 그리고 진나라도 이러한 지형 조건을 충분히 알고 있기 때문에 제나라를 공격하려 해도 쉽사리 쳐들어갈 수 없는 입장이었다. 지형적 상황이 이렇기에 진나라가 자신을 과시하기 위해 제나라에게 큰소리만 치고 있다고 생각한 소진은 제나라 선왕에게 자신 있게 말했다.

"진나라는 다른 사람에게 헛되고 과장된 큰소리를 치고 있지만, 감히 제나라를 공격하지 못하고 있습니다. 그런데도 진나라가 두려워서 겁에 질려 미리부터 머리 숙이고 진나라를 섬기려고 한다면, 이는 대왕과 신하들에게 잘못이 있는 것입니다. 대왕께서는 저의 권고를 들으십시오. 그렇게 되면 진나라로부터 '제나라는 우리의 속국이며 신하의 나라'라는 말을 듣지 않으실 것입니다. 그리고 제나라는 더 강해질 것입니다. 대왕께서는 이 문제를 유념하여 곰곰이 생각해보시기를 바랍니다."

이에 제나라 선왕이 대답했다.

"나는 어리석은 사람이오. 이곳 제나라는 동쪽 맨 구석에 있는 나라이기 때문에 주변 사정에 밝지 못했소. 나는 우리 제나라의 백성과 함께 당신의 의견을 따르겠소."

이렇게 제나라도 소진의 합종책을 따르기로 했다. 용기와 자신이 없는 사람에게 할 수 있다는 자신감을 불어넣어 일을 성사시킨 소진이었다.

Story 07
둘 중 하나를 택하십시오

균등한 두 가지 가운데 하나를 택하는 것이 양자택일(兩者擇一) 방식이다. 그러나 '죄를 짓는 게 좋아, 아니면 안 짓는게 좋아'처럼 상식적으로 구별할 수 있는 상반된 두 가지 가운데 하나를 택하는 것은 양자택일이 아니다. 소진이 초(楚)나라에 가서 초나라가 가진 장점을 활용한 것이 바로 양자택일의 방법이었다.

진나라를 제외한 여섯 나라 가운데 초(楚)나라는 진나라와 대결할 수 있는 유일한 강국이었다. 진나라가 가장 두려워하는 나라가 바로 초나라였다. 소진은 초나라로 가서 위왕(威王)을 만났다. 이때가 기원전 333년이었다.

"초나라는 천하의 강국이며, 대왕은 천하의 현명한 국왕이십니다."

소진은 초나라 왕을 설득하기 위해 먼저 초나라 위왕을 추켜세웠다. 그런 다음 위왕에게 초나라가 비록 6개국 중 강국이라 하더라도 초나라 혼자서는 존립하지 못할 것이라고 말했다.

"진나라는 호랑이나 이리와 같은 나라여서 천하를 지배할 야심을 가지고 있습니다. 진나라는 우리 모두의 적입니다."

소진은 여섯 나라가 힘을 합쳐야만 하는 이유를 강조해 설득했다. 이 당시 약소국들은 강대국에게 토지나 일정량의 토산품을 바쳤다.

"그렇기 때문에 진나라를 제외한 여섯 나라가 서로 합종해서 협력하면 각 나라는 토지를 강대국인 초나라에게 바치게 될 것입니다. 그렇지 않고 진나라를 섬기게 되면 초나라도 진나라에게 토지를 바쳐야 할 것입니다. 이 양자 중 대왕은 어느 쪽을 선택하시겠습니까?"

　전국칠웅(戰國七雄)* 가운데 진나라를 제외한 여섯 나라 중에서 초나라가 제일 강국이었다. 그렇기에 초나라를 합종으로 끌어놓느냐 못하느냐에 따라 합종의 성패가 달려 있었다. 이에 대해 초나라 위왕이 대답했다.

　"진나라는 우리를 항상 위협하고 있기 때문에 우리 초나라는 진나라와 친하게 지내려 해도 친하게 지낼 수가 없소. 한나라와 위나라는 항상 진나라로부터 침략의 위험을 받고 있는 나라이기 때문에 이들 나라와는 국사를 함께 모의할 수가 없소. 만일 우리 초나라가 한나라나 위나라와 친교를 맺으려 한다면, 오히려 그들은 우리보다 더 강대국인 진나라와 화친할 것이오. 이와 같이 되면 계략을 실행해보기도 전에 우리나라는 위험해질 것이오."

　초나라 위왕은 초나라 혼자서는 한과 위나라와 친교를 맺을 수 없다는 사실을 알고 있었다. 위왕은 잠시 생각해보다가 소진을 바라보며 다시 말했다.

　"과인이 혼자서 생각해보았는데, 우리 초나라가 진나라를 감당하기에는 승산이 없소. 조정에서 관료들과 상의를 해보았으나 별다른 대책이 없소. 그래서 나는 잠도 제대로 못 자고, 음식을 먹어도 맛을 못 느끼고, 마음은 심히 불안해서 의지할 곳이 없소. 지금 소진 그대가 천하를 안정시키기 위해 각 나라를 단결시켜 위험에 처해 있는 우리를 보호한다고 하니 나는 그대의 의견을 따르도록 하겠소."

　소진은 진나라 쪽으로 붙을 것이냐, 아니면 진나라와 대적하기 위해

---

* 　진(秦), 초(楚), 제(齊), 한(韓), 연(燕), 위(魏), 조(趙)나라를 말한다.

여섯 나라와 합종을 할 것이냐를 놓고 양자택일의 방법으로 초나라를 합종으로 끌어냈다.

Side Story 최악의 양자택일

인류의 가장 잔인한 선택이라면 어떤 것이 있을까?

제2차 세계대전 때 폴란드에 오슈비엥침(Oświęcim)이라는 시골 마을이 있었다. 독일어로는 아우슈비츠다. 독일은 이곳을 빼앗아 자신들의 영토로 합병했다. 히틀러는 이곳에 유대인 수용소와 3km 떨어진 옆 마을에 가스 공장을 세웠다.

1789년 프랑스 혁명 이전까지 유대인들은 따로 모여서 자신들만의 마을을 이루며 살았다. 절기, 달력, 언어, 결혼, 출생, 재판 등을 유대 전통에 따라 지키며 자신들만의 소규모 '국가 마을'을 이루었다. 이것을 '유대인 게토(Ghetto)'라고 한다. 많은 유대인들은 1933년 히틀러가 나치당을 만들어 독일에서 집권하기 전까지 자기들만의 전통을 유지했다.

히틀러는 이런 유대인을 아주 싫어했다. 히틀러는 유대인들이 독일에서 가진 권리를 박탈했다. 그리고 1941년 폴란드의 조그만 마을에 거대한 수용소를 지었다.

독일은 아우슈비츠를 비롯한 세 곳에 거대한 공장을 세웠다. 제품을 생산하는 공장이 아니었다. 사람을 가스로 죽이는 살육 공장과 시체를 불태워 없애버리는 공장을 각각 세웠다.

"유대인을 가득 태운 열차가 조그마한 아우슈비츠 역에 정차한다. 한 사람씩 열차에서 내린다. 맞은편에는 독일군 병사가 의자에 앉아서 플랫폼을 내리는 이들을 응시하고 있다. 내리는 사람에게 한 사람씩 손가락으로 오른쪽, 왼쪽 지시를 한다. 독일군 병사의 손가락 끝이 오른쪽으로 가면 가스실로 가서 죽음을 맞는다. 왼쪽으로 가면 아우슈비츠 수용소로 간다. 수용소로 가는 것이 그나마 죽는 것보다 낫다…"
자신의 의지와는 전혀 상관없는 최악의 양자택일이었다.

Story 08
합종을 깨뜨리는 법

합종이란 앞서 설명한 대로 강대국 진나라에 대항하기 위해서 약소국 여섯 나라가 서로 협동해서 하나의 연합체를 만드는 것을 말한다. 그러나 이 연합체는 각각의 나라가 처한 환경이나 처지가 다르기 때문에 개별적으로 장단점이 있기 마련이다. 이러한 각국의 장단점을 각각 파고들어 연합을 깨뜨리는 전략을 각개전투 전략이라 한다.

진나라는 소진이 중심이 되어 진나라를 제외한 여섯 개 나라가 합종을 맺고 있다는 사실을 알아챘다. 합종의 효과는 곧바로 나타나서 진나라도 초기에는 그 나라들을 건드리지 못했다. 진나라는 각 나라별 각개전투 전략으로 합종을 깨뜨릴 방법을 준비했다.

소진은 여섯 나라의 합종을 성립시키고, 스스로가 합종의 장이 되어 여섯 개 나라의 재상을 겸했다. 이 당시는 주(周)나라를 중심으로 진, 초, 위, 제, 한 같은 제후국들이 각 지방을 통치하는 봉건시대였기에, 서로 다른 나라의 재상이 될 수 있었다. 소진의 합종책은 진나라라는 강대국에 대항하기 위한 약소 제후국들의 연합이었으며, 이해 대립이 매우 심한 각 제후국들이 강대국에 대항하기 위해 최초로 수직적인 연합체(vertical integration)를 형성한 것은 역사적으로 매우 의미 있는 일이었다.

여섯 개 나라를 모두 방문해 합종을 맺은 소진은 우선 조나라로 돌아가 숙후에게 보고했다. 곧이어 합종의 언약을 담은 서신을 진나라로 보내 여섯 개 나라가 합종을 맺은 사실을 알렸다. 합종에 대한 두려움 때문에 진나라는 약 15년 동안이나 이들 여섯 나라를 넘보지 못했다. 그러나 진나라는 이들 여섯 나라의 합종을 가만히 두고 보지 않았다. 어떻게 해서든 합종책을 깨뜨려야만 했다. 진나라가 합종을 깨뜨리기 위해서는 우선 여섯 나라를 분열시켜 자신의 편으로 만드는 것이 필요했다. 합종책을 깨뜨리기 위한 진나라의 공략은 아주 집요했다.

진나라 혜왕(惠王)은 우선 서수(犀首)를 제나라와 위나라에 사신으로 파견하여 이들 나라에게 많은 재화와 금은보화를 전해주고 진나라 편으로 만들었다. 이들 나라는 평소 진나라에 대해 위협을 느껴온 터라 오히려 쉽게 진나라 편이 될 수 있었다. 여기에 더해 혜왕은 자신의 딸을 합종의 나라 중 하나인 연나라로 시집보내 태자의 아내가 되도록 했다. 이로써 소진의 합종책은 하나둘씩 깨지기 시작했다. 결국 진나라는 같은 편이 된 제나라와 위나라와 합세해서 조나라를 공격했다.

일을 추진하면서 명분은 그럴듯하더라도 실익이 없거나, 리더가 각 나라 사이의 이해관계를 조정하고 이끌어갈 능력이 없으면 오래가지 못한다. 합종은 하나둘씩 균열이 생겨났다.

Story 09

입만 가지고 정책을 펴지 마십시오

수사학(修辭學)이란 말이 있다. 다른 사람들을 설득하기 위한 언변, 말의 기술을 배우는 그리스 시대의 학문이다. 다른 사람을 설득하기 위해서는 흔히 언변이 좋아야 한다고들 말한다. 그리고 언변에는 신뢰가 바탕이 되어야 한다. 신뢰가 없는 말은 알맹이가 없는 껍데기에 불과하다. 이런 것을 레토릭(rhetoric), 즉 수사학이라고 한다. 소피스트(Sophist)라 불리는 고대 그리스 시대의 궤변론자들이 다른 사람을 설득하기 위한 언어 기술을 가르쳤던 학문을 일컫는다. 그래서 레토릭이란 실체는 없고 껍데기만 있는 경우를 일컫기도 한다. 개인이든 국가든 자신이 한 말에는 반드시 실천이 뒤따라야 하는데, 말만 번지르르한 경우가 있다. 무엇보다 국가가 대중을 설득하고 사회적인 정책을 결정하기 위해서는 화려한 레토릭보다 신뢰가 전제가 되어 공공성과 정의에 입각한 결정을 해야 한다.

소진의 경우가 수사학, 레토릭의 대표적 인물이었다. 그는 뛰어난 언변으로 제후들을 설득했지만, 이 모두가 개인의 욕심을 위한 것이었다. 그의 행동은 오래갈 수 없었다. 합종 연합국인 제나라와 위나라가 진나라와 함께 조나라를 공격해오자, 조나라 왕은 소진을 불러 심하게 책망했다. 이에 불안을 느낀 소진은 조나라를 떠나버렸다. 이로써 합종책은 15년 만에 완전히 깨지게 되었다.

합종이 깨진 이유는 무엇일까? 합종에 참여한 나라들은 서로 이해관계가 달랐다. 그리고 숨어 있었던 문제점들이 합종이 진행되면서 겉으로 드러나기 시작했다. 소진은 각 나라들의 이러한 문제점을 해결하지 못했다. 그리고 진나라의 집요한 각개전투 전략을 막아낼 전략이 없었다. 또한 당초 합종의 배경에 소진 자신의 개인적인 욕심과 욕망이 깔려 있었다. 소진은 자신이 만든 합종책을 스스로 이끌어갈 실력과 능력이 없었다. 다만 권모술수와 언사가 매우 뛰어날 뿐이었다. 그는 특히 언변이 매우 뛰어나서 시기하는 자들로부터 지탄을 받아왔다. 그들에게 죽을 위험을 여러 번 겪기도 했는데, 결국 제나라에서 간첩의 누명을 쓰고 죽음을 맞이했다.

소진은 화려한 언변술과 권모술수 때문에 많은 사람들로부터 입만 가지고 사는 사람이라고 비난받았다. 그렇게 소진의 합종책은 15년 만에 실패로 끝났다. 사람과의 관계나 국가 간의 관계에 있어서 상호 신뢰가 바탕이 되지 않고서는 절대 오래갈 수 없는 것이다.

사마천은 『사기』에서 소진을 이렇게 평했다.

"소진은 첩자를 이용해서 적의 내부를 교란시킨 혐의로 죽임을 당했다. 천하 사람들은 모두 그를 비웃었다. 소진이 평민의 신분에서 입신해서 여섯 나라를 연결시켜 합종을 맺게 한 것은 그의 능력과 지혜가 보통 사람을 훨씬 뛰어넘는다는 것을 설명한다."

Side Story 말보다는 실천

『사기』에는 구변무실(口辯無實)이라는 말이 나온다. "말은 잘하는데 그 속에 실체가 없다"는 뜻이다.

그 내용은 이렇다. 한나라 문제(文帝) 때 형옥을 책임지던 장석지(張釋之)라는 사람이 있었다. 하루는 문제가 장석지를 데리고 동물원에 가서 책임자에게 동물에 관해 여러 가지를 물었다. 그런데 이 책임자는 말이 어눌했다. 그래서 곁에 있던 관리인인 색부(嗇夫)가 동물에 대해서 막힘없이 유창하게 설명했다. 이에 문제는 말솜씨가 매우 뛰어난 색부를 칭찬하며 그를 책임자로 임명하도록 장석지에게 명했다.

장석지는 한참을 생각하더니, 한고조 유방 때 유방을 도와 한나라 건국에 일등 공신이었던 주발(周勃)이 어떠한 인물이었는지를 물었다.

문제는 "주발은 말은 잘하지는 못했지만 덕망이 매우 뛰어나고 점잖은 사람이었지"라고 답했다. 장석지는 또다시 물었다. "한고조 초기에 흉노와 결탁해서 반란을 일으켜 한나라를 혼란에 빠뜨렸던 진희(陳豨)를 물리친 장상여(張相如)는 어떤 사람이었습니까?" 이에 문제는 "장상여 역시 말은 어눌했지만 역시 덕망이 있고 점잖은 사람이었지"라고 대답했다.

"주발과 장상여는 모두 말이 어눌했지만 점잖고 덕망이 있었습니다. 그런데 어떻게 색부와 같이 말주변만 뛰어난 사람한테 배우라고 하실 수 있습니까? 지금 폐하께서 색부가 말주변이 매우 좋다고 하시면서 그를 선발하셨는데, 신은 사람들이 그로부터 말주변만 배워서 지나치게 과장만 하려 들고 실체를 잃어버리지 않을까 염려되옵니다."

문제는 "맞는 말이로다"라고 수긍하고는 색부의 임명을 철회했다.

공자도 이렇게 말했다. "군자는 말은 어눌하게 하더라도 행동은 민첩하게 해야 한다."

그렇다! 말보다 신뢰와 실천이 중요하다.

Story 10

전략을 연횡으로 바꾸어라

논리 전개 방식 가운데 '정반합(正反合)'이 있다. 여기서 정(正)은 과거부터 지금까지 지속되어 오던 상태를 말하며 일종의 보수 개념이다. 반면 반(反)은 정(正)을 부정하고 이에 대응해서 새롭게 나타난 반대 개념을 말한다. 그리고 정과 반이 합쳐져서 버릴 것은 버리고 새롭게 받아들일 것은 받아들여서 새로운 합(合)이 나타난다. 그리고 합은 다시 정(正)의 형태가 되며, 또다시 이에 반대되는 반(反)이 나타난다. 이것이 계속 반복되다 보면 진리의 실체에 가까워질 수 있는데, 이것을 변증법이라 한다. 어떤 새로운 형태의 정책이 만들어지게 되면 반드시 이에 대응하는 또 다른 정책이 나오게 되어 있다. 이것이 세상의 이치이다.

마찬가지로 합종에 반대하는 새로운 연합체를 주장하는 사람이 나왔다. 그는 위(魏)나라의 장의(張儀)*라는 인물이었는데, 그가 주장한 정책이 바로 연횡책(連橫策)이다.

연횡이란 합종과는 반대 개념으로 약소국이 강대국과 손을 잡고 연합하여 공존하는 전략을 말한다. 여기서 강대국은 진나라를 말하고, 약소국은 나머지 여섯 개 나라를 말한다. 당시는 소진이 진나라에 대항하기 위해 약한 여섯 나라가 합종을 이루어 가까스로 유지하던 시대였다.

장의는 여섯 나라가 하나로 합종을 맺어 진나라에 대항하는 것보다 이들 나라 각각이 진나라와 일대일로 친선조약을 맺어 사이좋게 지내는 것이야말로 전쟁을 막고 서로 공존하는 가장 좋은 방법이라 생각했다. 이러한 연횡책은 진나라도 원하던 바였다. 합종이 세로로 동맹 관계를 맺어 진나라에게 대항했던 것이라면, 연횡은 각국이 진나라와 수평적(horizontal integration)으로 외교 관계를 맺어 함께 공존하자는 외교 정책이다.

옛날 요 임금 시절 대홍수가 났을 때 물을 관리했던 곤은 물이 넘치는 곳마다 백성들을 동원해서 계속 둑을 쌓아 물을 막았다. 하지만 둑을 쌓아 물을 막으면 물은 다시 넘쳐흘렀다. 넘치면 또다시 둑을 쌓았다. 이렇게 9년간 계속된 홍수에 둑을 쌓아온 백성들은 지치고 피폐해져서 나라는 엉망이 되었다. 결국 요 임금은 곤의 실패를 물어 그를 처형했다.

곤의 대를 이은 우는 둑을 쌓아 물을 막는 대신 물 흐르는 방향으로 수로를 만들어 물이 그곳으로 흘러가도록 했다. 이런 방법으로 치산치수에 성공했다. 후에 우는 임금으로 추대되어 중국 역사상 가장 위대한 임금으로 추앙받았다. 장의는 현재의 시대적 상황을 곤과 우의 치산치수의 방법에서 해결책을 찾으려 했다. 무리하게 합종을 해서 강대국인

* 위나라의 외교가이자 모략가. 기원전 309년 소진보다 25년 후에 죽었다.

진나라에 대항하느니, 오히려 진나라와 사이좋게 지내는 연횡이야말로 백성을 편하게 해주는 최선의 방법이라고 생각한 것이었다.

Story 11
뛰는 놈 위에 나는 놈이 있다

아무리 재능과 실력이 뛰어나더라도 그보다 더 뛰어난 사람이 있기 마련이다. 우리가 흔히 하는 말로 '뛰는 놈 위에 나는 놈이 있다.' 이를 '비자상 유과자(飛者上 有跨者), 날 비(飛), 놈 자(者), 위 상(上), 있을 유(有), 타고 넘을 과(跨), 놈 자(者)라고 한다. 이 말은 스스로 잘났다고 하는 사람을 항상 경계해야 한다는 의미다. 아울러 스스로에게 겸손해야 한다는 뜻이기도 하다. 우리가 살아가는 데 꼭 필요한 실천 덕목이다.

소진은 장의보다 25년 일찍 죽었지만, 이 둘은 함께 공부한 사이였다. 하지만 둘의 관계는 좋지 않았다. 소진은 합종이 깨진 이유를 장의의 탓으로 돌리며 진나라의 회유를 받은 제나라와 위나라가 합종을 위반하고 진나라와 함께 조나라를 침략했기 때문이라고 생각했다. 그리고 이런 일이 벌어진 것을 장의가 진나라의 사주를 받아 제나라와 위나라를 회유했기 때문이라고 생각했다. 이를 두렵게 생각한 소진은 장의를 저녁 식사에 조대했다. 자신이 조직한 합종의 실패 책임을 장의에게 돌리고, 훗날 장의를 이용하기 위한 고도의 전략이었다. 소진은 장의를 초대하고는 그를 당(堂) 아래쪽에 앉게 하고 하인들이 먹는 음식을 내려주면서 계획대로 작심한 듯 말했다.

"어찌하여 자네가 나를 이처럼 곤란하고 수모를 겪는 지경에 이르게 했는가? 내가 자네를 임금께 천거하여 잘살게 해줄 수도 있겠지만 그렇게는 못 하겠네."

소진은 그 자리에서 장의를 내쫓도록 했다. 장의는 옛 친구인 소진에게 수모를 당해 화가 치솟았다. 장의는 주변의 합종을 맺은 나라 중에서 자신을 도와줄 제후를 생각했다. 그러나 주변 제후국들은 소진의 눈치를 보느라 아무도 장의를 도와주지 않았다. 실의에 빠진 장의는 하는 수 없이 진나라로 가려고 했다. 이를 알아차린 소진은 사인(舍人)*을 시켜 자신이 지금 하는 말을 장의에게 그대로 전하도록 했다.

"장의는 천하에 유능한 인물이라네. 나는 아마도 그의 재능을 능가할 수는 없을 걸세. 지금은 요행이 내가 먼저 등용되었지만, 진나라에서 인정을 받을 사람을 장의밖에는 아무도 없을 걸세. 장의는 가난해서 재상으로 등용될 기회는 아마도 얻지 못할 걸세. 나는 그가 작은 이익을 쫓다가 큰 뜻을 이루지 못할까 염려되어, 지난번에 그를 초대해 일부러 모욕을 주어서 그를 분발시키려고 한 걸세. 자네는 나 대신 장의를 만나 그가 눈치채지 못하게 그를 잘 보필하게."

그러고는 사인에게 돈을 두둑이 주며 이 돈을 조나라 임금에게 주고, 마치 조나라 임금이 장의에게 주는 것처럼 꾸며 이 돈과 함께 말과 마차를 장의에게 내주도록 조나라 임금에게 부탁하도록 했다. 그 후 사인에게는 장의를 따르며 잘 보필하도록 부탁했다.

이러한 사실을 전혀 모르던 장의는 자신을 위해서 도움을 준 조나라 임금과 소진이 그렇게 고마울 수가 없었다. 모두가 소진이 미리 짜놓은 각본

히스토리텔링 차이나

* 집안을 돌보는 가신을 말한다. 전국시대 귀족들은 대부분 사인을 두었다.

대로 움직인 것이었다. 장의는 마침내 진나라로 돌아갈 참이었다. 사인이 장의에게 이제 하직 인사를 하려고 하자, 장의는 그를 붙잡으며 말했다.

"그대의 도움으로 나의 이름이 세상에 드러나게 되었소. 이제 내가 그 은덕에 보답하려 하는데 무엇 때문에 나를 떠나려 하는 것이오?"

"저는 선생에 대해 잘 모릅니다. 선생을 아는 분은 소진 선생이십니다. 소진 선생은 진나라가 조나라를 정벌하여 합종의 맹약이 깨질 것을 염려하고 계십니다. 그런데 장의 선생님만이 진나라를 설득할 수 있다고 생각하고 계십니다. 그래서 선생님을 모셔다가 분노하게 만들고, 저를 시켜 몰래 돕게 한 것입니다. 이 모두가 소진 선생의 계략입니다. 이제 선생께서 진나라로 돌아가게 되셨으니 저는 돌아가 소진 선생께 모든 것을 말씀드리겠습니다."

"아! 내가 이미 알고는 있었는데 미처 이것을 깨닫지 못했구나! 내가 소진에게는 미치지 못하는구나!"

장의는 소진의 책략에 감탄하여 자신의 부족함을 탓했다.

"나를 대신해서 소진 선생께 고맙다는 말을 전해주시오."

사인은 장의에게 감사함을 전하며 자신의 나라로 되돌아갔다. 조나라로 돌아간 사인은 소진에게 자신이 겪었던 일을 소상하게 말했다. 소진은 "장의가 내 책략에 넘어갔구나"라며 크게 껄껄 웃었다. 사인은 아무것도 모른 채 소진의 웃는 모습만 바라보았다.

소진이 사인을 시켜 장의에게 극도의 대접을 한 이유는 자기가 조나라 재상으로 있는 한 진나라의 장의는 조나라를 감히 칠 수 없기 때문이었다. 소진의 고도의 술책을 장의는 전혀 몰랐다. 뛰는 놈 위에는 나는 놈이 있는 법이다.

Story 12

장의의 입에서 처음 나온 말, 사분오열

의견이 여러 갈래로 쪼개지고 나뉘어져서 분분할 때나 혼란스러울 때를 흔히 사분오열(四分五裂)이라고 한다. 사분오열은 '넷으로 나눠지고 다섯으로 찢겨진다'는 뜻이다. '질서 없이 여러 갈래로 어지럽게 흩어지거나 찢겨져서 약화되는 것'을 의미한다. 이 말은 원래 사방에서 위협을 받을 수 있는 지형에 위치한 위나라의 상태를 의미하는 말이었다.

장의의 입에서 사분오열이 처음으로 나왔는데, 사분(四分)은 무엇을 말하고 오열(五裂)은 어떠한 상태를 말하는지, '육분칠열'은 왜 안 되는지, 그리고 어떻게 해서 이 말이 나왔는지 그 과정을 살펴보자.

장의는 합종을 한 여섯 나라에서는 자신을 도와줄 나라가 하나도 없다는 것을 알고 진나라로 갔다. 이때 진나라는 혜왕이 다스리고 있었는데, 장의는 진나라 재상이 되었다. 혜왕은 장의와 진나라 장수인 사마조 두 사람을 불러 여러 제후국을 정벌할 계획을 논의했다.

장의는 좁더라도 주변이 기름지고 좋은 지역을 공략하자는 데 반해, 사마조는 척박한 땅이라도 면적을 넓히는 것이 중요해서 우선 넓은 땅을 공략하자는 의견이었다. 땅이 기름진 지역의 나라들은 군사력이 약해서 언제든 쉽게 공략할 수 있기 때문이었다. 사마조는 공격을 하되 추수기가 바로 끝나는 9월에 정벌해서 수확한 농작물을 모두 차지하자고 했다. 손에 물 한 방울 묻히지 않고 남의 돈을 빼앗는 격이었다. 혜왕은 사마조의 의견에 따라 지금의 쓰촨성에 있는 촉나라를 정벌하기로 했다. 촉나라 지방은 비록 척박한 땅이었지만 가을철 추수기에 점령한 결과 많은 수확물을 차지할 수 있었다. 진나라 백성은 식량 걱정 없이 부유해졌다. 진나라는 더욱 부강해져 주변 제후국들을 협박하기 시작했다. 이렇게 되니 주변 여러 국가들이 진나라에게 잘 보이려고 진나라로 몰려들었다

　　장의는 진나라 혜왕에게 왕의 아들을 위나라로 보내 위나라에서 살도록 건의했다. 그러고는 위나라 임금에게는 이렇게 말했다.

　　"진나라 임금이 위나라를 매우 후하게 생각해서 그 아들을 위나라로 보내 살도록 했는데, 위나라에서는 그에 대한 보답이 있어야 할 것 아닙니까?"

　　이에 위나라 임금은 상군(上郡)* 지역과 소량(少梁)** 지역을 진나라에게 보답으로 바쳤다.

　　이것은 소진의 합종책을 깨고 위나라가 진나라를 섬기게 만들기 위한 장의의 계략이었다. 장의가 진나라로 돌아와 재상이 된 지 어느덧 4년이 지났다. 그는 진나라 재상을 사직하고 위나라로 갔다.

　　장의는 위나라로 가서 왕에게 진나라를 섬기도록 만들고, 다른 제후들도 진나라를 섬기도록 하기 위해 일종의 위장 취업을 한 것이었다. 장의는 위나라 양왕(襄王)에게 진나라와 손을 잡고 진나라를 섬기도록 여러 차례 설득했으나, 양왕은 장의의 말을 듣지 않았다. 전에 소진의 합종책을 듣고 거기에 동의했기 때문에 장의의 연횡에 쉽게 동의할 수 없는 입장이기 때문이었다.

　　장의가 위나라로 온 지도 4년이 지났다. 위나라는 양왕이 죽고 새롭게 애왕(哀王)***이 즉위했다. 장의는 지금이 기회라고 생각해 진나라를 섬기도록 애왕을 설득했으나, 애왕은 듣지 않았다. 장의는 하는 수 없이

---

*　　지금의 산시성 북방에 위치한 마을 이름이다.
**　　지금의 산시성 한성시(韓城市) 부근이다.
***　　위나라 왕으로서 기원전 318~296년까지 22년간 재위했다.

몰래 진나라로 가서 혜왕에게 위나라를 치도록 했다.

　진나라가 위나라를 공격했다. 위나라는 크게 패하고 말았다. 장의는 다시 제나라로 가서 제나라 왕에게도 위나라를 치게 했다. 제나라도 위나라를 공격하여 위나라는 또다시 크게 패했다. 제나라와 진나라 양쪽으로부터 공격을 받은 위나라는 모두 크게 패하여 주변의 나라를 두려워했다. 이 모든 것이 장의의 전략이었다.

　장의는 다시 위나라 왕을 설득했다.

　"위나라 국토는 사방으로 천 리가 못 되는 좁은 나라이며, 군사는 30만 명에 지나지 않습니다. 국토는 사방이 모두 평지로 되어 사방 어느 쪽에서도 공격받을 수 있습니다. 위나라는 남쪽으로는 초나라와 국경이 맞대어 있고, 서쪽으로는 한나라와 맞대 있고, 북쪽으로는 조나라와, 동쪽으로는 제나라와 국경을 이루고 있습니다. 사방의 국경을 지키는 수비병과 요새를 지키는 병사의 수는 10만 명을 넘습니다. 위나라의 지형은 전쟁하기에 딱 좋은 형세입니다."

　위나라 지형은 산지가 거의 없고 사방이 평지라서 마치 한쪽을 누르면 다른 한쪽이 부풀어 오르는 풍선과 같았다. 한쪽 나라와 붙어서 다른 나라를 공격하면 또 다른 나라는 위나라의 구석을 공격할 것이고, 다른 한쪽과 연합해서 다른 쪽을 공격하면, 또 다른 쪽이 공격을 받는 그야말로 어떻게 할 수가 없는 묘한 형세를 이루고 있었다.

　"위나라가 남쪽에 있는 초나라와 동쪽에 있는 제나라와 선린 관계를 미리 맺지 않는다면, 제나라는 위나라의 동쪽을 칠 것입니다. 또한 위나라가 동쪽의 제나라와 동맹을 맺어놓고 조나라와도 동맹을 맺어놓지 않는다면, 북쪽의 조나라가 쳐들어 올 것입니다. 또한 한나라와 선린 관계를 맺어놓지 않는다면, 한나라는 위나라의 서쪽을 칠 것이고, 초나라와 선린 관계를 맺지 않는다면, 초나라는 위나라의 남쪽을 공격해 들어올 것입니다. 이것이 이른바 '사분오열의 지세'라는 것입니다."

사분오열은 여러 갈래로 갈기갈기 찢어져서 어지럽게 흩어지는 것이다. 여기서 사분이란 위나라를 사방으로 둘러싸고 있는 네 나라, 즉 동쪽의 제나라, 서쪽의 한나라, 남쪽의 초나라, 북쪽의 조나라를 일컫는 말이다. 무를 자를 때 칼질을 네 번 하면 토막은 다섯 개가 된다. 마찬가지로 위나라는 평지로 사면이 네 나라에 둘러싸여 있어서 언제라도 다섯 개로 쪼개질 수 있는 오열(五裂)의 위치에 있었다.

장의는 사분오열을 빌미로 삼아 연횡책을 만들어가기 시작했다. 우리가 지금 사용하는 사분오열이라는 말은 이렇게 위나라의 상황을 의미하는 장의의 말이었다.

***

Story 13

깃털도 쌓이면 배를 가라앉힙니다

***

'가벼운 깃털이라도 이것이 쌓이면 배도 가라앉한다'라는 말이 있다. 아무리 사소한 문제라도 그것을 초기에 해결하지 않아서 쌓이게 되면 나중에는 큰 재앙이 된다는 뜻이다. 역사적으로 보면 장의가 긍정적으로 설득하기 위해 부정적인 말을 이용한 것이었는데, 역설적으로 이 말을 뒤집어보면 '티끌을 모으면 태산이 된다'라는 의미가 된다.

장의는 소진의 합종책을 깨기 위해 위나라 애왕에게 이 말을 했는데, 이것을 '적우침주(積羽沉舟)'라고 한다. 쌓을 적(積), 깃털 우(羽), 잠길 침(沉), 배 주(舟), 즉 가벼운 깃털이라도 쌓이면 배를 가라앉힌다. 또

한 장의는 애왕을 설득하기 위해 합종론자들을 비난하면서 '적우침주'
와 비슷한 또 다른 말들을 했다.

- 군경절축(羣輕折軸): 무리 군(羣), 가벼울 경(輕), 꺾을 절(折), 수
  레바퀴 대 축(軸), 몸이 가벼운 사람들도 많이 타면 수레 축이 부
  러진다.
- 중구삭금(衆口鑠金): 무리 중(衆), 입 구(口), 녹일 삭(鑠), 쇠 금
  (金), 여러 사람의 입은 무쇠도 녹게 만든다.
- 적훼소골(積毀銷骨): 쌓을 적(積), 헐다 훼(毀), 흩어질 소(銷), 뼈
  골(骨), 여러 사람의 험담이 쌓이면 사람의 뼈도 부러뜨릴 수 있다.
  즉 사람을 파멸시킬 수 있다.

이러한 말들은 사람이 많이 모여서 험담을 하거나, 어느 것이나 작
은 것이라도 쌓이게 되면 그만큼 무서운 힘을 발휘한다는 뜻이다.

진나라는 여섯 나라의 합종을 끊어내기 위해서 온갖 수단을 동원했다.
그렇기 때문에 장의는 언젠가 합종이 끊어질 것이라는 예상을 하고 있었다.

"합종이 끊어진다면 대왕의 위나라는 위태로워질 것입니다. 진나라
가 옆에 붙어 있는 한나라를 친다고 위협하면, 한나라는 진나라가 두려
워서 스스로 항복해서 진나라를 섬기게 될 것입니다. 그렇게 되면 위나
라는 혼자서 고립되어 스스로 무너질 것입니다."

장의는 위나라 왕에게 진나라를 섬기도록 말을 계속 이어갔다.

"대왕의 위나라가 진나라를 섬기면 초나라와 한나라는 감히 대왕의
나라를 건드리지 못할 것입니다. 초나라와 한나라의 위협에 대한 근심
걱정이 없다면, 대왕께서는 편안히 주무실 수 있고 대왕의 위나라에는
아무런 근심 걱정이 없으실 것입니다."

장의는 애왕에게 계속 말했다.

　"초나라가 부유하고 강대하다고는 하지만 사실은 그렇지 않습니다. 초나라 군사의 수는 많습니다. 그러나 매우 약해서 싸우지도 못하고 쉽게 무너집니다. 대왕의 위나라 군사를 모두 동원해서 남쪽에 있는 초나라를 친다면 분명 승리할 것입니다. 그러면 점령한 초나라의 땅을 진나라에 바치면 됩니다. 대왕께서 신의 진언을 따르지 않으신다면, 진나라는 군사를 동원하여 대왕의 위나라를 칠 것입니다. 그렇게 되면 진나라를 섬기려 해도 섬길 수가 없게 될 것입니다."

　장의는 합종을 주장하는 사람들을 입만 갖고 다니고 큰소리만 치고 다닌다고 항상 비난했다. 장의는 위나라 왕에게 또다시 말했다.

　"합종을 주장하는 사람들은 큰소리만 칠 뿐 믿을 만한 말은 거의 없습니다. 합종을 주장하는 사람들은 눈만 뜨면 합종이 좋다고 떠들고 다니며 남의 임금을 설득하려 하고 있습니다. 이렇게 해서 임금이 된 자들은 소진과 같이 합종을 부르짖는 자들의 언변에 걸려들게 되는 것이니, 어찌 현혹되는 것을 그대로 보고만 있을 수 있겠습니까? 옛말에 '깃털도 쌓이면 배도 가라앉고, 몸이 가벼운 사람들도 떼를 지어 올라타면 수레 축이 부서지고, 여러 사람의 입은 무쇠도 녹게 만들고, 여러 사람의 비방은 한 사람을 파멸시킬 수 있다'라는 말이 있습니다. 그러니 대왕께서는 여러 의론을 잘 살펴서 결정하십시오."

　장의의 말을 곰곰이 듣고 있던 위나라 애왕은 합종을 파기하고 진나라에 화평을 청하는 장의의 연횡책을 따르기로 했다. 물론 3년 뒤 애왕은 연횡을 파기하고 잠시 합종을 따랐다가, 진나라의 위협에 눌려 다시 연횡책을 따랐다.

　위나라 애왕이 선택한 합종책과 연횡책 중 어느 것이 올바른 판단이었는지는 후에 진나라에 의해 역사로 판가름 나게 된다.

Story 14

자신의 이익을 위해서는 무엇인들

막후(幕後) 교섭이라는 말이 있다. 어떤 일을 성사시키기 위해 겉으로는 드러내지 않고 뒤에서 은밀히 절충하는 뒷거래를 말한다. 이것은 지금도 국제사회에서 자국의 이익을 위해 정치 외교 영역에서 은밀하게 진행되고 있다.

언변이 매우 뛰어난 장의는 연횡에 대한 자신의 업적을 만들기 위해 모든 방법을 동원했다. 여섯 나라 중 위나라를 처음으로 연횡으로 끌어들이는 데 성공한 장의는 초나라와 제나라를 신경 쓰지 않을 수 없었다. 왜냐하면 초나라와 제나라는 서로 끈끈하게 합종을 맺고 있어서, 이 두 나라 관계를 떼어놓아야 연횡이 가능하다는 것을 잘 알고 있었기 때문이었다. 장의는 먼저 초나라로 가서 회왕(懷王)*을 만나 단도직입적으로 말했다.

"대왕께서는 제나라와의 합종을 끊으십시오. 그렇게 하시면 신이 하남성의 땅 600리를 대왕님의 초나라에 바치고 진나라의 여인을 대왕의 첩으로 바치겠습니다. 그리고 진나라와 초나라는 서로 며느리를 맞아오고 대왕의 딸을 진나라로 시집보내면, 두 나라는 영원히 형제의 나라가 될 것입니다. 진나라와 함께 공존하기 위해서는 이보다 더 좋은 계책이 없습니다."

히스토리텔링 차이나

*   기원전 328년부터 299년까지 29년 동안 재위한 초나라의 왕.

이는 초나라와 제나라 사이가 좋았기 때문에 장의가 미리 그 사이를 끊어놓고 진나라를 중심으로 연횡을 하기 위한 계략이었다. 이에 초나라 회왕은 기뻐하며 제나라와의 맹약을 끊고 장의의 말을 따랐다. 그러나 초나라의 대신 진진(陳軫)이 이를 반대했다. 초나라 왕은 진진에게 매우 화를 내며 물었다.

"무슨 근거로 반대하는가?"

"진나라가 우리 초나라를 중요시하는 이유는 우리가 제나라와 사이가 좋기 때문에 이를 단절시키려는 것입니다. 이제 우리 초나라가 제나라와 합종을 끊는다면 우리는 고립됩니다. 진나라가 어찌 우리에게 땅 600리를 거저 주겠습니까? 장의가 진나라로 돌아가면 분명히 우리 초나라를 저버리고 진나라와 제나라가 연합을 맺어 함께 우리 초나라로 쳐들어올 것이 분명합니다. 대왕을 위한 최선의 계책은 비밀리에 제나라와 교류하면서 겉으로는 절교하는 체하고, 장의에게 사람을 보내 실제로 우리에게 먼저 땅을 주게 한 다음에 제나라와의 관계를 끊어도 늦지 않을 것입니다. 만일 약속대로 우리에게 땅을 주지 않는다면 은밀하게 제나라와 협력하는 것입니다."

그러나 초나라 임금은 진진을 꾸짖었다.

"입 다물고 가만히 계시오. 그대는 과인이 땅을 얻는 것이나 기다리시오."

진나라로 돌아간 장의는 수레에서 몸이 떨어져 다친 척하고 3개월 동안 조정에 나가지 않았다. 이 소식을 들은 초나라 회왕은 초나라가 제나라와 단교를 하지 않아서 그런 것으로 알고, 제나라와 확실하게 단교를 하고는 진나라와 친교를 맺었다. 장의는 자신의 이익과 목적을 위해서 양국 관계를 단절시킨 것이었다.

제나라는 그때까지 아직 장의의 연횡에 합류하지 않았다. 이후 진나라와 제나라의 친교가 성립되자, 장의는 초나라 사신을 찾아가 말했다.

"전에 땅 6리를 주기로 했는데, 내가 소유한 땅에서 바치겠습니다."

"신이 우리 초나라 왕에게 전해 들은 땅은 6리가 아니라 600리였습니다."

사신은 초나라로 돌아가 왕에게 그대로 보고했다. 초나라 왕은 몹시 화를 내며 여러 신하들의 반대에도 불구하고 장군 굴개(屈匄)로 하여금 군사를 일으켜 진나라를 치게 했다. 진나라는 제나라와 연합하여 굴개를 죽이고 지금의 산시성에 있는 단양(丹陽)과 한중(漢中) 땅을 빼앗았다.

초나라는 다시 군사를 정비하여 대대적으로 진나라를 공략했으나 크게 패하고 말았다. 이로써 초나라는 진나라에게 성 두 곳을 내주고 화친조약을 맺을 수밖에 없었다. 진나라는 초나라의 쓰촨성 쪽에 있는 비옥한 땅인 검중(黔中)과 진나라의 산시성에 있는 무관(武關)**을 바꾸기 원했다.

그러나 초나라 회왕은 '땅을 바꾸는 것은 원치 않소, 대신 장의를 보내주면 검중의 땅을 그냥 바치겠소'라는 서신을 보냈다. 진나라 왕은 장의를 보내고 싶었지만, 전에 초나라 회왕에게 땅 600리를 주기로 했다가 약속을 저버린 적이 있었기 때문에 보내는 것이 마음에 걸려 차마 말조차 꺼내지 못했다. 그러나 장의는 직접 가기를 자청했다. 진나라 혜왕은 장의가 만약에 초나라로 간다면 위험을 당할 것을 염려했다.

"초나라 임금은 지난번에 땅을 주기로 한 약속을 지키지 못한 것에 매우 화가 나 있소. 이것은 선생에 대한 원한을 풀기 위한 것이오."

"진나라는 강하고 초나라는 약합니다. 또한 신은 초나라의 대부 근

** 산시성 상낙시(商洛市)에 있는 관문이다. 당시 도읍지로 가기 위해서는 반드시 관문을 통과해야만 했는데, 보통 국경 출입 검사소 역할을 했다. 함곡관(函谷關), 무관(武關), 소관(蕭關), 대산관(大散關)을 진나라의 4대 관문이라 한다.

상(靳尙)과 매우 친합니다. 근상은 초나라 임금의 왕후를 모시고 있는데, 왕후의 말이라면 모두가 들어줍니다. 신이 초나라 대왕의 신분을 받드는 부절(符節)***을 가지고 가는데, 어찌 저를 죽일 수 있겠습니까? 설령 죽인다 해도 진나라가 검중의 땅을 얻는다면 그것은 신이 가장 바라던 것입니다."

자신의 인맥을 이용해서 연횡책을 달성하기 위해 위험을 무릅쓰고 모든 것을 건 장의의 성취욕이 여실히 드러나는 대목이다.

*** 왕이 다른 나라에 사신으로 보낼 때 사신이라는 것을 보증하는 신분 보증 표식으로 주로 대나무나 옥으로 만들었다.

Story 15

인맥을 활용하라

인맥(人脈)이란 글자 그대로 해석하면 '사람의 줄기'라는 뜻이다. 줄기란 식물의 뿌리나 잎으로부터 흡수한 양분을 식물체의 각 기관으로 나르는 역할을 하는 통로를 말한다. 마찬가지로 인맥도 사람과의 사이에 서로에게 도움이 되는 양분을 연결하는 통로를 말한다. 서로에게 양분이 되지 않으면 인맥으로서의 가치가 없다는 의미다. 사람이란 혼자서 절대 살아갈 수 없는 사회적 동물이기에 인맥은 자연스럽게 형성되는 것이다.

장의도 각국을 순방하면서 많은 인맥을 만들었다. 장의는 진나라 혜왕의 염려에도 불구하고 자신의 인맥을 믿고 사신으로 떠났다. 초나라 회왕은 장의가 옛날의 약속을 저버린 것에 크게 화를 내며 즉시 그를 감옥에 가두었다. 감옥에 갇힌 장의는 우선 초나라 대부 근상을 찾아 자신이 감옥에 갇혀 있음을 알렸다. 이에 근상은 왕후를 찾아가 설득했다.

"진나라는 매우 강대국입니다. 진나라 임금이 장의를 매우 아끼는 바, 장의를 서둘러 옥에서 꺼내주십시오. 그렇지 않으면 우리 초나라가 진나라에게 곤욕을 당할 것입니다. 그리고 진나라 임금이 다른 인접 국가 제후들을 시켜 초나라 회왕에게 많은 미인을 갖다 바치도록 한다면, 왕후께서는 지금 회왕의 사랑을 그녀들에게 빼앗겨서 결국은 외롭게 될 것입니다. 그러니 회왕께 말씀을 드려서 장의를 석방하도록 해주는 편이 낫겠습니다."

왕후는 남편인 회왕에게 애원했다.

"신하 된 사람은 자신의 임금을 위해 충성을 다하는 법입니다. 지금 우리 초나라가 진나라에게 아직 땅을 바치지 않았는데도 진나라가 장의를 사신으로 보낸 것은 대왕을 진심으로 존중하기 때문입니다. 대왕께서는 이를 고맙게 생각하지 않고 오히려 징의를 죽인다면, 진나라는 대단히 화를 낼 것이고, 분명히 우리 초나라를 공격할 것입니다. 소첩은 우리 모자(母子)가 진나라로 끌려가서 물고기 밥이 되지 않기를 바랄 뿐입니다."

이 말을 들은 회왕은 곰곰이 생각에 잠겼다. 지금 진나라의 심기를 건드리는 것은 사실 매우 불편한 일이었다. 회왕은 결국 장의를 석방하고 예전처럼 예를 다해 후하게 대접했다. 상황을 반전시킨 장의의 인맥이 만들어낸 결과였다.

위기는 반전의 기회

위기 뒤에는 반드시 기회가 온다는 말이 있다. 한자로 위기(危機)와 기회(機會)에서 사용되는 기(機)도 같은 글자다. 이것은 위기와 기회가 두 단어가 아니라 '위기회(危機會)'라는 한 단어를 의미한다. 즉 위기와 기회는 항상 같이 따라다닌다는 뜻이다.

'위기회'의 뜻을 잘 알고 있는 장의가 이것을 놓칠 리가 없었다. 옥에서 풀려난 장의는 소진이 죽었다는 소식을 들었다. 장의는 안타까운 마음이 들었지만 오히려 자신의 연횡책을 더욱 잘 펼칠 수 있는 기회를 얻은 것이라 판단하고는 이 기회를 노려 다시 초나라 회왕을 설득했다.

"지금 진나라는 천하의 절반을 차지하고 있고, 진나라의 군대는 다른 나라의 군대를 모두 합친 것보다 강합니다. 진나라는 험지로 둘러싸여 있어서 어느 나라도 침입하기에 힘든 지형에 있습니다. 법령이 엄격해서 병사들은 힘든 일도 마다하지 않고 나라를 위해 죽는 것을 당연한 것으로 여기고 있습니다. 그렇기에 남보다 늦게 행동을 취하면 남보다 먼저 멸망할 것입니다."

장의는 초나라가 하루라도 빨리 진나라와 친선 관계를 맺을 것을 설득했다. 당시 진나라가 절대적인 권력을 갖고 있었지만, 초나라도 진나라만큼은 아니더라도 다른 나라들보다는 강한 나라였다. 상의는 만약 초나라가 다른 나라들과 합종을 해서 진나라에 대항한다면, 그 결과에 따라 각 나라의 형세가 어떻게 변할지 모르는 상황에 이를까 봐 몹시 염려했다. 장의는 초나라 회왕을 거듭 회유했다.

"합종하는 나라들은 양들이 모여서 호랑이를 공격하는 것과 같습니다. 호랑이와 양은 상대가 되지 않습니다. 지금 대왕께서는 호랑이 편이 되지 않고 양 떼의 편이 된 상황입니다. 신은 대왕의 계책이 잘못되었다고 생각합니다."

장의는 초나라가 다른 나라와 합종하는 것을 만류하기 위해 계속 말을 이어갔다.

"지금 천하의 강국은 진나라와 초나라입니다. 이 두 나라가 서로 다투게 되면 서로 공존하지 못할 수도 있습니다. 즉 진나라와 초나라가 싸우는 것은 마치 호랑이 두 마리가 서로 치고받고 싸우는 것과 같은 것입니다."

장의는 초나라가 진나라와 싸우지 말고 협조하여 서로 공존할 것을 주장했다. 만약 두 나라가 싸움을 하게 되면 나머지 약소국들은 서로 자기 갈 길을 찾아 대세를 따라서 움직일 것이 빤한데, 그렇게 되면 가난한 나라들은 빈번한 전쟁으로 백성들이 불안과 도탄에 빠져 결국 모두가 망할 수밖에 없을 것이라며 염려했다.

"옛말에 '군사력이 열등한 자는 싸움을 하지 말고, 군량이 부족한 자는 지구전을 벌이지 말라'는 말이 있습니다. 합종을 주장하는 자들은 말을 과장하여 꾸며대면서 임금님을 추켜올려 세우지만, 사실 그대로를 말하지 않고 이로운 것만 말하며 해로운 것을 말하지 않습니다. 그렇기 때문에 강한 진나라가 치고 들어오면 그대로 당할 수밖에 없습니다. 대왕께서는 제가 말하는 점을 다시 한 번 잘 생각하시기 바랍니다."

진나라와 초나라와의 거리는 3,000리인데, 흐르는 강물을 이용해서 배를 타고 가면 하루에 300리를 갈 수 있다. 계산해보면 한 달치 군량을 싣고 10일이면 초나라에 도달할 수 있는 그리 멀지 않은 거리였다. 진나라가 초나라를 친다면 아무리 못해도 한 달 내로는 초나라를 점령할 수 있었다. 그런데 만약 초나라가 합종을 맺은 주변 나라에 도움을 요청한다면 지원군이 도착할 때까지 초나라는 몇 개월을 기다려야만 했다. 그래서 장의는 초나라 왕에게 계속해서 말했다.

"합종을 맺은 나라들끼리는 서로 도와주기로 되어 있기 때문에 이것이 무서워 진나라는 감히 쳐들어오지 못할 것이라는 생각, 이것이 바로 신이 대왕을 염려하는 바입니다. 신의로 합종을 맺어 약한 나라들끼리 협력해서 진나라에 대항하자고 주장하는 자는 바로 소진입니다. 그러나 소진은 연나라 재상이 되어서는 곧바로 은밀히 연나라 임금과 짜고 제나라를 정벌한 다음, 그 땅을 나누어 갖기로 모의했습니다. 이에 연나라에 죄를 짓고 거짓으로 제나라로 달아났습니다. 제나라 임금은 이러한 사실도 모르고 그를 받아들여 재상으로 삼았습니다. 제나라로 도망간 지 2년 만에 모든 사실이 거짓으로 드러났습니다. 제나라 임금은 너무 분노해서 소진을 저잣거리에 몸을 매달은 채로 사형에 처했습니다. 한낱 사기꾼에 불과한 소진에게 천하를 경영하게 하고 제후들의 나라를 하나로 묶는다는 것 자체가 잘못된 일이고 불가능한 일입니다. 지금 진나라는 초나라와 국경을 맞대고 있으니 형세를 보아서라도 가깝게 지내야 할 나라는 바로 진나라입니다."

마침내 초나라 회왕은 장의의 뜻에 따르기로 했다. 이렇게 해서 장의는 위나라에 이어 두 번째로 초나라를 연횡에 합류시켰다. 그러나 초나라의 시인 굴원(屈原)*은 회왕에게 장의의 말에 속지 말라고 간곡히 진언했다. 전에 장의에게 속은 바가 있었기 때문인데, 또 속는다는 것은 초나라에 커다란 손실이 될 것이라고 생각했기 때문이었다. 굴원은 회왕에게 아뢰었다.

---

*　기원전 340~278년 전국시대 초나라의 시인이자 정치가로, 중국 낭만주의 문학의 창시자로 불린다.

"이전에 대왕께서 장의에게 속으신 적이 있기 때문에 장의가 초나라로 오면 신은 대왕께서 그를 삶아 죽일 것이라고 생각했습니다. 그러나 지금 차마 죽일 수는 없다 하더라도 그의 간사한 말을 다시 들어서는 안 됩니다."

그렇지만 회왕은 거꾸로 굴원과 장의에게 말했다.

"장의를 용서하고 검중 땅을 받는 것이 더 나을 것이오. 한번 약속하고 난 다음에는 그것을 저버려서는 안 되오."

그리하여 초나라 회왕은 장의를 용서하고 진나라와 친교를 맺었다. 자신이 죽을지 모른다는 위험을 안고 주변 사람들의 반대에도 초나라 회왕을 찾아간 장의는 위기를 기회로 삼아 진나라 다음으로 강대국인 초나라를 연횡으로 이끄는 데 성공했다. 장의의 언변과 치밀한 정세 분석, 그리고 정세를 읽는 논리 덕분이었다

Story 17

나중에 후회하지 마시오

가끔은 상대에게 위협적인 한마디 말로 설득하는 경우가 있다. 이런 경우에는 감정이 앞서게 마련인데, 상대를 완벽히 설득하기 위해서는 사실 논리가 없이는 불가능하다. 설득에는 감정보다 차분한 논리가 바탕이 되어야 하기 때문이다.

장의는 초나라를 떠나 세 번째로 한(韓)나라로 갔다. 장의는 한나라의 지형과 상황을 한나라 왕보다 더 꿰뚫고 있었다. 한나라는 험악한 산

지에 자리 잡고 있어서 지형이 협소했다. 벼를 생산할 수 있는 논이 부족해서 곡식도 콩 아니면 보리만 소출되고, 백성들은 주로 콩밥과 나물국을 먹고 살기 때문에 건강이 매우 열악했다. 그래서 흉년이 들 때면 쌀이 부족해서 술 찌꺼기와 쌀겨로 만든 음식조차 충분히 먹을 수 없었고, 군량미도 비축하지 못하여 군사 수도 30여만 명밖에 되지 않았다. 다른 나라가 공격해온다면 꼼짝없이 패할 수밖에 없는 게 한나라의 현실이었다. 이런 사정을 잘 알고 있던 장의는 한나라 왕에게 이러한 문제를 해결하기 위해서는 강한 진나라와 연합하는 것이 유일한 길이고, 그것이 한나라를 구하는 유일한 길이라고 설득했다. 한편으로 만약 한나라가 진나라를 섬기지 않는다면, 진나라가 군사를 일으켜 한나라 땅을 점령해 한나라 왕의 운명도 어떻게 될지 모른다고 위협했다.

"진나라를 섬기면 대왕과 백성들이 편안해질 것이고, 진나라를 섬기지 않으면 위태로울 것입니다. 이미 일이 잘못되게 화를 만들어놓고 복이 오기를 기다리는 것은 잘못된 계책입니다. 그것은 나중에 뼈아픈 후회를 가져올 것입니다. 진나라를 거역하고 초나라와 친교를 맺는다면 아무리 애써도 대왕의 한나라는 반드시 멸망할 것입니다. 살아남으려면 대왕께서는 반드시 진나라를 섬겨야 합니다."

장의는 계속 말을 이었다.

"여러 군신들은 한나라 땅이 좁은 것은 생각하지 않고 합종을 주장하는 사람들의 감언이설에 현혹되어 그들과 같은 패거리가 되었습니다. 말을 꾸며서 만들어내고 '나의 계책을 따르면 부강해져서 천하의 패자가 될 수 있다'고 큰소리칩니다. 나라의 종묘사직을 보살필 생각은 하지 않고 한순간의 감언이설에 현혹되어 있습니다. 신이 합종을 주장하는 사람들의 말을 들어보니, 이보다 더 남의 나라를 망하게 하는 것은 없습니다."

장의는 소진의 합종이 전혀 현실성이 없고 허구에 불과한 계략이니 입담 좋은 언변가의 말에 속지 말고 자신의 말에 따를 것을 권했다. 결국 한나라도 장의의 말을 믿고 진나라를 섬기는 연횡책을 따랐다. 이렇게 한나라가 위나라, 초나라에 이어 장의의 연횡에 세 번째로 합류하게 되었다.

장의는 다시 진나라로 돌아가 혜왕에게 소상히 보고했다. 혜왕은 크게 기뻐하면서 장의에게 봉토로 다섯 고을을 다스리도록 내려주고, 그를 무신군(武信君)이라고 불렀다.

Story 18

전쟁에 이기고도 망할 수 있다

진나라 혜왕은 장의를 다시 동쪽의 산둥성 부근에 있는 제(齊)나라로 보내 민왕(湣王)*을 설득하도록 시켰다. 민왕을 만난 장의는 설득하기 위해 먼저 제나라에 대해 칭송하는 말로 입을 열었다.

"천하의 강국 가운데 제나라를 능가할 나라는 없습니다. 인구도 많고 모두 풍요롭게 생활하고 있습니다. 그러나 대왕을 위하신다고 합종이라는 계략을 내놓는 자들은 모두 일시적인 변론에 불과한 말만 하고 국가의 이익을 돌아보질 않습니다. 합종을 주장하며 대왕을 설득하려는 자들

---

* 기원전 323년에서 284년까지 39년 동안 재위한 제나라 왕.

은 '제나라의 서쪽에는 강한 조나라가 있고, 남쪽에는 한나라와 위나라가 있습니다. 제나라는 산둥성 쪽에 있어서 바다를 등지고 있는 나라입니다. 국토는 넓고 군대는 강하고 용감합니다. 그래서 옆에 있는 나라들과 뭉쳐 진나라에 대항해야 합니다'라고 말을 합니다. 그러나 대왕께서는 그저 이 말을 믿을 뿐 실상을 확인해보지 않았습니다. 합종론자들은 끼리끼리 서로 결탁하여 두둔하며 합종으로 모든 것이 해결된다고 큰소리치고 있습니다. 제나라가 노나라와 세 번 싸워서 노나라가 세 번 모두 이겼습니다. 그런데 싸움에서 이긴 노나라가 오히려 멸망했습니다. 노나라는 비록 전쟁에서 이겼다는 명성을 얻었지만 나라는 망해버렸습니다. 이것은 왜 그렇겠습니까? 제나라는 크고 노나라는 작기 때문입니다. 지금 진나라와 제나라는 마치 제나라와 노나라와의 관계와 똑같습니다."

장의는 민왕을 설득하기 위해 계속 말을 이어갔다.

"마찬가지로 진나라와 조나라가 황하와 허베이성의 장하(漳河)**에서 두 번에 걸쳐 전쟁을 벌였는데, 조나라가 두 번 모두 이겼습니다. 그리고 파오(番吾)***에서도 진나라와 두 번 싸워 조나라가 두 번 모두 이겼습니다. 이렇게 네 차례 싸운 뒤에 조나라는 수십만 명의 군사를 잃었고 겨우 수도인 한단(邯鄲)만을 남겨놓았습니다. 전쟁에서 승리했다는 명성만을 얻었을 뿐 나라는 이미 무참히 폐허가 되었습니다. 이것은 왜 그렇겠습니까? 진나라는 강하고 조나라는 약하기 때문입니다."

장의는 강한 진나라와 맞붙을 것이 아니라 진나라와 서로 화친을 맺어 서로 안정되게 사는 것이 중요하다고 제나라 민왕을 설득했다.

"지금의 주변 정세에 관해서 말씀드릴 것 같으면, 진나라와 조나라

** 산시성에서 발원해서 조나라의 도읍지인 한단(邯鄲)을 거쳐 허난성으로 흐르는 강.
*** 조나라의 고을 이름으로 조나라와 진나라의 전투를 '파오전투(番吾之戰)'라고 한다.

는 딸을 시집보내고 한쪽에서는 며느리를 맞으면서 서로 형제의 나라가 되었습니다. 한나라는 진나라에게 의양(宜陽)**** 땅을 바치고, 위나라는 산시성 황하 남쪽에 있는 하외(河外)를 진나라에 바쳤습니다. 대왕께서 진나라를 섬기지 않으면 진나라가 한나라와 위나라와 함께 제나라를 칠 것입니다. 제나라가 어느 날 갑자기 공격을 받으면 그때에는 진나라를 섬기려 해도 섬기지 못할 것입니다. 그러므로 대왕께서는 이런 점을 심사숙고해보시길 바랍니다."

"우리 제나라는 외지고 다른 나라들과는 연락이 잘 안 되는 동쪽 바다에 붙어 있어서 지금까지 종묘사직과 왕위를 계속 이어간다는 것에 대해서는 깊게 생각해보지도 못했고 이렇게 정확한 주변 정세 이야기는 선생한테서 처음 들어봅니다."

장의의 말을 듣고 있던 제나라 민왕은 장의의 말에 따르기로 했다. 결국 마지막으로 이기는 자가 진짜 이기는 것이라는 장의의 설득이 먹힌 셈이었다.

제나라와 노나라가 싸워서 노나라가 세 번을 모두 이겼다. 그러나 세 번이나 패했던 제나라는 살아남았고, 세 번 모두 이긴 노나라는 멸망하고 말았다. 그렇다. 아무리 전쟁에서 여러 번 승리했다 하더라도 마지막에 이기는 자가 진짜 이기는 것이다. 이로써 제나라는 장의의 네 번째 연횡국이 되었다.

**** 지금의 허난성 낙양시.

Story 19
귓속말이야말로 무섭구나

가끔 북한 각료가 최고 통치자에게 입을 손으로 가리고 낮은 자세로 무슨 이야기인지 귓속말로 속삭이는 것을 보는 경우가 있다. 그리고 최고 통치자의 얼굴은 무엇인가에 만족한 표정이다. 여러 사람에게 밝혀서는 안 될 중요한 내용이거나, 자신의 존재감을 과시하기 위해 아무것도 아닌 말을 귓속말로 속삭이는 경우도 있다.

장의가 바로 그랬다. 장의는 제나라를 떠나 소진의 합종을 따르고 있는 조(趙)나라로 가서 무령왕(武寧王)*을 만나 설득했다. 조나라는 진나라의 북동쪽에 있다.

"대왕께서 합종을 택하신 것은 소진을 믿었기 때문입니다. 소진은 제후들을 현혹하여 옳은 것을 그르다 하고, 그른 것도 옳다고 했습니다. 소진은 제나라에서 제나라 임금을 속인 죄로 결국 저잣거리에서 처형을 당했습니다. 그러니 소진의 합종으로는 천하를 하나로 결속할 수가 없다는 것이 만천하에 드러난 셈입니다. 지금 초나라는 진나라와 형제의 나라가 되었고, 한나라와 위나라는 서로 분봉을 나누어 갖는 신하의 관계를 자처하고 있으며, 제나라는 진나라에게 염전을 바쳤습니다. 이는 이들 나라와 합종을 맺고 있는 대왕님의 오른팔을 잘라버린 것과 같은 것입니다. 도대체 오른팔이 잘리고 남과 싸우면서, 자기의 수족과 같은

---

* 　소진의 합종을 택했던 숙후의 다음 왕으로 기원전 325년에서 299년까지 26년 동안 재위했다.

주변의 우호적인 관계를 맺고 있는 나라를 모두 잃고 외톨이가 되었는데도 위태롭지 않기를 바란다면 그것은 무엇인가 잘못된 일입니다."

장의는 조나라 무령왕에게 소진의 합종에 참여한 나라들이 하나둘씩 합종을 버리고 진나라와 함께 공존하는 정책을 시행하고 있는 주변 상황에 대해서 설명했다. 또한 주변국들이 돌아가고 있는 현실을 소상히 설명했다. 그리고 진나라가 조나라를 공략할 계략을 꾸미고 있다는 것을 알려주면서 이에 대비할 계획을 세우든지, 아니면 진나라를 섬기는 연횡에 참가하든지 둘 중 하나를 택하라고 겁박했다.

장의는 구체적으로 제1군은 조나라의 동쪽 방향에서 군사를 일으킬 것이며, 제2군은 한나라와 위나라가 연합하여 황하 남쪽의 하외(河外)를 공략할 계획이며, 제3군은 허난성 서북부의 민지(澠池)에 주둔할 것이라는 사실을 알려주었다.

그리고 진나라와 새롭게 연횡을 맺은 진, 위, 한, 제, 네 나라가 조나라를 쳐서 점령하고, 점령한 땅을 넷으로 쪼개 나눠 갖기로 했음을 알려주었다.

"이것은 비밀 사항인데 감히 대왕께 미리 알려드리는 것입니다."

장의는 주변을 둘러보며 아무도 없음을 확인하고는 귓속말로 이러한 내용을 알려주었다. 이 귓속말을 들으니 무령왕으로서는 두렵지 않을 수가 없었다.

"과인의 선왕(先王)인 숙후대왕의 아우 봉양군(奉陽君)이 자기 마음대로 국정을 농단하면서 멋대로 선왕을 속이는 일도 마다하지 않았소. 과인은 다른 스승의 가르침을 받고 있었던 터라 국가의 정사에는 참여하지 않았소. 선왕께서 신하를 남겨둔 채 붕어하셨을 때 과인은 아직 어린 나이에 왕으로 새롭게 즉위하였던 터라 합종에 대해서 잘 알지는 못했으나, 마음속으로는 합종을 해서 진나라에 대항하려는 것은 국가의 이익에 도움이 되지 않을 것이라는 의심은 하고 있었소. 이제 생각을 바꾸어 우리 조나라 땅 일부를 떼어서 진나라에 할양하는 것으로 지난날의 과오를 사과하고 진나라를 섬기도록 하겠소."

조나라 무령왕은 진나라를 섬기는 장의의 연횡책을 받아들였다. 이렇게 해서 장의는 조나라를 다섯 번째로 연횡을 따르는 나라로 만들었다. 무령왕이 장의의 진언을 받아들이자 장의는 곧바로 조나라를 떠났다. 주변에 장의와 무령왕 두 사람밖에 없는 상황에서 주위를 둘러보는 동작을 취한 후 귓속말로 속삭이듯 말하는 장의의 행동이 그저 놀라울 따름이다.

Story 20
사람의 속마음은 서로 다르다

사람의 마음은 평소에 그 사람이 하는 말로 포장이 된다. 누군가의 말을 확인하기 전까지는 그 사람의 속마음을 정확히 알지 못한다. 마치 포장을 뜯어봐야 그 속 내용물을 알 수 있는 상자와 같다. 상자가 두 겹으로 포장되어 있을 경우에는 두 겹을 모두 뜯어봐야 내용물을 알 수 있는 것처럼, 사람의 마음은 여러 겹으로 포장되어 있다. 그 내용물은 인격과 사상이기에, 사람의 속마음은 사람에 따라 모두 다르게 마련이다.

지금의 북경을 중심으로 허베이성에 있는 연(燕)나라 소왕(昭王)*은 조나라 왕이 자신을 좋아하는 줄 착각하고 있었다. 연나라보다 강한 조

---

*　기원전 311년부터 279년까지 32년 동안 재위한 연나라 왕.

나라 왕은 겉으로는 연나라 소왕을 좋아하는 척하며 연나라와 관계를 유지해왔으나 속마음은 그게 아니었다. 언젠가는 연나라를 칠 계획을 갖고 있었다. 장의는 이러한 계획을 사전에 알고 있었다.

장의는 마지막으로 가장 북동쪽에 있는 연나라로 가서 소왕을 만났다. 연나라에서도 특출한 언변으로 소왕에게 말했다.

"대왕께서는 조나라와 가장 가깝게 지내고 계십니다. 그러나 조나라 임금은 이리같이 포악하고 마음속으로는 대왕을 좋아하지 않으십니다. 대왕께서도 분명 그것을 알고 계실 것입니다. 그런데도 조나라 임금과 가까이 지내시겠습니까? 사람의 속마음은 아무도 알 수 없습니다. 전에 조나라는 군사를 동원해서 연나라를 두 차례나 침략했습니다. 그리고 연나라 도읍지를 포위하고는 대왕을 위협해, 대왕께서는 조나라에게 10개의 성읍을 떼어주고 사과까지 하셨습니다. 지금 조나라는 진나라에게 하간(河間)**의 땅을 바치고 진나라를 섬기고 있는데, 이제 대왕께서도 진나라를 섬기지 않으신다면, 진나라는 군사를 보내어 조나라 군사와 함께 대왕이 계신 연나라를 칠 것입니다. 그렇다면 연나라는 진나라에게 거의 모든 땅을 빼앗겨서 대왕의 수중에 있는 땅은 얼마 남지 않을 것입니다. 지금 조나라 땅은 거의가 진나라의 땅이 되었기 때문에 조나라는 진나라의 허락 없이는 함부로 군사를 일으킬 수 없습니다. 지금 대왕께서 진나라를 섬기신다면, 진나라 임금은 매우 기뻐할 것입니다. 그리고 조나라는 연나라를 함부로 공격하지 못하게 될 것입니다."

연나라와 인접한 주변국의 상황 전체를 파악하고 있지 않으면 할 수 없는 장의의 설득이었다. 장의는 연나라 소왕께 마지막으로 한마디 말

히스토리텔링 차이나

** 지금의 허베이성 창주시(滄州市) 지역으로 회족, 몽골족, 만주족 등 여러 소수 민족이 주류를 이루고 있다.

을 건넸다.

"그러므로 대왕께서는 이러한 점을 깊이 생각하시어 나라를 보존하시기 바랍니다."

그 한마디는 소왕을 향한 협박 수준의 말이었다.

"과인은 동쪽 끝자락에 사는 종족으로서 체구는 크지만 식견은 어린아이와 같아서 지금과 같은 올바른 계책을 잘 몰랐소. 이제 선생께서 다행히 가르쳐주셨으니 지금부터는 서쪽에 있는 진나라를 섬기겠소. 그리고 허난성의 항산(恒山) 끝에 있는 5개 성을 진나라에 바치겠소. 또한 당신의 뜻에 따르겠소."

연나라 소왕 역시 장의의 뜻을 따랐다. 연나라를 마지막으로 장의는 진나라를 중심으로 하는 자신의 연횡책을 구성하는 데 성공했다. 이렇게 여섯 개 나라를 돌며 연나라를 마지막으로 각국 왕을 설득하고 진나라로 돌아왔다. 장의가 진나라로 돌아오니 그동안 섬겨왔던 26대 혜왕(惠王)이 죽고 27대 무왕(武王)*** 이 즉위했다.

***　진나라 혜왕은 기원전 337년에서 310년까지 27년 동안, 무왕은 기원전 310년에서 307년까지 3년 동안 재위했다.

Story 21

모두 떠나가고 쓸쓸히 죽음을 맞이한 장의

'끝이 좋아야 모든 것이 좋다'는 외국 속담이 있다. 여기에 '시작이 반이다'라는 우리 속담과 합쳐지면 완전체가 된다. 시작도 중요하지만 끝을 맺는 것도 중요하기 때문이다. 시작할 때의 목적과 목표에 맞는 진실성과 순수성이 바탕에 없으면 좋은 끝은 기대할 수가 없다. 시작할 때 동기부여가 그 목적성에 맞고 과정이 공명을 일으켜야만 좋은 결과로 이어져 인정을 받는 것이다. 국제 정세를 훤히 꿰뚫었고 해박했던 장의가 쓸쓸하게 생을 마감한 것은 그가 생각했던 연횡책이 정책의 순수성을 잃고 자신의 이익과 명예욕을 우선했기 때문이었다.

새롭게 즉위한 진나라 무왕은 장의를 썩 신뢰하지 않았다. 대부분의 군신들도 장의를 매우 거칠게 비난했다.

"장의는 신의가 없고 여기저기 돌아다니면서 자신의 명예와 사리사욕만을 채우기 위해 나라를 팔아서 자기의 뜻을 이루기 위해 갖은 모략과 중상을 일삼았습니다. 진나라가 다시 그를 등용한다면 천하의 웃음거리가 될 것입니다."

대신들이 무왕에게 건의했다. 각 나라의 제왕들도 장의의 현란한 언변과 행동을 못마땅하게 여겨왔던 터라, 진나라 무왕이 장의를 별로 신뢰하지 않는다는 사실을 오히려 다행으로 여겼다.

일부 제왕들은 다시 소진이 추진했던 합종으로 돌아섰다. 각 나라 왕들은 자신들이 장의의 달변과 억지 주장에 놀아난 것이라는 사실을 뒤늦게 깨달았다. 군신들이 장의를 매우 비난하고 못마땅하게 여기는 데다, 모든 나라가 장의를 비난했다. 이러한 상황을 감지한 장의는 자신이 죽게 될지도 모른다는 두려움 때문에 마음속에 죽음을 피해나갈 계략을 항상 가지고 있었다.

그동안 각 나라들은 장의의 언변에 눌려 진나라에게 충성을 다하는 척했다. 장의의 연횡책은 일시적으로 성공을 거두는 듯했다. 그러나 장의는 새롭게 즉위한 무왕과의 관계가 틀어져서 자신의 고향인 위나라로 도망치듯 떠났다. 그 바람에 연횡책은 흐지부지되어 6개국은 합종으로 다시 뭉쳐 진나라에 대항했다. 하지만 진나라의 공세에 밀려 이들 6개국의 합종도 급속히 약화되면서 하나하나 무너지기 시작했다.

진나라의 힘은 갈수록 커져서 나머지 6개국을 하나씩 잠식해 들어 갔다. 주변 어느 나라도 진나라에게 대적할 국가가 없을 정도로 진나라 는 더욱 강력한 국가로 성장했다.

주변국 상황이 이렇게 변하니 장의는 자신을 돌봐주었던 군신들이 하나둘 떨어져 나가 남아 있는 사람이 거의 없게 되었다. 결국 자신의 고향인 위나라에서 1년을 재상으로 보내고, 거기서 쓸쓸히 죽음을 맞이 했다. 이때가 기원전 309년 진나라 무왕 2년이었다.

Story 22
실패로 끝난 합종연횡의 결과

진나라에 대항하기 위해 소진이 결성한 합종책은 6개국의 분열로 실패했고, 위나라 사람으로 진나라의 재상이 되었던 장의가 진나라를 중심으로 맺은 7개국의 연횡책은 이를 주도했던 장의에 대한 불신임으 로 오래가지 못하고 역시 실패했다. 합종책과 연횡책은 진나라가 강대 국으로 더욱 다져지는 계기를 만든 채 모두 실패로 끝났다. 권모술수에 능한 소진과, 자신의 언변과 주변 정세를 이용한 장의가 기본적으로 자 신의 욕망을 채우기 위한 일환으로 만든 것이기 때문이었다. 다시 말해 합종과 연횡은 강대국이었던 진나라에 대응하기 위한 계책이었는데 모 두 실패하고, 오히려 진나라를 강대국으로 만드는 데 일조한 계략이 되

고 말았다.

약소국들이 강대국 진나라에 대항해서 생존하기 위해 만든 합종책과 연횡책의 결과가 진나라의 통일이라는 역설적인 결과를 가져왔으니, 개인의 욕심에 의한 정책은 결코 성공할 수 없다는 사실을 역사에서 검증한 사례로 볼 수 있다.

강대국으로 성장한 진나라는 기원전 230년 6개국 가운데 제일 먼저 한나라를 합병했다. 한나라를 멸망시킨 진나라는 다시 조나라의 수도인 한단을 점령하여 기원전 228년 조나라를 두 번째로 멸망시켰다. 한나라와 조나라를 멸망시킨 진나라는 기원전 225년 다시 위나라를 멸망시키고, 기원전 222년에는 연이어 초나라와 연나라를 멸망시켰다.

지금의 산둥성에 위치한 제나라는 진나라의 공격이 드세다는 소식을 접하고 병력을 동원해 서쪽에서 진입하는 진입로를 차단하고 나름대로 진나라의 침략에 대비하고 있었다. 그러나 진나라는 제나라의 수도인 임치를 공략하여 제나라 마지막 왕 건(建)을 사로잡고 기원전 221년 제나라마저 멸망시켰다.

이로써 진나라는 제나라를 마지막으로 합종을 주장했던 6개국을 모두 병합해서 중국을 통일했다. 그리고 황제 진시황을 중심으로 실질적인 중앙집권체제의 통일 국가를 건립하게 되었다. 이때가 기원전 221년이었다.

히스토리

8

진시황이 창조한 중국 문명

널리 세계를 이롭게 만든 중국 문명 이야기

기이한 물건은 미리 사두어라

'뭐가 달라도 다르다, 물건을 보는 눈이 남다르다, 능력이 출중하다.' 남들이 잘 알아보지 못하는 미술품이나 문화재, 그리고 요충지의 땅 같은 것들을 미리 사두었다가 나중에 호재가 되어 돈을 크게 번 사람들에게 하는 말이다.

마찬가지로 사람에게 미리 투자하는 경우도 있다. 이런 경우 사람을 보는 안목이 높아야 함은 물론이다. 사람의 인격과 인품을 돈의 가치로 평가할 줄도 알아야 한다. 크게 될 만한 사람을 물건으로 보고 미리 사서 자기편에 두는 경우를 말한다. 여불위(呂不韋)가 바로 그랬다.

춘추전국시대 후기 소진과 장의의 합종책과 연횡책이 실패로 끝나고 진(秦)나라에 진시황(秦始皇)이 새롭게 등장했다. 진시황 하면 반드시 짚고 넘어가야 할 인물이 바로 여불위라는 인물이다. 여불위는 기원전 250년경 진나라 소왕(昭王) 때 지금의 허난성 우현인 양책(陽翟)에서 태어나 지방 각지를 돌아다니며 장사를 해 큰돈을 벌었다.

진나라 28대 왕인 소왕 40년에 소왕의 큰아들이 죽었다. 그래서 둘째 아들인 안국군(安國君)을 앞으로 왕이 될 대자로 삼았다. 안국군의 본부인은 화양부인(華陽夫人)이었는데, 안타깝게도 화양부인과의 사이에서는 아들이 없었다. 대신에 안국군은 하희(夏姬)라고 불리는 둘째 부인과의 사이에 자초(子楚)라는 아들을 두었다. 그러나 하희는 태자인 안국군으로부터 총애를 받지 못했다. 당시 전국시대에는 국가 간에 서로 침략하지 않을 것을 약속하는 의미로 본국의 왕세자를 상대방 나라에 보내는 관습이 있었는데, 이를 질자(質子)라고 했다. 진나라에서는 안국군의 둘째 부인 하희의 아들 자초를 조(趙)나라에 질자로 보냈다.

당시 가장 강대국이었던 진나라는 북동쪽으로 바로 옆에 붙어 있는 조나라를 자주 공격했다. 진나라에게 괴롭힘을 당하고 있던 조나라에서는 자초를 제대로 대우해줄 리 없었다. 자초는 첩의 아들이었지만 그래도 명색이 진나라의 왕세자임에도 조나라에서는 그를 매우 소홀히 대접하여 제대로 먹지도 못하고 힘든 생활을 하고 있었다.

이때 진나라의 큰 장사꾼 여불위가 장사하러 조나라의 수도인 한단(邯鄲)*에 갔다가 그곳에서 자초를 만났다. 그는 자초를 보고는 '이 기이한 물건은 사둘 만하다'라며 속으로 되뇌었다.

기화가거(奇貨可居), 기이할 기(奇), 재물 화(貨), 옳을 가(可), 차지할 거(居), 즉 '돈이 될 만한 진귀한 물건은 나중에 비싸졌을 때 팔기 위해 미리 사둔다'는 뜻이다. 여불위는 자초를 기화가거로 보았다 장사꾼 여불위의 사람됨을 여실히 보여주는 장면이다. 자초를 단순히 불쌍히 여긴 게 아니라 곁에 둘 만한 가치 있는 재화로 본 것이었다.

지금 당장의 이익보다는 앞으로의 이익을 위해 '돈이 될 만한 것들을 모두 사들여서 나중에 좋은 기회로 삼는 것'이 바로 기화가거의 본뜻인데, 이것이 바로 여불위의 장사 기본 철학이었다. 자초를 기화가거로 삼은 여불위의 선견지명은 나중에 적중한다.

진나라의 왕은 이미 늙었고, 왕위를 이어받을 아들 안국군은 화양부인을 총애했지만 그 둘 사이에는 아들이 없었다. 이 사실을 알고 있던 여불위는 자초를 양자로 삼도록 화양부인을 돈으로 매수할 계획을 꾸몄

---

* 지금의 허베이성에 있으며, 은나라 때부터터 사람들이 거주하던 고대 도시로 조나라의 도읍지였다. 중국 공산당 창당 이후에는 주요 공업 도시로 성장해 현재는 인구 100만의 도시다.

다. 진나라의 상황을 꿰뚫고 있는 여불위에게는 자신의 목적을 달성하기 위해 무엇보다 인맥이 필요했기 때문이었다. 자초가 본인에게 필요한 인물이라는 사실을 간파한 여불위는 자초에게 말했다.

"지금 진나라에서 대를 이을 후사를 결정할 수 있는 사람은 화양부인뿐입니다. 제가 큰돈은 아니지만 돈 1,000금을 가지고 있는데, 진나라로 돌아가서 당신을 진나라의 대를 잇는 후사로 만들겠습니다. 제가 가지고 있는 1,000금 가운데 500금을 그대에게 줄 테니, 여기서 조나라의 관리들을 사귀는 데 사용하십시오, 그리고 나머지 500금은 제가 진나라로 돌아갈 때 화양부인을 위한 선물을 사겠습니다."

여불위는 돈이 없어 궁핍한 생활을 하고 있는 자초가 돈만 있으면 강대국 진나라의 왕세자라는 지위를 이용하여 얼마든지 떳떳하게 조나라의 권력자들을 만날 수 있을 것이라고 생각했다. 그는 자초의 약점과 강점을 제대로 파악하고 활용했다. 그러고는 자초에게 부탁했다.

"부탁하건대 우리의 계획대로 된다면 제가 그대와 함께 진나라를 통치하도록 해주십시오."

이에 자초는 머리를 숙여 경의를 표하고 즉시 답을 주었다.

"만약 그대의 계략대로 된다면 내 반드시 진나라를 그대와 함께 나누어서 통치하도록 하겠소."

여불위는 자초의 확답을 받고 나서 그에게 500금을 주었다. 그리고 안국군의 본부인인 화양부인에게 줄 선물을 샀다. 여불위는 진나라로 돌아가서 화양부인과 그녀의 언니에게 큰 선물을 주고는 화양부인에게 말했다.

"지금 조나라에 있는 자초는 밤낮으로 아버지인 안국군과 화양부인을 그리워하며 눈물을 흘리고 있답니다. 화양부인을 만날 날을 늘 학수고대하고 있습니다."

이에 아무것도 모르는 화양부인은 매우 기뻐했다. 여불위는 이번에 화양부인의 바로 위 언니를 찾아갔다. 그리고 자기 대신 화양부인에게 다음과 같은 말을 전해달라고 부탁했다.

"화양부인에게는 지금 아들이 없기 때문 똑똑하고 현명한 사람을 양아들로 삼아둔다면, 나중에 나이 들어 양아들과 함께 황후의 품격을 지키시며 나라를 다스리실 것입니다."

이 말은 화양부인에게 그대로 전해져 여불위의 계략대로 모든 일이 흘러갔다. 앞으로 왕위를 물려받을 태자 안국군의 부인에게 직접 말하지 않고, 제3자인 그녀의 언니를 시켜 우회적으로 말을 전달하는 간접 접근법은 여불위만의 뛰어난 상술이었다.

이에 화양부인은 남편 안국군에게 울면서 부탁했다.

"저에게는 불행하게도 아들이 없으니, 바라는 것은 자초를 제 양아들로 삼을까 합니다."

안국군은 화양부인의 말을 자세히 듣고 난 후 승낙했다.

"알겠소, 그렇게 하시오. 자초를 내 후사로 삼겠소."

자초를 진나라의 후사로 삼기로 약속한 안국군은 지금 조나라에 질자(質子)로 가 있는 자초에게 충분히 사용하고도 남을 만큼 많은 물품을 보내주었다. 그러고는 여불위를 자초의 스승으로 임명해 잘 보살펴 도록 부탁했다. 모든 것이 여불위의 뜻대로 움직였다. 이때가 기원전 257년이었다.

Story 02

진시황의 진짜 아버지는?

진시황의 진짜 아버지가 누구인지는 지금까지 의문으로 남아 있다. 여불위와 자초, 그리고 나중에 자초의 부인이 되는 여불위의 애첩과의 삼각관계 때문이다.

여불위는 조나라의 도읍지인 한단에 있는 여인을 애첩으로 삼았다. 하루는 자초가 여불위 집에 놀러 가서 술을 마시다가 이 여인과 눈을 마주쳤다. 자초는 이 여인이 맘에 들어 여불위에게 여인을 자신에게 달라고 요구했다. 여불위에게는 있을 수 없는 일이었다. 하지만 자초를 자기 편으로 붙잡아두기 위해서는 어쩔 수 없었다. 자초를 얻기 위해 많은 돈을 투자한 것이 너무 아까워서 결국 자기의 애첩마저 자초에게 바쳤다. 사실 그녀는 임신한 상태였지만 자초에게는 그 사실을 숨겼다. 자초는 자신의 부인이 된 그녀가 임신한 사실을 모르고 있었다. 그녀는 만삭이 되어 아들을 낳았다. 그 아들의 이름을 정(政)이라고 지었는데, 그가 바로 후일 진시황이다. 자초는 정을 자신이 낳은 아들로 생각했다. 하지만 진시황이 여불위의 아이일지 모른다는 역사적 추측도 있다.

진나라 소왕 50년, 소왕은 조나라의 도읍지 한단을 공격했다. 이에 다급함을 느낀 조나라 왕은 자초를 죽이려 했다. 이를 안 여불위는 금 600근으로 자초를 보호하던 관리를 매수해 자초와 함께 조나라를 탈출했다. 자초는 마침내 자신의 나라인 진나라로 귀국할 수 있었다.

진나라 소왕은 즉위한 지 56년 만에 죽었고, 후임으로 아들인 안국군이 이어받아 53세에 효문왕(孝文王)이 되었다. 그러나 효문왕은 즉위한 지 1년 만에 죽고 말았다. 이어 자초가 왕을 이어받았으니, 그가 바로 진시황의 아버지인 장양왕(莊襄王)이다. 이때 자초의 나이는 32세였다.

장양왕은 여불위를 지금의 국무총리격인 상국(相國)으로 삼았다. 그리고 자신이 모시고 있던 양어머니인 화양부인을 태후라 불렀다. 장양왕은 즉위한 지 3년 만인 35세에 죽고, 태자 정이 왕위를 이어받았는데, 그가 바로 중국 대륙을 통일한 진시황이다. 이때 진시황의 나이는 13세였다. 장양왕은 자신의 아들 진시황이 자기 아들이 아닐지도 모른다는 사실을 모른 채 죽었다.

진시황과 여불위는 얼굴이 많이 닮아서 둘이 부자 관계라고 전하는 역사 사료도 있다. 그러나 진시황은 이 관계를 전혀 모르고 자초, 즉 장양왕이 자신의 아버지라고 믿었다. 진시황의 출생의 비밀을 알고 있는 사람은 여불위의 애첩이었던 자초의 부인뿐일 것이다.

Story 03
명성만 있고 실속 없는 자가 되지 마라

'명성만 있고 실속 없는 자가 되지 마라.' 이 말은 공자가 여불위의 종말을 보고 한 말이다. 이 말을 뒤집으면 '명성과 실속이 함께 있는 자가 되라'는 뜻이다. 여기서 명성은 '평판이 높아서 겉으로 세상에 널리 알려진 이름'이란 뜻이고, 실속이란 '겉으로 드러나지 않는 실질적 이익'을 말한다. 아울러 '끝이 좋아야 모든 것이 좋다'는 말이기도 하다. 아무리 명분이 있는 일일지라도 실속이 없거나 끝이 좋지 않으면 의미가 없다. 명성과 실속은 삶의 과정이 축적되어 삶의 끝에 나타나기 때문이다. 여불위의 말년을 통해서 이 말의 의미를 되새겨보자.

13세에 왕이 된 진시황은 너무 어려서 자신의 할머니인 화양부인(華陽夫人)*이 때때로 국사를 돌봐주었다. 그런데 문제가 발생했다. 화양 태후가 여불위와 몰래 간통한 것이었다. 이 당시 여불위는 자신의 집에 하인이 만 명이나 될 정도로 권력을 거머쥐고 국정을 휘둘렀다. 진시황이 장년이 되었지만 여불위와 태후의 불륜은 갈수록 심해졌다.

한편 여불위는 화양 태후와의 간통이 들킬 것을 염려해 노애(嫪毒)라는 사람을 가짜 환관으로 만들어 화양 태후를 모시도록 했다. 이러자 권력은 자연스럽게 노애에게 몰리게 되어, 노애의 가신들 수가 천 명이나 되었다. 여불위는 노애에게 태후와도 불륜을 맺도록 시켰다. 이는 자신의 죄를 가짜 환관 노릇을 하는 노애에게 뒤집어씌워 빠져나가기 위한 계략이었다. 노애는 환관이 아니라는 사실과 화양 태후와의 불륜이 진시황에게 발각되어 자신뿐만 아니라 삼족을 멸하는 극형에 처해졌다.

하지만 진시황은 차마 여불위를 처단할 수가 없었다. 하는 수없이 왕으로 즉위한 지 10년 만에 여불위를 관직에서 쫓아냈다. 여불위는 나중에 자신의 불륜 사실이 밝혀진 게 두려워 독주를 마시고 스스로 목숨을 끊었다. 그리고 다음 해인 진시황 19년 화양 태후가 죽었다. 태후는 진시황의 아버지인 장양왕과 채양(芷陽)**에 함께 합장되었다.

여불위가 죽은 후 초(楚)나라에서 망명해온 이사(李斯)***가 여불위의 자리를 대신 맡아 보게 되었다.

히스토리텔링 차이나

*　진시황 때는 화양 태후라고 불렀다.
**　지금의 산시성 서안 동북쪽에 있다.
***　원래는 초나라 사람이었는데, 여불위가 그를 진나라의 관료로 등용했다. 후에 진시황에게 분서갱유(焚書坑儒)를 건의한 장본인이다.

공자는 "여불위야말로 명성만 있고 실속이 없는 자였다. 이름만 있고 실속 없는 자가 되지 마라"라고 평가했다. 끝이 좋아야 만사가 좋다는 말을 여불위를 통해 실감하게 된다.

Story 04

진짜 진시황이 되다

중국 역사에서 재위 기간 동안 가장 큰 영향력을 끼친 사람이 바로 진시황이다. 진시황은 13세에 즉위하여 즉위 26년 되던 해인 기원전 221년, 39세 때 제(齊)나라를 마지막으로 중국을 통일했다. 통일 후 진시황은 11년간 더 재위하고 50세에 죽었다.

진나라는 초대 양공(襄公)*부터 시작해서 진시황에 의해 통일된 후 마지막 왕인 자영(子嬰)**에 이르기까지 약 610년간 유지되었다.

앞서 살펴보았듯 자초가 여불위의 첩을 보고 반하여 그녀를 빼앗아 아내로 맞이해 낳은 아이의 이름이 정(政), 후에 진시황이 되는 인물이다. 정은 13세에 진나라 왕***이 되고 나서 26년 후인 39세에 천하를 통일했다. 그리고 곧바로 법의 집행을 담당하는 어사대부(御史大夫) 등에게 명하여 자신의 호칭을 바꾸게 했는데, 이때 호칭을 왕이 아니라 황

---

*　진나라를 실질적으로 건국한 왕으로 기원전 777~766년 동안 재위했다.
**　진나라의 마지막 왕. 46일간 통치하고 초나라 항우에 의해 죽임을 당했다. 이로써 진나라는 멸망했다.
***　아직까지는 중국을 통일하고 진시황으로 불리기 전이기에 왕으로 불렸다.

제로 바꾸었다. 진시황은 자신의 업적에서 그 명분을 찾았다. 그러면서 한(韓) 조(趙), 위(魏), 초(楚), 연(燕), 제(齊), 여섯 나라를 정복한 이유에 대해서 조목조목 설명했다.

"내가 전에 한나라 왕에게 영토와 옥새를 나에게 바치고 변방을 수비하는 군대로 남아줄 것을 부탁했는데, 오히려 조와 위와 합세해서 나를 배반했기 때문에 내가 한나라 왕을 사로잡은 것이었다."

한나라를 정복한 이유다. 이것은 소진의 합종과 장의의 연횡이 실패했음을 보여준다.

"그 후 조나라 왕이 나에게 사신을 보내 화친을 맹약해서 내가 인질로 붙잡고 있던 조나라 왕자를 풀어주었는데, 얼마 안 되어 화친을 위반하고 우리 진나라를 배반했기 때문에 내가 조나라 왕을 사로잡았다, 그런데 그의 아들이 내 말을 무시하고 대신 왕을 이어받아 즉위했기 때문에 내가 그를 격멸한 것이었다."

조나라를 정복한 이유다. 역시 소진의 합종과 장의의 연횡이 실패했다는 의미다.

"위나라 왕도 처음에는 나에게 복종하기로 확약했는데, 얼마 안 되어 이를 어기고 한나라와 조나라와 함께 우리 진나라를 침략하기로 모의했기 때문에 내가 이를 미리 알고 위나라를 토벌한 것이었다."

위나라를 정복한 이유다. 소진의 합종과 장의의 연횡이 실패했음을 보여준다.

"초나라는 초나라 왕이 호남성 장사(長沙) 지역의 땅을 헌납하기로 했으나 얼마 되지도 않아 이 약속을 지키지 않고 도리어 우리 땅을 공격했기 때문에 내가 군사를 일으켜 초나라 왕을 사로잡고 초나라를 평정한 것이었다."

초나라를 정복한 이유도 초나라와도 합종책과 연횡책이 실패로 끝났다는 것을 말해준다.

"연나라는 왕의 태자인 단(丹)이 몰래 자객을 시켜 나를 죽이도록 했기 때문에 군사를 보내 연나라를 멸망시킨 것이었다."

연나라를 정복한 이유 역시 합종책과 연횡책이 실패했음을 보여준다.

"제나라는 진나라와 왕래를 끊고 반란을 일으키려 했기에 내가 군사를 보내 왕을 사로잡고 제나라 땅을 차지한 것이었다."

제나라를 정복한 것도 합종과 연횡이 실패로 끝났다는 것을 의미한다.

"내가 군사를 일으켜 주변 여러 나라를 평정할 수 있었던 것은 조상이 나를 보살펴 돌보아주었기 때문이었다. 내가 주변의 여섯 나라를 모두 평정했으니, 이제는 천하가 매우 안정되었다. 이제 호칭을 바꾸지 않는다면 그동안 이루어놓은 공적을 드러낼 수 없고 후세에 전할 수도 없을 것이다. 그대들은 나의 호칭을 논의하도록 하라."

진시황은 이렇게 왕의 호칭을 바꾸도록 명했다. 이에 형법을 관장하는 이사(李斯), 승상 왕관(王綰), 어사대부 풍겁(馮劫) 등이 모였다. 이들은 의논 끝에 왕에게 말했다.

"고대 전설에는 천황(天皇), 지황(地皇), 태황(泰皇)이 있었는데, 이 중 태황이 가장 존귀했습니다. 그리고 천자가 스스로를 칭할 때는 '짐(朕)'이라고 합니다."

"태(泰) 자를 없애고 황(皇) 자를 취하고, 상고시대 때 사용했던 제(帝)라는 호칭을 택하여 '황제(皇帝)'라고 칭할 것이다. 다른 것은 그대들이 논의한 대로 하라. 그리고 짐은 최초로 황제가 되었으니 '시황제(始皇帝)'라 칭하고 후세에는 수를 세어 이세(二世)****, 삼세(三世)라고

**** 진시황이 죽은 후 그의 아들 호해(胡亥)가 왕으로 즉위했을 때 이세황제(二世皇帝)라고 불렸다.

하여 만세(萬世)에 이르기까지 길이 전해지도록 하라." 이렇게 해서 '진시황'이라는 명칭이 탄생했다. 또한 왕이 스스로를 칭할 때 '짐'이라는 말을 사용하게 되었다. 이 이후로 모든 왕들은 자신을 칭할 때 '짐'이라고 부르게 되었다.

Story 05

혼란스러울 때 기회를 잡아라

'혼란스러울 때 기회를 잡아라. 그리고 자신의 소신을 떳떳이 밝혀라.' 바로 이사(李斯)를 가리키는 말이다. 진시황 하면 떠오르는 인물이 많이 있겠지만 그중에서 빼놓을 수 없는 인물이 바로 이사다. 그는 현실을 중시했던 인물로 기회는 늘 혼란 속에서 생겨난다는 신념을 갖고 있었다.

이사는 여불위의 후임자로 진나라의 모든 법을 관장했다. 진시황에게 사서삼경 등 유교 경전을 모두 불태워 없애버리는 분서갱유(焚書坑儒)를 건의한 인물이었다. 그는 원래 지금의 허난성인 초나라 사람으로 젊었을 때 군청에서 하급 관리로 일했다. 성장하면서 당시에 초나라에서 존경받고 있던 학자인 순경(荀卿)을 스승으로 모시고 나라의 역사와 임금을 섬기는 제왕의 통치술에 대해서 배웠다.

이사는 제왕의 통치술을 공부하면서 초나라에서는 더 이상 자신에게 희망이 없다고 판단하고 진나라로 향했다. 이사는 지금처럼 나라가 혼란스러울 때가 오히려 자신 같은 하급 관리에게 출세할 수 있는 좋은 기회라고 생각했다. 초나라를 떠나면서 그는 스승 순경에게 하직 인사를 했다.

"저는 때를 얻으면 놓치지 말라고 배웠습니다. 지금은 모든 제후국들이 서로들 싸우고만 있습니다. 그리고 오늘 진나라 왕은 천하를 지배하여 스스로를 황제라 칭하고 있습니다. 낮고 천한 지위에 있다는 이유로 스스로 자신을 깎아 내리고 일을 게을리 하는 것은 새나 짐승이 눈앞에 먹을거리가 있는데도 먹지 않고 그냥 지나치는 것과 같습니다. 비천한 것보다 더 큰 부끄러운 것은 없으며, 빈궁한 것보다 더 슬픈 것은 없습니다. 오랫동안 비천한 지위와 고달픈 지경에 놓여 있으면서도 노력을 하지 않고 세상만을 비판하고 자신의 처지만을 탓하며 아무것도 실행하지 않는다면, 이는 선비가 하고자 하는 일이 아닐 것입니다. 그러므로 저는 진나라로 가서 진나라의 왕을 찾아뵙고 제 뜻을 말씀드리려고 합니다."

이사는 스승에게 이렇게 말하고 진나라로 떠나갔다. 그리고 진나라에서 여불위를 만났다. 여불위는 이사를 진시황을 보좌하는 시위관(侍位官)에 임명하여 자신과 국정을 의논하도록 했다. 그러나 여불위는 후에 진시황의 할머니인 화양부인과의 불륜이 발각되어 진시황에 의해 쫓겨나 스스로 목숨을 끊었고, 이사는 진시황에 의해 여불위의 후임자로 등용되었다.

Story 06

옛것을 버려라

시대는 변한다. 그래서 공자는 이렇게 말했다.

"옛것을 잘 알고 그 위에 새로운 것을 배우면 스승이 될 수 있다."[*]

이것은 "옛것이 바탕이 되지 않는 현재는 존재하지 않는다"는 뜻이기도 하다. 과거의 축적이 바로 현재이기 때문이다. 공자는 옛것을 무조건 받아들이라는 것이 아니라 잘 살피고 파악해서(온고), 그것을 바탕으로 새로운 것을 알아야 한다(지신)라고 말한 것이다. 그러나 이사는 오로지 자신의 판단만으로 자신의 생각과 맞지 않는 과거를 무조건 단절시켰다. 그는 늘 이렇게 말했다,

"시대는 계속해서 변하고 있다. 시대가 변하고 있는 만큼 옛것을 버리고 그 변화를 따라가지 못하는 나라는 망하고 만다."

그래서 이사는 진시황에게 상소를 올렸다. 이 상소가 진시황이 유학과 관련된 모든 서적을 불태워버리고 모든 유학자를 죽이게 된 동기가 되었다.

이제 폐하께서 대업을 이루어 후세에 공덕을 세웠으나 예만을 존중하는 유생들은 폐하의 이러한 대업을 전혀 이해하지 못하고 있습니다. 이제 천하가 안정되었고 법령도 통일되었으며, 백성들은 농사일과 각자의 일에 힘쓰고 있고, 선비들은 법령과 형법을 학습하고 있습니다.

---

[*]　온고이지신(溫故而知新) 가이위사의(可以爲師矣), 『논어』 위정편 11장에 나오는 말이다.

하지만 지금 모든 유생들은 지금의 것을 배우지 않고 옛것만을 배워 지금 이 시대를 비난하며 백성을 미혹시키고 있습니다.

이제 폐하께서 천하를 통일하시었습니다. 그래서 나라의 모든 옳고 그름은 폐하 한 분이 결정합니다. 그러나 사람들은 개인적으로 배운 지식으로 나라의 법령과 가르침을 헐뜯고 있습니다. 그리고 법령을 들으면 각자 자기가 배운 지식으로 자기 마음대로 그 법령을 해석하고, 조정에 들어와서는 겉으로는 법령을 찬성하는 척하나 속으로는 비난하고, 조정을 나와서는 길거리에서 법령을 비방하고 있습니다.

더구나 관리들은 자신의 입지만을 높이려고 자신을 과시하여 명예만 자랑하고 허황된 주장을 하고 있으며, 백성들을 선동하고 나라를 비방하는 말을 만들어내고 있습니다. 만약 이러한 것들을 금지하지 않으신다면 위로는 황제의 권위가 떨어지고 아래로는 붕당이 형성될 것이오니 그것을 금지시킴이 좋을 것입니다.

신이 청하옵건대 역사를 담당하는 사관에게 명하여 진나라의 기록이 아닌 것은 모두 태워버리고 의약, 점복 등 나라에서 주관하는 서적을 제외하고 전국 지방 곳곳에 수장되어 있는 『시경』과 『서경』 및 사서삼경 등 제자백가(諸子百家)**의 저작들을 찾아서 모두 태우게 하며, 두세 사람이 모여서 『시경』과 『서경』을 이야기하는 자들이 있으면, 그들을 사람들이 모여 있는 거리에서 사형시켜 백성들에게 본보기를 보이십시오.

** 춘추전국시대는 서로 끊임없는 대립과 전쟁, 그리고 윤리, 도덕관의 타락으로 말미암아 국가 사회는 거대한 소용돌이 속에 있었다. 이 속에서 구제도와 구질서의 가치관을 걱정하는 지식인과 사상가가 나타나 구제도에 대한 통렬한 통찰과 반성을 가져왔다. 여기에 맞추어 공자, 맹자, 순자, 장자, 묵자, 한비자 등에 의해 유가, 도가, 묵가, 법가, 명가, 병가, 음양가 등 여러 새로운 개혁과 학술 사상이 등장했으니, 이들을 제자백가라 한다.

옛것만을 존중하고 지금 것을 비난하는 자는 모두 멸족시키고, 이 같은 자들을 보고서도 검거하지 않는 관리가 있다면 이들도 모두 멸족시키십시오. 명령이 내려진 지 30일이 되어도 서적을 태우지 않는 자는 경형(黥刑)***의 형벌을 내리시어 성단형(城旦刑)****에 처하십시오.

천하에 보관되어 있는 사서삼경 등 모든 경전을 불태워 없애버리라니, 학자들에게는 푸른 하늘에 날벼락이 떨어지는 청천벽력(靑天霹靂)이었다. 어찌 보면 진나라가 오래가지 못할 것이라는 일종의 신호탄이었다.

*** 고대 형벌의 하나로서 이마에 먹물을 새겨 범죄자임을 알아볼 수 있도록 한 형벌.
**** 진한(秦漢) 시대 형벌의 하나로서 낮에는 변방을 수비하고 밤에는 성곽을 수축하게 했다. 보통 4년을 채웠다.

Story 07

책이 없는 나라는 오래가지 못한다

일반적으로 국가의 발전에 영향을 미치는 것은 여러 요소가 있다. 그중 중요한 하나를 꼽자면 바로 도서관과 책이다. 기원전 300년경 로마 제국이 점령하여 설립한 이집트 알렉산드리아 도서관이 그것을 보여준다. 이 도서관으로 말미암아 알렉산드리아는 동서의 문화와 경제를 잇는 헬레니즘 문화의 진원지가 되었다. 모든 학자와 자식인 그리고 글을 읽을 줄 아는 일반 평민도 알렉산드리아 도서관을 애용했다. 알렉산드리아 도서관에는 아리스토텔레스, 소포클레스 등이 쓴 책 원본 등 70

여만 권의 책이 소장되어 있었다. 그리고 도서관 벽면에는 '영혼의 안식처'라는 문구가 쓰여 있었다. 이렇게 책은 그 시대뿐만 아니라 각 시대의 영혼을 잇는 징검다리 역할을 하는 것이다.

이사는 진시황에게 당시 학문과 정치의 중심이 되었던 유교 경전을 모두 불살라 없애버릴 것을 건의했다. 진시황은 고민을 하지 않을 수가 없었다. 왜냐하면 진시황도 원래는 유학을 나라 정책의 중심으로 삼았기 때문이었다. 이사의 건의를 들은 진시황은 며칠 동안 곰곰이 생각했다.

진시황 역시 문자와 서적이 없는 나라는 오래가지 못한다는 것을 잘 알고 있었으며, 이사가 건의하기 전까지만 해도 사서삼경을 백성들에게 널리 읽히도록 했다. 기원전 219년 진시황 28년에는 지금의 산둥성에 있는 추역산에 올라 비석을 세우고, 옛 노나라의 유생들과 어울려 자신의 공덕비를 세울 정도로 유생들과 가까이 지냈다. 그리고 2년 뒤 산둥성 태산 남쪽의 작은 산인 양보산에 올라 비석에 이런 글을 새겼다.

황제께서 제위에 오르시어 올바른 법도를 만드시니 신하들은 몸을 바르게 하고 언행을 삼갔으며, 즉위 26년에 처음으로 천하를 통일하시니 각지의 모든 제후들이 진시황제를 찾아뵈었다.
황제께서 사서경전을 두루 가르치시니 멀고 가까이에 있는 백성들이 모두 따랐다. 이렇게 되니 백성들이 모두 황제의 성스러운 뜻을 받들며, 귀천이 분명하게 나뉘고 남녀가 예의를 따르며 자신의 신분을 신중하게 준수했다. 안과 밖이 명확히 구분되고 모든 것이 깨끗하게 되니 더으로 하는 정치가 후세까지 이어지니 왕의 교훈이 부흥하리라. 황제의 말씀을 받들어 엄중한 훈계를 영원히 계승할지어다.

이런 내용의 비문을 세울 정도로 진시황은 사서삼경 등의 경전을 배우고 또한 이를 후세에 전하도록 했다. 이뿐만 아니라 진시황은 산동성에 있는 낭야산에 올라 거기에도 비석을 세우고 비문을 새겨 넣었다.

> 황제께서 처음으로 즉위하고 26년에 법도를 바로 잡아 만물의 규칙을 새로 만들어서 사람의 도리를 말씀하시니 부자지간이 화목해지고, 사서삼경의 고전으로부터 배운 지식과 인의로서 모든 도리를 분명히 드러내셨다.
> 이제 황제께서 천하를 통일하시고 군현을 설치하시니 천하가 화평해졌다. 종묘사직을 밝히시고 도덕과 의를 구현하여 덕으로 정치를 펴시어 시황제라는 존호를 완비하셨다. 이에 군신들이 서로 황제의 덕을 노래 부르며 금석에 새겨서 본보기로 삼고자 함이로다.

진시황은 초기에 유교 경전을 통치의 기준으로 삼았다. 그러나 진시황의 유학을 기반으로 한 통치는 오래가지 못했다. 결국 이사의 건의를 받아들여 사서삼경 등 유학 서적을 모두 불살라 버리도록 했고, 모든 유학자들을 생매장시켜 죽였다. 백성들을 우매하게 만들고 역사를 단절시킨 안타까운 사건이었다.

이것을 '분서갱유(焚書坑儒)'라 한다. 말 그대로 책을 불사르고(분서) 유생들을 구덩이에 묻었다(갱유). 그래도 지금 우리가 『시경』과 『서경』 등을 볼 수 있는 것은 당시 민가에 일부 남아 있었기 때문이다.

사마천은 『사기』에서 분서갱유에 대해 안타까워하며 "애석하구나! 애석하구나*"라고 기록했다.

---

*　석재(惜哉)! 석재(惜哉)! 애석하게 여길 석(惜), 어조사 재(哉).

Story 08
1년의 시작을 10월 1일로 정한 이유는?

중국의 10월 1일은 중화인민공화국 건국 기념일이다. 1949년 모택동은 10월 1일을 택하여 중화인민공화국의 건립을 공식적으로 선포했다. 이 자리에서 마오쩌둥은 "중국은 재기했으며 결코 다시는 치욕적인 나라가 되지 않을 것"이라고 선언하고는, 천안문 광장에서 중국의 건국을 전 세계에 알렸다.

마오쩌둥은 건국일을 10월 1일로 맞추기 위해서 9월 21일부터 시작된 중화인민공화국의 건국을 위한 중국인민정치회의를 9월 30일에 모두 마친 후 "마오쩌둥 주석 만세"라는 합창으로 추인을 하고 새 정권의 구성과 조직을 마쳤다. 그리고 10월 1일을 중화인민공화국 건국일로 선포했다. 이것은 10월 1일이 바로 진시황이 1년의 시작일로 삼은 날이었기 때문이다. 지금의 중국을 이해하기 위해서 10월 1일을 알아두어야 할 것이다.

진시황은 1년의 시작을 분명하게 정해놓는 것이 나라를 통치하기 위해서 반드시 필요하다는 것을 잘 알고 있었다. 그래서 추수가 끝나는 10월 1일을 1년의 시작으로 삼은 것이었다. 또한 진시황이 문자와 도량 등을 통일했다는 것은 우리 모두 잘 알고 있는 사실이다. 동한(東漢)의 허신이 쓴 『설문해자(說文解字)』*에는 진나라가 중국을 통일하기

---

* 서기 100년에 허신이 쓴 중국 최초의 한자 자전(字典).

전의 전국시대를 이렇게 기록하고 있다.

나라는 7개 나라로 쪼개져서 논과 밭의 면적 단위가 서로 달랐고, 수레바퀴는 궤도의 폭이 서로 달랐고, 법령은 법도와 기준이 없이 서로 달랐고, 문자는 그 형태가 서로 달라서 통용되지 못해서 불편했다.

중국을 통일한 진시황은 각 지역마다 문자와 기준이 서로 달라서 국가를 제대로 통치할 수가 없었다. 그래서 법령, 규범, 풍습 그리고 도량형을 통일하고, 수레의 폭을 통일했으며, 각 지방마다 서로 달랐던 글자를 하나로 통일했다. 통일되기 이전의 글자 형태를 '대전(大篆)'이라고 부르고, 문자가 통일된 이후의 글자 형태를 '소전(小篆)'이라 하며, 그 이후로 예서체(隷書體)로 발전하여 지금까지 서예에서 사용되고 있다.

진시황은 통일 후 모두 다섯 차례에 걸쳐 전국을 순시했는데, 그중 즉위 37년인 기원전 210년에는 지금의 저장성을 순시하면서 회계산에 올라 돌에 글자를 새겨 넣었다. 이를 회계 각석(刻石)이라고 하는데 그 내용은 이러하다.

멀고 가까운 곳이 서로 통하게 되었고, 부유한 자와 가난한 자가 서로 소통하게 되었고, 통치자가 나쁜 풍습을 없애버리자 모든 백성이 좋은 풍습을 이어받았다. 사람들이 평등한 법도를 지키며 태평 시대를 즐겁게 지냈다.

이 기록은 그동안 지역마다 달랐던 법령과 풍습 등을 하나로 통일한 후 백성의 생활을 묘사한 것이다. 이와 같이 진시황은 각 지방마다 달랐던 법규와 규범을 하나로 통일하여 모든 사람을 귀천 없이 동일한 형벌

히스토리텔링 차이나

로 다스렸고, 1년의 시작을 추수가 끝나는 10월 1일로 정했다. 지금도 중국에서는 10월 1일 중화 인민공화국 건국기념일에는 5일 동안 휴무라서 모든 관공서가 문을 열지 않는다.

수레바퀴의 폭이 인류의 문명을 바꾸다

인류가 발명한 소프트웨어 중 가장 혁신적인 것은 무엇일까? 우리가 사용하는 제품과 도구는 생각과 아이디어, 즉 소프트웨어로부터 나온다. 예를 들어 서류를 묶는 클립으로부터 철조망, 그리고 일반 마트 등에서 물건을 사고 계산하는 데 사용하는 바코드 등 다양한 방면에서 우리의 생활을 편리하게 만드는 지혜를 찾을 수 있다. 이러한 것들은 대부분 근현대에 만들어진 것이다.

역사적으로 볼 때 가장 혁신적인 지혜는 진시황 때 수레바퀴의 폭을 모두 균일화시켰다는 것과, 쌀이나 보리의 부피를 재는 데 사용하는 한 되 크기의 표준을 만들어 전국적으로 동일한 양의 곡식을 동일한 가격으로 살 수 있게 표준화시킨 것이다.

특히 '서로 다른 수레바퀴의 폭을 똑같게 만들었다'는 것은 인류의 문명 발전에 있어 가장 획기적인 일이었다. 수레바퀴의 폭을 균일화한 것은 교통의 발달로 이어졌다. 각 지역 변방에 흩어져 있는 서로 다른 민족의 생활과 문화를 하나로 엮는 동시에, 왕권의 강화와 정치, 경제적 안정에도 절대적 역할을 했다.

모든 수레바퀴의 폭을 6척[*]으로 균일하게 통일했다.

이렇게 됨으로써 서로 달랐던 도로의 폭도 모두 여기에 맞추어 균일하게 통일되었다. 이때 만들어진 수레바퀴 폭에 대한 법규는 지금까지도 적용되고 있다. 현재 경승용차의 폭은 약 160센티미터 이하로 규정하고 있는데, 이 당시 기준이 얼마나 세심했던가를 알 수 있다. 이로 인해 도로에 대한 개념도 함께 정립되었다.

로마 제국 시절 서기 79년에 이탈리아의 폼페이에 있는 베수비오 화산의 대폭발로 폼페이 전체가 화산 용암과 화산재로 묻혀버렸다. 2021년 2월 폼페이에 묻힌 유적지에서 그 당시 사용했던 사륜 수레가 완전한 상태로 발굴되었다. 그런데 이 수레의 폭을 재보니 90센티미터였다고 한다. 진시황의 마차를 로마 시대 마차와 비교해보면 진시황이 제정한 6척이 얼마나 미래 지향적이며 실용적이었는지 알 수 있다.

수레바퀴의 폭을 일정하게 규정함으로 인해 도로뿐만 아니라 수레가 다니는 터널과 다리도 수레바퀴 폭에 맞게 모두 일정한 규격으로 건설하게 되었다. 수레바퀴의 폭이 전국을 하나로 묶는 중요한 역할을 한 것이다. 이전까지는 전쟁 시 수레나 마차를 끌고 가더라도 도로가 맞지 않으면 왔던 길을 다시 되돌아가는 경우가 종종 발생했다. 그 일례가 진시황이 통일하기 이전 전국시대의 7웅(진, 조, 위, 한, 초, 제, 연)이 천하를 지배하고 있을 때, 7웅 중 제일 강대국이었던 진나라에 대항하기 위해서 나머지 6개국이 연합해서 합종하는 것만이 서로 생존할 수 있는 길이라고 주장했던 소진은 도로의 폭이 서로 달라 수레가 제대로 달리지

---

[*]   진나라 시대 1척(尺)의 길이는 지금의 23.1센티미터였다.

못했던 것을 오히려 군사적인 장점으로 여겼던 적도 있었다. 소진은 제나라 왕에게 이렇게 말했다.

"진나라가 제나라를 공격하기 위해서는 산둥성 경계 지역에 있는 위나라의 양진(陽晉)과 항보(亢父) 길을 지나야 하는데, 이 길은 험준하고 도로의 폭이 서로 달라서 수레는 제대로 다닐 수가 없고, 말을 탄다 해도 길의 상태가 일정치가 않아서 쉽게 갈 수 없습니다."

도로 폭이 일정치 않아서 진이 쉽게 공격해오지 못할 테니 이 틈을 이용해 제나라와 위나라와 한나라가 서로 연합해서 진나라에 대항하자는 합종책을 주장한 것이었다. 전국시대에 이미 각 나라별로 도로의 폭이 서로 달라서 쉽게 공격해오지 못할 것이라는 생각을 한 것이다.

그 이후로 약 110여 년이 지나서 진시황이 수레바퀴의 폭을 통일시킴으로 인해 역사의 진보와 발전을 훨씬 앞당기는 획기적인 전환이 일어났다. 도로에 대한 중요성은 일찍이 주(周)나라 당시의 사회상을 담은 『일주서(逸周書)』**에도 나와 있다.

천하에 관문은 설치하더라도, 통행하는 도로에는 제한을 두지 않는다.

이것을 지금 말로 풀이하면 "국경을 통과하는 곳에 검문소는 만들어도, 도로가 필요한 곳에는 폭에 대한 제한을 두지 않으며, 도로를 만드는 데 각종 규제는 모두 없도록 하겠다"는 것이다. 예부터 도로의 중요성을 인식했던 것이다.

그래서 진시황은 통일 후 다음 해인 기원전 220년에 수레가 마음

** 주나라 문왕과 그의 아들 무왕, 무왕의 동생 주공, 무왕의 조카인 성왕 등 역대 왕의 사건을 기록해놓은 책.

놓고 달릴 수 있는 '치도(馳道)'라고 불리는 도로의 건설을 제일 먼저 추진했다. 치도는 일종의 일반 간선도로였는데, 도로 양쪽 노반을 단단히 다지고 가로수로 소나무를 심었다는 기록이 남아 있다. 치도는 당시 전국 교통망의 주요 노선 역할을 했다. 그리고 진시황 35년에는 북쪽으로 현재의 내몽고 자치구의 포두시인 구원(九原)으로부터 남쪽으로는 산시성 운양(雲陽)까지 산을 깎고 다리를 놓아 도로를 건설했다. 이를 '직도(直道)'라고 불렀는데, 이 도로는 고속도로 역할을 하여 그 길이가 1,800리(약 730킬로미터)에 이르며 도로의 폭이 50~60미터에 이르는 곳도 있었다고 전한다.

이 모든 것이 수레의 폭을 6척으로 통일한 이후에 나타난 사회적 현상이었다. 또한 교통의 발달은 행정의 효율화를 가져왔다. 중앙 정부의 명령은 신속하게 일반 백성에게 전달되었다. 또한 정치적, 군사적으로 긴급한 사항이 생길 때마다 정보 전달 속도를 높일 수 있게 되었으며, 이로 인해 진 제국의 정치체제 확립을 효율적으로 실행할 수 있게 되었다. 수레가 다닐 수 있는 도로를 균일하게 만듦으로써 각 지방 특산품과 물자 교류가 활발하게 이루어져서 '각 지방별로 협소했던 지역적 한계를 뛰어넘어 농업, 공업, 상업의 상호 교역로가 만들어지게 되었다.' 즉 물자의 교류가 신속하게 이루어져 상업이 번창하게 되었고, 이로 인해 주민들의 경제생활이 크게 향상되었다.

더구나 한(漢)나라 무제(武帝) 때는 북방의 기마족인 흉노의 극성스런 침입을 방어하기 위해 말을 기르는 목축업을 활성화시켰는데, 이것은 도로의 폭이 일정하게 유지됨으로써 마차와 수레를 끄는 말의 필요성이 더욱 커졌기 때문이었다. 아울러 마차와 수레를 끄는 말을 기르는 목축업이 크게 발달함에 따라 교통 능력이 함께 발전했으며, 각 지역 간 경제 발전에도 크게 이바지했다.

진시황이 하지 않았더라면 역사의 누군가가 했을지도 모른다. 그렇지만 지금으로부터 2200년 전 진시황이 '수레의 바퀴 폭을 모두 같게 했다'는 사실은 분명 문명 진보의 엄청난 변곡점이 되었다. 중국 전 지역이 도로망으로 연결되자 각 지역 간 인적 교류와 상품 교환, 정보 전달이 대폭 활성화되었다. 이것은 마치 지금의 컴퓨터와 인터넷망이 우리 일상생활의 정보 전달 능력을 크게 향상시키고, 이를 활용한 빅데이터의 개발과 활용이 우리 개인이나 사회가 의사결정을 하는 데 큰 전환점이 된 것과 마찬가지다.

'수레바퀴의 폭을 똑같게 했다'는 것은 또한 부품의 표준화에 대한 개념을 새롭게 제시한 것이었다. 표준화는 생산자가 작업 시간과 작업 방법 등을 일정하게 규격화함으로써 생산의 효율성을 올릴 수 있는 작업 관리의 가장 기본이다. 수레바퀴의 폭을 일정하게 통일함으로써 모든 부품의 균일화가 가능해진 것이다.

다시 말해 당시의 수공업 형태가 비록 현재와 같은 대량 생산 개념은 아니더라도, 수공인들에게 똑같은 부품을 반복해서 생산한다는 표준화 개념을 제시한 것이었다. 그리고 이 방식은 더욱 발전해서 동일한 크기의 제품을 더 만들어서 이를 보관하고, 필요할 때 공급하는 재고 관리를 할 수 있게 만들었다. 한 차원 발전된 개념의 수공업으로 나아가는 생산 관리 시스템의 변화를 가져온 것이었다. 이렇게 됨으로써 비록 초보 수준이긴 하지만 생산 계획과 품질 관리, 재고 관리 등 경영의 기본 개념까지 나오게 되었다. 또한 수레의 폭이 동일하기 때문에 이로 인해 일정한 규격으로 부품을 만드는 반복 생산이라는 새로운 개념이 도입되었다. 이것은 산업의 부분별 기초를 쌓는 획기적인 계기로 이어졌다.

Story 10
죽음은 진시황도 피하지 못한다

신이 우리에게 준 가장 위대한 선물은 역설적으로 인간이 가장 두려워하고 싫어하는 망각과 노화와 죽음일 것이다. 잊어버리는 것, 즉 망각이 있음으로 우리는 기쁘고, 슬프고, 안타까운 인간의 여러 순간적인 감정을 새롭게 느끼고 경험할 수 있다. 만약 우리가 과거의 일을 잊어버리지 못하고 모두 기억한다면, 이는 커다란 불행일 것이다. 그리고 우리에게 늙어간다는 노화 현상이 오지 않는다면, 우리 자신과 가정과 사회에 어떤 일이 벌어질까? 또한 우리가 죽지 않고 영원히 산다면, 오늘 당장 내 주위에는 누가 있고 지금 누구와 이야기하고 있을까? 스스로 생각해보기 바란다.

삶에 대한 애착이 많은 사람일수록 죽음에 대한 두려움 또한 많다는 통계가 있다. 역사적으로 볼 때 삶에 대한 애착이 강했던 사람은 많지만 그중 대표적 인물을 꼽자면 바로 진시황일 것이다. 거꾸로 말하면 죽음을 가장 두려워했던 인물이 진시황이었다.

진시황은 한종(韓終), 후공(侯公), 석생(石生) 세 사람을 시켜 죽지 않고 영원히 살 수 있는 장생불로초를 구해오도록 했을 정도로 죽음을 두려워했다. 심지어 자신이 병들어 죽음이 가까이 다가왔을 때조차 신하들에게 죽음에 대한 말을 절대 꺼내지 못하게 했다. 진시황은 재위 28년 산둥성에 있는 추역산을 시작으로 죽음을 맞이한 허베이성 사구평대(沙丘平臺)에 이르기까지 10년간 다섯 차례 지방 순시를 떠났다.

진시황은 재위 37년 때인 기원전 210년 한창 더운 여름인 7월에

250 히스토리텔링 차이나

지금의 허베이성 형태시 광종현에 있는 사구평대에서 죽음을 맞이했다. 이사는 황제가 외지에서 죽었기 때문에 각 지방에 변란이 일어날 것을 두려워해 진시황의 죽음을 절대 비밀에 붙이고 일절 발설하지 못하도록 했다. 그리고 황제의 시신을 커다란 수레에 싣고 마치 황제가 살아 있는 것처럼 위장했다, 수레에는 둘째 아들 호해와 환관 조고와 이사, 그리고 평소 진시황을 시중했던 대여섯의 환관만 타게 하고 백성들이 눈치채지 못하게 음식도 평시와 똑같이 해서 먹었다. 신하들은 진시황의 죽음도 모른 채 예전과 똑같이 국사를 논의했다. 조고는 수레 안에서 국사를 결재하면서 신하들이 진시황의 죽음을 전혀 눈치채지 못하게 숨겼다. 허베이성 사구평대에서 함양까지 약 1,000킬로미터를 황제가 죽었다는 사실을 숨긴 채 진시황의 주검을 운반했다. 이때는 한창 더운 여름철이었기 때문에 시신이 썩는 냄새가 나자 소금으로 절여 말린 생선을 함께 실어서 냄새를 구분하지 못하게 했다.

　진시황의 둘째 아들 호해는 조고가 자신에게 법규와 법령을 가르친 적이 있었기 때문에 개인적으로 좋아하고 따랐다. 조고는 진시황의 큰아들 부소를 별로 좋아하지 않았다. 그래서 조고는 호해와 이사와 은밀히 모의해, 진시황이 부소에게 보내라고 부탁한 서신을 뜯어서는 마치 이사가 진시황의 유언을 받은 것처럼 거짓으로 꾸며서 호해를 왕이 될 태자로 삼았다. 호해를 태자로 옹립한 이들은 큰아들 부소를 제거하기 위해 거짓으로 죄목을 꾸며 부소에게 스스로 죽을 것을 명했다. 조고가 국정을 마음대로 농락한 대표적인 사건이었다.

　마침 진시황이 건설해놓은 직도(直道)를 따라 함양에 도착한 일행은 그제야 황제의 죽음을 알렸고, 조고는 호해가 정식으로 왕위를 계승하도록 하고는 그를 '이세황제(二世皇帝)'라고 불렀다. 그리고 진시황이 죽은 지 2개월이 지난 9월에 산시성 서안에 있는 여산(驪山)에 진시황을 안장했다. 이때가 진시황 37년인 기원전 210년이었다.

여산은 진시황이 즉위하자 자신의 사후를 대비해서 죄인 70만 명을 동원해 미리 가꾸어둔 장소였다. 진시황은 생전에 여산에 나무를 심고 주변을 파서 구리 녹인 물을 부어 틈새를 메꾸었다. 그리고 주변을 깊게 파서 영원히 자신의 몸이 부패하지 않도록 하기 위해 수은을 흐르도록 했다. 이세황제 호해의 명령에 따라 진시황의 후궁 가운데 자식이 없는 자는 모두 진시황과 함께 순장시켰다. 모형으로 만든 사람 인형과 일용품과 사치품 등을 모두 함께 매장했는데, 그 수가 엄청났다. 그리고 안장에 참여한 모든 장인과 노예도 진시황의 무덤의 비밀이 누설될 것을 염려해 함께 매장했다.

이때가 이세황제 원년, 호해의 나이 21세 때였다. 중국에서는 지금까지도 진시황 묘의 발굴을 과학과 기술이 더 발달된 훗날에 실시하기 위해 미루고 있다.

Side Story 순장과 제노사이드

1933년 독일의 정권을 장악한 히틀러는 폴란드의 남부 지방을 점령했다. 그곳의 조그만 마을을 아우슈비츠라고 부르고 그곳에 수용소를 세웠다. 여기서 3킬로미터 떨어진 비르케나우라는 마을에는 거대한 가스 공장과 시체를 태우기 위한 화덕 공장을 세웠다.

히틀러는 1941년 5월부터 유대인을 잡아들여 아우슈비츠 수용소로 보내거나, 비르케나우 가스 공장으로 보냈다. 그리고 가스 공장 내에 시체를 운반하기 위한 컨베이어 벨트를 설치하고는 화덕 공장에서 시체를 태웠다. 히틀러가 죽인 유대인 숫자는 다른 곳에서 죽인 숫자를 합쳐 대략 600만 명에 달했다. 히틀러는 유대민족에 대한 증오를 품고 몰살시키려 했는데, 이것을 '제노사이드(Genocide, 민족 몰살)'라고 한다.

그곳에는 시체를 태우라고 명령하는 독일 특수부대원들이 있었다. 그들의 지시에 의해 쌓여 있는 유대인들의 시체가 태워졌다. 그러나 그들의 임무는 오래가지 못했다. 그들도 나중에 가스실에서 비밀리에 죽임을 당했다. 그들이 본 것과 행한 것이 외부로 발설되지 못하도록 하기 위해서였다. 독일 병사들조차 유대인들과 함께 순장당해야만 했던 것이다. 진시황의 순장과 비슷한 경우가 아닐까.

그러나 아무리 특급 비밀에 속한 것이라도 진실은 가려질 수 없다. 결국 유대인 학살의 소문이 미국으로 알려지게 되었다. 미국에서는 이 유대인 학살 사건을 '홀로코스트(Holocaust, 대참사)'라고 칭하고 죽은 유대인들을 추모했다. 또한 이 사건은 미국에서 유대인들의 결속력을 단단하게 다지는 계기가 되었다. 지금도 미국 유대인들의 결속력은 다른 어떤 민족보다 더욱 단단하다.

Story 11
중국 최고의 국정 농단

보통 언덕은 구릉 위에 평탄하게 비탈져 있어서 누구나 쉽게 올라갈 수 있다. 그러나 깎아지른 절벽같이 높이 솟은 언덕이 있다면 올라가기가 쉽지 않고, 올라가더라도 위험할 수 있다. 이와 같이 언덕이 절벽으로 딱 끊긴 곳을 언덕 농(壟) 끊을 단(斷), 농단(壟斷)이라고 한다. 이 농단에서 아래를 내려다보면 사방이 모두 보인다. 사람이 어디에 많이 모이고 적게 모이는지를 한눈에 알아볼 수 있다. 장사하는 사람이라면 어느 시장에 사람들이 많이 모이고, 어느 가게가 잘되는지를 금방 알아볼 수 있다.

'농단'이란 말은 『맹자』에 처음 나온다. 추(騶)나라 사람인 맹자가 어느 날 제나라 선왕(宣王)의 초대를 받았다. 선왕을 찾아뵌 맹자는 왕에게 백성들을 위해 왕도 정치를 펼 것을 여러 차례 건의했다. 그러나 선왕이 왕도 정치는커녕 자신의 뜻에만 맞는 정치를 계속하자 실망하여 자신의 추나라로 돌아갔다. 이에 선왕은 맹자에게 봉록(俸祿)을 많이 줄 테니 제나라로 다시 돌아와 달라고 간곡히 부탁했다. 그러나 맹자는 선왕의 부탁을 거절했다.

"옛날에 욕심 많은 간사한 자가 있었는데, 시장에 오면 언제나 농단에 올라가 사방을 둘러보고 사람이 많이 모여 돈이 될 만한 곳을 찾아내서 시장의 이익을 거의 독점해버렸습니다. 사람들은 모두 그를 천하게 여겼고, 나라의 관리도 이를 보고만 있을 수 없어서 그가 번 돈을 모두 세금으로 거두어들였습니다."

정치적으로 비정상적으로 높은 자리를 차지하고는 자신의 권력을 사적으로 이용해 나라를 쥐락펴락 흔드는 것을 국정 농단이라고 한다. 진나라 이세황제 때 환관 조고가 바로 그랬다. 21세에 즉위한 이세황제는 늘 궁중에 거처하면서 조고와 함께 국사를 논의했다. 조고에 의해 왕으로 옹립된 이세황제였기에 늘 조고의 지시를 받고 국사를 행하는 무력한 처지였다. 이세황제는 즉위하자마자 조고를 지금의 국무총리 격인 낭중령(郎中令)으로 임명하고 국사를 돌보게 했다. 황제는 조고에게 이렇게 말했다.

"짐이 나이가 어리고 이제 막 즉위한 터라 백성들이 잘 따르지 않소. 대신들은 나의 말에 복종하지 않고, 더구나 진시황의 다른 자손들은 나의 권력을 호시탐탐 노리고 있으니 내 이를 어떻게 해야 할지 모르겠소"

이세황제의 무력한 모습을 그대로 보여주는 말이다. 환관 조고의 말에 따라 국정을 운영하는 이세황제의 무능을 신하들이 모를 리 없었고, 국정을 농락하고 있는 조고라는 인물에 대해서도 신하들이 좋아할 리 없었다.

이세황제가 이미 자신의 손안에 있음을 아는 조고는 황제를 통해 공포 정치를 조장하면 자신의 입지가 더욱 강화될 것이라고 생각했다. 조고는 지금이 절호의 기회라 생각해서 마치 간절한 것처럼 꾸며 이세황제에게 건의했다.

"신이 진작부터 말씀드리고 싶었으나 지금까지 감히 아뢰지 못했습니다. 지금 폐하께서 비천한 신을 칭찬하시고 높은 지위에 등용하시어 궁중의 일을 맡기시니, 신하들은 불만이 가득 쌓여 겉으로는 따르는 체하면서 마음속으로는 잘 따르지 않고 있습니다. 이제 폐하께서는 지방을 시찰하십시오. 그리고 이때를 이용해서 군현의 관리 가운데 조금이라도 죄 있는 자를 색출하시어 처형하십시오. 그러면 천하에 폐하의 위엄을 떨치실 수 있게 됩니다. 평소에 폐하에게 복종하지 않는 자나 불만을 갖고 있는 자를 모두 색출하여 처형하십시오. 그렇게 된다면 윗자리와 아랫자리에 있는 관리들이 모두 폐하를 따르게 되어 온 나라가 편안해질 것입니다."

조고의 국정을 뒤흔드는 농단이었다. 조고의 말이 끝나자마자 이세황제는 기다렸다는 듯 "좋다"고 대답하고는 여러 황족들을 처형했다. 황실의 조카 중 일부는 아무런 죄목도 없이 죽는 것이 억울해서 스스로 자결하는 사태까지 발생했다. 그렇게 되니 황족들은 모두 두려움에 떨었고, 고관들은 자기 몸을 사리기 위해 온갖 간사한 말로 이세황제와 조고의 비위를 맞출 수밖에 없었다. 조고는 국정을 움켜쥐고는 이세황제를 앞세워 교활하게 자신의 뜻을 실행해나갔다. 진시황 때보다 더 험악한 공포 정치의 시작이었다. 모든 백성들이 두려움에 떨었다.

이세황제가 할 수 있는 일이라고는 고작 인부들을 동원해 선친 진시황의 무덤인 여산을 흙으로 크게 덮고 조림을 해서 산으로 조성하는 일이었다. 그리고 선친 때 완성하지 못한 아방궁을 완공했다. 그러나 이세황제는 이것조차 제대로 통제할 능력이 없었다. 인부들에게 공급할 식량이 부족해서 인부들은 각자가 가지고 온 양식으로 끼니를 해결할 수밖에 없었다. 백성들에게 불만이 나오지 않을 수 없었다. 그럴수록 백성들을 향한 법의 집행은 더욱 가혹해졌다. 공포 정치에 반대하는 반란이 지금의 산시성 서안 지역인 관중(關中)을 비롯해 지방 곳곳에서 일어났다. 반란군을 진압하기 위해 병사들이 끊임없이 징발당했다. 백성들은 큰 불안과 고통 속에서 모두들 이세황제를 원망했다. 조고의 국정 농단 속에서 나라가 제대로 돌아갈 리가 없었다.

Story 12

사슴이 말이라고?

본질은 본질이어야 한다. 진짜인 것을 진짜가 아니라 하고, 가짜인 것을 진짜라고 우긴다면, 이는 분명히 본질을 왜곡한 것이다. 자신의 지위를 과시하거나 목숨을 영위하기 위해 국정 농단을 벌여 절대 권력자를 칭하는 사건이 역사에서 많이 일어났는데, 그중 대표적인 것이 조고가 벌인 '지록위마(指鹿爲馬)' 사건이다.

조고의 국정 농단과 허약한 이세황제의 통치에 반발해 지방 곳곳에서는 반란이 일어났다. 이세황제는 결단력이 없고 그저 조고의 뜻에 따라 국사를 처리할 뿐이었다. 이때 진나라의 장수 장함(章邯)이 허베이성에 있는 거록(鉅鹿)*에서 초나라의 항우와 전투를 벌이고 있었다. 이 전투에서 장함은 항우에게 처절하게 완패했다. 조고는 패한 책임을 엉뚱하게도 이사에게 물어 이사를 처형했다. 장함도 거록 전투에서 항우에게 패한 자신이 언제 조고에게 처형을 당할지 몰라 두려움에 떨고 있었다. 이렇게 되니 모두들 조고를 두려워하지 않을 수가 없었다. 장함은 조고가 국정 농단의 꼭대기에 앉아 있는 한 자신의 운명이 어떻게 될지 알 수 없었다.

결국 장함은 진나라를 버리고 병사들과 함께 초나라로 가서 항우에

---

* 군사 요충지로 항우가 20만 병력으로 40만 병력을 이끌고 온 진나라 장수 장함을 이곳에서 패배시켰다. 이 전투를 보통 '거록 전투'라고 하는데, 이 패배로 인해 진나라는 결정적으로 멸망의 길로 들어서게 된다.

게 투항했다. 그런데도 조고의 위세는 갈수록 심해졌다. 군신들의 조고에 대해 불만이 하늘을 찌를 듯했다. 그러한 사실을 잘 알았던 조고는 한번은 시험을 해보기 위해 이세황제에게 사슴 한 마리를 바쳤다. 그리고 사슴을 가리키며 말했다.

"말(馬)입니다."

이세황제는 빙긋이 웃으면서 말했다.

"승상이 틀렸소, 그것은 말이 아니라 사슴이오. 허허허."

황제는 주변의 신하들에게도 물었다. 그런데 신하들은 서로 묵묵히 눈치만 보면서 아무런 대답을 하지 않았다. 조고가 두려웠기 때문이었다. 어떤 신하는 조고의 눈치를 보면서도 사실대로 말이라 대답했고, 어떤 사람은 사슴이라고 대답했다. 조고는 나중에 사슴이라고 답한 사람을 법을 빙자해서 처형했다.

이것이 손가락 지(指), 사슴 록(鹿) 하다 위(爲), 말 마(馬), 지록위마 사건이다. '사슴을 가리켜 말이라고 한다'는 뜻으로, 아랫사람이 윗사람을 농락하고 권세를 부리는 것을 비유할 때 사용하는 사자성어다. 지록위마 사건 이후 모든 군신들은 조고를 더욱 두려워하게 되었다.

국정의 전횡을 일삼던 조고는 이세황제가 자신을 문책할까 봐 두려워 몰래 이세황제를 갈아 치우려는 계략을 짰다. 사위인 염락(閻樂), 동생인 조성(趙成)과 함께 이를 의논했다. 조고는 이세황제를 폐위시키고 진시황의 큰아들 부소의 아들이며 이세황제의 조카인 자영(子嬰)을 이세황제의 뒤를 이을 왕으로 정했다. 조고는 먼저 염락을 시켜서 이세황제를 죽이도록 했다. 염락은 이세황제 앞으로 나아가 거침없이 하극상을 일으켰다.

"왕께서는 교만하고 방자하여 사람을 잔악무도하게 다루시어 모든 백성들이 왕에게 등을 돌리고 있습니다. 그러니 왕께서는 앞으로 어떻게 하셔야 할지 스스로 거취를 판단해보시기 바랍니다."

이것이 조고가 시켜서 벌어진 일이라는 것을 전혀 모르는 이세황제는 두려움에 떨면서 말했다.

"내 승상 조고를 만나볼 수 있겠소?"

"안 됩니다."

"그러면 나는 일개 군(郡)을 얻어서 그곳의 왕으로 있겠소."

"안 됩니다."

"그러면 작은 마을의 제후가 되길 바라오."

그러나 염락은 이 역시 허락하지 않았다. 황제는 다시 말했다.

"처자를 거느리고 그저 백성 신분으로 여러 형제들과 같이 지내고 싶소."

"신은 승상 조고의 명을 받아 그대를 주벌하려는 것입니다. 그대가 비록 여러 가지 부탁을 하더라도 처단했다는 보고를 올릴 수밖에 없습니다."

연약한 이세황제의 초라한 실상이 그대로 드러난 모습이었다. 결국 이세황제는 남의 손에 죽는 것보다 차라리 자기 손으로 죽는 것이 낫겠다는 마음으로 자결했다. 조고는 이세황제의 형인 부소의 아들 자영을 진나라 왕으로 삼았고, 이세황제는 서안에 있는 의춘원(宜春苑)에 장사 지냈다. 조고는 자영도 이세황제와 마찬가지로 자기 마음대로 조정하려 들었다.

그러나 자영은 조고의 뜻대로 움직이지 않았다. 자존감이 매우 높았던 자영은 궁에서 오히려 조고를 칼로 베어 죽였다. 그리고 조고의 삼족을 함양에서 처형해 백성들에게 본보기로 삼았다. 조고가 자영에 의해 척살당함으로써 진시황 사후 3년 동안 자행된 조고의 국정 농단은 완전히 막을 내리게 되었다.

자영이 진나라 왕으로 즉위한 지 46일째 되던 날, 산시성 서안(西安)으로 항우의 초나라가 공격해 들어왔다. 항우는 자영을 죽이고 또한 진나라 왕족들을 무참히 살해했다. 그리고 스스로를 '서초패왕(西楚霸王)'이라고 칭하며 국정을 주관하여, 천하를 여러 제후들에게 나누어주어 다스리게 했다.

양공(襄公)**으로부터 시작된 진나라는 약 600여 년 동안 유지된 끝에 자영을 마지막으로 항우에게 멸망했다. 이것이 국정 농단의 대표적 사례, 조고의 지록위마가 남긴 결과다. 그 후 5년이 지나 중국은 초나라 항우에게서 다시 한나라 유방에게로 넘어갔다.

** 기원전 778~766년 동안 재위한 진나라의 실질적인 개국 군주.

Story 13

불이 타는데 끓는 물만 식히려 하지 마라

'끓는 물을 식히려면 먼저 불을 꺼야 하는데, 타는 불은 그대로 두고 끓는 물만 식힌다'는 말이 있다. 문제를 근본적으로 해결하지 않고 겉으로 드러난 현상만 고치려 드는 경우를 이른다. 근본을 해결하지 못하고 현상적인 병폐만 고쳐보려고 하는 것을 건질 구(救), 불 화(火), 오를 양(揚), 끓을 비(沸), 구화양비(救火揚沸)라고 한다.

기원전 221년, 39세에 제나라를 마지막으로 중국을 통일한 진시황은 새로운 법령을 만들어서 백성들을 예전에는 없었던 강력한 법으로 통치했다. 이렇게 되자 백성들의 생활은 새로운 법에 의해 억압을 당했다. 만리장성 축성 등 각종 노역에 강제로 동원되어 백성들의 생활은 더욱 힘들어졌다. 법으로 백성들과 관리들을 억죄자 지방의 관리들은 사소한 일로도 법을 위반했다는 이유로 노역이나 참형을 당해야 했고, 일부 백성들은 살아남기 위해 법망을 피해 뿔뿔이 흩어져 살아야만 했다. 국가가 손을 쓸 수 없을 정도로 혼란이 극에 달했다.

나라가 이렇게 혼란스러웠지만 책임을 지는 사람은 아무도 없었다. 국가는 점점 중심을 잃게 되었다. 결국 진시황 말기에 이르러 진나라는 이미 망국의 지경에 이르게 되었다. 관리들의 불만과 백성들의 원성은 날로 높아갔다. 그러나 진시황 때 만든 법이 너무나 엄격했기 때문에 법의 테두리 안에서는 백성들의 고통을 덜어주고 병폐를 고치는 일이 거의 불가능했다. 사마천은 『사기』에서 이렇게 표현했다.

자기의 무용만 자랑하거나 아니면 매우 고집스럽거나 잔혹한 사람이 아니고서야 어떻게 혼란스러운 이 나라의 일을 흔쾌히 감당할 수 있으랴. 도덕으로 올바로 정치하려는 사람들은 속수무책으로 그냥 자리를 지키고 앉아 있을 수밖에 없었다.

오직 법으로 통치한 당시 진나라의 상황이 얼마나 험악했는지 알 수 있다. 공자는 이보다 300여 년 전에 이렇게 말했다.

"소송을 처리하는 일은 나도 남과 다를 바 없다. 내가 남과 다른 점은 반드시 소송이 발생하지 않게 하는 것이다."

법 이전에 도덕으로 정치하는 것이 정치의 본질이며, 국가의 안정은 도덕의 힘에 의한 것이지 냉혹한 법령에 의존해서는 안 된다는 말이었다. 공자는 또한 이렇게 말했다.

"정치적인 법과 형벌로 다스릴 때 백성들은 무슨 일을 저질러도 부끄러워하지 않는다. 오로지 덕으로 이끌고 예로써 다스릴 때 백성들은 비로소 그 부끄러움을 알고 바른길로 가게 된다."

법령은 백성을 다스리는 정치의 도구지만 그 근본은 아니며, 덕으로 다스리는 것이야말로 정치의 근본이라는 것이었다. 겉으로는 백성들을 잘살게 해주겠다는 그럴듯한 정책을 선전해놓고 속으로는 백성들을 불편하게 만든다면, 백성들은 이에 반발하여 법망을 피해 부끄러운지도 모르고 잘못을 저지를 것이다. 이렇게 되면 정치가들은 형벌을 더 세분화해서 강화할 수밖에 없고, 혼란이 올수록 법만 더욱더 강해진다.

노자도 "법령이 세분화되고 많아질수록 도둑은 더 많아진다"고 하여 덕의 정치를 강조했다. 근본은 못 고치고 겉모양만 고치는 '구화양비'의 정치를 했던 진나라는 오래가지 못했다. 진시황의 통일 이후 3대 14년 만에 멸망의 길로 접어들어, 결국 항우에 의해 기원전 206년 패망하고 말았다. 다음은 모 일간지 사설 내용의 일부다.

이집트의 수도 카이로는 사막으로부터 불어오는 모래바람 때문에 도시의 건물들이 칙칙한 모습이라고 한다. 건물을 밝은색으로 페인트칠을 해도 오래가지 못하고 칠이 벗겨지거나 날아오는 모래와 뒤섞여서 어느 사이에 도시의 건물이 벽돌색이나 시멘트색의 허름하고 초라한 건물로 바뀌어 도시 전체가 슬럼화되어 간다고 한다. 도로도 시민들의 거친 운전 습관과 사막에서 날아오는 먼지 폭풍으로 자동차도 제대로 다닐 수 없을 정도로 열악한 상태라고 한다. 그래서 이집트 대통령은 도시의 미관을 밝게 한다는 이유로 모든 건물과 집에 밝은색으로 페인트를 강제로 칠하게 했다. 당연히 며칠을 못 가서 건물에 모래 먼지가 다시 날아와 들러붙어서 건물들은 칙칙하게 전과 같은 상태로 되었다.

카이로 시민들은 "사막의 모래바람이 날아 들어오지 못하도록 근본적
인 원인은 그대로 두고 외양만 보이기 좋게 강제로 칠하는 것, 그것도
때마다 칠하도록 하는 것이야말로 이집트 카이로 정치의 말로(末路)"
라고 개탄했다. 구화양비(救火揚沸)다.

Side Story 중국이 '차이나'라고 불리는 이유

중국에서는 춘추전국시대를 끝내고 중국을 통일한 진나라를
친(Qin)이라고 불렀다. 인도 북부의 일부 브라만 승려들은 진
나라를 신(Sin), 또는 친(Chin)으로 불렀다. 인도 카스트 제도 중
가장 높은 브라만 계급은 범어(梵語)라고 부르는 산스크리트어
를 사용했는데, 산스크리트어에서는 중국을 치나(Cina)라고 불
렀다.

기원전 1300년경 인도의 고대 시에서 중국의 은나라를 표현하
기 위해 산스크리트어로 치나(Cina)라고 불렀다는 기록이 발견
되었다. 중국의 동쪽 바다, 즉 일본 남부의 규슈 열도와 대만 사
이의 바다를 동지나해(東支那海)라고 부른다. 지금도 아랍에서
는 많은 사람들이 중국을 지나라고 부른다. 진나라 당시 서쪽의
흉노와 실크로드를 통해서 중국을 가리키는 친(Qin)이 유럽으로
흘러들어, 포르투갈과 프랑스에서는 중국을 시니(Chine)로 불렀
다. 이것이 인도 북부의 산스크리트어와 연결되어 후에 차이나
(China)가 되었다.

또한 중국 도자기를 차이나(China)라고 불렀는데, 중국의 도자기가 유럽으로 전달되면서 이것이 중국을 차이나(China)로 부른 계기가 되었다는 학설도 있다. 지금도 도자기를 영어로 차이나(China) 혹은 세라믹(Ceramic), 포추리(Pottery) 등으로 부른다.

히스토리

항우가 맞닥뜨린 운명의 사면초가

진나라를 무너뜨린 역발산기개세 항우 이야기

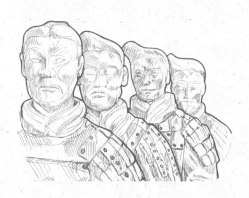

Story 01

떡잎을 보면 알 수 있다

역사 인물들의 당시 나이를 지금 자신과 비교해보면 가끔 '나는 그 나이에 무엇을 했나?'라는 생각이 들 때가 있다. 20살에 한(漢)나라 문제(文帝)에게 대부(大夫)로 등용된 천재 경제학자 가의(賈誼), 21살 때 오(吳)나라 손권(孫權)을 도와 유비(劉備)의 촉(蜀)나라와 조조(曹操)의 위(魏)나라를 물리쳐 혁혁한 공을 세운 육손(陸遜) 등과 비교해보면 더욱 그렇다. 여기에서 빼놓을 수 없는 인물이 하나 있다. 바로 사면초가(四面楚歌)로 알려진 항우(項羽)다.

항우는 22살에 병사로 입문해서 24살에 군사를 일으켜 우리가 흔히 알고 있는 사면초가로 32살에 죽을 때까지 약 8년간 중국사에 커다란 획을 그은 인물로 평가받는다. 유방(劉邦)이 항우의 초를 멸망시키고 한나라를 세우는 데 가장 공이 큰 인물을 들자면 우선 한신(韓信)과 한신을 유방에게 추천한 소하(蕭何), 그리고 역설적으로 초나라의 항우를 들 수 있다. 산이 높으면 골이 그만큼 깊어지는 법, 항우가 없이는 그를 상대한 유방의 존재가 우뚝 설 수 없었기 때문이다.

항우는 27살에 진나라를 멸망시키고 5년간 한나라 유방과의 전쟁*에서 패한 후 자결해 죽었다. 하지만 유방이 한나라를 건국할 때 초나라 항우가 없었다면 역사는 아마도 다른 방향으로 흘러갔을 것이다.

---

* 보통 초한전(楚漢戰)이라고 한다.

히스토리텔링 차이나

항우는 지금의 장쑤성 소주(蘇州)의 오중(吳中)이란 마을에서 젊은 이들에게 무술을 가르치고 있던 작은아버지 항량(項梁)으로부터 어린 시절부터 글 대신 무술을 배웠다.

"글은 자기 이름만 쓸 줄 알면 됩니다. 그리고 검은 한 사람을 죽일 수 있는 것만 배울 수 있습니다. 저는 한 사람이 아니라 여러 사람을 대적하는 일을 배우고 싶습니다."

항우는 어릴 때부터 여러 사람을 상대로 하는 병법까지 배워나갔다. 그는 어릴 때부터 무인 기질이 몸에 배어 불의를 참지 못하고 단호했으며, 다른 사람의 말을 잘 듣지 않는 성격이었다. 항우의 아버지 항연(項燕)은 초나라 장수로 항우가 어렸을 때 진나라 장수에게 죽임을 당했기에, 항우는 작은 아버지 항량의 손에서 자랐다.

항우는 키가 8척이 넘고 커다란 무쇠솥을 들어 올릴 정도로 힘이 셌다. 또한 재기가 범상치 않아 오중의 젊은이들이 모두 항우를 두려워했다. 그는 성격이 매우 대범하고 잔인해 지금의 허난성에 있었던 진나라의 양성(襄城)을 공격할 때는 왕을 죽이고 남은 병사들을 모두 산 채로 땅에 묻어버렸을 정도였다. 또한 매우 목표 지향적이라서 한번 정해진 목표를 향해서는 좌우를 돌아보지 않고 나아가는 성격이었다. 비록 32세라는 젊은 나이에 죽었지만, 그가 짧은 기간 이룩한 업적은 중국 역사에 남을 만큼 컸다.

한번은 항우가 작은아버지 항량과 함께 저장성에 있는 회계산에 갔을 때 마침 진시황이 유람하고 있는 모습을 보았다. 그는 진시황을 보면서 이렇게 말했다.

"저 진시황의 자리를 내가 차지할 것이다."

"경망스러운 말을 하지 마라. 삼족이 멸하게 된다."

항량이 깜짝 놀라 항우의 입을 막을 정도로 항우의 꿈은 매우 컸다.

작은 아버지 항량은 이 일에 대해 마음속으로는 크게 기뻐하며 항우를 '범상치 않은 재목'이라고 생각했다. 이때가 기원전 210년, 항우의 나이 겨우 22세였다.

나는 네가 전에 일하는 것을 보았다

사람이라면 누구나 자신이 하는 일에 대해서 인정받기를 원한다. 사람은 근본적으로 혼자서는 절대로 살아갈 수 없는 사회적 동물이기 때문이다. 사람은 가족이나 친지, 친구와 동료 간에 서로 의지하며 공동체를 이루어 살아간다. 또한 관계 속에서 살아가기 때문에 자신이 알고 있든 모르고 있든 자신의 평소 행동이나 습관이 누군가에게 평가받기 마련이다. 그리고 다른 사람의 평가는 나중에 출세나 불신의 변곡점이 될 수도 있다.

항량이 회계군의 군수가 되었을 때 자신이 평소에 마음에 두었던 마을 젊은이들을 요직에 등용했다. 그러나 한 젊은이만 요직에서 밀려났다. 그 젊은이는 무척 억울했다. 왜 그 젊은이만 등용되지 못했을까?

진시황이 죽은 후, 진시황의 둘째 아들 호해가 이세황제란 이름으로 즉위했다. 그때 진나라의 은통(殷通)이란 인물이 회계 군수로 이 지역을 다스리고 있었다. 회계 지방은 항우가 태어나서 성장한 장쑤성 소주에서 얼마 떨어지지 않은 저장성에 있는 지역이다. 이세황제가 즉위한 첫 해인 기원전 209년 여름 더위가 한창인 7월, 은통은 군대를 일으켜 항우의 초나라를 침략할 계략을 꾸미고 있었다. 이 소식을 미리 알아차린 항우는 은통을 죽여버렸다. 그리고 작은아버지 항량은 스스로 회계 군수가 되고, 항우는 회계의 부군수가 되었다. 항우가 회계 지방의 부군수가 된 사연을 살펴보자.

진시황이 죽자 환관인 조고와 분서갱유를 주도했던 이사가 모의해서 진시황의 첫째 아들 부소 대신 둘째 아들 호해를 허수아비 왕으로 내세웠다. 진나라 왕으로 즉위한 이세황제는 우왕좌왕 나라를 통치할 능력이 없었기에 여러 지방에서 반란이 일어나는 것을 막을 엄두도 못 내고 있었다.

사회가 매우 혼란한 틈을 타 회계 군수인 은통도 반란을 계획하고 있었다. 은통은 항우의 작은아버지 항량에게 말했다.

"지금 강서 강북* 전 지역에서 많은 반란이 일어나고 있습니다. 진나라를 멸망시킬 때가 온 것입니다. 옛말에 '먼저 행동에 옮기면 남을 제압할 수 있지만, 시기를 늦추고 나중에 하면 남에게 제압당한다'는 말이 있습니다. 나는 그대와 같은 동네인 오중에서 살았던 환초(桓楚)를 그대와 함께 장수로 삼아 군대를 일으키고자 합니다."

항량은 혼란한 틈을 타 은통을 죽이고 자신이 회계 군수가 되려고 마음먹고 있었던 참이었다. 마침 은통이 항량 자신을 장수로 임명하였으니 이것이야말로 자신에게 더없이 좋은 기회가 찾아왔다고 생각했다. 항량은 은통에게 환초가 어디에 있는지 연락할 수가 없다고 속이고는 그 자리에 자신의 조카인 항우를 등용하도록 요청했다. 이에 은통은 항량의 요청을 수락했다.

---

* 지금의 장쑤성 남경 지역과 안후이성 일대를 말한다.

며칠이 지나 항량은 조카 항우와 함께 은통을 만날 기회가 있었다. 항량은 항우에게 검을 가지고 단 아래에서 기다리도록 하다가 눈짓을 보내 때가 되었음을 알렸다. 항우는 단칼에 은통의 목을 베었다. 그리고 항량은 은통의 머리를 들고 은통이 차고 있던 군수의 인도장과 끈을 빼앗아 자신의 허리에 찼다. 모든 신하들은 눈 깜짝할 사이에 일어난 사건에 어쩔 줄 몰라 우왕좌왕했다. 항우는 자신의 말을 따르지 않는 신하들의 목을 모두 베었다. 그 수가 100여 명이나 되었다. 사람들이 모두 놀라 땅에 엎드리고 두려워 감히 일어나지를 못했다.

이 자리에서 항량은 관리들을 모아놓고 거사를 일으킨 이유를 하나하나 설명하고는 고향인 오중으로 돌아갔다. 그리고 그곳에서 다시 군사를 일으켜 다른 지방으로 공격해 들어갈 준비를 했다.

항량은 과거에 자신과 함께 일했던 고향 사람들에게 교위(校尉), 후(侯), 사마(司馬) 등 직위를 내렸다. 그런데 그중 등용되지 못한 젊은이가 한 명 있었다. 그 젊은이는 자신만 등용되지 못한 것을 억울해하며 그 이유를 따져 물었다. 항량은 자신의 고향인 오중에서 마을에 일이 있을 때마다 스스로 주관해서 고향의 젊은이들과 같이 일했는데, 그때마다 그들의 일하는 모습과 성실성을 알아두었다. 항량은 그 젊은이에게 대답해주었다.

"이전에 그대에게 어떤 사람의 초상집에서 상사(喪事)를 맡겨보았는데, 다른 사람들이 열심히 일할 때 그대는 빈둥빈둥 일하는 척하면서 일을 제대로 처리하지 못했기 때문에 그대를 임용하지 않았노라."

모든 사람들이 항량의 사람을 꿰뚫는 식견에 놀라 감탄했다. 그러나 항량에 대해서 여기서 한 가지 아쉬운 점이 있다. 『손자병법』에는 '귀양(貴陽)의 계(計)'라는 계략이 있다. 이 말은 '장점을 찾아 이를 더욱 귀하게 여겨 발전시키는 계책'이라는 뜻이다. 병사들은 누구나 장점과 단점을 함께 지니고 있다. 그런데 문제는 이 장점과 단점이 각자가 처해 있는 상황에 따라 달라질 수 있다는 점이다. 그렇기에 장점은 더 귀하게 여겨 활용하고, 단점은 장점으로 활용할 방법을 찾아내 더 적극적으로 이용할 필요가 있다.

항량이 고용하지 않은 마을의 젊은이도 그의 단점을 보완해 마을을 다스리는 일에 등용했다면 더욱 좋았을 것이다. '귀양의 계'를 실천할 수 있는 것, 그것이 참다운 지도자이기 때문이다.

Story 03
온후하고 인자한 장수를 모셔라

덕이 있고 온화한 인물의 주변에는 사람들이 모이기 마련이다. 이것은 그 인물이 주변 사람들에게 그만큼 신뢰를 얻고 있기 때문이다. 목표를 위해서 자신과 반대되는 의견을 가진 사람들을 모두 처단해버리는 잔인한 항우, 그와는 성격이 완전히 대조적인 유방이 바로 그런 인물이었다.

항우가 23세 때 주변의 심한 반대에도 불구하고 진나라 양성(襄城)*을 공격했다. 양성은 진나라의 군사 요충지였기에 성곽과 수비벽이 매우 딘딘해서 공략하기가 만만치 않았다. 항우는 마침내 양성을 함락했

---

* 전국시대 각 나라들 사이에 중요한 군사적 요충지이자 격전지였다. 지금의 허난성 허창시(許昌市)에 있다.

지만 수많은 병사들이 희생되었다. 이 과정에서 항우는 자신에게 반대했던 100여 명의 사람들을 모조리 생매장해 죽여버렸다. 그러고 나서 살아남은 진나라 병사들 역시 땅에 산 채로 묻어버렸다. 잔혹한 항우의 성격이 그대로 드러나는 현장이었다. 초나라 회왕(懷王)은 평소 항우에 대해서 이렇게 말했다.

"항우는 덕망과 관대함이라고는 전혀 없으며 사람됨이 급하고 사나우며 남을 잘 해친다."

항우는 자신의 의견에 따르지 않는 사람들을 모두 학살했다. 이것은 항우가 자라 온 배경을 알면 어느 정도 이해할 수 있을 것이다. 항우가 어렸을 때 그의 아버지는 진나라 장수 왕전(王翦)에게 죽임을 당했다. 이를 본 항우는 늘 가슴에 진나라에 대한 복수심을 품고 있었다.

항우는 어릴 때 아버지의 죽음을 겪은 이후로 마음속에 사람에 대한 적개심을 갖고 있었다. 그래서 오로지 사람을 상대로 하는 병법과 병술에만 관심을 가졌다. 항우의 이러한 과격한 성격을 잘 알고 있던 회왕은 진나라와의 싸움에 항우 대신 덕망 있고 온후한 장수를 보내어 백성들을 품으면, 오랫동안 진시황의 폭정에 시달려 온 진나라의 병사들과 백성들이 자연스럽게 따라오리라 생각했다. 진나라 백성들이 그동안 폭정에 시달려왔기 때문에 오히려 인간적으로 품는 것이 전쟁에서 이길 수 있는 방법이라고 판단한 것이었다. 그렇게 되면 진나라 땅을 쉽게 공략할 수 있을 것이라고 생각한 회왕은 대신들에게 이렇게 말했다.

"항우는 잔인하게 남을 다루는 사람이라서 이번에 양성을 공격할 때도 남아 있는 진나라 사람들을 모두 땅속에 산 채로 묻어버렸다. 그리고 가는 곳마다 잔인하게 사람을 죽였다. 그래서 온후하고 인자한 장수를 싸움터로 보내 진나라의 군사와 백성을 회유해야 한다. 진나라의 백성들이 폭군에 시달려온 지 오래이기 때문에 이번에 후덕한 사람을 보내

사납게 대하지 않으면 틀림없이 평정할 수 있을 것이다. 그래서 진나라와의 싸움에는 항우를 보내서는 안 되고 평소 관대하고 덕망이 있는 유방을 보내야 한다."

회왕은 항우의 장수와 지도자로서 능력의 한계를 분명히 알았다. 결과적으로 회왕은 항우가 싸움터에 가는 것을 허락하지 않고 유방을 보내어 진나라와 싸우도록 했다. 회왕의 의도대로 진나라와 싸움을 벌인 유방은 지금의 허난성에 있는 고양(高陽)에 갔을 때 그곳 관졸들에게 큰 환영을 받았다.

"이곳을 지나가는 장수는 많았지만 유방님은 누구보다 인품이 훌륭하고 관대합니다."

이런 환대를 받을 정도로 유방은 백성들로부터 추앙을 받았다. 유방은 자신의 군대가 절대 약탈을 하지 못하도록 했다. 이에 진나라 백성들은 매우 기뻐했다. 모든 것이 회왕의 뜻대로 되었다. 유방의 이러한 성격과 인품은 후에 한나라를 세우는 결정적 계기가 되었다.

Story 04

아침 조회 시간에 목을 베다

목표를 달성하기 위해서는 여러 방법이 있겠지만, 자신의 성격과 능력 그리고 자신이 처해 있는 환경에 따라 방법과 행동이 달라질 수 있다. 그중 자신의 목표를 이루고 정당성을 확보하기 위해 수단과 방법을 가리지 않고 잔인하게 행동했던 일을 역사에서 종종 볼 수 있다.

항우가 그랬다. 항우는 목표를 위해서라면 자신의 목표에 방해되는 사람이나 동료를 모두 처단할 정도로 잔인했다. 항우의 목표는 뚜렷했다. 당시 패권을 잡고 있던 진나라를 멸망시키는 것이었다. 초나라에서 항우의 직속상관은 상장군 송의(宋義)였다.

진나라를 공격하기 위한 항우와 송의의 전략은 서로 달랐다. 이때 진나라는 조나라와 싸움을 치르고 있었다. 항우는 이 상황을 이용해서 조나라와 함께 진나라를 치고자 했는데 반해, 송의는 우선 조나라와 진나라의 싸움이 끝날 때까지 기다렸다가 진나라의 병사가 싸움에서 지칠 때를 이용해서 공격하는 것이 더 좋다고 주장했다. 초나라 회왕은 송의의 말을 들어주었다. 송의는 자신을 믿어주는 회왕 덕분에 더욱 신이 나서 군사들에게 영을 내렸다.

"호랑이같이 제멋대로 굴거나, 양같이 이리저리 다니며 법을 어기거나, 이리같이 남의 것을 약탈하거나 명령에 복종하지 않는 자는 모두 목을 벨 것이다."

그리고 나서 동생인 송양(宋襄)을 제나라에 사신으로 보냈다. 그날은 날씨가 춥고 비가 거세게 내려 병사들이 추위와 허기에 지쳐 있는데도, 송의는 이를 아랑곳하지 않고 사신으로 가는 자기 동생 송양을 위해 성대한 환송식과 함께 술잔치를 벌였다. 항우가 보기에는 이 모두가 한심한 작태였다. 이를 보다 못한 항우는 그 자리에서 자신의 뜻을 신하들에게 알리기 위해 작심하고 일장 연설을 했다.

"우리가 죽을힘을 다해 진나라를 공격해도 모자라는 판에 지금은 앉아서 잔치나 벌이고 있다. 지금 흉년이 들어서 백성들은 기아에 허덕이고 있고, 병사들은 토란과 콩깍지로 연명하며, 군영에서는 저장된 군량도 없는 상황에서 송의는 성대한 연회를 벌여 술이나 마시고 있다. 우리 군사들은 지금 식량이 부족해서 강 건너에 있는 조나라에서 도와주는 군량을 먹고 있다. 이럴 때 우리에게 우호적인 조나라와 힘을 합쳐 진나라를 치는 것이 가장 좋은 방법인데, 송의는 그렇게는 하지 않고 그저 '그들이 지친 틈을 이용하리라'라고만 말한다. 진나라가 지금 조나라를 공격한다면, 그 결과 진나라가 조나라를 정복할 것이다. 그렇게 되면 진나라는 더 강한 나라가 될 텐데, 조나라가 함락되어 진나라가 강해진 뒤에 무슨 지친 틈을 이용하겠다는 말인가? 또 우리 초나라가 여러 전쟁을 겪으면서 회왕께서는 매우 불안해하고 계신다. 이에 왕께서는 우리 초나라 병사들을 모두 송의 장군의 휘하에 두셨으니 국가의 안위는 오로지 이 거사에 달려 있다. 그런데도 송의 장군은 지금 병사는 돌보지 않고 사사로운 개인의 정만을 따르니 왕과 사직을 보존하려는 신하가 아니로다."

항우의 강직한 성격이 그대로 드러나는 연설이었다. 결국 11월 초 겨울 아침, 항우는 상장군 조회에서 송의의 머리를 베어버렸다. 항우의 나이 25살 때였다.

항우가 상장군 송의의 머리를 베었다는 소식을 들은 회왕은 깜짝 놀라며 항우를 두려워했다. 회왕이 항우를 두려워하는 데는 이유가 있었다. 초나라에는 두 명의 회왕이 있었다. 할아버지 회왕(懷王)과 손자 회왕(懷王)이다. 할아버지 회왕은 진나라 소양왕*에게 볼모로 붙잡혀 갔다가 진나라에서 쓸쓸히 죽었다. 그 이후로는 초나라에 실질적인 왕이 없었다.

그때 항량과 항우는 동네에서 다른 사람의 양을 치고 있던 회왕의 손자인 웅심(熊心)을 찾아갔다. 초나라의 실질적인 권력을 잡고 있던

---

* 기원전 307~251년 동안 재위한 진나라 28대 왕.

항량은 양치기 생활을 하고 있던 웅심을 초나라 왕으로 옹립하고 백성들의 환심을 사기 위해 할아버지와 같은 이름인 회왕(懷王)으로 명명했다. 이렇게 되니 손자 회왕은 원천적으로 항우의 눈치를 보지 않을 수 없었다.

사실 항우가 송의의 목을 벤 것은 송의를 죽여도 좋다는 회왕의 승낙을 은밀하게 미리 받고 실행한 것이었다. 항우는 제나라에 사신으로 가 있던 송의의 동생까지도 추적하여 사람을 시켜 죽였다. 게다가 송의가 베푼 연회에서 흥청망청했던 관료들까지 모두 색출해 죽여버렸다. 이에 신하들은 모두 항우를 두려워해 항우에게 복종하며 항우의 뜻을 따랐다. 회왕 역시 항우를 상장군으로 추대하고 모든 군사를 항우의 휘하에 두었다.

항우가 송의를 죽인 후 그의 강직한 위엄은 온 초나라에 널리 퍼져 다른 신하들이 감히 항우를 위로 올려다보지 못할 정도로 그의 위세가 엄청나게 높아졌다. 그의 명성은 각 나라 제후들에게까지 알려졌다. 목표를 달성하기 위해 좌우 물불을 가리지 않는 항우의 직선적이고 잔인한 성격을 잘 보여주는 사건이었다.

Story 05

배를 부수고 솥을 모두 깨뜨려라

"적군 진지에 침투해서 3일 안에 적군을 섬멸시키지 못하면 살아서 돌아가지 않겠다." 어느 특공대의 이야기가 아니다. 타고 왔던 배는 모

두 부숴 불살라버리고, 가지고 왔던 밥솥과 그릇은 모두 깨뜨려버리고, 3일 동안 먹을 식량만 지참하고 적을 궤멸시키기 위해 20만 명을 거느리고 적진 속으로 공격해 들어간다는 것은 실로 엄청난 지도력과 결단 없이는 도저히 불가능한 일이다. 당시 26살의 항우가 그 일을 해냈다.

군의 기강과 전열을 새롭게 가다듬은 항우는 진나라를 공격하기 위해서 허베이성을 흐르고 있는 장하(漳河)*를 건너 허베이성에 있는 거록(鉅鹿)**을 공격하기 위해 출정했다. 항우는 장하를 건너서는 타고 왔던 배를 장하 강물에 모두 침몰시켜버렸다.

그리고 나서 솥과 시루 등 취사도구를 모두 부숴버리고, 막사까지 불사른 뒤 병사들에게는 3일분의 먹을 식량만 휴대하도록 했다. 이것이 깨뜨릴 파(破), 솥가마 부(釜), 잠길 침(沈), 배 주(舟), 파부침주(破釜沈舟)라는 고사성어의 유래다. '배를 모두 가라앉히고 솥과 시루 등 취사도구를 모두 깨뜨리다.' 항우의 거록 전투에서 나온 말이다.

병사들에게 필사적으로 죽을 각오로 싸워서 한 사람이라도 살아서 돌아올 마음을 갖지 않도록 하기 위한 것이었다. 항우의 초나라 병사들은 용맹함과 사기가 하늘을 찌를 듯했다. 이렇게 단단히 마음을 다진 항우와 병사들은 거록으로 들어가 진나라와 치열한 접전을 치렀다. 이에 진나라 상장군을 죽이고 대신들을 포로로 잡았으며, 진나라 장수 섭간(涉閒)은 초나라에 투항하지 않고 자결했다.

진나라의 여러 장수들과 병사들이 항우에게 투항하거나 도망가거나 자결했다. 주변의 여러 제후국들이 진나라를 도우려 했으나, 젊은

---

* 지금의 허난성과 허베이성 경계를 흐르고 있는 강.
** 진나라 이세황제 3년인 기원전 207년 초나라 항우가 대장군 송의의 목을 베고 출정해서 전투를 벌인 곳이다.

항우의 위엄과 초나라 병사들의 사기에 눌려 함부로 군사를 움직이지 못했다.

항우의 파부침주 전략의 결과, 진나라 장수와 40만 대군은 대부분 죽거나 투항하게 되었다. 사마천의 『사기』에서는 이날의 전투에 대해 이렇게 기록하고 있다.

초나라 병사는 한 명이 열 명을 대적할 정도로 모두 용맹스러웠으며, 초나라 병사들의 함성이 하늘을 진동시키니, 주변의 모든 제후 군들이 이를 두려워했다.

항우와 진나라의 '거록 전투'는 진나라를 멸망시키는 결정적 요인이 되었다. 어찌 보면 항우가 거록에서 승리하는 것은 당초부터 예견된 것이나 다름없었다. 자기의 뜻에 반대하는 장수들을 모두 처단한 강한 결단력과, 장하를 건너서 모든 것을 불살라버리고 3일간의 식량만 가지고 가겠다는 장엄한 결의는 병사들에게 일전 불퇴의 사기를 올려주는 매우 강력한 메시지가 되었기 때문이었다. 이 '거록 전투'야말로 항우의 성격과 결단력을 가장 잘 볼 수 있는 장면이었다. 즉 결과를 얻고 목표를 달성하기 위해 어떠한 어려운 조건이나 환경도 스스럼없이 극복해내는 극단적인 항우의 모습이 여실히 드러난 싸움이었다.

Story 06

사방에서 초나라 노래 소리가 들려온다

우리는 인간의 잔인성을 역사에서 많이 보아왔다. 사람들을 잔인하게 죽이고 일어나는 군주는 끝이 제대로 되는 경우가 없었다. 인간의 죽음에는 여러 가지 원인이 있다. 그런데 자신의 명을 다해서 죽음을 맞이하는 것과, 다른 사람에 의해 잔인한 죽임을 당하거나 주변의 환경에 의해 스스로 목숨을 끊어서 죽는 것은 근본적으로 다르다. 인간은 전자의 죽음을 복스러운 죽음이라고 말한다. 그러나 후자의 죽음은 인간에게 한(恨)을 남긴다.

젊은 나이에 자신의 목표를 이루기 위해 많은 사람들을 잔인하게 죽이고 올라섰던 항우는 사면초가(四面楚歌)로 인해 많은 부하를 잃고 결국 자기 자신도 죽음으로 끝을 맺는다. 중국 역사에서 거대한 무대의 한 장면이었던 사면초가는 항우에게 죽어서도 한으로 남았을 것이다.

기원전 203년 항우가 29세 때 그는 회왕의 명을 무시하고 군사를 동원하여 진의 수도인 함양(咸陽)을 공략했다. 항우는 진나라의 왕궁을 모두 불태워버리고 진시황의 무덤을 파헤쳐 도굴했다. 그리고 진의 마지막 왕 자영(子嬰)*을 살해하고 지금의 허난성 낙양(洛陽) 부근의 신안(新安)에 20만 명을 생매장했다.

항우가 지나가는 곳은 사람이 남아나지 않을 정도로 항우는 잔인하

---

* 중국을 통일한 진나라의 3대 마지막 왕으로 46일간 통치했다.

게 백성들을 죽였다. 이렇게 되니 초나라 회왕은 이런 항우와 도저히 뜻을 같이할 수가 없었다. 회왕은 항우가 가는 곳마다 잔인하게 사람을 죽이는 행동을 매우 못마땅하게 생각했다. 그러나 항우는 자신과 작은아버지인 항량이 옹립한 회왕이 자기 뜻을 알아주지 못한다며 오히려 못마땅하게 생각했다.

"회왕은 우리 집안에서 옹립했고, 지금까지 자신이 이룩해놓은 공적도 별로 없다. 그런데 어찌 나에게 명령을 내릴 수 있겠는가? 천하를 평정한 것은 나를 따르는 장수들과 바로 나 항우다."

그는 회왕의 명령을 따르지 않고 스스로 대장군이 되어 자기 멋대로 제후 병력을 거느리고 움직였다. 다른 사람들과 타협할 줄 몰랐던 항우는 스스로를 패왕(霸王)**이라 이름 짓고 사람들에게 서쪽에 있는 초나라의 패왕이라는 뜻으로 자신을 '서초패왕(西楚霸王)'이라고 부르게 했다. 우리가 흔히 말하는 초패왕(楚霸王)이 바로 항우를 가리키는 말이다.

한편 한나라 유방은 군사 30만 명을 집결시켜 안후이성의 해하(垓下)에서 초나라 항우와 승패를 결정하기 위한 결전의 태세를 갖추었다. 항우는 10만의 군사로 이들의 공격을 대비하고 있었다. 초한전(楚漢戰), 즉 항우와 유방의 운명을 결정짓는 전쟁이 시작된 것이다. 초나라의 항우와 한나라의 유방이 운명을 건 맞대결을 펼쳤다.

한나라의 좌우 군사들은 초나라 군사들을 겹겹이 포위하여 좌우 양쪽에서 동시에 항우를 공격했다. 항우의 초나라 군사들은 치열한 전투 끝에 오래 버티지 못하고 결국 대패했다. 항우는 어쩔 수 없이 남아 있는 병사들을 이끌고 퇴각했다.

**   패왕의 원래 뜻은 '인의를 버리고 무력으로 나라를 다스리는 통치자'라는 의미다. 맹자는 이러한 정치를 '패도 정치'라고 불렀으며, 그 반대는 맹자가 바라는 '왕도 정치'다.

그날 밤 한나라의 장량(張良)은 병사들에게 초나라 노래(楚歌)를 부르게 해서 초나라 군사들의 고향에 대한 향수를 자극했다. '사방에서 초나라의 노래 소리가 들려온다'는 뜻의 사면초가가 들리던 날은 1년 중 가장 추운 한겨울 음력 12월 밤이었다.

안 그래도 오랫동안 전쟁에 시달려 춥고 사기가 크게 떨어져 온갖 집 생각, 고향 생각에 젖어 있었던 초나라 병사들에게 멀리서 한나라 병사들이 부르는 고향 노래가 들렸다. 한나라 병사들에게 포위당한 항우와 초나라 병사들은 애절하고 처량한 자기 고향의 노래를 들으니 마음이 혼란스러워졌다.

"한이 초를 이미 다 빼앗았다는 말인가? 그래도 우리 초나라 병사들이 저렇게 많이 남아 있구나."

항우는 이미 초나라가 명을 다 했다는 것을 느꼈다. 이 노래를 들은 초나라 병사들은 고향에 대한 그리움과 향수에 젖어 밤을 틈타 상당수가 도망쳐버렸다. 초나라가 한나라 병사들에 의해 포위되어 이미 대세가 기울어진 것을 알아차린 항우는 두려움에 떨며 밤새 술로 슬픈 마음을 달랬다. 사면에서 들려오는 초나라 고향의 노래 소리를 들으며 고립된 채 자신의 죽음이 서서히 다가오고 있다는 고통을 느꼈다.

사면초가! 역사의 거대한 한 장막이 닫히는 순간이었다.

Story 07

우야! 우야! 너를 어찌하랴

　　장쑤성 서쪽에 바로 붙어 있는 안후이성의 해하에서 한나라 병사들이 부른 초나라 노래를 들은 초나라 병사들은 이미 모두 흩어지고 항우는 홀로 남았다. 그저 자신의 운명을 한탄하며 그동안 타고 다녔던 준마 '추(騅)'와 자신을 받들어왔던 애첩 '우미인(虞美人)'의 운명을 슬퍼하며 시 한 수를 읊었다.

> 　내 힘은 저 높은 산을 뽑아버리고,
>
> 　기세는 온 땅을 뒤덮고도 남을 만하지만,
>
> 　때가 불리하니 오추마(烏騅馬)＊마저 달리지 않는구나.
>
> 　추(騅)가 달릴 수 없으니,
>
> 　우야! 우야! 너를 어찌하랴!

　　항우가 구슬픈 시를 읊자 사랑했던 애첩 우미인은 칼을 뽑아 스스로 목숨을 끊었다. 항우는 말을 타고 겹겹이 쌓인 한나라의 포위망을 뚫고 초의 병사들이 남아 있는 남쪽으로 질주했다. 항우를 뒤쫓아 온 한나라 병사들은 질주하는 항우를 당해내지 못했다.

＊　항우가 아끼던 말 '추'를 일컫는다. 검은 바탕에 흰털이 섞인 말이었다. 조조가 관우를 회유하기 위하여 관우에게 준 적토마(赤兔馬)와 함께 한 번에 천리를 달릴 수 있는 천리마라고 한다.

항우는 오강(烏江)**을 건너야 했는데, 타고 건널 배가 없었다. 이때 오강의 정장(亭長)***이 나와서 항우가 강을 건너도록 도와주었다. 항우는 강을 건너서는 자신의 운명을 예견한 듯 그동안 아끼고 사랑했던 자신의 준마 추를 정장에게 주었다.

"나는 5년 동안 이 말을 탔소. 이 말에 대적할 수 있는 말은 아무도 없었다오. 이 말은 하루에 천리를 달렸소. 내 차마 이 말을 죽일 수가 없어 그대에게 주겠소."

항우는 자신이 아끼던 말에서 내렸다. 항우의 손에는 칼 한 자루밖에 아무것도 없었다. 항우를 따라왔던 병사들도 말에서 내리고는 간단한 무기만 손에 들고 한나라 병사들과 싸웠다. 여기서 항우 혼자 죽인 한나라 병사만도 몇백 명이나 되었다. 항우 자신도 10여 군데 부상을 입었다. 몸이 극도로 지친 상태로 싸움을 하던 차에 한나라 장수 한 명이 칼을 들고 항우 앞에 나타났다. 항우가 보니 자신이 옛날에 지휘했던 부하 여마동(呂馬童)이었다.

"너는 예전에 내 부하였던 여마동이 아니냐?"

여마동은 항우를 무시하고 뒤를 돌아보며 함께 왔던 한나라 장수에게 말했다.

"이 사람이 바로 항우입니다. 쳐서 없애버리십시오."

항우는 자기 옛 부하에게 수치와 모욕을 당하느니 차라리 스스로 죽는 것이 낫다고 생각하고는 그 자리에서 자결했다. 이때 항우에게 남은 병사는 고작 26명이었다. 항우는 지금의 안후이성에 있는 동성(東城)에서 스스로 목숨을 끊었다. 항우의 나이 32세였다.

**   안후이성을 흐르는 양자강의 지류.
***   지금의 순경급 관리.

항우가 군사를 일으킨 지 햇수로 9년, 70여 차례 전투 중 패한 적이 없었는데, 여기서 마지막으로 패하면서 목숨을 내놓았다. 항우는 죽으면서 마지막 말을 남겼다.

"하늘이 나를 망하게 했지 나와 군사들의 탓이 아니다."

항우는 죽으면서도 모든 잘못을 하늘에 대한 원망으로 돌렸다. 이렇게 해서 항우가 진나라를 멸망시키고 5년간 유방과 벌인 한나라와 초나라의 전쟁은 유방의 승리로 대단원의 막을 내리게 되었다.

항우의 죽음을 들은 유방은 흐느끼며 항우를 위해 예우를 다해 장사를 지내주었다. 그리고 산동성에 있는 곡성에 항우를 안장했다. 또한 항씨 일가에게 땅을 나누어주고 모두 유씨 성으로 바꿔주었다.

이로써 초나라는 대단원의 막을 내렸다. 유방은 명실공히 한 제국의 황제가 되었다. 22살에 검을 배우고, 23살에 군사를 일으키고, 27살에 진나라를 멸망시키고 천하를 통일한 항우. 32세에 스스로 죽을 때까지 항우의 삶은 처절함 그 자체였다. 누구 하나의 도움도 받지 않고 스스로 개척해나간 삶이었다. 추운 겨울날 사방에서 초나라 노래를 들으며 마지막까지 자신의 부하들을 위해 보살핌을 다한 후, 애첩 우미인과 자신이 타고 다니던 말 오추마까지 염려하는 시를 남기고 스스로 죽음을 택하면서 항우는 역사라는 무대의 장막 뒤에 남겨지게 되었다.

히스토리

10

중국을 셋으로 쪼개는 것을 거부한 한신

가난과 치욕을 참고 한나라 개국공신이 된 한신 이야기

Story 01

내 바짓가랑이 사이를 기어가라

사람이 창피함과 수치심을 느낄 때의 감정을 치욕(恥辱)이라고 한다. 상대에게 의도적으로 치욕을 당한 사람은 상대를 원망하고 나중에라도 자신이 받은 것만큼, 아니면 그 이상으로 보복하고 싶은 마음의 상처를 갖게 마련이다. 이러한 감정을 계속 갖고 산다면 스스로에게 엄청난 불행일 것이다. 유방(劉邦)이 한(漢)나라를 세우는 데 절대적 공헌을 한 한신(韓信)은 어렸을 적부터 그런 치욕을 겪었다.

한신은 지금의 상하이에서 북쪽으로 약 500킬로미터 떨어진 장쑤성 회음(淮陰)에서 태어났다. 어려서 일찍 아버지를 잃고, 어머니도 병마와 싸우다가 가난으로 일찍 여의었다. 한신은 집안이 너무 가난하고 내세울 만한 게 아무것도 없어서 당시 부탁만 하면 누구나 들어갈 수 있는 말단 관리로도 들어갈 수가 없었다. 그는 이웃 사람들에게 도움을 받으며 살았다. 같은 동네에 있는 정장(亭長)의 집에서 밥을 얻어먹곤 했다. 그러나 밥 먹는 시간이면 으레 찾아오는 한신을 귀찮게 여긴 정장의 부인이 밥 먹는 시간을 바꿔버려, 한신은 더 이상 밥도 얻어먹지 못하게 되었다.

하루는 한신이 배가 고파 물가에서 땀이 흐르는 것도 잊은 채 물고기를 잡고 있었다. 그때 물가에서 한 아주머니가 빨래를 하고 있었다. 땀을 뻘뻘 흘리며 물고기를 잡고 있던 한신을 본 아주머니는 그를 불쌍히 여겨 음식을 해주었다. 한신은 고마운 마음에 말했다.

"나중에 이 은혜를 몇 배로 갚겠습니다."

이에 아주머니는 오히려 역정을 내며 말했다.

"사내대장부가 식사를 제대로 하지 못해서 제 몸 하나도 관리하지 못하는 것이 불쌍해서 주는 것이다. 내가 보니 그대는 풍채와 말하는 모습이 당당해서 나중에 큰 인물이 될 용모를 지녔구나. 그렇지만 나는 보답 같은 건 바라지 않는다."

아주머니는 빨래를 마친 후 곧바로 자리를 떴다. 이렇게 한신은 어릴 적부터 매우 힘들고 곤궁하게 보냈다.

어느 날 한신이 동네 거리를 걸어가고 있었는데, 동네 아이들이 한신의 앞을 가로막고 놀렸다.

"너는 덩치만 컸지 겁쟁이잖아. 항상 검을 차고 다니는데, 네가 겁쟁이가 아니라면 나를 찔러보아라. 만약 그럴 용기가 없다면 내 바짓가랑이 밑으로 기어가보아라."

한신은 손에 검을 쥐고 그들을 응시했다. 그러고는 두말없이 자기를 놀리는 동네 아이들의 바짓가랑이 사이로 기어갔다. 거리의 사람들이 한신을 겁쟁이라고 모두 비웃었다. 한신은 온갖 창피함을 무릅쓰고 그 장소를 떠났다.

한신은 조롱과 놀림을 받아가면서까지 동네 아이들의 가랑이 사이를 기어서 지나갔다. 한신에게 이보다 더 큰 수모와 치욕은 없었을 것이다. 사타구니 넘을 과(跨), 아래 하(下) 어조사 지(之), 욕될 욕(辱), 과하지욕(跨下之辱)은 '바짓가랑이 사이로 기어간 치욕', 즉 큰일을 이루기 위해서는 그 어떤 치욕도 참는다는 뜻이다.

한신은 어렸을 때 먹을 것이 없어서 구걸할 정도로 가난하게 살았다. 동네 아이들로부터 겁쟁이라고 놀림을 받으면서 지내왔다. 그렇지만 한신은 이것을 모두 참으며 포용했다. 어찌 보면 불같은 항우와는 정반대 성격이라 할 수 있다. 한신의 이러한 성격은 나중에 유방과 함께 한나라를 세우는 데 중요한 역할을 한다. 결국 한신은 초나라 왕까지 지내며 한나라 건국의 개국공신이 된다.

사람의 운명은 만남에 따라 달라질 수 있다

사람은 언제 어디서 누구를 만나느냐에 따라서 운명이 달라질 수 있다. 한신과 소하(蕭何)의 만남이 바로 그런 경우다.

한신은 젊었을 때 자신의 재능을 알아주는 사람이 없어서 방황하다가 초나라 항우의 수하에 잠시 들어간 적이 있었다. 그러나 항우와는 성격이 맞지 않아서 한나라로 쫓겨났다. 항우는 한신의 됨됨이를 알아보지 못했던 것이다. 한신은 유방의 고향 친구인 등공(滕公)과 나중에 유방의 책사가 된 소하를 우연히 만났다. 한신의 비범함을 알아본 등공과 소하는 즉시 한신을 등용해줄 것을 유방에게 건의했다.

"왕께서 여기 조그만 지역인 한중(漢中)* 지방에서만 왕 노릇하실 것이라면 굳이 한신을 쓰지 않으셔도 됩니다. 그러나 만일 중국 천하를 취하고 싶으시다면 한신을 뛰어넘을 인물은 없습니다. 다만 판단은 왕께서 하십시오."

한신의 됨됨이를 일찍이 알아본 소하의 대담한 건의였다. 소하는 보

---

* 산시성 서안으로부터 남서쪽으로 약 250킬로미터 떨어져 있는 지역이다.

통의 장군 직책으로는 한신을 잡을 수 없을 것이라고 생각했다. 소하의 건의에 따라 유방은 한신을 대장군으로 임명하고 한나라를 위해 싸워줄 것을 부탁했다. 소하는 예의와 절차를 중시했다.

"왕께서는 좋은 날을 골라 재계(齋戒)하시고 단장(壇場)을 만들어서 의식을 갖추어야 됩니다."

유방은 이를 허락했다. 한신의 사람됨을 한눈에 알아본 유방은 소하의 의견에 따라 이러한 의식을 거행해 한신을 대장군에 임명했다. '단장(壇場)'이란 임금이 장수를 임명하거나 벼슬을 내릴 때 예를 갖추기 위한 장소다. 이것은 소하가 한신 같은 걸출한 인물을 맞아들이기 위해 유방이 엄숙한 장소에서 장엄한 예를 표하는 절차를 마련하도록 함으로써 한신에게 더욱 신뢰를 주기 위함이었다. 지금도 행사나 식을 거행할 때 '단장'에서 의식을 갖추어 실시하고 있는데, 이때부터 내려오는 예식이다.

'재계(齋戒)'는 『사기』의 회음후 열전에 처음 나오는 말이다. '재계'란 제사나 중요한 행사를 치르기 전에 좋은 날을 골라 몸과 마음을 깨끗이 갖추어 정성과 공경을 나타내는 것을 말한다. 흔히 어떤 중요한 일을 앞두고 목욕을 하여 몸과 마음을 깨끗하게 하고 마음을 다짐하는 말로 지금도 사용하고 있는 '목욕재계'가 여기서 나온 말이다. 이 말은 후한 때 조엽이 쓴 『오월춘추(吳越春秋)』에도 나오는데, 춘추전국시대 월나라 왕 구천이 오나라의 부차에게 인질로 잡혀서 돌아온 후 오나라에 다시 보복하기 위해 여러 장수들의 의견을 수렴한 후 '재계'를 하고 나서 전쟁을 결심했다고 한다.

한신 입장에서는 우연히 소하를 만나서 한나라의 대장군이 된 셈이었나. 조정에서는 여러 장수들 가운데 전혀 기대하지 않았던 인물이 대장군으로 임명되니 모두들 놀랄 수밖에 없었다.

역사에 가정은 없지만, 만약 젊은 시절 방황하고 있었던 한신이 소하를 만나지 못했더라면 한신의 존재는 이름 없이 사라졌을 뻔했다. 이때가 기원전 205년, 언제, 어디서, 누구를 만나느냐에 따라 사람의 운명이 달라질 수 있다는 사실을 한신과 소하의 만남을 통해 알 수 있다.

소하와 한신의 역사적 만남, 그리고 소하의 추천으로 유방을 만났기에 한신은 자신의 모든 재능을 펼칠 수 있었다. 이로 인해 천하가 통일되었으니 한신과 유방 모두에게 큰 재산을 얻은 셈이었다.

Side Story 추사의 운명을 바꾼 만남

사람은 언제 어디서 누구를 만나느냐에 따라서 운명이 달라질 수 있다. 그 대표적인 경우가 조선의 김정희(金正喜)다. 김정희는 우리에게 서예가로 잘 알려져 있지만 사실 당시 유행했던 청나라의 고증학(考證學)*을 조선에 접목시킨 최고의 금석학(金石學)** 전문가였다. 1809년 10월 추사(秋史) 김정희가 24세 때 아버지를 따라 청나라 연경(燕京)***에 갔을 때 청나라의 지리학자인 서송(徐松)을 통해 당대 최고의 금석학자인 옹방강(翁方綱)과 완원(阮元)을 소개받아 만났다. 이들을 만난 추사는 물고기가 물을 만난 듯이 기뻐하며 청나라의 금석학과 고증학에 대해 많은 것을 배웠다. 추사가 귀국해서도 이 두 사람과의 교류

---

* 　기존의 경서 등을 철저한 고증을 통해 재해석한 청나라의 실용주의 학문.
** 　비석이나 청동기 등에 새겨진 글자를 해석하여 역사를 연구하는 학문.
*** 북경의 옛 이름으로 연나라 도읍지였다.

히스토리텔링 한국어

는 계속 이어졌다. 추사는 완원으로부터 완당(阮堂)이라는 아호까지 얻었다. 지금도 김정희를 추사나 완당이라고 부르고 있다.

만약 옹방강과 완원을 만나지 않았다면 지금의 추사는 없었을 것이다. 당시 옹방강은 78세, 완원은 47세였다. 추사는 당시 24세였던 자신과 많은 나이 차이에도 불구하고 이들과의 만남은 운명이었다고 말하곤 했다. 추사는 이들과의 만남을 그냥 지나친 것이 아니라 배움을 위한 소중한 기회로 여기고 노력을 기울였다.

이와 같이 누구를 만나느냐에 따라 사람의 운명은 달라질 수 있다. 하지만 더 중요한 것은 추사처럼 평소 꾸준한 준비와 노력을 통해서 그러한 기회가 찾아 왔을 때 자기 것으로 만들 줄 아는 지혜가 필요할 것이다.

Story 03

강물을 등지고 진을 쳐라

우리는 일상에서 '배수진을 치자'는 말을 종종 사용할 때가 있다. '배수진(背水陣)'이라는 말은 물을 뒤로 등지고 진을 치는 것을 뜻한다. 물을 뒤로 등졌다는 것은 뒤로 물러서면 강물에 빠져버리니 더 이상 물러설 곳이 없다는 의미다. 뒤로 물러설 곳이 없으니 필사의 각오로 결전에 임하는 자세, 즉 일을 계획하고 실행해나갈 때의 마음가짐을 말한다.

그러나 배수진이 최종 목적이어선 안 된다. 배수진은 마음의 다짐이고, 더 중요한 것은 배수진 뒤에 숨어 있는 일을 추진하려는 지략이라는 사실을 알아야 한다. 한신의 배수진을 통해서 병사들이 몰랐던 한신의 지략이 어떤 것이었는지 살펴보도록 하자.

한나라의 대장군으로 임명된 한신은 주변의 여러 조그만 나라를 합병했다. 한신은 그 여세를 몰아 위(魏)나라를 공격해 지금의 산시성 동쪽 지방인 서하를 점령했다. 거기서 위나라 왕 표(豹)를 사로잡고, 위나라의 유명한 유학자였던 장이(張耳)의 도움을 받아 병사 수만 명을 이끌고 지금의 허베이성 동북쪽에 있는 정형구(井陘口)를 지나 조나라를 공격했다.

조나라에는 진여(陳餘)와 이좌거(李左車)라는 두 장수가 있었는데, 진여는 성안군(成安君)이라 불렸고, 이좌거는 광무군(廣武君)이라고 불렸다. 이들은 한신의 군대가 공격해올 것이라는 소식을 듣고 이에 대비하고 있었다. 그런데 이 둘은 서로 의견이 달랐다.

조나라의 이좌거는 진여에게 한신이 서하를 건너 위나라 왕을 사로잡고 그 일대를 모두 점령하고는, 이번에 우리 조나라로 쳐들어올 계획을 세우고 있다는 사실을 알려주었다. 그러면서 그들의 상승세를 막아내기가 쉽지 않을 것이라며, 진여에게 병사 3만 명을 지원해달라고 요청했다.

"여기 정형(井陘)은 한 대의 수레만 다닐 수 있을 정도로 산세가 좁기 때문에 물길을 깊게 파고 벽을 높게 쌓아 진영을 굳게 지키면 한신의 군대는 감히 쳐들어오지 못할 것이다. 그러면 한신의 군대는 후퇴하고 싶어도 뒤로 돌아갈 수가 없어서, 우리가 싸우지 않고도 이길 수 있다. 이때 우리가 적의 뒤를 쳐서 식량을 끊어버리면 열흘도 못 가서 한신을 사로잡을 수 있을 것이다."

이에 반해 진여는 유학자였다. 진여는 우리 조나라 군대는 평소 훈련이 잘된 군사들이라서 기습 같은 작전은 필요 없으며, 지금 한신의 군대는 수천에 불과하고, 게다가 멀리서 와서 우리를 치는 것이니 이미 지쳤을 것이라며 이좌거의 계책을 듣지 않았다.

전투에 있어 가장 중요한 것은 바로 전략과 전술이다. 배수진은 병사들의 정신과 전투력을 한곳으로 집중시키기 위해 한신이 계획했던 전술의 일부분일 뿐이었다. 한신이 조나라의 잔여와 이좌거의 계책을 그냥 지나칠 리 없었다. 한신은 첩자를 시켜 이들의 계략을 염탐하게 했는데, 유학자인 진여의 책략이 채택된 것을 보고 매우 기뻐했다. 그리고 군대를 이끌고 지금의 내몽고 자치구 경계 지방에 있는 정형구로 향했다.

조나라는 진여의 계략대로 한신의 군대를 얕잡아보고 안심하고 있었다. 한신은 조나라를 공격하기에 앞서 병사들을 모아놓고 말했다.

"조나라 군대를 격파하고 조나라 땅에서 잔치를 벌이자."

그러나 한나라 장수와 병사들은 한신의 말을 믿지 않았다. 오히려 속으로 웃으면서 "그래, 그렇게 하자"고 비꼬는 투로 응답했다. 조나라가 한나라보다 강대국인 데다 이곳의 지리적 조건을 볼 때 도저히 싸움을 벌여 이길 만한 장소가 아니었기 때문이었다. 산과 산의 앞뒤 거리가 좁고 험한 데다 면만수(綿蔓水)라는 강까지 끼고 있어서 누가 봐도 공격할 수가 없는 지형이었다. 게다가 강을 건너면 뒤로 물러설 수도 없는 험준한 지형이었다. 한신은 먼저 이 면만수를 건너야만 했다. 그는 우선 병사들을 데리고 물가로 나가 가지고 온 모든 것을 버리게 하고는 강을 등지고 진을 치도록 했다.

조나라 군사들은 이것을 보고 병법을 모른다고 크게 비웃었다. 조나라 군대는 한신의 군대를 얕잡아보고 새벽을 이용해 성벽의 문을 열고 한신의 군대를 공격했다. 한신의 군대는 밀고 들어오는 조나라 군사들과 필사적으로 치열하게 싸웠다. 한신의 군대는 더 이상 물러날 곳이 없었다. 물러설 곳이 없으니 죽을힘을 다해 싸우는 수밖에 없었다.

조나라 군대는 이러한 한신의 군사들을 이길 수가 없었다. 다시 한신의 군사 2,000명은 조나라 군대가 안심하고 비운 틈을 이용해 성벽 안으로 달려 들어갔다. 조나라 군사들은 크게 당황하여 우왕좌왕 흩어지기 시작했다. 한신이 이끄는 한나라 군사들은 조나라의 깃발을 모두 뽑아버리고 한나라의 붉은 깃발 2,000개를 세워놓았다.

이를 본 조나라 군사들은 이미 한나라가 조나라의 왕과 장수들을 모두 사로잡은 줄로 생각하고 모든 것을 포기했다. 결국 한신은 조나라의 진여를 지수(泜水)*에서 처형하고, 조나라 왕 헐(歇)과 이좌거를 사로잡았다.

배수진 전략은 2년 전 초나라 항우가 진나라의 요충지인 거록을 공격하기 위해 사용했던 전략과 같은 것이었다. 그때 항우는 거록을 공격하기 위해 장하(漳河)라는 강을 반드시 건너야만 했다. 여기서 항우는 병사들이 타고 왔던 배를 강에 모두 가라앉히고, 솥과 시루 등 취사도구를 모두 깨뜨려버리고 3일분의 식량만을 지참한 채 공격을 감행했다. 한신의 배수진 역시 항우의 파부침주(破釜沈舟)처럼 병사들의 필사적인 항전을 이끌어낸 전략이었다.

한신의 한나라 군대가 조나라 왕과 이좌거를 사로잡는 성과를 올리고 나서 여러 장수들이 축하연을 열었다. 이때 장수들이 한신에게 물었다.

"병법**에는 산과 언덕이 있는 산릉(山陵)은 오른편으로 우향우 해

서 등지고, 물이 질퍽한 넓은 수택(水澤)은 왼편으로 좌향좌 해서 공격한다고 했는데, 이번에 장군께서는 저희들에게 도리어 강물을 뒤로 등지는 배수진을 치라고 명령하시고 조나라를 격파한 뒤 잔치를 하자고 말씀하셨습니다. 저희들은 마음속으로 승복하지 않았습니다만 마침내 이겼습니다. 도대체 이게 무슨 전술입니까?"

"더 이상 물러설 수 없는 죽을 곳에 빠진 뒤에야 정신을 바짝 차려 도리어 살 수 있고, 망할 곳에 있어야 혼신의 힘을 다하기 때문에 생존할 수 있는 법이지."

한신은 배수진의 병법 원리를 설명해주었다. 한신은 이번 전투에서 한나라의 숙련된 병력을 유방이 모두 데려갔기 때문에 전투 경험이 전혀 없는 오합지졸의 신병들로 싸울 수밖에 없었다.

"오합지졸의 군대가 강대한 조나라 군대와 싸움을 벌여야 했는데, 우리 형편은 시장 바닥의 사람들을 데려다가 잘 훈련된 조나라 군대와 싸울 수밖에 없는 상황이었다. 만약 죽기 살기로 싸우지 않았다면 분명 패했을 것이다. 그래서 배수진을 칠 수밖에 없었다. 안 그랬다면 우리 병사들은 모두 도망쳐버리고 말았을 것이다."

이는 『손자병법』의 구지(九地) 편에 나오는 병법을 인용한 것이었다.

군사들을 멸망할 처지에 몰아넣으면 죽기 살기로 싸워서 살아남게 된다.
군사들을 죽게 될 처지에 빠뜨리면 온 힘을 다해 싸워 살아남는다.
대저 군사들이란 위험한 처지에 빠진 뒤에야 승패를 결정할 수 있다.

여러 장수들은 모두 탄복하여 말했다.
"훌륭하십니다. 저희들이 미처 따를 수 없는 것입니다."
더 이상 물러설 곳이 없는 곳에 진을 치는 배수진(背水陣)은 등 배

(背), 물 (水), 진칠 진(陣), '물을 등지고 진을 친다'는 뜻이다. 한신이 배수진을 친 정형구의 면만수는 북경시 북동쪽의 내몽고 자치구 부근에 있는 강이다. 폭이 100미터 정도로 그리 넓지 않은 험한 산을 끼고 돈다. 여기서 한신이 전투를 벌이리라고는 누구도 생각하지 못했고 믿지 않았다. 심지어 상대방 조나라 병사들까지도 한신의 전략을 비웃었다. 그러나 한신은 배수진의 병법으로 승리했다. 승리의 비결은 더 이상 물러설 곳이 없다는 것이었다.

Story 04

강물을 등 뒤로 두고 공격하라니요?

그러나 배수진도 실패한 경우를 찾아볼 수 있다. 기원후 218년 촉(蜀)나라 유비와 위(魏)나라 조조가 지금의 산시성 아래에 있는 광활한 한중(漢中) 지역을 서로 차지하기 위해 치열한 싸움을 벌였다. 한중 지역을 차지하기 위해서는 먼저 그 부근에 있는 정군산(定軍山)*을 빼앗아야만 했다. 정군산은 말에게 먹이는 마초가 풍부해서 한중 지역에서 가장 중요한 전략적 요충지였기 때문이었다.

정군산은 원래 위나라 조조가 차지하고 있던 땅이었는데, 촉의 유비가 조운과 황충을 시켜 빼앗아 차지하고 있었다. 정군산을 잃은 조조는

---

*   산시성 한중시에 있는 높이 250미터의 산이다.

이를 되찾기 위해 용맹한 서황(徐晃)을 선봉으로 삼아 결전에 임했다. 그리고 이곳의 지리를 잘 아는 왕평(王平)을 부선봉으로 삼아 서황을 돕게 했다. 정군산을 점령하기 위해서는 양자강 상류인 한수(漢水)를 건너야만 했다. 한수에 다다른 서황은 명령을 내렸다.

"모두 한수의 강물을 등진 채로 진을 치도록 하라."

이것을 곁에서 들은 왕평은 얼른 이해가 되지 않아서 서황에게 물었다.

"강물을 등진 채 진을 쳤다가 만약 급하게 뒤로 물러서야 할 상황이 벌어지면 그때는 꼼짝없이 모두 강물에 빠져버립니다. 그때는 어떻게 하시렵니까?"

서황과 왕평 두 장수는 서로 의견이 엇갈렸다. 서황은 왕평의 질문에 답했다.

"옛적에 한신은 강물을 등진 채 진을 친 적이 있다. 이른바 배수진이라는 전법인데 죽을 각오를 하고 싸움에 임하면 오히려 모두 살 수 있다는 이치가 아니겠느냐?"

서황은 굳은 각오로 말했지만, 부선봉인 왕평은 이를 전혀 이해하지 못했다. 둘은 의견이 엇갈려 각자의 주장만을 고집했다. 결국 서항은 선봉 장군이라는 지위를 이용해 자기보다 밑에 있는 왕평을 위세로 억눌렀다.

"그러면 너는 여기에 앉아서 구경이나 하거라."

두 장수를 따르는 병사들은 누구의 말을 따라야 할지 몰라 허둥지둥할 수밖에 없었다. 서황은 등 뒤로는 물러설 곳이 없는 강물을 두고 군사들에게 명령을 내렸다.

"적진을 향해 돌진하라."

위나라 군사들은 갈팡질팡하며 정군산을 향해 돌진했다. 이때 어디

선가 북이 울리며 큰 함성과 함께 돌진하는 소리가 들려왔다. 유비의 촉나라 군사들이었다. 서황의 위나라 군사들은 촉에게 꼼짝없이 당하고 말았다. 촉의 병사들은 조운과 황충이 이끌고 있었다. 위나라 병사들은 달아나기에 바빴다. 그러나 등 뒤가 강물이라 쉽게 도망갈 수도 없었다. 대부분이 강물에 빠져 죽었다. 그리고 살아남은 일부 병사들은 촉에 항복할 수밖에 없었다. 왕평은 처참히 패하고 돌아온 서황에게 오히려 잘됐다는 마음으로 말했다.

"그러기에 제가 뭐라고 말씀드렸습니까? 강물을 뒤로 두고는 위험하니 공격하지 말라고 말씀드리지 않았습니까? 제 말을 듣지 않으시니 결국 이 같은 낭패를 겪은 것 아니겠습니까?"

배수진 전략을 놓고 선봉장 서황과 부선봉장 왕평의 대립은 결국 조조에게 처참한 패배를 안겼다. 정군산을 차지하려는 조조의 책략은 무참히 빗나갔다. 부선봉장 왕평은 결국 조조의 위나라를 버리고 촉나라 유비에게 투항해서 유비의 군사가 되었다.

한신의 '면만수 배수진'과 서황의 '한수 배수진'은 같은 배수진 전략이라도 군사를 이끄는 장수의 전략과 군사들의 단결된 힘에 따라 결과가 달라질 수 있다는 사실을 여실히 보여준다. 이후에 조조는 이렇게 말했다.

"나에게 의심스러운 것이 한 가지 있다. 그것은 한신이 강을 등지고 진을 친 것이다."

조조는 서황과 왕평 두 장수 사이에 대립이 있었다는 사실은 몰랐다. 지도자들은 확실한 전술과 전략 위에 계획성과 일관성으로 중심을 잡고 부대를 이끌어야 실패하지 않는다는 교훈을 얻을 수 있다.

Story 05

어려웠을 때의 도움을 버리지 마라

사람이 가지고 있는 고귀한 가치 중 하나가 바로 옛날의 도움을 잊지 않고 기억하는 것이다. 중국 후베이성 양양(襄陽)에서는 2100년 전 진(秦)과 한(漢)나라 때 것으로 보이는 청동 거울이 발굴되었는데, 거기에는 '서로 잊지 말자'는 여덟 글자가 새겨져 있었다.

구불상견, 장무상망(久不相見, 長毋相忘)

'서로 못 본 지가 오래되었구나. 오랜 세월 지나도 서로 잊지 말자'는 뜻이다. 연인 사이에 애틋한 마음을 담은 내용이다. 상대를 기억한다는 것은 상대를 향한 마음이 없이는 불가능하다. 그리고 '오랜 세월 지나도 서로 잊지 말자'는 것은 서로의 인격을 확인하는 단서가 될 수 있다. 한신이 바로 그랬다.

배수진으로 조나라를 공략한 한신은 유방이 견제할 정도로 위상이 높아졌다. 비록 초나라가 서서히 기울어지는 상황이었지만 한신이 한나라와 초나라 둘 중 어디에 가담하느냐에 따라서 두 나라의 세력 판도가 뒤바뀔 정도였다. 한신이 유방의 한나라를 떠나서 항우가 있는 초나라로 가면 한나라는 세력이 급작스럽게 약화될 것이었고, 한나라에 그대로 남아 있자니 유방의 견제를 받아 자신의 뜻을 제대로 펼치지 못할 상황이었다. 그리고 만약에 한신이 또 다른 나라를 세워서 왕이 된다면 한, 초와 더불어 천하를 삼분하는 제후국을 만들 수 있을 정도로 한신의 위상이 높아졌다.

한신은 잔인하게 사람을 다루는 항우와는 뜻이 맞지 않았기에 함께 할 생각이 전혀 없었다. 한나라 사람들이 "한나라가 천하를 얻은 것은 모두 한신의 공"이라 말할 정도로 한신의 힘과 역할은 절대적이었다. 그럴수록 한신은 자신을 알아준 유방에게 고마운 마음을 갖고 있었다.

한고조 유방은 한신을 믿고 신뢰하면서도 한편으로 한신의 힘과 세력이 갈수록 커졌기 때문에 어쩔 수 없이 한신에 대한 의심을 버리지 못하고 있었다. 유방은 한신의 세력이 더 커지는 게 두려워서 한신을 초나라 지역인 장쑤성의 조그만 마을 하비(下邳)에 보내 그곳을 다스리도록 했다. 이미 기울어져 가는 초나라 지역의 수령으로, 그것도 한겨울 정월에 보낸 것은 어찌 보면 한신에 대한 토사구팽이자 일종의 좌천이었다. 이때가 한고조 5년이었다. 한신의 세력을 약화시키기 위한 유방의 책략이었다.

한신은 초나라에 도착한 후 옛날 자신에게 밥을 주었던 빨래하는 아낙네를 불러서 금 1,000냥을 주었다. 그리고 자신을 초대해서 밥을 해 주었던 고향의 정장(亭長)에게도 금 100냥을 주었다. 옛날에 자신을 모욕하며 가랑이 밑으로 기어가는 수모를 안겼던 동네 젊은이를 불러 초나라의 치안을 담당하는 무관인 중위(中尉)로 임명했다. 그러면서 한신은 그 젊은이를 여러 장수들에게 소개하며 이렇게 말했다.

"이 젊은이는 대단한 인물이다. 옛날에 나에게 가랑이 밑으로 기어가라고 했을 때 내가 이 사람을 죽일 수도 있었다. 그러나 그때 이들을 죽였다한들 아무도 나를 알아주지 않았을 테고, 내가 누구인지 아무도 몰랐을 것이다. 그때의 치욕을 참았기 때문에 내가 오늘의 업적을 성취한 것이다."

이것이야말로 한신을 그 자리에 서게 만든 '오랜 세월이 지나도 서로 잊지 말자'는 장무상망의 마음이다.

중국을 셋으로 쪼개라

수학자들의 말에 의하면 도형 중 가장 안정된 형태는 삼각형이라고 한다. 무게 중심이 낮을수록 안정감이 높은데, 삼각형의 무게 중심이 가장 낮기 때문이다. 그래서 건물이나 철골 구조물에도 삼각형의 안정성을 많이 응용해 건축한다. 우리가 음식을 끓이거나 삶을 때 사용하는 솥을 이르는 '정(鼎)'도 다리가 세 개인 솥을 그린 것이다. 마찬가지로 국가의 각종 제도도 셋이 서로 견제를 하고 있을 때 가장 균형을 이룬다. 삼권분립이 좋은 예다.

유방에게 버림을 받은 한신에게는 이와 같은 삼각형의 원리를 알아본 훌륭한 책사가 있었다. 바로 괴통(蒯通)이었다. 한신의 능력을 일찌 감치 알아본 괴통은 어느 한쪽 나라로 힘이 쏠리는 것을 막기 위한 전략을 가지고 있었다. 괴통은 한신이 한고조 유방에게 언젠가는 토사구팽당하리라는 것을 예견해, 한신에게 중국 천하를 셋으로 나누어 다스리는 '천하삼분지왕법(天下三分之王法)'을 제안했다.

"역사를 보면 원래 나라가 어지러워졌을 때 실력자가 나타나서 내가 왕이라고 소리치면, 모든 선비들이 그 사람 밑으로 구름처럼 우르르 몰려들어 불꽃과 바람처럼 일어났습니다. 그러다가 그 실력자의 세력이 약해지면 언제 그랬냐는 식으로 모두 뿔뿔이 흩어졌습니다."

한나라와 초나라의 정세가 지금 이와 같았다. 관리들은 한나라 유방이나 초나라 항우에게 나뉘어 매달려 있었고, 백성들은 중간에서 전쟁으로 피폐해져 모두 한신에게 매달려 있었다. 그 정도로 한신의 힘과 세력이 커졌다. 한나라나 초나라 백성들은 모두가 한신의 공을 칭송하고 또한 신뢰를 보냈다. 괴통은 한신에게 말을 이었다.

"지금 나라의 정세는 대장군께 달려 있습니다. 대장군께서 오른쪽 한나라로 가시면 한나라 왕 유방이 이길 것이고, 왼쪽 초나라로 가시면 초나라의 항우가 이길 것입니다."

천하 대권의 향방이 한신에게 기울어지고 있음을 잘 알고 있던 괴통은 이번 기회에 한나라와 초나라의 전쟁을 끝내고 백성들이 평화롭게 살기 위해 천하를 셋으로 나누는 '천하삼분지왕법'을 제안한 것이었다.

괴통은 한나라와 초나라는 그대로 존속시키고, 한신이 새롭게 제나라를 이루어서 "천하를 한나라(유방), 초나라(항우), 제나라(한신), 이렇게 셋으로 나누는 것이 제일 합당한 방법이며, 세 세력이 솥의 세 발처럼 나누어서 웅거하면 어느 한편에서도 먼저 움직이지 못할 것"이라고 말하면서, 한신에게 제나라 왕이 되도록 설득했다. 그렇게 하면 한나라와 초나라에 몰려 있던 여러 제후와 백성들이 한신을 따라 제나라로 몰려와서 자연스럽게 천하가 안정될 것이라는 생각을 펼쳤다. 괴통은 제나라 사람이었기 때문에 자연스럽게 제나라를 위한 전략을 내세운 것이었다. 괴통은 계속해서 말했다.

"하늘이 내리는 것을 받지 않으면 도리어 벌을 받게 되고, 때가 왔을 때 실행하지 않으면 도리어 큰 재앙을 받는다고 합니다. 대장군께서는 사려 깊게 생각하시기 바랍니다."

그러나 한신은 괴통의 '천하삼분지왕법'을 거절하며 받아들이지 않았다.

"그동안 한나라 왕 유방은 나에게 모든 것을 줄 정도로 잘 대해주었다. 왕이 자기의 수레로 나를 태워줄 때도 있었고, 자기 옷으로 나를 입혀줄 때도 있었으며, 자기가 먹을 때도 나와 같이 먹었다. 내 어찌 내 이익만 바라고 그동안의 의리를 저버릴 수 있겠는가?"

역사에 가정이란 없지만 괴통의 말대로 한신이 제나라 왕으로 올라서서 유방의 한, 항우의 초, 한신의 제, 이렇게 세 나라가 세력을 겨뤘다면, 아마도 흥미진진한 또 다른 삼국지가 펼쳐졌을지도 모를 일이다.

Side Story 장무상망과 결초보은

한신에 대해 설명할 때 장무상망과 함께 '옛날 은혜를 잊지 않고 갚는다'는 의미의 결초보은(結草報恩)이 생각난다. 여기서 결초(結草)라는 말은 풀(草)을 서로 묶는다(結)는 뜻이고, 보은(報恩)은 은혜(恩)를 갚는다(報)는 뜻이다. 그래서 결초보은은 '풀을 묶어서 은혜를 갚는다'는 의미다.

춘추전국시대 진(晉)나라에 위무자(魏武子)라는 장수가 있었다. 위무자에게는 애첩이 있었지만 이들 사이에 자식이 없었다. 위무자는 병이 들자 아들 위과(魏顆)를 불러 말했다.

"내가 죽으면 나의 애첩을 반드시 좋은 곳으로 개가시켜라."

그 후로 시간이 흘러 위독해지자 다시 위과를 불렀다.

"내가 죽으면 나의 애첩을 나와 같이 묻어 장사 지내도록 해라."

그리고 곧바로 세상을 떠났다. 아버지가 돌아가시자 위과는 난감했다. 처음 병이 났을 때는 개가시키라고 했다가, 나중에 유언으로는 함께 묻어 장사 지내라고 했으니 어디에 맞추어야 할지 몰랐다. 결국 위과는 첩을 살려서 다른 곳으로 시집을 가게 했다.

주위 사람들이 왜 애첩을 살려주었냐고 묻자 위과가 대답했다.

"병이 깊어지면 생각과 판단이 흐려지게 마련이오. 정신이 맑을 때의 뜻을 따르는 게 맞다고 생각하오."

위과는 이후 진(晉)나라의 장수가 되었다. 진(晉)나라 여공(厲公) 때 진(秦)나라의 환공(桓公)이 두회(杜回)를 장수로 보내 위과가 있는 진(晉)나라를 침략해 들어왔다. 두회는 호랑이 다섯 마리를 맨손으로 때려잡을 정도로 힘이 세고 지략도 매우 뛰어난 인물이었다. 위과와 병사들은 도저히 두회의 상대가 되지 않았다. 위과의 부대는 전투에서 계속 패할 수밖에 없었다.

그런데 어느 날 위과는 어느 노인이 길바닥에 난 양쪽의 풀을 서로 묶는 것을 보았다. 그런데 위과를 쫓아오던 두회가 그 풀에 걸려 휘청거리며 말에서 떨어져 넘어졌다. 위과는 그 순간을 놓치지 않고 두회를 사로잡아 목을 쳤다. 그 덕분에 전쟁에서 승리했다. 그날 밤 위과는 그 노인이 나타나는 꿈을 꾸었다.

"나는 그대가 개가시킨 부인의 아버지 되는 사람이오. 그대가 선친 위무자의 정신이 맑을 때 말을 따라 내 딸을 살려주었기 때문에 이에 보답하는 것이오."

이 노인이 묶은 풀은 '크렁'이라는 풀인데, 우리나라의 강아지풀과 비슷하다. 옛 은혜를 잊지 않고 갚는 결초보은은 장무상망처럼 우리의 삶에 감사함을 잊지 말자는 교훈을 전한다.

Story 07
짝사랑하지 마라

상대방은 아무런 생각도 없는데 본인 혼자서 상대방을 좋아하는 경우가 많이 있다. 보통 이런 경우를 짝사랑이라고 한다. 유방에 대한 한신의 마음이 그랬다. 한신은 너무나 순진했다. 그는 자신이 유방으로부터 완벽한 신임을 받고 있다고 생각했다. 그러나 그것은 한신 혼자만의 생각이었다.

한신은 은근히 자신을 앞세우려는 마음을 가지고 있긴 했다. 하지만 스스로 나서기보다는 유방에 의지해서 공을 드러내려는 마음이 더 컸다. 한신은 유방과 대세를 겨룰 정도의 능력을 지니고 있었음에도 유방에 의지하면서 더 뻗쳐 나가지 못한 것은 결국 한신의 한계였다.

유방은 한신의 능력과 위세를 두려워해 한신에게 완전한 신뢰를 보내지 않았다. 유방의 뒤에는 그를 조정하는 여자, 즉 유방의 황후인 여후(呂后)가 있었기 때문이었다. 그래서 괴통은 한신에게 말했다.

"지금 대장군께서는 한나라 왕 유방과 친한 사이라고 생각해서 관계가 끊어지지 않고 오래 지속될 것으로 생각하시지만, 그것은 잘못된 생각입니다."

괴통은 한신이 유방을 통해서 자신의 공을 내세우려는 공명심을 경계했다. 유방은 한신이 공을 세울수록 오히려 한신을 더욱 경계하고 있었다. 그러나 한신은 이러한 사실도 모른 채 유방이 자신의 공을 살펴서 잘 대우해줄 것이라고 순진하게 믿고 있었다. 괴통은 공명심에 사로잡혀 있는 한신에게 지금의 상황을 좀 더 냉철하게 판단하도록 자신의 생각을 거듭 말했다.

"유방이 대장군을 끝까지 잘 대우해주실 것이라고 생각하시지만, 그것 또한 크게 잘못된 생각입니다."

괴통은 약 280년 전인 기원전 473년에 일어났던 월나라와 오나라의 싸움에서 월나라 왕 구천에게 토사구팽당했던 월나라 충신 범려와 문종의 예를 들었다.

"월나라 대부(大夫)인 문종과 범려는 망해가는 월나라를 존속시키고 월나라 왕 구천을 오나라 부차와의 싸움에서 승리하게 만들어 공을 세우고 이름을 날렸지만, 결국 쫓겨났습니다. 들짐승들이 다 없어지고 나면 사냥개는 쓸모없어져 삶아 먹히게 마련입니다."

역사를 꿰뚫고 있었던 괴통은 역사에 답이 있다고 생각했다. 그는 한신에게 마지막까지 충언을 올렸다.

"제발 더 깊이 생각해보십시오."

괴통은 한신이 한고조 유방에게 토사구팽당하리라는 것을 예견하고 있었다.

Story 08
우유부단은 일을 그르친다

사람의 삶은 선택의 연속 과정이다. 선택에는 결단이 필수적으로 따라다닌다. 그렇기 때문에 지도자는 결정적 선택에서 과감하고 단호한 결단을 내려야 한다. 현명한 결단은 자신의 능력과 가치를 최고로 끌어올리고 백성들로부터 찬사를 받도록 한다. 그러나 반대로 지도자가 결

단의 시기를 놓치면 일을 그르치게 된다. 바로 한신의 경우다.

괴통은 한신이 큰 그림을 그리는 대신 어정쩡한 자세를 취하는 것에 실망하며 좀 더 과감한 결단을 요구했다. 군주가 되려면 대범한 판단력이 필요한 것이다. 괴통의 생각으로는 지금 상황에서 천하를 셋으로 쪼개어 그중 하나를 취하는 것이 우선 한신을 살리고 백성들을 살리는 가장 현명한 판단이었다. 괴통은 한신이 망설이며 결단하지 못하는 것을 보고 안타까운 마음에 거듭 말했다.

"작은 것들만 붙들고 있으면, 천하의 대세를 놓치게 됩니다. 경험이나 지혜로 그것을 알고 있으면서도 결행하지 않는다면, 모든 일의 화근이 됩니다. 그래서 이런 말이 있습니다. 아무리 사나운 맹호라도 머뭇거리고 있다면, 오히려 벌이나 전갈보다도 무섭지 않습니다. 마찬가지로 천 리를 달리는 준마라도 앞으로 나가지 않고 머뭇거리고 있으면, 노둔한 말이 어슬렁거리며 가는 것만 못합니다. 전국시대에 용맹스럽기로 유명한 장수였던 맹분(孟賁) 같은 인물이라도 망설이고 머뭇거린다면, 보잘것없는 일개 필부가 일을 결행하는 것만 못합니다. 제 말은 결단하는 것이야말로 그만큼 중요하다는 뜻입니다. 대개 성공하기는 어렵고 실패하기는 쉽습니다. 그리고 모든 것에는 때가 있는 법입니다. 좋은 때를 만나는 일은 두 번 오지 않습니다. 대장군께서는 다시 한 번 사려 깊게 자세히 살피십시오."

그러나 한신은 한고조 유방을 배반할 수 없었다. 자신의 공로가 너무나 컸기에 유방이 자신을 버리지 않을 것이라고 순진하게 생각했다. 결국 한신은 괴통의 말을 거절했다. 이로써 한신과 유방과 항우 셋이서 중국을 나누려던 괴통의 '천하삼분지왕법'은 끝내 이루어지지 않았다. 만약 한신이 괴통의 건의를 받아들였다면 고대 중국의 지도는 다시 그려졌을 것이다. 잘못된 판단으로 결정적 시기에 우물쭈물하다가 대세를 놓쳐버린 한신의 우유부단함이 그대로 드러나는 순간이었다.

Story 09

말을 기르지 말고 타는 사람이 되어라

말은 관리하고 기르는 사람이 있고, 타는 사람이 있다. 말을 잘 기르고 관리를 잘해야 튼튼한 말이 되어 타는 사람도 안정을 유지할 수 있다. 말은 예부터 전쟁터에서 매우 중요한 역할을 해왔다. 전쟁터에서 요즘의 전차와 같은 역할을 했기에 말이 없는 전쟁은 상상할 수 없을 정도로 말은 중요한 무기였다. 하지만 말이 충분하지 못했던 전국시대에는 아무나 말을 탈 수 없었다. 귀족들이나 지휘관들만이 말을 탔다. 괴통에게는 한신이 능력에 비해 처신하는 행동이 매우 좁아서 말을 타는 장수가 아니라 마치 말을 기르는 사람처럼 보였다.

한편 한고조 유방은 한신을 매우 위험한 인물이라고 생각했다. 하지만 한신이라는 사람이 가진 그릇의 크기는 완전히 꿰뚫지 못했다. 한신도 나중에는 유방이 자신을 꺼리는 인물로 생각한다는 사실을 알게 되었다. 그래서 그 이후로는 유방이 주관하는 회의에 참석하지 않을 정도로 유방을 멀리했다.

한신은 대장군에서 고향인 초나라 지역의 조그만 회음 지방 수령으로 강등된 후, 자신이 일반 장수들과 동일하게 취급받는 것에 대해 불만이 많았다. 한번은 유방이 한신을 불렀다. 그러고는 여러 장수들에 관해 물으며 장수들의 등차를 매겨본 적이 있었다.

"나와 같은 사람은 얼마나 많은 군대를 거느릴 수 있겠다고 생각하는가?"

"폐하께서는 그저 10만을 거느리실 수 있는 데 불과합니다."

"그대는 어떠한가?"

"신은 많으면 많을수록 좋습니다."

유방은 웃으며 물었다.

"많으면 많을수록 좋다(多多益善)고 하면서, 어째서 나에게 잡혀서 지방의 하급 관리로 일하는가?"

"폐하께서는 많은 병사를 거느리실 수는 없습니다. 대신 병사들보다 숫자가 훨씬 적은 장수는 잘 거느리십니다. 이것이 바로 제가 폐하 밑에서 일하게 된 원인입니다. 왕은 하늘이 주신 것이지 사람의 힘으로는 안 되는 것입니다."

다다익선(多多益善), '많으면 많을수록 좋다'는 뜻이다. 괴통이 말한 한신의 한계가 여기서도 다시 드러난다. 그리고 이것이 한고조 유방과 한신의 차이였다. 유방은 많은 장수들을 거느려왔고, 또한 일반 평민들까지 등용해서 장수로 만들어냈다. 그리고 이들 중 능력 있는 이에게 나랏일을 맡겨 지도자로 등용했다. 반면 한신은 생각과 능력이 한고조 유방에 비할 바가 못 되었다. 한신은 장군들을 거의 거느리지 못했고 주로 병사들만 상대했기 때문에, 병사들의 수가 많으면 많을수록 좋다는 것이 한신의 생각이었다. 그래서 괴통은 한신에게 이렇게 충언했다.

"말을 기르는 사람은 대군을 다스리는 천자(天子)가 못 됩니다. 한두 섬의 봉록이나 지키기에 급급한 자는 재상의 지위를 지키지 못합니다."

군주가 되려면 말을 타는 사람이 되어서 지휘를 할 수 있는 위치에 있어야지, 말을 기르거나 말을 끄는 사람이 되어서는 안 된다는 괴통의 충언이었다. 다다익선은 이러한 한신의 능력에서 나온 말로, 많은 것이 무조건 좋다는 뜻만은 아니다. 큰 인물이 되지 못한다는 의미가 내재된 말이기도 하다. 만약 한고조 유방이 이 말을 했다면, 다다익선의 의미와 방향이 또 달랐을지 모른다.

Side Story 많으면 많을수록 조심하라

'많으면 많을수록 조심하라'는 말은 기원전 500년경 그리스 철학자인 헤라클레이토스가 한 경고다. '많으면 많을수록 좋다'는 우리가 일반적으로 알고 있는 말의 역설적인 경고라고 할 수 있다.

예를 들어 햇볕을 많이 쬐야 좋다는 꽃나무라도 지나치게 많은 햇볕을 쬐면 오래가지 못할 수 있다. 어떤 프로젝트를 완성하기 위해서 10명이 두 시간 걸린다고 하면, 20명이 하면 한 시간으로 절감되는 게 아니다. 불필요한 인원으로 인해서 완성되는 시간이 오히려 더 늦어질 수도 있다. 숫자가 커지면 규모가 작을 때 발생하지 않는 문제가 일어나기 때문이다.

다다익선과 정반대의 말도 있다. 바로 과유불급(過猶不及)이다. '지나친 것은 모자란 것과 같다'는 의미다. 어떤 일이든 정도(正道)가 있고, 그 자리에 맞는 가장 적절한 길과 방법이 있다는 뜻이다. 우리는 '더 많이'를 항상 조심해야 한다. 유방과 한신이 나눈 말의 의미를 깊이 음미해보고, 또한 헤라클레이토스의 경고도 조심하자.

Story 10

옛사람 말이 틀린 게 없구나

우리는 '옛말에는 틀린 게 없다'는 말을 들을 때가 종종 있다. 우리에게 전해오는 옛말은 수십, 수백, 수천 년 동안 인류의 삶의 지혜와 경험을 통해 검증된 결과로 남아서 내려오는 것이다. 결국 유방에게 버림받고 죽임을 당한 한신의 경우가 바로 옛말에 틀린 게 없는 경우가 아닐까.

초나라 항우에게는 종리매(鐘離昧)라는 충실한 부하 장수가 있었다. 종리매는 항우의 부하였지만 한신과도 예전부터 자주 만나며 가깝게 지냈다. 종리매는 한신이 초나라의 하비(下邳) 지역에 왕으로 왔다는 소식을 듣고 한신을 찾아갔다. 항우가 죽자 한신에게로 간 것이다.

이 소식을 들은 한고조 유방은 종리매를 잡아오라고 명령했다. 종리매가 한신과 가깝게 지내는 것이 불안했기 때문이었다. 유방은 한신의 세력이 점점 확대되는 것이 불안했다. 한편으로 한신이 모반을 일으킬지도 모른다고 의심하고 있었다. 이런 와중에 한신과 종리매가 밀접한 관계가 되니, 유방으로서는 한신을 더욱 의심하지 않을 수 없었다.

유방과 한신과 종리매 세 사람 간의 삼각관계에 대해 잘 알고 있는 초나라 장수가 어느 날 한신에게 말했다.

"황제께서 종리매를 붙잡아 오라고 명하셨는데, 대장군께서 종리매의 목을 베고 황제를 뵙는다면 매우 기뻐하실 것입니다. 그러면 아무런 걱정이 없을 것입니다."

너무나 충격적인 말을 들은 한신은 종리매를 만나 자신이 들은 이야기를 그대로 전했다. 한신으로부터 이 말을 들은 종리매는 오히려 담담

한 표정으로 한신에게 말했다.

"한나라 유방이 나를 잡지 못하는 이유는 나 종리매가 그대와 함께 있기 때문이오. 만일 그대가 나를 붙잡아서 유방에게 잘 보이고 싶다면 나는 오늘이라도 죽겠소. 그러나 그다음은 한신 당신도 죽을 것이오."

이 말을 남긴 후 종리매는 자기 목을 찔러 자결했다. 한신이 그 목을 가지고 유방을 만났다. 그러나 유방은 무사들을 시켜 한신을 결박하게 하고는 포승줄로 묶어 수레에 실었다. 그러고는 한신을 수레에 태워 낙양으로 보내고 직위를 초나라 왕에서 한신의 고향인 장쑤성 회음 지방의 수령, 즉 회음후(淮陰侯)로 강등시켰다. 한신의 관운과 능력은 여기까지가 한계였다. 신하로서 아무리 능력이 뛰어나다 하더라도 왕이 인정해주는 범위를 벗어나면, 왕은 언제든지 신하를 내칠 수 있는 것이다. 한신은 긴 한숨을 내쉬며 이런 말을 남겼다.

"옛사람 말이 틀린 게 하나도 없구나. 날쌘 토끼가 죽으면 사냥개는 삶아 먹는다. 높이 나는 새가 사라지면 좋은 활도 광에 넣어 치워버리며, 적국을 멸망시키면 지모가 있는 신하를 죽인다고 했으니, 천하가 이미 평정된 뒤에 내가 삶겨서 죽는 날이 오는 것도 당연하구나."

이때가 기원전 201년이었다.

Story 11
한신이 죽으며 무슨 말을 남겼느냐?

자신의 출세를 위해서라면 옛날의 인간관계마저 끊어버리는 사람이 있다. 사람의 인격에 따라 다르기는 하겠지만, 극단적인 상황에 처했을 때 그 사람의 행동을 보면 생각의 본질이 나타나기 마련이다. 그러면 가장 출세욕에 눈이 어두웠던 사람은 누구였을까?

전국시대 초기 오기(吳起)라는 인물이 있었다. 그는 위(衛)나라 사람이었고, 그의 부인은 제(齊)나라 사람이었다. 오기는 노(魯)나라 공자의 제자인 증자(曾子)에게 공자의 도를 배웠다. 그런데 노나라와 제나라는 서로 증오하는 나라였다. 오기는 스승의 나라인 노나라 장수로 갈 예정이었으나, 자신의 부인이 노나라가 가장 싫어하는 제나라 사람이었기 때문에 출세의 걸림돌이 되었다. 노나라 장수로 가고 싶은 오기는 고민하지 않을 수 없었다. 오기는 출세를 위해 하는 수 없이 부인을 죽였다. 그러고는 노나라에 이제는 제나라와 완전히 인연을 끊었다고 알렸다.

노나라에서는 오기를 받아들였다. 그리고 오기를 장군으로 삼아 제나라를 공격해서 크게 이겼다. 주변 많은 사람들이 오기를 비난했으나, 오기는 이 비난을 아무렇지 않게 생각했다. 어떤 비난을 받든 자신의 출세를 위해서 방해되는 주변 사람이라면 모두 죽였다. 그는 어머니와 이별할 때 노나라에서 경상(卿相)이 되지 않으면 돌아오지 않겠다고 통보하며 집을 나섰다. 노나라로 간 얼마 후 어머니가 죽었다는 연락을 받았으나, 오기는 돌아가지 않았다. 출세를 위해서는 부인까지도 죽이고, 어머니의 죽음에도 뒤돌아보지 않는 잔인한 인물이 바로 오기였다.

이것을 죽일 살(殺), 아내 처(妻), 얻을 구(求), 장수 장(將), 살처구장(殺妻求將)이라고 한다. '아내를 죽여 장수를 얻다' 즉 자신의 출세나 이익을 얻기 위해서는 수단과 방법을 가리지 않는다는 뜻이다.

자신의 출세를 위해서는 비정할 정도로 옛 동료마저 끊어버리는 일이 한신이 믿었던 소하에게도 있었다. 유방이 한나라를 건국한 후 진나라의 잔존 세력에 의해 지방 여러 곳에서 반란이 일어났다. 이때 유방으로부터 절대적인 신임을 받고 있던 한나라 장수 가운데 진희(陳豨)가 있었다. 그는 유방과 함께 지방의 반란군을 진압해 신뢰를 얻고 있었는데, 한나라의 전략적 요충지인 허베이성 거록(鉅鹿)의 군수로 임명되었다. 진희는 거록으로 떠나기 전 장쑤성 회음에 있는 한신에게 작별 인사를 하러 찾아왔다. 한신은 진희와 단둘이 뒤뜰을 거닐면서 그의 손을 잡고 하늘을 우러러 탄식하며 말했다.

"그대에게는 말해도 되겠지? 그대에게 하고 싶은 말이 있소."

"예, 장군께서 말하시면 듣겠습니다."

"그대가 가는 거록은 군사적으로 매우 중요한 요충지라서 천하의 정예 병사들이 모인 곳이오. 지금 폐하께서는 그대를 아주 신뢰하고 있소. 누군가가 '그대가 반역한다'라고 고하더라도 폐하께서는 틀림없이 믿지 않을 것이오."

진희는 유방에게 그만큼 큰 신뢰를 얻고 있었다. 한고조에게 버림을 받은 한신은 유방이 신뢰하는 진희와 함께 군사를 일으켜 주변 반란 세력을 토벌해 신뢰를 회복할 계획을 갖고 있었다. 그러자 이를 알아차린 한 관리가 한신이 한고조의 황후인 여후(呂后)와 태자*를 죽일 모반을 일으키려 한다며 거짓 보고를 올렸다. 허위 보고를 믿은 여후는 한신과 가까운

히스토리텔링 차이나

---

* 유방의 아들 유영(劉盈)을 말하며 후에 2대 왕 혜제(惠帝)가 된다.

소하를 시켜 한신을 꾀어 데려오도록 했다. 소하는 한신을 거짓말로 꾀었다. "지금 여후와 함께 축하연을 하고 있는데 와서 축하해주시오."

소하는 한신이 젊어서 방황하고 있을 때 자신을 유방에게 추천해 처음으로 등용시켜준 인물이었다. 한신이 소하의 말을 철석같이 믿고 궁안으로 들어서자, 여후는 무사를 시켜 한신을 포박하고는 산시성 서안(西安)에서 목을 베었다. 한신은 죽기 전에 이런 말을 남겼다.

"내가 괴통의 계책을 쓰지 못한 것이 천추의 한이다. 아녀자**에게 속았으니 내 운명이 어찌 이러나? 그때 괴통의 충고를 들었더라면 오늘처럼 무모하게 아녀자의 함정에 빠지는 일은 없었을 텐데, 이것이 하늘의 뜻이 아니고 무엇이겠는가!"

한신은 한탄했지만 소용없는 일이었다. 여후는 한신의 목을 벤 후 삼족을 멸했다. 후대 사람들은 한신의 파란만장한 인생을 한 문장으로 압축해서 이렇게 말했다.

"한 명의 친구 때문에 살고 죽고, 두 명의 여인 때문에 살고 죽는구나."

한 명의 친구란 소하를 말하고, 두 명의 여인이란 빨래하는 여인과 여후를 가리킨다. 기원전 197년인 한고조 10년, 한신은 날조된 죄명을 쓰고 여후의 음모 속에 죽었다. 한신의 죽음은 여후가 계략을 짜고 소하가 속여 실행된 일이었다. 옛날에 한신을 유방에게 처음으로 추천해준 사람도 소하였고, 지금 한신을 죽게 만든 사람도 소하였다. 한신은 죽기 전 마지막으로 한마디를 남겼다.

"소하! 사람이란 자신의 출세를 위해서라면 원래 이런 모양이로구나."

** 유방의 황후 여후를 말한다.

유방은 여후의 계략으로 한신이 죽었다는 소식을 듣고 슬픈 마음으로 물었다.

"한신이 죽으며 무슨 말을 남겼느냐?"

한고조 유방도 한신의 죽음을 쓸쓸하게 홀로 삼켜야만 했다.

히스토리텔링 차이나

중국 최초로 평민들이 세운 나라, 한 제국

중화사상의 기원이 된 통일 제국 한나라 이야기

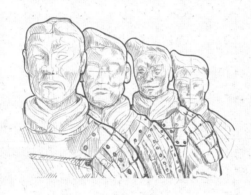

Story 01

중화사상은 이때부터 생겨났다

중국은 언제부터 어떻게 중국화가 되었는가? 이 질문에 『총, 균, 쇠』를 저술한 재레드 다이아몬드 교수는 중국이 유사 이래로 처음부터 지금의 중국이었다고 단순한 답을 했다. 그러나 중국의 통일은 거저 만들어진 것이 아니다. 그 속을 들여다보면 엄청난 역동성이 담겨 있다.

중국에 처음으로 사람이 살기 시작한 지는 50만 년이 넘었다. 중국은 티베트인이나 네팔인과 비슷한 북중국인과, 베트남인과 필리핀인과 비슷한 남중국인으로 구분되는데, 이들이 지금의 중국 민족을 형성했다고 다이아몬드 교수는 설명하고 있다.

긴 기간 동안 서로 다른 언어가 수백, 수천 가지나 생겨났을 텐데 하나로 유지되고 있는 것은 "유럽의 다른 국가들보다 훨씬 일찍 중국이 통일되었기 때문"이라고 다이아몬드 교수는 책에서 설명한다.

지금 중화사상의 틀을 만든 뿌리를 찾자면 주(周)나라로부터 싹이 터 진(秦)나라를 거쳐 한(漢)나라에서 둥지를 마련했다. 그렇기에 중화사상을 이해하려면 진(秦)과 한(漢)의 연속성 위에서 이들 나라가 초기 국가를 세울 때의 역사적 사실을 주목해볼 필요가 있다. 왜냐하면 중국이 지금 사회주의 국가를 내세우는 가운데 소위 중국적 이념으로 유지되고 있는 것은 기원전 221년 진나라가 제나라를 마지막으로 멸망시키고 통일한 후, 기원전 202년 한나라가 중국을 재통일하기까지 형성된 진 왕조와 이를 이어받은 한 왕조의 정책 이념으로부터 시작되었기 때문이다.

우선 한나라의 경우를 보자. 한나라는 기원 전후 약 400년 동안 유방(劉邦)의 후손들이 집권한 유(劉)씨 왕조였다. 인구는 대략 6,000만에 이르러 당시 로마 제국과 비슷했다. 진시황의 진나라는 기원전 221년 중국을 통일한 이후 3대밖에 이어지지 못하고 14년 만에 초나라 항우에 의해서 멸망했다. 다시 항우는 유방과 5년 동안의 한초 전쟁 끝에 패망했다. 유방은 통일 한나라의 고조가 되었다. 이때가 기원전 202년이었다.

유방에 의해 중국이 재통일되기 전, 당시 진나라는 잦은 전쟁과 만리장성 건설 등 가혹한 부역 제도로 인해 강제로 징발된 병사들과 노역에 동원된 사회 하층민들의 불만이 매우 높았다. 진시황은 정치적 비판과 반대하는 자들을 제거하기 위해 서적을 불살라 없애버리고 유학자들을 땅에 생매장시켜 처형했는데, 이를 분서갱유(焚書坑儒)라 한다.

그 결과 지방의 여러 곳에서 가혹한 통치에 저항하여 반란이 일어났다.『한서(漢書)』에는 진나라 말기의 상황을 이렇게 전한다.

진(秦)의 실정에 각 지방 호걸이 각처에서 들고 일어나 자신이 천자의 자리를 차지할 것이라고 생각한 사람들이 1만 명이나 되었지만 그중 천자의 자리에 오른 것은 오직 유방이었다.

만 명이라는 숫자에서 보듯 각 지방의 반란이 어느 정도였던가 추측해볼 수 있다. 이러한 반란 세력들 대부분은 지방의 하급 관리나 평민이었다. 그중 유방은 고향인 지금의 장쑤성에 있는 패현(沛縣)을 중심으로 일반 평민들을 규합해 진나라에 대항했다. 유방이 진나라를 멸망시킨 항우와 5년간의 끈질긴 전투에서 이기고 한나라를 세우기까지는 한신, 소하, 번쾌, 장이 등 유방과 뜻을 같이하는 평민들이 함께했다.

평민들은 유방이 새로운 한(漢) 왕조를 세우는 데 큰 원동력이 되었으며, 이들이 점차 중앙 세력으로 등장함으로써 이전 진나라 왕조의 귀족 세력들은 뿔뿔이 흩어질 수밖에 없었다.

Story 02

먼저 꿈을 가져야 이루어진다

옛날에 매우 유능한 조각가가 있었다. 그는 여성 기피증이 있어서 독신으로 살았다. 대신에 그는 자신에게 이상적인 여인 조각상을 만들어놓고, 이 조각상을 사랑하여 매일매일 바라보며 입을 맞추고 이 조각상과 결혼할 것을 꿈꾸었다. 그리고 이 조각상에 옷을 입히고 마치 살아있는 여인처럼 대했다. 물론 이 조각상은 아무런 생명이 없는 것이었다. 그는 늘 '이 조각상이 살아 있다면 얼마나 좋을까?'라는 생각을 했다. 이를 딱하게 여긴 사랑의 여신이 조각상에 생명을 불어넣어 주었다. 조각상에 생명이 들어가 몸이 따뜻해졌다. 조각가는 이 조각상의 이름을 '잠자는 바다의 요정'이라고 짓고 조각상과 결혼했다. 그가 꿈꾸며 기대해왔던 소망이 드디어 실현된 것이다.

조각상과 결혼한 그 조각가의 이름은 피그말리온(Pygmalion)이었고, 조각상에게 생명을 넣어준 사랑의 여신은 아프로디테(Aphrodite)였다. 이것은 그리스의 키프로스 신화에 나오는 이야기로, 사람이 꿈을 갖고 기대와 칭찬을 받으면 그만큼 성장한다는 '피그말리온 효과'의 기원이 되었다.

사람이 어릴 적부터 꿈과 기대를 갖고 있으면 그만큼 능력이 커진다는 것은 동서양을 막론하고 동일하게 전하는 사실이다. 비록 현실적으로 불가능한 것처럼 생각되더라도 꾸준하게 꿈을 갖고 희망을 가지면 언젠가는 이루어진다는 것이다.

유방이 그랬다. 유방은 지금의 장쑤성 패현(沛顯)의 풍읍(豊邑)에서 가난한 백성으로 태어나 변변한 이름조차 못 지을 정도로 비천한 생활을 했다. 청년 시절에는 지방에서 동네를 순찰하는 진나라의 하급 정장(亭長)으로 일했다. 그러나 그의 인품과 덕망은 모든 사람이 존경할 정도였기에 그의 주변에는 항상 많은 사람들이 모였다.

유방은 젊었을 때 노역으로 징발되어 진나라 수도인 함양(咸陽)에서 부역을 했던 적이 있었다. 그때 진시황이 함양 시내로 순행을 나온 적이 있었는데, 많은 백성들이 길 양편에 서서 행차를 구경했다. 유방도 거기서 진시황의 행렬을 볼 기회가 있었다. 그는 감탄하면서 "아! 사내대장부라면 저 정도는 되어야 하는데"라며 탄식할 정도로 원대한 꿈을 가졌다.

유방은 비록 가난하게 살았지만 평소 겸손함과 자신감에서 나오는 사람 됨됨이가 범상치 않았다. 그의 됨됨이와 자신감은 유방이 부인을 맞이한 사연에서도 찾아볼 수 있다.

지금의 산둥성에 있는 선보현(單父顯)이란 곳에 여공(呂公)이라는 이름을 가진 사대부가 살고 있었다. 그는 유방이 살고 있는 장쑤성 패현의 현령과 평소 친분이 두터웠다. 선보현은 진나라의 박해가 극에 달해 매우 피해가 심했다. 사대부 여공의 가족은 진나라의 박해를 피해 패현으로 이사 오게 되었다. 패현으로 귀인이 온다는 소식을 들은 이 지방 유지들과 관리들은 여공의 가족을 맞이하기 위해 성대한 잔치를 베풀었다. 여기에 유방과 같은 동네에 살면서 훗날 유방을 도운 소하(蕭何)라는 하급 관리가 있었는데, 그는 그날 여공의 가족에게 줄 선물과 축의금 받는 일을 담당했다. 소하는 찾아온 관리와 유지들에게 알렸다.

"1,000냥 미만으로 가져온 사람은 모두 단 아래에 앉으시오."

그러나 유방은 겁도 없이 '축하금 1만 냥'이라고만 적힌 빈 봉투를 내고는 단 위로 올라갔다. 아무것도 들어 있지 않은 빈 봉투라는 걸 알아차린 소하와 마을 관리들은 깜짝 놀라 유방을 단 아래로 내려가 앉도록 했다. 그러나 유방은 오히려 눈 하나 깜빡하지 않고 단 위의 상석으로 향했다. 단 위에 앉아 있던 여공은 평소 관상 보는 것을 좋아했는데, 유방의 당당한 모습과 생김새를 보고 범상치 않은 인물이라 생각했다. 그는 유방을 일어나서 맞이하고는 자신의 옆자리에 앉으라고 권했다.

여공은 연회 자리에서도 유방의 좋은 인상과 외모에 대해 칭찬하면서 연회가 끝날 때까지 남아 있어 달라고 부탁했다. 연회가 끝난 후 여공은 유방에게 말했다.

"나는 관상 보는 것을 좋아해서 그동안 여러 사람의 관상을 봤지만, 자네같이 좋은 인상을 가진 사람은 단 한 번도 보질 못했네. 그러니 자네는 내가 지금 하는 말을 잘 들어주길 바라네. 내 딸을 자네에게 아내로 주고 싶은데 자네 생각은 어떤가?"

이 말을 곁에서 들은 여공의 부인은 애써 귀하게 키운 딸을 천하게 자라온 지방 사람에게 주는 것을 아주 못마땅하게 생각해서 노발대발하며 극구 반대했다. 그러자 여공은 오히려 부인에게 호통을 치며 설득했다. 결국 여공의 장녀 여치(呂稚)는 유방의 아내가 되어 유방과의 사이에 아들 하나와 딸 하나를 두었다.

이들이 후에 한나라의 2대 왕 효혜제(孝惠帝)와 노원공주(魯元公主)가 되었고, 이 둘을 낳은 여치는 후에 여후(呂后)라고 불렸다. 여후는 남편 유방이 죽은 후 한 제국의 국정을 마음대로 휘두르며 섭정을 했다.

여후는 당나라의 측천무후(則天武后)[*], 청나라의 서태후(西太后)^{**}와 함께 중국을 휘어잡은 여걸로 평가받고 있다.

비록 사나운 여후를 부인으로 맞아들여 국정에 많은 간섭을 받았지만 유방의 겸손함과 당당함, 그리고 젊었을 때부터 자신의 꿈을 이루기 위한 노력은 결국 유방을 한 제국의 건설자로 우뚝 서게 만들었다. 유방은 지금까지도 많은 중국인들로부터 추앙을 받고 있다.

Story 03
평민들에 의해 세워진 나라

마오쩌둥이 만들고자 한 중국은 바로 중화제국의 역사적 위대성과 중화사상의 전통적 문화적 자부심을 바탕으로 한 사회주의 국가였다. 이것은 천자(天子) 사상을 바탕으로 중국이 천하의 중심이 되어야 한다는 중화사상을 근저에 깔고 있다. 마오쩌둥은 귀족과 자본주의가 아니라 노동자, 농민으로부터 중화사상이 나와야 한다고 믿었다. 이것이 바로 오늘날 중국 사회주의를 만드는 근본 이념이 되었다. 그런데 농민과 노동자를 중심으로 한 국가를 처음으로 건설한 인물은 바로 유방이었다.

유방과 함께한 평민들은 농사를 짓거나 장사를 하던 사람들이었다.

유방 또한 젊은 시절 농촌에서 농사일을 하면서 자랐고, 커서는 마을의 치안과 소송 등을 담당하는 정장(亭長)으로 일했다. 유방을 도운 사람들은 거의가 유방과 같은 장쑤성 패현 출신의 동향 사람들이었다. 또한 장량을 제외하고는 모두 하급 관리 출신이었다. 그 출신들의 면면을 살펴보자.

번쾌(樊噲, ?~기원전 189년)는 개 잡는 일을 하는 백정이었다. 유방을 도와 한나라를 세우는 데 일등공신 중 한 사람으로 끝까지 유방을 배신하지 않았다. 그는 나중에 대장군의 지위에까지 올랐다. 유방과 번쾌는 서로 동서지간이었다. 즉 유방의 부인 여후의 동생이 번쾌의 부인이었다.

관영(灌嬰, ?~기원전 176년)은 지금의 허난성 상구시(商丘市)인 수양현(睢陽縣)에서 비단을 파는 장사꾼이었다.

주발(周勃, ?~기원전 169년)은 유방과 같은 고향 출신으로 누에고치로 돗자리를 만들어 팔면서 상갓집에서 피리를 불어주는 사람이었다. 힘이 장사인 것으로 유명했다.

팽월(彭越, ?~기원전 196년)은 지금의 산둥성 서남부의 거야현(鉅野縣)에서 물고기를 잡는 어부로, 원래 시골 도적 출신이었다. 유방 초창기에는 흩어진 병졸들을 모아 각종 전투에 참가하면서 유방을 도왔다. 항우가 죽자 산둥성에 있는 정도(定陶) 지방의 왕이 되었다. 그러나 팽월은 나중에 유방을 배반하고 모반을 일으켰다. 유방은 그를 촉(蜀) 땅으로 쫓아내버리고 삼족을 멸했다.

장량(張良, ?~기원전 185년)은 자(字)가 자방(子房)이며 한나라에서 3대에 걸쳐 재상을 지낸 귀족 출신이었다. 집안에서 거느린 노비만 해도 300여 명에 달할 정도로 세력이 큰 귀족이었다.

소하(蕭何, 기원전 257~193년)는 유방과 같은 고향 출신으로 유방이 평민일 때 진나라의 하급 관리 신분으로 유방을 보호해주었다. 유방이 죽을 때까지 그의 곁을 지켰다.

조참(曹參, ?~기원전 190년)은 번쾌, 소하와 같이 유방과 같은 고향 출신으로 옥중을 담당하는 마을의 우두머리 격인 현리로 근무했다.

누경(婁敬)은 제나라 사람으로 상여를 메는 일꾼이었다. 농업을 중시한 정책을 펼쳐서 고향을 버리고 지방 각지로 떠돌아다니던 유민들을 고향으로 정착시켰다.

그리고 유방이 한 제국을 건국하는 데 큰 역할을 한 경포(黥布)는 시골 도적 출신이었다. 그러나 경포는 한고조 12년에 유방을 배반하고 안후이성 죽현에서 난을 일으켰다가 실패하여 도망가다가, 장시성 파양(鄱陽)에서 결국 붙잡혀 죽고 말았다. 그러나 한고조 유방은 경포가 쏜 화살을 맞고 상처를 입었다가 병세가 심해져 기원전 195년 4월에 죽었다.

이와 같이 유방을 도운 사람들은 장량을 제외하고는 모두가 하급 관리나 평민 출신이었다. 지방에서 각각의 직업을 갖거나 일반인들을 상대로 장사를 하던 사람이었는데, 이들이 유방과 함께 한나라를 일으켜 중국 역사에서 가장 위대한 제국을 탄생시켰다. 그리고 그 건국의 공으로 각 지방의 땅을 하사받아 왕으로 통치했다. 그러나 한고조 말기에 이르러 그들 중 소하, 조참, 장량 등 몇 명을 제외하고는 유방을 배반하고 지방에서 모반을 일으켜 한고조 유방에게 죽임을 당했다.

유방과 같은 동네에서 개 잡는 일을 했던 번쾌는 유방이 술을 마시면서 미녀와 함께 놀 때는 진나라가 망한 이유를 말해주면서 잠깐의 향락에 연연해서는 안 된다는 충고를 해줄 정도로 유방을 잘 보필했다. 유방은 술과 여자를 좋아해서 주점에서 술을 마시는 날에는 매상이 몇 배로 올랐다.

귀족 출신인 장량은 유방이 싸움터인 유현(留顯)으로 가다가 길에서 우연히 눈에 띄어 유방과 끝까지 함께한 청년이었다. 유방은 처음으로 장량에게 유현 지방에서 벌어진 진나라와의 전투를 맡겼다. 그러나 장량은 무참히 패배했다. 그래도 유방은 장량을 믿고 그를 든든한 신하로 삼았다.

유방을 도운 사람들은 장량을 제외하고 모두 천한 직업과 낮은 계급이었다. 그러나 유방은 그런 신하들을 믿고 그들의 말을 경청했다. 여기서 유방이 한나라를 세우는 데 가장 결정적 역할을 한 인물이 있는데, 그가 바로 한신(韓信)이다.

한신은 진나라 때 백성들로부터 가장 많은 원성을 샀던 군대를 재편성하고 군법을 바로잡았다. 그는 자신에게도 군법과 규율을 엄격하게 적용하여 많은 백성들이 한신을 따랐다. 앞에서 살펴본 것처럼 강물을 등 뒤로 해서 진을 친다는 배수진(背水陣), 많으면 많을수록 좋다는 다다익선(多多益善) 등의 고사성어가 바로 한신으로부터 나왔다.

Story 04
우리에게 필요한 것은 현룡이다

우리는 보통 훌륭한 사람을 평가할 때 용(龍)을 비유로 들곤 한다. 예로부터 사람들은 용이 여러 가지 다양한 모습으로 변화하고 인간의 한계를 뛰어넘는 미지의 힘을 지니고 있다고 믿어왔기 때문이다.

용은 보통 잠룡(潛龍)이나 비룡(飛龍), 현룡(見龍), 항룡(亢龍) 이렇게 네 가지로 분류했다. 『주역』에 나오는 이야기다. 참고로 여기에 한 가지

덧붙이자면 『삼국지』에서 제갈량을 말할 때 '누워 있는 용'이라 해서 와룡(臥龍)이라 불렀다. 그럼 용을 사람으로 비유한 경우를 하나하나 살펴보자.

현룡(見龍)은 평소 말이 믿음직스럽고 행실이 신중해서 간사한 것을 싫어하고, 어떤 일을 하더라도 정성을 다하며 세상에 자신을 자랑하지 아니하며, 세상이 어려울 때 숨어 있지 않고 세상으로 나와 덕을 널리 펼치고 교화시키는 사람을 말한다. 현실을 이끌어가는 사람이라 할 수 있다. 우리 세상에 가장 필요한 바람직한 상이다.

잠룡(潛龍)은 '물속에 잠긴 용'이라는 의미인데, 물속에 들어가 있기는 하지만 바깥세상과 완전히 단절된 게 아니라 기회를 준비한다는 의미를 내포한다. 물속에서도 눈동자만큼은 내놓고 세상으로 나갈 기회를 기다리는 용이라 할 수 있다. 잠룡은 세상이 어지러울 때는 숨어 지내다가, 자신에게 기회가 오면 세상으로 나오는 사람을 비유적으로 말한다. 어찌 보면 기회주의적인 요소가 포함되어 있다고 할 수 있다.

항룡(亢龍)은 '사람이 최고 정점에 이르면 그다음은 떨어지는 일밖에 남지 않았다'는 의미를 내포한다. 항(亢)은 '높이 오르다'라는 뜻이다. 최고 정점까지 올라간 사람은 떨어질 수밖에 없는 게 세상 이치다.

비룡(飛龍)은 하늘을 자유롭게 비상하는 용으로, 모든 사람이 바라는 것이기는 하다. 그러나 자기가 원하는 대로 비상한다는 것은 세상의 이치를 잘못 판단할 경우가 생길 수 있다. 소리가 들리면 소리가 들리는 쪽으로만 가고, 소리가 들리지 않는 쪽은 쳐다보지도 않는다. 즉 자기의 주관적인 생각만 따르고 다른 이들의 소리를 전혀 듣지 않는 사람을 용으로 비유한 것이다.

유방이 드디어 자신의 정치를 하기 시작했다. 그는 세상이 어지러울 때도 숨어 있지 않고 과감히 세상으로 나온 현룡(見龍)이었다. 당시 유방의 고향인 패현(沛縣) 지방은 진나라 관리가 지금의 군수인 현령을 맡고 있었다. 진나라 관리의 억압과 폭정에 마을 사람들은 늘 불안한 상태였다. 지방 여러 곳에서는 진나라의 폭정을 참다못해 봉기가 일어났다. 패현 지방에도 많은 사람들이 옥에 갇히고 농민들은 뿔뿔이 흩어져 도망갔다. 마침 패현에서는 감옥을 지키는 옥졸로 조참과 소하가 있었다. 두 사람은 고향을 버리고 각 지방으로 흩어져 살던 농민들을 고향인 패현으로 다시 불러 모았으면 좋겠다는 뜻을 패현의 현령에게 건의했다. 조참과 소하는 패현 사람들이 진나라의 폭정에 시달리다 못해 고향을 버리고 다른 지방으로 도망갔다는 사실을 알고 있었기 때문이었다.

당시 진나라 말기 폭정이 어느 정도로 심했냐면 진시황을 이은 둘째 아들 이세황제 호해(胡亥)는 아버지 진시황이 짓다 만 아방궁을 수많은 사람들을 동원해 결국 완공했다. 그리고 아방궁까지 도로를 더 넓히기 위한 돈을 마련하기 위해 백성들에게 세금을 더욱 심하게 부과했다. 또한 각종 공사와 병역에 대한 부역과 징발을 혹독하게 해서 굶어 죽는 백성들이 늘어났다. 여기에 조금이라도 법을 어기거나, 법을 집행하는 데 게으른 신하들은 가차 없이 공개 처형했다. 이 모두가 환관 조고와 이사의 농간에 의해 만들어진 상황이었다.

"백성에게 세금을 많이 부과하는 자가 현명한 관리이며, 많은 사람을 죽인 자가 오히려 충신이다."

이런 말이 있을 정도로 이세황제는 환관 조고가 시키는 대로 국가를 매우 엄격하게 통치했다. 이렇게 되니 거리에 다니는 사람들 중 거의 절반 정도가 형벌을 받았던 전과자라는 오명을 쓴 사람이었고, 죽은 사람의 시체가 시장 바닥에 쌓여만 갔다.

유방의 고향 패현에서도 억압과 핍박을 피해 고향을 버리고 진나라의 통치가 미치지 않는 산속으로 도망가는 사람들의 수가 점점 늘어났다. 조참과 소하는 패현의 진나라 현령에게 말했다.

"만약 과거 진나라 때 고향을 떠나 타지로 도망갔던 사람들을 불러 모으면 족히 수백 명은 될 것입니다."

이에 패현의 현령도 두려운 마음이 들어 차라리 진나라를 배반하고 난을 일으키는 것이 더 낫다는 생각을 갖기 시작했다. 현령은 번쾌에게 명령하여 그동안 고향을 떠나서 다른 지방으로 도망간 사람들을 모두 불러오도록 했다. 그렇게 모으니 이들 대부분이 유방을 따르는 고향 사람들이었다. 이들의 수는 이미 수백 명이 되었다. 유방을 따르는 백성들이 이렇게 많을 줄은 전혀 생각하지 못했던 현령은 유방의 세에 눌려 불안감을 느꼈다. 그래서 자신이 살아남기 위해서는 우선 유방의 참모 격인 조참과 소하를 죽여야겠다는 생각으로 두 사람을 위협했다. 현령의 위협에 불안을 느낀 조참과 소하는 관직을 버리고 유방에게로 도망갔다. 결국 폭정을 일삼았던 패현의 현령은 마을 사람들에게 죽임을 당하고 패현에는 새 현령을 뽑게 되었다.

유방은 비록 가난했으나 그의 겸손하고 뛰어난 자질을 일찌감치 알아보고 언젠가는 현령이 되리라는 생각을 하고 있었던 마을 노인들은 유방을 적극 추천했다. 몇 번의 사양 끝에 결국 받아들인 유방은 패현의 현령으로 임명되었다. 이때가 이세황제 호해(胡亥) 2년인 기원전 208년 9월 가을이었다.

유방은 현령이 되자 먼저 패현의 관청에서 전술에 매우 뛰어나고 병기를 발명한 전쟁의 신 치우(蚩尤)를 향하여 성대한 제사 의식을 치렀다. 유방의 곁에는 소하, 조참, 번쾌 등 주변의 많은 젊은이가 모여들었는데, 그 수가 순시간에 3,000명으로 늘어났다. 이 병력으로 지금의 산둥성 남동쪽에 있는 진나라의 호릉(胡陵)과 방여(方與)를 공략했다. 이후로 더욱 많은 백성들이 유방을 따르기 시작했다.

젊은 시절 진시황의 행차를 보고 꿈을 꾸었던 유방이 정치 지도자로 자신의 이름을 세상에 알리기 시작한 것이다. 나라가 어지러울 때 세상으로 나와서 천하를 이끄는 현룡(見龍)이야말로 유방에게 어울리는 비유가 아닐 수 없다.

우리가 진정 바라는 용은 기회만을 엿보는 잠룡이 아니라, 현실에 당당히 나와서 어려움을 뚫고 해결책을 제시할 유방 같은 현룡이다. 아울러 우리 사회에 잠룡보다는 현룡이 더 많아지기를 기대해본다.

Story 05

다른 사람의 말을 경청하라

가장 훌륭한 군주는 주변에 충언을 해주는 신하가 많은 군주다. 그리고 군주는 그 신하들의 말을 경청할 줄 알아야 한다. 노자의 『도덕경』은 군주의 자질에 대해 이렇게 설명한다.

가장 훌륭한 임금은 백성들이 너무 편해서 다만 임금이 있다는 것만 알 뿐이다.

그다음으로 훌륭한 임금은 백성들이 그에게 친근감을 가지며 칭찬하기 때문에 우리에게 좋은 임금이 있다는 사실은 알고 있다.

그다음으로는 임금이 통치를 잘못하고 있기 때문에 백성들은 임금을 두려워하거나 업신여긴다.

제일 떨어지는 임금은 백성들로부터 신뢰가 완전히 떨어진 임금이기 때문에 백성들은 그를 믿지 않는다.

가장 훌륭한 임금은 나라가 잘되어도 자신의 공을 드러내지 않는다. 이렇게 훌륭한 임금에게 백성들은 다만 임금이 있다는 것만 알 뿐, 살아가는 걱정을 하지 않는다. 그다음으로 훌륭한 임금은 신하의 말을 잘 듣고 경청하며 백성들을 덕과 인의로 다스리기 때문에 백성들은 그에게 친근감을 갖는다. 이렇게 훌륭한 임금들은 신하들의 충언을 충실히 경청하며, 만약 잘못된 일이 있으면 그 잘못을 백성의 탓으로 돌리지 않고 임금 자신의 탓으로 돌린다. 그렇기에 백성들은 임금을 잘 따르며 편안하게 지낼 수 있는 것이다.

그다음 임금은 모든 것을 법으로 다스리기 때문에 자기의 정치에 복종하지 않는 자에게는 형벌을 주어 다스린다. 그러므로 백성들은 그를 멀리하며 두려워한다. 그리고 가장 하위의 임금은 백성들에게 그때그때 속임수와 거짓말을 하며 다스린다. 백성들은 이러한 임금을 업신여기게 되고, 나라는 혼돈과 격정에 휩싸이게 된다.

유방은 비록 하급 평민 출신이었지만 함께 성장하며 그가 잘못된 길로 갈 때마다 곁에서 충언을 해주고 훌륭한 군주가 되도록 도와준 사람들이 있었다. 소하, 번쾌, 장량 등이 그들이었다. 유방은 이들의 말을 늘 경청했다.

유방이 할 일은 먼저 국가의 틀을 짜는 것이었다. 적절한 인물을 조직에 배치해야 했다. 그러나 유방 자신이 평민 출신이라 전문가들로 구성된 효과적인 조직을 만들 수 없었다. 하급 관리였던 유방은 진나라 때 평민들이 법의 지배를 받기는 쉬워도 법의 혜택을 받기는 어려웠다는 사실을 잘 알고 있었기 때문에, 자신과 함께 끕빅을 빋으며 일해왔던 주변 하급 관리 출신으로 나라의 조직을 만들었다.

먼저 옥졸을 관리하는 하급 관리 출신 소하를 도시와 건축을 담당하는 승상으로 임명했다. 그는 가혹하리만큼 백성을 괴롭혔던 진나라의 조세 법령을 새롭게 바꾸어 사회질서와 규율을 바로잡았다. 소하는 자신의 집과 땅을 마련할 때도 일부러 도시에서 멀리 떨어진 시골의 구석진 장소를 택했을 정도로 자신에게 엄격했다. 백성들에게 피해를 주지 않기 위해서 큰 공사나 건설도 하지 않았다. 소하의 근면한 모습을 본 유방은 그를 크게 칭찬하고 재상으로 임명했다. 소하는 유방에게 큰 신뢰를 얻었다.

기원전 206년 유방은 소하와 함께 진나라의 도읍지 함양(咸陽)을 점령했다. 이때 관리들은 앞다투어 금과 비단과 각종 재물이 보관되어 있는 창고로 가서 서로 나누어 가졌다. 그러나 소하는 혼자서 창고를 샅샅이 뒤져 진나라의 지도와 책 등 전쟁 실적이 기록되어 있는 지적도를 찾았다. 이것으로 모든 지역의 호구 수와 전투에서 이기고 패했던 지역을 상세하게 알 수 있었다.

유방은 함양의 궁궐 안으로 들어갔다. 그곳에는 유방이 좋아하는 그림, 개, 말, 각종 보석과 화려한 비단 등이 많이 있었다. 그것들을 보니 당연히 탐났다. 유방은 이 궁에 살고 싶은 마음까지 생겼다. 그러나 번쾌가 그를 만류했다.

"패공(沛公)*께서 천하를 갖기 원하십니까? 아니면 이 궁에 살면서 고작 이 마을의 부잣집 영감이나 되시겠습니까? 이 사치한 물건들 때문에 진나라가 망한 것인데, 패공께서는 어찌하여 이 사치스럽고 쓸모없는 것들에 눈독을 들이고 계십니까? 청컨대 곧바로 패상(霸上)**으로 돌아가시고 여기에는 더 이상 머무르지 마십시오."

히스토리텔링 차이나

*   지금의 군(郡)을 의미하는 현(縣)의 우두머리를 보통 공(公)이라고 불렀다. 유방이 패현(沛縣)의 현령에 추대되었을 때부터 사람들은 그를 '패공'이라고 불렀다.
** 산시성 서안을 가리킨다.

그렇지만 유방은 번쾌의 말을 듣지 않았다. 이에 옆에 있던 장량이 말했다.

"패공께서 여기까지 이를 수 있었던 것은 패공 개인의 실력 때문이 아니라 진나라가 잔혹했기 때문입니다. 패공께서 진실로 백성을 위하신다면 그동안 백성들을 괴롭혔던 진나라의 잔당들을 제거하고, 명주 비단과 같은 사치를 멀리하고 백성을 돌봐야 합니다. 이렇게 하는 것이 패공의 자산이 되는 것입니다. 지금 진나라의 함양에 들어오자마자 바로 눈앞에 보이는 것으로만 즐거움과 편안함을 찾으신다면 이것은 이른바 하나라의 마지막 폭군인 걸왕이 백성들에게 포학한 짓을 한 것과 무엇이 다르겠습니까? 충성스런 말은 귀에 거슬리지만 이를 실천하면 이롭게 되는 것이고, 독한 약은 입에 쓰지만 병에는 이롭습니다. 청컨대 패공께서는 번쾌의 말을 들으십시오."

이에 유방은 그들의 깊은 뜻을 알고 진나라의 귀중한 보물들을 모두 다른 곳에 보관하고 패상으로 돌아갔다. 돌아온 유방은 신하들에게 작위를 내릴 때 공훈을 다섯으로 나누어서 내렸다. 이 용어들은 지금까지도 우리가 사용하고 있다.

훈(勳) : 국가의 기틀을 다지고 나라의 제사와 종묘사직을 덕으로 잘 보존하고 편안하게 하는 것을 '훈'이라 했다.

공(功) : 무력으로 국가의 공적을 세웠을 때를 '공'이라 했다.

로(勞) : 언론으로 나랏일에 대한 홍보와 국가를 알리는 것을 '로'라 했다.

벌(伐) : 국가의 법령과 제도를 만드는 것을 '벌'이라 했다

열(閱) : 국가의 문서 관리, 국가의 정치 행정과 같은 정무(政務)를 맡아 보는 것을 '열'이라 했다.

지금 우리가 사용하는 훈장(勳章), 공훈(功勳), 공로(功勞) 등이 여기에서 유래된 말이다. 또한 유방은 신하들에게 국가의 근본을 튼튼하게 할 것을 주문했다. 그리고 몸소 그것을 실천했다.

Story 06

어르신들 오랫동안 고생 많으셨습니다

유방은 도읍지인 산시성 패상으로 돌아왔다. 이때가 유방이 한고조가 되는 원년인 기원전 206년 음력 11월 겨울이었다. 여기서 각 현의 현령과 어른들을 모시고 당부의 말을 전했다. 이것을 입관고유(入關告諭)* 혹은 약법삼장(約法三章)이라고 하는데, 그 내용은 이러하다.

"여러 어르신네들, 여러분께서는 진나라의 가혹한 법 아래서 오랫동안 고생하셨습니다. 그동안의 법은 진나라를 비방하는 자는 가족을 멸하고, 몇 사람이 모여 수군거리기만 해도 목을 베라고 했습니다. 법규가 많고 또한 가혹했습니다. 제가 병사들을 이끌고 이곳으로 올 때 누구든지 먼저 관중 지방으로 들어오는 자가 그 지역의 왕이 될 것이라고 이미 각 지역의 어르신들과 약속했습니다. 제가 지금 가장 먼저 이곳 관중에 들어왔으니 이곳의 왕이 될 것입니다. 저는 이곳의 여러 어르신들에게 단 세 가지 법령만 제정해서 시행할 것을 약속합니다.

---

* 입관은 외부 지방으로부터 관내로 들어온다는 뜻이다. 고유는 일반 백성에게 어떤 사실을 깨우쳐주기 위해 널리 알리는 것을 말한다.

첫째, 사람을 죽인 자는 죽음으로 그 죄를 갚을 것입니다.

둘째, 다른 사람의 몸을 상하게 하거나,

셋째, 남의 재물을 도둑질한 자는 그 죄의 경중에 따라 다스릴 것입니다.

이 외에 진나라의 모든 가혹한 법령을 폐할 것입니다. 기존의 각급 관리들은 본래의 직무를 계속 맡아 새로운 법에 맞춰 사건을 처리해야 합니다. 제가 병사들을 이끌고 이곳 관중에 들어온 것은 여러분들의 고통을 없애기 위한 것이니 여러분들의 생활을 해치지 않을 것이며, 잔인하고 포악한 짓도 행하지 않을 것입니다. 그러니 절대 두려워하지 마십시오. 제가 지금 여기 패상에 머물러 있는 이유는 각지의 어르신들과 제후들이 함께 모여 새 법을 제정하고 또한 백성들의 생활을 안정시키기 위해서입니다."

이 약법삼장은 당시 민심을 달래고 다스리는 데 매우 중요한 역할을 했다. 이후 초나라 항우와의 전쟁에서 진나라 백성의 민심을 끌어들여서 한나라가 승리를 거두는 데 결정적 역할을 하게 된 법령이었다.

이에 유방은 각 고을로 관리를 보내어 이 사실을 알리도록 했다. 백성들은 소식을 듣고 매우 기뻐하며 소와 양을 잡아서 술과 함께 향응을 베풀어 군사들을 대접하려 했으나 유방은 이를 사양했다.

유방은 군사들에게 '창고에 밥과 곡식이 많이 있다. 백성에게 폐를 끼치지 말라'는 명을 내렸다. 이를 들은 백성들은 매우 기뻐하며 유방이 패상의 왕이 된 것을 모두 환영했다.

유방과 함께 한 왕조를 건설한 인물들의 면면을 보면 진나라의 하급 관리와 평민과 농민이었다. 이들은 서로가 각각의 임무를 맡아 진나라의 불평등을 하나하나 고쳐나갔다. 여기에는 다른 사람들을 품고 신하들의 말을 경청해서 실천하는 유방의 인품이 큰 역할을 했다.

기존의 왕조를 무너뜨리고 새 왕조를 건국하여 새로운 지배층으로 올라선 이들은 기존의 유산을 이어받지 않을 수 없다. 그렇지만 한나라는 중국 역사 최초로 일반 평민들이 수립한 정권이라는 점에서 중국사에 남긴 족적이 매우 크다. 이것은 훗날 중국에서 마오쩌둥이 사회주의를 만들어갈 거대한 역사적인 흐름 안에서 볼 때, 현재의 중국을 만드는 초기 준비 단계로도 볼 수 있다. 그리고 오늘날 중국의 사회주의를 잘 이해하기 위해서는 진과 한의 건국 과정과 함께 이 이후의 역사적인 흐름을 살펴보아야 한다.

히스토리

최고의 천재 경제학자 가의의 충고

한 제국의 국가 체제와 경제 제도 이야기

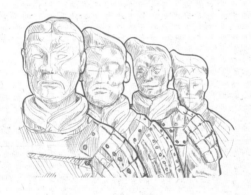

극심한 인플레에 빠진 한나라

중국 역사에서 가장 천재적인 경제학자를 꼽자면 한(漢)나라 때 가의(賈誼)를 꼽을 수 있다. 가의는 우리에게 잘 알려진 인물이 아니다. 그렇지만 훌륭한 인재는 나라가 어려울 때 빛난다. 그리고 나라가 혼란스러울 때일수록 역할이 두드러진다. 귀족이 지배층이었던 진나라가 멸망하고 일반 평민과 하급 관리 중심의 한나라가 세워졌다. 귀족의 모든 기득권이 사라지고 새로운 권력층이 만들어졌다. 엄청난 변화였다. 초창기 한나라도 예외 없이 많은 혼란을 겪었다. 이 당시 한나라 상황을 간략하게 알아보자.

앞서 살펴본 대로 초나라 항우는 기원전 206년 진나라를 멸망시켰다. 이후 항우는 한나라 유방과 5년 동안 치열한 싸움 끝에 유방에게 패했다. 유방이 패권을 잡고 난 후 초기 한나라는 나라 전체가 극도로 황폐했으며, 백성들의 생활은 매우 피폐했다. 물가가 크게 올라 '말 한 필에 100만 전(錢), 쌀 열 말에 1만 전(錢)을 지불해야만 살 수 있다'는 기록도 있다. 백성들은 쌀 한 말을 사기 위해서 돈 한 말을 지불해야 할 정도로 인플레가 극심했다. 일반 생필품 생산이 거의 되지 않아 모든 물자가 극도로 부족했고, 관리들은 말이 부족해서 소를 타고 다닐 정도였다. 백성들의 창고는 텅 비어 있었다. 또한 진나라 때 주조된 엽전 형태의 돈은 일반 백성들이 들고 다니기에는 너무 무거워 거의 사용하지 못했다.

이러한 상황에서 한고조 유방은 먼저 진나라의 잔혹했던 법치를 바로잡아 민생을 안정시키고 노예들을 풀어주었다. 또한 진나라의 법과 제도를 바꾸어 백성들이 안심하고 농업에 종사할 수 있도록 해 농업 인구를 증대시켰다. 엽전도 일반 백성들이 편하게 사용할 수 있도록 가볍게 만들었다.

한고조 유방이 53세에 죽고 그 아들인 2대 혜제(惠帝)가 왕이 되어 아버지의 정책을 그대로 유지해가면서 한나라 경제를 바로잡았다. 특히 혜제는 상업 규제를 풀어 상인들이 마음껏 장사할 수 있도록 해주었다. 이렇게 됨으로써 농업과 상업이 활발하게 되어 경제가 살아나기 시작했다.

5대 문제(文帝)에 이르러 부역과 세금을 대폭 줄이는 정책을 실시했다. 백성들의 생활이 여유로워지면서 국가도 안정되기 시작했다. 특히 문제 때에는 돈의 무게를 더욱 가볍게 만들어서 백성들이 쉽게 가지고 다닐 수 있도록 했으며, 누구나 돈을 주조할 수 있도록 허락했다.

그러나 이것이 화근이 되었다. 개인이 돈을 마음대로 만들게 되니 시중에 돈이 넘쳐서 물가가 치솟았다. 인플레가 매우 심해져 지방 여러 곳에서 반란이 일어났다. 문제 때 사대부 관료를 지낸 어부 출신 등통(鄧通)은 개인적으로 가지고 있던 돈이 국가의 재정보다 많을 정도였다고 한다. 등통 개인이 주조한 엽전이 온 나라에 유포되면서 한나라의 인플레는 극에 달했다.

Story 02

부엉이에게 신세 한탄을 늘어놓다

자신이 경험해보지 않고 삶의 이치나 인생의 끝을 이야기하는 것은 모순이다. 개인의 논리가 지나칠 경우에는 자신이 만들어놓은 그물에 자기 자신이 걸릴 수 있다. 하지만 현재의 경험에서 삶의 논리를 깨닫게 된다면, 인생은 최소한의 반복이라는 관점에서 보았을 때 어느 정도 인생의 이치를 풀어가는 것이 가능할 수 있을 것이다.

문제 때 천재 학자 가의(賈誼)는 세상과 삶의 이치를 논리로 풀어간 천재적 인물이었다. 가의는 지금의 허난성 낙양에서 태어나 어릴 때 이미 시와 글에 능통했다. 제자백가를 두루 섭렵하여 어린 나이에 이미 제자백가 사상에 두루 정통했다. 그는 유가 및 도가를 섭렵한 정치 사상가이자 경제학자였다.

문제는 가의가 20세 되던 해 그를 등용해서 태중대부(太中大夫)로 나랏일을 맡겼다. 그렇지만 가의는 안타깝게도 33세라는 젊은 나이에 요절했다. 게다가 너무 어린 나이에 대신으로 등용되어 한나라 초기 유방의 건국을 도왔던 주발(周勃)[*]이나 관영(灌嬰)^{**} 같은 나이 많은 관료들로부터 시샘을 받았다. 이들은 가의의 등용을 반대했다.

"가의는 나이도 어린데 권력에 대한 욕심이 있어서 조정에서 여러

---

* 유방과 같은 고향 출신으로 돗자리를 만들어 팔면서 상갓집에서 피리를 불어주는 사람이었는데, 유방과 함께 한 제국을 건국하는 데 큰 역할을 했다.

** 비단을 파는 상인으로 유방을 도와 한나라를 세우는 데 공신 역할을 했다.

분란만 일으킵니다."

문제는 노관료들의 말을 듣고 가의를 지금의 허난성에 있는 장사(長沙)*** 지방의 관리로 내려보냈다. 가의는 장사에서 유배된 듯한 생활을 하면서 우울한 마음을 달래려고 시를 지으며 세월을 보냈다. 하루는 해 질녘에 부엉이 한 마리가 집 앞 나무에 앉아 있었다. 가의는 부엉이가 세상을 한탄하는 자신의 마음을 알아보는 것 같았다. 그는 어린 나이임에도 세월의 덧없음을 한탄하는 글을 남겼다.

부엉이가 크게 한숨 쉬며 머리를 들고 퍼덕이며 말은 못 하지만 내 뜻을 알리는 것 같구나.
세상 만물은 쉬지 않고 변화하고, 천천히 돌고 돌아 결국은 제자리로 돌아온다.
모든 것이 변화하면서 서로 이어져서 돌아간다.
화는 복을 따라 움직이고 복은 화 안에 들어 있으며,
근심과 기쁨이 한 문으로 들어오고 나가며,
길흉은 한곳에 모여 있도다.

저 강했던 오나라는 부차 때문에 망했고,
회계산에서 볼모로 잡혀 있었던 월 왕 구천은 패권을 잡았다.
이사는 정치에는 성공했으나 형벌을 받았다.
이와 같이 화복이란 하나로 얽혀 꼬여진 밧줄과 무엇이 다른가!
천명에 대해서는 어느 누구도 감히 말할 수 없으니 이는 누가 그 끝을 알겠는가?

*** 허난성의 성도로서 마오쩌둥이 중학교 시절에 혁명의 뜻을 품은 곳이기도 하다.

하늘의 뜻은 헤아릴 수도 없고 우리가 도를 만들어낼 수도 없는 것.
빠른 것이나 늦는 것은 하늘의 뜻이니 우리가 어찌 때를 알 수 있겠
는가?

이때가 가의의 나이 20세였다. 가의는 세상이 결국 돌고 돌아 제자
리로 돌아오며 자신이 만들어놓은 그물에 자신이 걸리는데도 불구하고,
사람들은 그것을 잘 모르는 것 같아 무척 안타까웠다. 재물을 탐하는 자
는 재물에 죽고, 이름을 얻으려는 자는 그 이름에 죽으며, 권세를 과시
하는 자는 권세에 죽는데도 불구하고 살려고 버둥대는 것을 염려했다.

지혜나 집착을 버리고 초연히 자신을 잃어버리는 망아(忘我)의 경지에서
멀리에 있는 텅 빈 황홀함이 내 속에 들어와 함께 비상하도다.
물결을 타면 흘러가고, 웅덩이에 오면 멈추고,
육신을 천명에 맡기고, 내 몸을 내 것이라 생각하지 않으리라.

그는 자신의 삶 자체는 떠다니는 부초에 불과하기에 생에 집착하기
보다는 현실 속에서 자신을 천명에 맡기며 속세를 초월한 듯 생활했다.
20세의 나이에 마치 세상의 이치에 달관한 모습이었다.

문제는 가의를 장사 지방으로 보낸 1년 뒤에 그를 다시 불렀다. 그
리고 평소에 궁금했던 세상 돌아가는 이치와 일반 백성의 살림살이, 즉
경제에 대해서 물었다. 가의는 문제에게 이를 상세히 설명했다. 이야기
는 한밤이 지나도록 계속되었는데, 문제는 가의의 이야기를 다 듣고 난
후 말했다.

"나는 가의를 오랫동안 만나보지 못하면서 내가 가의보다 낫다고 생
각했는데, 오늘 보니 도저히 가의를 따라갈 수가 없도다."

문제는 가의를 동생인 회왕의 교육을 담당하는 태부(太傅)로 임명하여 다시 등용했다.

Story 03
고기는 썩기 전에 잘라야 한다

지도자가 되려는 사람은 다양한 사람을 만나야 하고 다양한 이야기에 귀를 기울여야 한다. 세상은 그만큼 다양한 사람과 생각이 혼재되어 있고, 사람은 누구나 고정관념을 가지고 있기 때문이다. 고정관념은 자신의 삶의 과정에서 만들어져서 굳어버린 것이다. 자신을 그 속에 가두어두는 사고의 틀이기 때문에 자신에게는 매우 익숙하다. 여기에 함정이 있다. 오류의 함정에 빠져버릴 수 있는데 자신은 그것을 전혀 모른다는 것이다. 우리가 다른 사람의 말을 경청해야 하는 이유가 여기에 있다. 그리고 지도자가 자기 사람을 심지 말아야 하는 이유이기도 하다. 이것이 바로 가의의 충고였다.

당시 상황은 이랬다. 기원전 180년 문제 초기에는 국가 체제가 아직 완비되지 않아서 여러 사람이 상소를 해도 오히려 반역죄로 처단을 당하기 일쑤였다. 그리고 문제에게 곳곳에서 아첨하는 자들이 들끓었다. 이를 보다 못한 가의는 시국을 비판하면서 눈물을 흘리며 상소를 올렸다.

지금은 마치 불씨를 장작더미 아래에 놓고, 시간이 지나 잠시 후면 장작더미가 타서 펄펄 끓을 터인데 그것을 생각하지 않고, 아직 불이 타오르지 않는다며 그 위에 누워 편안하다고 말하는 것과 다를 바 없는 형국입니다.

가의는 나라의 기강을 확립하고 국사의 경중과 완급을 가려 집행하고 이에 맞는 법도와 법령을 수립한다면, 훗날 모든 임금이 이를 따르게 되어 설사 어리석은 임금이 나랏일을 계승하더라도 그 바탕 위에서 정치를 베풀면 백성들이 편안한 생활을 누릴 수 있을 것이라고 건의했다. 그리고 문제에게 '왕의 통치 주변에 자신의 사람을 심지 말 것'을 상소로 올렸다.

한고조 유방은 주변 평민들의 도움을 받아 그들과 함께 한 제국을 건설했다. 그래서 한나라는 '일반 평민들에 의해 세워진 중국 최초의 국가'라는 수식어가 따라다닌다. 유방은 한 제국을 건설하자마자 통치를 공고히 하기 위해 실력이나 능력과는 상관없이 오직 국가 건설의 공헌도에 따라 논공행상(論功行賞)을 통해 나라의 자리를 주었다. 가의는 한고조가 행한 이러한 실정을 예로 들면서 안타까운 마음으로 문제에게 상소를 올렸다.

진나라 말기 천하가 매우 혼란스러울 때 고조께서는 여러 평범한 평민들과 함께 기병을 일으켜 국가의 기반을 마련하셨습니다. 그들 중에 운이 좋은 사람은 고위 벼슬인 중연(中涓)이 되었고, 그다음 사람은 사인(舍人) 벼슬을 받았지만 그들의 능력은 한참 뒤떨어졌습니다. 그리고 한고조께서는 현명하신 권위로 천자의 자리에 오르셔서 비옥한 땅과 지역을 골라 능력과는 상관없이 주변과 곁에 있는 제후들과 공신들에게 나누어 주셨는데, 많이 받은 자는 100개의 성을 받았고 적게 받은 자들도

30~40개의 현을 받아 폐하의 은택이 매우 두터웠음에도 불구하고, 건국 후 곳곳에서 10년 동안 아홉 번이나 반란이 일어났습니다.

가의는 문제에게 이와 같은 상소를 올렸다. 한고조가 전문성과 능력을 무시하고 자신과 가깝다는 이유 하나로 사람을 등용한 것이 결국은 지금의 실정으로 이어진 것을 안타깝게 생각하여 상소를 올린 것이었다.

한고조 때 이렇게 등용된 사람들은 명분은 관리이지만 일반 백성들의 마음을 무시하고 마치 본인이 왕이라도 된 것처럼 행동했다. 본인 마음대로 죄를 사면하고, 심지어 왕이 타는 황색 수레도 만들어 타고 다녔다. 그 한 예로 장쑤성 북쪽 회남 지방의 왕으로 있는 한고조의 7남인 유장이 권력을 휘두르며 제멋대로 법을 집행하고 있었다. 그러나 왕의 친척이라는 이유로 그대로 놔두고 있는 것이 한나라의 실정이었다.

옛날에 소를 잡는 백정인 탄(坦)이라는 사람이 있었습니다. 그는 하루에 소 열두 마리를 잡았는데도 그 뽀족한 칼날이 무뎌지지 않았다고 합니다. 그 이유는 고기를 가르고 자르고 가죽을 벗길 때 모두 고기의 결을 따라 나누었고, 엉덩이나 넓적다리의 뼈는 그 크기에 따라 알맞은 도끼를 사용했다고 합니다. 인의(仁義)를 따르는 넓은 아량과 후한 덕은 군주의 칼날이며, 권세와 법제는 군주의 도끼입니다. 지금 제후들과 각 지방의 왕들은 모두 엉덩이와 허벅지 뼈인데 도끼를 쓰지 않고 칼을 쓰려고 한다면 신의 생각으로는 칼날이 망가지거나 부러질 것입니다. 지금 회남의 왕으로 있는 유장과 같은 사람에게 왜 도끼를 쓰지 않습니까? 지금의 형세는 도끼를 쓰지 않으면 안 됩니다.

가의는 다른 사람들은 감히 건드리지 못하는 한고조 아들의 부정에 대해서 단호하게 대처할 것을 건의했다.

한고조 때 유 씨의 친척 제후들은 권력을 세습하면서 통치를 해나갔는데, 이를 본 백성들이 통치에 불만을 갖고 난을 일으켰습니다. 그때마다 평정은 했지만 백성들의 불만은 계속 반복되었습니다. 반란은 재앙을 불러일으킵니다. 그리고 그 뒤의 추이는 알 수가 없습니다. 폐하께서 옛날 선왕이셨던 한고조께서 경험했던 일을 분명히 각성하시고, 지금의 상황을 현명하게 대처하지 못하신다면 그 뒷날은 장차 어찌 되겠습니까?

결국 한고조가 신하의 능력과 상관없이 자신의 주변 사람만을 등용함으로써 나라의 통치가 어렵게 된 것을 설명하며, 앞날을 걱정하고 시대를 통찰한 가의의 진언이었다. 가의는 단호했다.

고기를 자르려면 썩기 전에 바로 잘라야 하며 자신의 사람을 심지 마십시오.

그것은 곧 '자기 사람을 심지 말라'는 것이었다.

Story 04

권력을 한 사람에게 집중시키지 마라

역사적으로 통치자가 권력을 한 사람에게 집중시킴으로써 국가 문란 사태를 경험한 것이 한두 번이 아니다. 한 사람에게 권력이 집중되면 국정 농단 같은 불행한 사태가 발생한다. 권력은 대부분이 정당하고 합법적인 방법으로 출발하지만, 그 과정에서 개인적인 욕심이 들어가기 마련이다. 욕심이 생기는 것 자체를 문제 삼을 수는 없다. 인간은 욕망하는 존재이기 때문이다. 그러나 이 욕심은 서로에게 견제되어야 하며, 이를 위해서는 권력을 분배해야 한다. 분배되지 않은 권력은 항상 썩게되어 있다. 가의는 이것을 항상 염려했다.

가의는 권력을 한 사람에게 집중시키지 말 것을 권했다. 한 제국의 지난 일을 보면 한고조가 가장 신뢰하며 힘을 실어준 자가 항상 제일 먼저 배반한 경우를 많이 보아왔기 때문이었다. 유방이 한신(韓信)과 함께 초나라 항우를 꺾고 중국을 통일해 한나라를 건국한 후, 한신의 세력이 점점 커지자 유방은 그 세력을 약화시키기 위해 한신을 변방에 있는 초나라 왕으로 보냈다. 이때 초나라는 이미 서서히 쓰러져가는 형국이었다. 그러나 한신은 여기서 세력을 점점 더 키워나가 초나라 백성들로부터 존경과 추앙을 받았다. 한신의 세력이 날로 커지는 것을 두렵게 생각한 유방은 결국 한신을 죽었다.

그리고 한나라의 개국공신이며 지방의 반란을 진압해서 유방의 각별한 신임을 받았던 거록 지방의 군수인 진희(陳豨)도 세력이 커지자 반란을 일으켜 유방에 대항했다. 진희 역시 한나라 진압군에 의해 제거

당했다.

산둥성에서 물고기를 잡으며 도적 생활을 했던 개국공신 팽월(彭越)도 그 공을 인정받아 유방으로부터 산둥성 정도(定陶) 지방의 양나라 왕으로 추대받았으나 그 세력이 커지자 결국은 기원전 196년 유방에 의해 삼족이 멸하게 되었다.

또한 개국공신으로 그 공을 인정받아 회남 지방 왕으로 임명받았던 시골 도적 출신 경포(黥布)도 세력이 커지자 결국은 유방에 의해 죽임을 당했다.

그러나 그 반대의 경우도 있었다. 진나라 관리 출신으로 유방이 항우와 싸움을 벌일 때 유방을 도와 한나라를 세우는 데 큰 역할을 했던 오예(吳芮)는 지금의 후난성에 있는 장사(長沙) 지방의 왕이 되었는데, 장사 지방은 워낙 내륙에 있고 가구 수도 얼마 되지 않는 작은 도시라서 자기 세력을 키울 수가 없었다. 오예는 한고조 유방에게 끝까지 충성을 다했다. 그가 한고조에게 충성했던 것은 성격에 기인한 면도 있었지만, 장사의 형세가 오지였기 때문이었다. 장사왕(長沙王) 오예는 40세에 병으로 죽었다. 유방은 오예의 죽음을 매우 안타깝고 슬퍼하며 그의 가족을 끝까지 보살펴주었다.

유방이 한나라를 건국하는 데 함께 활약했던 사람들 가운데 개 잡는 일을 했던 번쾌와 돗자리를 만들며 상갓집에서 피리를 불어주면서 생활을 했던 주발과 허난성에서 비단을 만들어 팔았던 관영, 그리고 진나라의 장수로 진희의 난을 진압했던 역상 등은 모두 오합지졸이었다. 그러나 유방을 끝까지 도와 한나라를 건국하는 데 모두 일등공신이 되었다. 그 공로로 이들은 유방으로부터 관리로 등용받아 전투에서도 혁혁한 공로를 세우며 마지막까지 유방과 함께했다.

유방과 끝까지 함께한 신하들은 모두 공통점이 있었다. 그들은 자기 권력과 세력을 불리지 않았다는 점이다. 이들이 만약 팽월이나 경포와 같이 세력을 크게 불리고 성(城)을 수십 개나 가지고 있었다면, 한고조에 의해 모두 제거당했을지도 모를 일이다.

가의는 한신이나 팽월이 자신들의 세력을 불리지 않았더라면 죽임을 당하지 않았을 것이라는 사실을 문제에게 설명해주었다. 그래서 가의는 문제에게 또다시 간언했다.

그러하기에 이를 통해서 천하의 큰 흐름을 알 수가 있습니다. 여러 제후 왕들이 충성을 다해 따르게 하려면 장사왕 오예처럼 만드는 것이 제일 좋은 방법입니다. 그리고 신하들이 참형을 받지 않게 하려면 번쾌나 역상같이 만들어야 하며, 천하를 안정되게 하려면 많은 제후들에게 땅을 나누어주되 한 사람에게 집중되지 않게 하고, 그 힘과 세력을 골고루 약하게 하는 것입니다. 각 지방 제후들의 세력이 약하면 쉽게 부릴 수 있고, 제후국이 작으면 각 제후들은 사심을 가질 수 없을 것입니다. 지금까지 천하의 형세는 몸이 팔을 움직이고 팔이 손가락을 움직이는 것과 같이 일단은 모두가 폐하의 뜻을 잘 따르고 있습니다. 그러나 앞으로는 제후의 친족 왕일지라도 딴마음을 갖게 해서는 안 되며, 수레바퀴가 축을 중심으로 앞으로 나가듯이 모두가 폐하를 중심으로 복종하도록 해야 합니다.

이와 같이 제후들의 권력을 분산시키기 위해서는 각 제후들에게 영지를 여럿으로 쪼개 나누어 주되 권력이 한 사람에게 집중되지 않도록 해야 하며, 만약 분할한 영지에 제후의 자손이 없을 경우에는 먼저 나라를 세우고 왕의 자리는 자손이 생길 때까지 비워둔 후 자손이 생기면 그때 왕으로 봉하도록 건의했다. 이렇게 해서 제후국의 자손도 왕을 이어

받을 수 있다는 확신을 주게 되면 반역의 마음을 품지 않게 되어 나라의 안정은 자연적으로 이루어질 수 있을 것이라고 했다.

그렇기 때문에 영지가 일단 주어지면 제후국의 종실 자손들은 왕이 못 될 것이라고 걱정하는 사람들이 없을 것이니, 제후들은 반역의 마음을 품지 않을 것입니다. 천자는 제후들을 평등하게 대하려는 마음이 생기고 천하의 모든 백성은 폐하의 인자함을 알게 될 것입니다. 이렇게 되면 천하는 평온하게 될 것이며 폐하의 시대에는 안정적인 통치가 이루어져 후세에는 성군이라는 칭송을 듣게 될 것입니다.

가의는 백성의 뜻을 잘 살펴서 이것을 법으로 만들어 잘 지킨다면, 각 제후들은 반역할 마음을 품지 않을 것이고, 대신들은 문제의 명령에 순종할 것이니, 이로써 모든 백성들이 칭송할 것이라고 건의했다. 결국 권력을 한 사람에게 집중시키지 말라는 가의의 충고였다.

Story 05

우리나라는 큰 종기가 난 것과 같습니다

사람의 몸은 하나다. 우리는 따로따로 있는 각 신체 부위가 구석구석 필요한 곳에서 유기적으로 각각의 역할을 할 때 몸은 하나라는 것을 느낀다. 이렇게 됨으로써 우리가 바라는 정상적인 활동이 가능하다. 그러나 여기서 하나라도 아프다면 몸 상태를 유지하기 어렵게 된다. 가의

는 지금 한나라의 형세를 몸에 큰 종기가 난 것으로 비유했다.

지금 우리 한나라 천하의 형세는 큰 종기가 난 것과 같습니다. 몸의 다리 하나의 크기가 거의 허리만 하고, 팔 하나의 크기가 거의 넓적다리만 해서 평상시에 굽히거나 펴지도 못해서 손가락 한두 개가 저려도 몸을 지탱할 수가 없을 것입니다. 지금 치료하지 않으면 병이 고질병이 되어 나중에는 편작(扁鵲)*과 같은 명의라도 치료할 수 없을 것입니다. 이 병은 단순한 종기가 아니고 팔다리가 오므라드는 중병입니다.

문제 초기에 서로 땅을 많이 차지하기 위해서 왕의 사촌끼리 다툼이 일어났다. 친척들이 서로 왕이 되기 위해 논쟁을 벌이는 일을 가의는 몸의 가벼운 부스럼이 아니라 팔다리가 움직이지 않는 중병이라고 진단한 것이었다.

이 당시 흉노(匈奴)는 그들의 특별한 기동력으로 한나라를 자주 괴롭혔다. 이를 방지하기 위해서 한나라 문제는 직접 매년 흉노에게 생필품과 비단, 옷가지 등을 보내주었다. 그러나 흉노는 이를 고맙게 생각하기보다는 으레 당연한 것으로 여기고 오히려 한나라를 더 괴롭혔다. 도와주는 한나라보다 오히려 도움을 받는 오랑캐가 더 큰소리를 치니, 이 것은 마치 머리와 다리가 거꾸로 된 것과 같은 형국이었다. 가의는 이에 대해서도 건의했다.

---

* 춘추시대 제나라 명의로 성은 진(秦), 이름은 월인(越人)이다. 젊었을 때 남의 집을 관리하는 집사로 일했으며 병을 고치는 재능이 있어 많은 사람들을 치료했다. 주로 제나라와 조나라, 괵(虢)나라에서 활동했다. 조나라에서 '편작'이라고 불렸는데, 이후로 보통 명의를 편작이라 부르게 되었다.

오랑캐에 대해 징계하고 명령하는 것은 대왕께서 취할 행동이고, 그들에게 물자를 주는 것은 신하가 행할 일입니다. 그러나 지금은 발이 위에 있고 머리는 반대로 아래에 있습니다. 이처럼 거꾸로 매달린 것을 제대로 풀어주지 못하니, 이 나라에 어찌 인물이 이렇게도 없습니까? 지금은 거꾸로 매달린 것만이 아니라 다리를 다쳐서 제대로 앉지 못하는데 여기에 중풍까지 온 상태입니다. 다리를 다친 것도 아픔이고 중풍도 아픔입니다. 지금 오랑캐와 맞물려 있는 서쪽과 북쪽의 변방**에서는 벼슬과는 상관없이 모두가 강제로 부역에 동원되어야 하며 키가 다섯 자인 작은 어린아이도 보초를 서며 봉수를 감시하고 잠을 제대로 자지 못하고 있습니다. 모든 병사들은 갑옷을 입은 채로 자야 하니, 신이 이것을 병이라고 하는 것입니다. 의원은 이것을 고칠 수 있으나 폐하께서는 의원을 부르지 않으니, 신이 눈물을 흘리는 이유는 바로 이것 때문입니다.

대국 천자의 칭호를 가지고 있으면서 조그만 흉노의 침입에도 비굴하게 굴고, 재앙이 그치지 않는데 나라의 신하들도 이를 그냥 보고만 있으니, 가의는 이를 전혀 이해할 수 없었다. 가의는 흉노에 대해서 아무런 대책이 없는 한나라 문제의 정책을 매우 심각하게 보았다. 당시 흉노 무리는 한나라와 비교하면 일개 군(郡)에 불과할 정도***인데, 온 천하가 한 군(郡)의 무리 때문에 고통을 받고 있으니, 가의는 이것을 정말로 한심하게 생각했다. 그래서 가의는 다음과 같이 건의했다.

***

** 흉노의 침입을 자주 받았던 지금의 간쑤성과 내몽고 자치구 국경 지역을 말한다.
*** 흉노는 소규모로 끼리끼리 집단 생활을 하면서 특출한 기동력을 활용해 한나라 마을들을 괴롭혔다.

52 히스토리텔링 차이나

지금 흉노가 우리 한나라를 침입해도 우리 병사들은 적은 잡지 않고 민가의 돼지와 집토끼나 잡고 있으며 나라의 재난을 다스리지 않고 있습니다. 이는 나라를 망하게 하는 지름길입니다. 대왕의 덕은 다른 여러 나라에도 널리 떨쳐야 하는데, 겨우 몇 백리 나라 안에서도 위엄과 명령이 통하지 않고 있습니다. 이는 눈물을 흘려야 할 일입니다.

가의는 지금 한나라 병사들이 군기가 해이해져 사냥이나 하러 다니며 남의 집토끼를 빼앗고, 흉노가 침입해 들어와 백성들의 생필품이나 농산물을 빼앗기고 달아나도 본 체도 하지 않는다고 비판했다. 그런 한나라 병사들을 보다 못한 가의는 문제에게 지금의 한나라가 마치 머리와 다리가 거꾸로 된 듯한 형국이라고 통탄했다. 몸에 병이 나서 제대로 움직이지 못하는 것과 같은 상황이었다.

Story 06
분쟁을 일으키면 나라가 망한다

국가가 인간의 본성을 존중하지 않고, 개인과 공동체적 가치를 버리고, 마치 기계가 움직여서 제품을 찍어내는 것처럼 성과만을 위한 정책을 실행한다면, 나라의 정체성은 오래가지 못한다. 더구나 그것이 전체주의를 유지하기 위한 성과주의라면, 기계의 수명이 다해 망가지듯 국가도 오래가지 못하고 망가질 것이다. 이런 현상은 성과주의를 내세우는 어느 집단이나 마찬가지다. 성과에는 물질적 성과뿐만 아니라 정신

적인 성과 모두가 포함된다. 사회나 국가가 그들만을 유일체로 만들기 위해 나 아니면 적이라는 이분법의 논리를 만들고, 거기에 모든 것을 꿰맞춰 다른 사람의 말에 귀를 기울이지 않고 오로지 자신의 주장만을 내세우는 것이야말로 전체주의를 위한 성과주의다.

그러나 사회나 국가가 인간의 가치를 바탕으로 한 성과를 추구하고, 서로 다른 각 집단의 성격에 따라 적절하고 합리적인 보상이 이루어지도록 해준다면, 개인과 사회에 커다란 발전이 있을 것이다. 또한 공동체 간에 서로 동기 부여가 되면 성격이 다른 집단과 소통과 협력을 통해 더 나은 성과를 이끌어낼 수 있기 때문이다.

가의는 진나라에서 실시한 상앙(商鞅)의 일편적인 성과주의에 대해 통탄했다. 진나라를 망하게 한 원인이 되었던 상앙의 성과주의란 오로지 성과만을 위해 다른 사람의 말을 경청하지 않고 서로를 감시하게 만들고 나라를 갈등 구조로 만드는 것이었다. 이러한 일편적 성과주의에 대해 가의는 많은 걱정을 하며 문제에게 수차례 건의를 했다.

가의는 진시황이 중국을 통일한 후 14년 만에 멸망한 이유 중 하나를 상앙의 지나친 성과주의로 꼽았다. 가의가 그토록 걱정을 한 상앙의 변법(變法) 성과주의의 실체는 이렇다.

상앙은 전국시대 위(衛)나라 사람이었다. 그는 이름이 앙(鞅)이고 성이 공손(公孫)이었다. 그렇지만 위나라의 '상(商)'이라는 지역에서 관직을 가지고 있었기 때문에 상앙이라는 이름으로 불렸다. 상앙은 젊어서 이름과 명분을 따지는 형명지학(刑名之學)을 좋아했는데, 상앙이 태어난 위나라와 이름이 같은 또 다른 위(魏)나라의 재상 공숙좌(公叔座)[*]는

히스토리텔링 차이나

---

[*]　위(魏)나라 혜왕 때의 재상으로 혜왕에게 상앙을 관직으로 추천했으나 혜왕이 받아들이지 않았다.

그런 상앙을 현명하고 재능이 특출한 제자로 매우 아꼈다. 그러나 공숙좌가 죽은 후 상앙은 위(魏)나라를 떠나 진(秦)나라로 가서 효공(孝公)**으로부터 총애를 받고 있던 경감(景監)***의 주선으로 진나라 왕 효공을 만났다. 효공을 만난 상앙은 3000여 년 전 전설 속 삼황오제의 도리부터 1500년 전의 요순시대 군주의 도와 예, 그리고 200여 년 전 제나라 환공과 초나라 장왕 등 춘추오패의 예에 관한 이야기를 해주었다. 그러나 효공은 오래된 옛날이야기만 하는 상앙의 말 도중에 자주 하품을 하며 잘 듣지 않았다. 효공은 상앙에게 말했다.

"그 이야기는 너무 오래된 이야기인 데다 너무 길고 내용이 진부해서 나는 재미가 없소. 현명한 군주는 자기가 현직에 재위하고 있을 때 천하에 이름을 드러내려 하는 법이오."

효공은 수십 년 후 자신의 업적과 공이 드러나는 것에는 전혀 관심이 없었다. 오히려 지금 당장 성과를 내는 정책에 대해서만 관심을 가지고 있었다. 상앙은 이를 바로 알아차리고 말했다.

"확신 없는 행동에는 자신의 공과 명성이 따르지 않고, 확신 없는 일에는 성공이란 것이 없습니다. 또한 다른 사람들보다 뛰어나서 앞선 행동을 하는 사람은 원래 세상 사람들로부터 비난을 받게 되어 있고, 뛰어난 생각과 식견을 가진 사람은 백성들로부터 거만하고 오만하다는 소리를 듣게 마련입니다. 그리고 어리석은 사람들은 이미 만들어진 일도 그것이 어떤 것인지 잘 모르지만, 지혜로운 사람들은 일에 관한 앞일을 미리 예견할 수 있습니다. 그렇기 때문에 백성들은 어떤 일을 시작할 때는 의견들이 분분하고 말들이 많으나, 그 성과가 좋게 나오면 모두가 좋

**   기원전 361~338년 동안 재위한 전국시대 진나라의 왕. 상앙의 변법을 받아들였다.
***   경 씨 성을 가진 대감을 뜻한다.

아합니다. 인품과 덕이 높은 사람은 세속과 타협하지 않으며, 큰 성과를 만들어내는 사람은 일반 사람들과는 상의하지 않습니다. 나라를 강하게 하려는 훌륭한 정치인은 옛날의 관습을 따르지 않습니다. 마찬가지로 백성을 이롭게 하는 것은 옛날의 구습을 좇지 않는 것입니다."

상앙은 현실을 타파하기 위해 옛날 법을 모두 버리고 새로운 법을 만들어 강력하게 추진할 것을 건의했다. 이것이 진나라 효공이 실시한 소위 '상앙의 변법(變法)'의 시작이었다. 변법의 사전적 의미는 '법률을 고침 또는 그렇게 해서 고친 법률'이다. '상앙의 변법'은 오직 결과와 성과만을 중시하는 정책이었다. 일을 안 하고 게을러서 가난한 자는 전부 붙잡아서 관청의 노비로 삼았으며, 군주의 친척이라도 뚜렷한 실적과 공이 없으면 족보에 올릴 수 없었다. 마을 사람들도 서로가 서로를 감시하게 만들어 고발하지 않는 사람은 형벌에 처했고, 나쁜 짓을 하는 사람을 고발하는 사람에게는 상을 주었다. 그리고 병사의 직급도 실적과 업적만 따져 올려주었다. 사람이 숨 막혀 살 수 없는, 기계로 찍어내는 듯한 일편적 성과주의였다.

효공은 상앙이 주장한 내용을 새롭게 법령으로 만들어 진나라 백성들로 하여금 준수하도록 했다. 그러다 보니 잘못을 고발하기 위해 시어머니가 며느리를 감시하고, 며느리는 시아버지 앞에서 두 다리를 뻗고 아이 젖을 먹이고, 가난한 집에서는 아이들을 부잣집에 저당 잡혔다. 제 식구만을 위하고 이익만을 좇다 보니 마을 사람들은 서로를 욕하며 싸움이 잦았다.

효공의 이러한 정책은 결국 있는 자가 없는 자를 힘으로 누르고, 많이 배운 자가 덜 배운 자를 무시하고, 강자는 약자를 약탈하고, 힘이 센 자는 노쇠한 자를 업신여기는 현상으로 나타나 사회의 혼란이 극에 달했다. 또한 빈부의 격차가 매우 심해져 『한서』에 이런 기록까지 있었다.

일반 서민들의 생활이 정도를 넘어서 재산이 억만금을 가지고 있는 사람들이 생겨난 반면 가난한 자는 술지게미와 겨를 먹었다.

이것이 진나라 효공 때 실시한 상앙의 변법의 내용이다. 사람이 지닌 최소한의 도덕적 가치를 판단하는 능력까지도 실종된, 상앙의 지나친 성과주의였다. 그 결과 진나라 사회는 둘로 분열되어 극심한 양극화 현상이 일어났다.

가의는 한나라가 이를 답습하지 않고 서로를 포용하는 건강한 나라로 나아가도록 문제에게 건의한 것이었다.

일확천금을 노리는 사람이 많으면 나라가 망한다

부(富)는 노력해서 그 결과로 얻어지는 것이라야 가치가 있다. 일확천금(一攫千金)이란 말이 있다. 여기서 일확(一攫)이란 '한번에 움켜진다'는 의미다. 그래서 일확천금이란 '천금이나 되는 아주 큰돈을 노력도 없이 한번에 움켜진다'는 뜻이다. 노력 없이 갑자기 돈을 번 사람을 우리는 졸부(猝富)라고 부른다. 반면 꾸준한 노력으로 돈을 번 사람은 존경받는 부자다. 부자들이 존경을 받는 사회가 되어야 한다. 그것이 곧 선진국이다.

"제 노력보다 훨씬 많은 부를 얻었기 때문에 그 이상은 덤인 것 같습니다."

국내 인터넷 관련 회사의 대표가 자기 전 재산의 반을 사회에 기부하겠다는 뜻을 밝히면서 했던 말이다. 참으로 가치 있고 감동적이고 의미 있는 말이다.

가의도 일확천금을 노리는 졸부가 점점 많아지고 있는 한나라를 걱정했다. 그리고 이것을 제대로 통제하지 못하고 있는 문제에 대해서 매우 안타깝게 생각했다. 『한서』 식화지(食貨志)*에는 백성들이 농사를 짓지 않고 돈을 주조하기 위해 산으로 들로 철과 동을 캐러 다니는 일들이 비일비재하게 발생해, 이것을 막기 위해 가의가 문제에게 진언한 일곱 가지 내용이 기록되어 있다.

첫째, 일반 백성들에게 화폐를 주조하지 못하게 하면 백성들이 불법적으로 돈을 주조하지 않아 범죄 행위가 줄어듭니다.

둘째, 위조 화폐가 없어지면 백성들이 서로 의심하지 않게 됩니다.

셋째, 철과 동을 캐고 동전을 주조하던 사람들이 다시 농사일로 돌아갑니다.

넷째, 철과 동이 모두 국고로 들어와 나라에서 축적해둔 동으로 물가를 조정할 수 있습니다. 즉 화폐의 가치가 떨어지면 동전을 거두어들이고, 화폐의 가치가 올라가면 동전을 방출하는 정책을 시행하면, 화폐와 물건의 가격 비율이 일정하게 균형을 이룰 수 있습니다.

다섯째, 저장해둔 청동으로 병기를 만들어 나라가 위급할 때 사용할 수 있습니다.

여섯째, 나라에 축적해둔 동으로 모든 재화를 조절하고 수급을 고르게 하고 이로 인해 생긴 이득을 세금으로 거두어들인다면, 국가의 재

히스토리텔링 동양사

* 한나라의 경제 사상을 기술해놓은 내용이다.

정은 풍부해지고 가격 폭등으로 폭리를 일삼는 자들은 모두 없어질 것입니다.

일곱째, 남아도는 생산물은 흉노에게 주어 흉노를 우리 쪽으로 유인하면, 우리 한나라 백성들이 흉노의 괴롭힘으로부터 벗어날 수 있습니다. 그러므로 국가를 잘 다스리는 지도자들은 화를 복으로 만들고 실패를 성공으로 바꿀 수 있어야 합니다. 지금 대왕께서는 위의 일곱 가지 복을 버리시고 도리어 큰 화를 입고 계시니, 신은 진실로 이를 통탄합니다.

그러나 문제는 가의의 건의를 듣지 않고 오히려 동 광산을 더 개발해서 캐도록 했다. 농민들은 농사일을 버리면서까지 일확천금을 노리고 동을 캐러 다녔고, 개인이 만든 위조 화폐가 퍼져서 결국은 어부 출신인 등통(鄧通) 같은 사람이 주조해서 만든 화폐가 나라에서 주조한 화폐보다 더 많게 되었다. 개인의 부가 나라의 재정보다 더 커지는 현상까지 발생한 셈이었다. 이로 인해 백성들 사이에 불신이 커지고 각종 인플레는 극에 달했다.

Story 08

국가가 나서서 전매를 실시하십시오

지금 세계 여러 나라에서 실시하고 있는 전매제((專賣制)는 누가 처음으로 만들었을까? 전매제란 국가가 재정 수입을 목적으로 특정 물품의 생산과 판매를 독점하는 제도를 말한다. 우리나라의 담배와 홍삼 같은 제품은 예전에는 국가에서 지정한 회사에서만 생산하고 판매했던 전

매품이었다. 지금은 개인이 아무나 판매할 수 있는 소금도 1961년까지만 해도 국가가 지정해주는 판매처에서만 살 수 있는 전매품이었다.

가의는 한나라에서 전매제를 처음으로 실시했다. 지금으로부터 2,200여 년 전이었다. 가의는 한나라의 화폐 정책이 실패했음을 알고, 대신 그동안 일반 사람들이 직접 취급하던 동과 철, 소금 등의 생산을 국가가 일반인에게 직접 공급하는 전매제로 바꿀 것을 주장했다. 그리고 납과 철로 화폐를 주조하는 것을 불법으로 통제하고, 대신 일반인들이 동과 주석으로 돈을 직접 주조할 수 있도록 일부 허용을 해주되, 동과 주석이나 철의 공급을 국가가 직접 통제해서 일반인들이 만드는 화폐의 양을 조절하자는 게 가의의 생각이었다. 당시 일반 백성들은 값이 비싼 동과 주석 대신 값이 싼 납과 철을 섞은 위조 화폐를 만들어 막대한 이득을 남기고 유통시켰기 때문이었다.

『한서』 식화지에는 은밀히 숨어서 위조 화폐를 만드는 사람들의 수가 한 현에 수백 명씩이나 있었고, 이들은 붙잡혀도 곤장 몇 대만 맞으면 풀려나곤 했으며, 도망간 자도 매우 많다는 가의의 말이 기록되어 있다.

개인이 화폐를 만들 수 있도록 허용함으로써 지금 백성들은 은밀히 숨어서 값이 싼 납과 철을 섞은 위조 화폐를 만들어서 불법으로 막대한 이득을 챙기고 있습니다. 이들을 비록 무거운 죄로 처벌하더라도 그것을 막을 수 없는 지경에 이르렀습니다. 지금 납과 철을 섞은 불법 위조 화폐를 만들어 형벌받은 자가 한 현에 수백 명에 이르고 있으며, 붙잡혀 곤장을 맞거나 달아난 자들도 매우 많습니다.

가의는 주석과 철, 동의 생산을 국가가 담당하는 전매제를 통해서 철저히 관리하도록 했다. 일반인들의 위조 화폐 제조가 근절되지 않았기에 국가에서 원료를 공급해주고 민간인들이 화폐를 생산하는, 지금으로 말하면 국가가 민간인에게 원료를 공급하고 화폐의 생산을 외주로 주는 생산 방식을 건의했다.*

국가가 일률적으로 화폐 주조의 직접 원료가 되는 납과 철, 동을 전매함으로써 원료의 수급 조절이 가능해졌고, 또한 가격을 국가가 조정했기 때문에 화폐의 제조 관리와 통화량 조절이 가능해졌다. 이로 인해 민생이 안정되고 경제가 비교적 원활하게 움직였다. 이와 함께 가의는 중앙 정부가 소금과 철의 생산 현지에 이를 전담하는 관청을 두어, 생산과 판매의 일원화로 개인이 갖던 이윤을 국가가 소유하는 정책을 실시했다.

소금의 경우 소금 생산지에서 소금을 끓여낸 뒤 거기서 생산된 소금을 정부가 일괄적으로 수매하고 판매하는 제도를 만들었으며, 철의 경우도 중앙 관리를 현장에 파견하여 철의 생산지에서 채굴과 제철 후 철을 판매한 수익금을 국가 소유로 하는 전매제를 만들었다.

이와 같이 전매품의 유통을 독점하는 제도를 실시한 중앙 왕실은 막대한 부를 얻게 되었다. 그 덕분에 일반 백성들의 조세 부담은 줄어들고 국가 재정은 넉넉해졌다. 아울러 국방력도 자연스럽게 강화되었을 뿐만 아니라, 재정 지원을 통해 그동안 중앙 정부에서 골머리를 앓았던 지방 제후들을 매우 효율적으로 다스릴 수 있게 되었다. 그러나 이런 와중에도 시중에는 넘치는 화폐로 인해 인플레가 극심해지고, 백성들의 사치가 극에 달했다.

* 일반인들이 주조하는 사전(私錢)은 문제 다음 왕인 6대 경제(景帝) 6년 때 완전히 금지되었다. 가의 사후 24년이 지난 후였다.

Story 09

개인이나 국가나 돈이 있어야 한다

한나라에 인플레가 일어난 주된 원인은 개인들이 지나칠 정도로 화폐를 마음대로 주조하는 것이었다. 당시 화폐를 주조하는 데 사용했던 동은 백성들은 제대로 구할 수가 없어서 가격이 매우 비쌌다. 그러다 보니 백성들은 값비싼 동 대신 값싼 철이나 납을 섞어서 화폐를 만들었다. 그렇게 개인이 값싸게 주조한 화폐가 엄청나게 많아서 이것이 물가를 올리는 인플레의 주요인이 되었다.

돈이 넘쳐흐르다 보니 각 지방 제후들은 돈을 쌓아놓고 값비싼 사치품들을 사들였다. 또한 세력이 커진 제후들은 한나라 왕실을 압박하기 시작했다. 한나라 왕실이 가장 골머리를 앓고 있던 문제점은 지방 제후들의 세력 팽창을 막는 대책, 그리고 북방의 흉노 문제였다.

가의는 제후들이 점점 거대해지고 방종해지는 가장 큰 이유가 경제적인 부분에서 나온다고 판단했다. 그는 한 제국의 중앙 집권을 강화하기 위해서는 국가의 부가 가장 중요하다는 경제 논리를 펼쳤다. 그리고 경제의 중요한 출발점은 바로 화폐와 개인과 국가의 저축으로부터 나온다는 생각을 가지고 있었다. 돈과 화폐에 대한 개념을 처음으로 언급한 학자는 제나라 관중(管仲)*이었지만 이것을 부와 연관시켜 화폐라는 수단을 이용해 저축 개념을 도입한 사람은 가의였다. 가의는 물건을 사

---

* 제나라 환공을 도운 실용주의 사상가. 관자(管子)라고도 부른다.

거나 팔 때 직접적인 지급 수단이 바로 화폐이며, 구매와 판매 행위는 각각 구분된다는 인식을 가지고 있었다. 이것은 그 당시까지 이용되었던 물건과 물건을 직접 교환하는 물물교환의 개념을 뛰어넘는 인식으로서, 물건을 사고파는 행위가 분리되어 존재할 수 있기 위해서는 지급 수단이 존재해야 하는데, 그 역할을 하는 것이 바로 화폐라고 정의한 것이다. 물건을 사고파는 행위에 대한 정확한 개념 정리였다. 그리고 화폐를 보존하기 위해서는 어떤 행위가 필요한데, 그것을 '저축'이라고 정의했다. 화폐가 가진 저축 개념을 정립한 것이었다.

"저축은 국가나 개인에게 모두 필요한 것이다. 개인의 저축은 기근과 불황, 춘궁기에 곤궁을 면하게 해주며, 국가의 저축은 재정 안정화와 국방력 강화에 절대적으로 필요한 것이다."

저축의 정의와 개념을 정립한 이때 가의의 나이는 29세였다. 이 당시 가의의 경제 개념 및 화폐에 대한 이론은 시대를 앞서간 천재적인 것이었다. 당시 사람들은 단순히 물건을 사고파는 데 돈이 필요하다는 건 알더라도 화폐가 가진 개념에 대해서는 정확히 인식하지 못했다. 화폐의 개념을 이해하고 저축을 말한다는 것은 당시로서는 너무나 앞서간 경제 논리였다. 한나라 문제 시기는 돈이 너무 넘쳐 사치가 매우 심했다. 가의는 이러한 사회 현상을 방지하고자 저축이라는 개념을 만든 것이었다. 『한서』식화지의 기록은 당시의 상황을 이렇게 적고 있다.

백성의 살림은 넉넉했고 집집마다 모두 생활이 풍족했다. 도성과 변방의 곳간은 모두 가득 찼고 관청의 창고도 물자가 넉넉했다. 도읍으로 모인 돈이 수백만 전이나 되어 엽전을 꿴 줄이 끊어져 계산할 수가 없을 정도였다. 도성의 창고에 비축된 곡식이 해마다 계속 쌓여서 밖으로 흘러넘쳐 썩어도 다 먹을 수가 없을 정도였다. 서민들도 거리에서 말을 타고 다녀서 논밭 사이에 말을 탄 사람이 무리를 이루었으며, 암말을 타고 다니는 사람은 모임에 끼워주지도 않았다. 마을의 문을 지키는 문지기도 잘 익은 밥과 맛있는 고기를 먹었고, 말단 관리도 자손에게 훌륭한 교육을 시킬 수 있었으며, 관직을 맡은 사람은 자신의 이름에다 관직명을 붙여서 사용했다.

그러나 '지나치면 모자란 것과 같다'는 과유불급(過猶不及)이란 말처럼, 백성들이 부유해지면서부터 생활과 법망을 피해 재물을 쌓아두고 분수에 넘치는 생활을 하는 사람들이 생겨났다. 일부 지방의 토족 세력들이 토지를 강제로 빼앗아 세력화되면서, 이들이 중앙 정부에 반기를 들고 반란 세력으로 변질되는 일이 벌어졌다. 여기에 왕실에서는 임금의 친족과 왕후, 공경, 대부 등 벼슬을 가지고 있는 대신들 모두가 사치를 일삼았다. 『한서』에는 당시 상황을 이렇게 기록하고 있다.

가옥과 수레와 의복이 분수에 넘쳐 사치가 끝이 없었다. 모든 것이 융성하고 재화와 물자가 넘치면 반드시 쇠퇴하는 것이야말로 진리의 원칙이다.

이러한 현상은 사람의 욕심은 끝이 없다는 인간의 근본적 욕망에서 출발한다. 우리는 작은 것을 보고 즐거워하는 마음만 가지고 있어도 자신과 사회를 평안하고 안정되게 만들 수 있다. 가의가 늘 안타까워하는 마음이 바로 그것이었다. 우리에게는 욕심을 절제할 수 있는 마음이 필요하다. 아울러 나라에서도 백성들을 위한 올바른 정책과 제도를 만들고 위정자들이 솔선수범하는 모습을 보일 때 비로소 백성들이 따르게 되어 있다.

Story 10

바른말하는 선비를 죽이면 아무도 입을 열지 않는다

"오늘 내가 죽어도 세상은 바뀌지 않는다. 그러나 내가 살아 있는 한 세상은 바뀐다"라는 말이 있다. 세상을 바꾸기 위해서는 누군가 그 역할을 하는 사람이 있어야 한다. 나 자신이 될 수 있고, 내 경쟁자가 될 수도 있고, 아니면 나와 전혀 상관없는 다른 사람이 될 수도 있다. 어느 시대나 세상이 어지러울수록 이런 역할을 할 사람이 더욱 필요하다. 그리고 이런 역할을 하는 사람은 반드시 나오게 되어 있다.

나라를 다스리는 임금은 세상을 바꾸는 역할을 하는 사람과 신뢰를 바탕으로 끝까지 함께해야 한다. 하지만 여기 믿었던 왕에게 죽임을 당한 안타까운 인물이 있었다. 바로 조조(晁錯)의 경우였다.

조조는 허난성 사람으로 상앙의 변법과 형명학(形名學)[*]을 공부했다. 『사기』에 의하면 조조의 성격은 강직하고 준엄하며, 비정하고 각박했다고 한다. 조조는 특히 중국의 고대 역사서인 『상서(尙書)』[**]를 좋아했다. 그는 항상 역사에 답이 있다고 생각했다. 그래서 『상서』를 인용해 국정을 풀어나갔으며, 『상서』에서 국정의 해답을 찾았다.

조조는 농업을 가장 중시했다. 그는 농업을 국가 경제의 가장 중요한 수단으로 보고 무게, 부피, 길이에 대한 개념을 정립하여 농민들에게

---

[*]   잘한 것은 상을 주고 잘못한 것은 엄격하게 벌을 주는 통치술을 말한다.
[**]   보통 『서경(書經)』이라고 하는데, 요, 순, 하, 은, 주 시대의 역사를 기록한 책이다. 참고로 『춘추(春秋)』는 중국 노나라의 역사를 모아놓은 책이다.

알려주었다. 그는 농업 중에서도 특히 벼의 생산을 가장 중요한 사회적 가치로 본 중농주의자였다. 농민을 매우 우대하고 벼의 수매제를 법령으로 규정하여 벼의 생산량에 따라 상벌을 달리했다.

조조는 모든 백성과 제후들에게 전반적으로 적용할 수 있는 법령을 제정해서 이를 엄격하게 집행했다. 법령에 상벌 규정을 두고 철저하게 적용했으며, 진시황 때 통일시킨 무게와 부피에 대한 원칙을 법으로 제정해서 농민들이 농산물을 거래할 때 정해진 원칙대로 따르도록 강력한 정책을 실행했다.

아무리 좋은 제도라도 실행이 안 되면 아무 소용이 없다. 진시황이 통일해놓은 도량형 개념도 농업을 중시했던 조조가 일반 백성들이 널리 사용하도록 강력한 정책을 폈기에 성공을 거둘 수 있었다. 그는 원칙을 중시해서 한번 세워진 원칙은 반드시 따르도록 했다. 그리고 제후국들의 봉토를 다시 회수하여 중앙 집권제를 더욱 강화시키려고 했다. 주변 제후국들은 조조의 이러한 중앙 집권 강화책을 가만히 두고 볼 수는 없는 일이었다.

조조는 한나라 문제에게 자주 상소를 올려 세력이 팽창하는 제후들의 봉토를 깎고 그 숫자를 줄이는 법령을 제정해 시행하자고 건의했으나 번번이 거절당했다.

마침 문제가 죽고 6대 경제(景帝)가 새롭게 왕으로 즉위했다. 경제는 조조를 매우 총애해서 지방을 관장하는 내사(內史)로 임명했다. 경제의 총애를 받는 조조에게 어느 누구도 감히 반대 의견을 내놓지 못했다. 경제에게는 충신 신도가(申屠嘉)***라는 나이 많은 승상이 있었는데, 그 역시 자신보다 거의 40년이나 어린 조조를 감히 건드리지 못했다.

하스토리텔링 차이나

*** 유방을 도운 한나라 개국공신이다.

한번은 이런 일이 있었다. 궁궐에 한고조의 아버지인 태상황(太上皇)의 사당 담벼락 바로 바깥에 빈터가 있었는데, 담이 가로막고 있어서 빈터로 가기가 불편했다. 조조는 경제의 허락도 없이 출입이 자유롭도록 사당의 담을 헐고 두 개의 문을 내었다. 신도가가 이 사실을 듣고서는 크게 노해서, 이것을 빌미로 조조를 처형하도록 경제에게 상소를 올리려고 했다. 조조는 그 사실을 미리 알고 그날 밤 바로 경제를 찾아가 그 이유를 상세하게 설명했다. 며칠 후 신도가는 경제에게 조조가 함부로 사당의 담을 헐고 문을 만들었으니 처형해야 한다고 아뢰었다. 그러자 경제는 한마디로 신도가의 말을 끊어버렸다. 신도가는 경제에게 아무런 말도 못하고 물러설 수밖에 없었다. 조정에서 물러난 신도가는 매우 노해서 여러 대신들 앞에서 이렇게 말했다.

"조조를 처형할 것을 황제께 말씀드렸으나 거절당했다. 어린 녀석한테 모욕을 당했으니 애당초 내 잘못이다."

경제의 충신 신도가는 이 일로 인해 마음에 큰 상처를 입고 병들어 죽었다. 조조의 명성은 더욱더 높아졌다. 이 일 이후로 경제는 조조를 더욱 총애했다. 조조가 국가 정책을 결정하는 일이 많아졌고, 법령을 개정하는 일도 잦았다. 조정의 대신들은 조조가 국정을 좌지우지하는 것을 매우 염려했다.

경제 때는 백성들이 풍요롭게 되어 지방 재정이 풍족해졌다. 이에 따라 지방 제후들의 세력은 더욱 팽창했고, 또한 북방 흉노의 침략은 갈수록 심해졌다. 조조는 흉노에 적극적으로 대처하기 위해서는 북방 변경 지역을 강화해야 하며, 지방 제후 세력이 확대되는 것을 막기 위해서는 그들의 잘못을 찾아서 죄과를 물어 봉토를 삭감하거나 몰수하는 정책을 경제에게 제안했다.

경제는 이 상소문이 올라오자 여러 대신들을 모아놓고 의논하게 했다. 그러나 조조의 위세에 눌려 감히 반대하는 자가 없었다. 오직 두영(竇嬰)****만이 혼자서 반대했다.

많은 제후들은 조조가 정치를 마음대로 휘두르고 자신들의 봉토를 삭감하는 행태를 아주 못마땅하게 생각했다. 그렇지만 조조는 자신이 주장한 중앙 집권 통치로 제후들을 더욱 죄어갔다. 이를 보다 못한 두영은 경제에게 지금 오나라, 초나라 등 7개국이 지방에서 조조에 대항해서 반란을 일으킬 준비를 하고 있으니, 이 반란을 막기 위해 조조를 처벌할 것을 주장했다.

결국 지방 제후국들 가운데 가장 세력이 컸던 오나라 왕 유비(劉濞)와 초나라 왕 유무(劉戊) 등이 주변의 5개 제후국들과 함께 조조를 죽여야 한다는 명목으로 경제 3년인 기원전 154년에 반란을 일으켰다. 이 난을 '오초칠국의 난(吳楚七國之亂)'이라 하는데, 3개월 만에 평정되었다.

하지만 결과적으로 경제는 지방 제후들의 거센 주장을 받아들여 조조를 산시성 장안의 동시(東市)에서 사형시켰다. 아이러니하게도 경제 본인이 가장 총애했던 조조를 자신의 손으로 처형한 셈이었다.

이 '오초칠국의 난'은 지방 제후들이 조조의 정책에 반대한다는 명분으로 일어났지만, 사실 한나라 중앙 정부의 지방 정책에 대한 오래 묵은 불만에 기인한 것이었다. 조조를 죽이면 반란을 중지할 것이라고 생각한 경제는 조조를 죽이고 난 후, 전쟁터에서 막 돌아온 등공(鄧公)에게 물었다.

"그대는 전쟁터에서 돌아왔는데 조조가 죽었다는 이야기를 듣고 과연 반란군들이 전투를 중지하던가?"

"오나라 왕은 수년 전부터 반란을 준비해왔습니다. 봉토를 삭감당한

**** 한나라 경제와 무제 때의 정치가이자 군사 전략가.

데 분개해서 난을 일으킨 것으로 조조의 문제는 한낱 명분을 내세우기 위한 것에 불과할 뿐입니다. 그의 원래 뜻은 조조에 있었던 것이 아닙니다. 신이 걱정하는 바는 선비들이 바른 일에 입을 다물고 다시는 황제께 진언하지 않을 것이라는 점입니다."

"어째서인가?"

"조조는 제후들의 세력이 커지게 되면 그들을 제대로 통제할 수 없게 될까 늘 걱정해서 그들의 봉토를 삭감하는 정책을 수립한 것입니다. 나라의 통치를 원활하게 하기 위한 것이니, 국가에 이익이 되는 것입니다. 그러나 이러한 계획을 시작한 지 얼마 되지 않아 조조 자신은 갑자기 사형을 당하는 처지가 되었습니다. 안으로는 충신의 입을 막고 밖으로는 제후들의 원수를 갚아준 꼴이 되었으니, 신은 폐하께서 잘못 판단하신 것이라고 생각합니다."

그러자 경제는 아무 말 없이 한참을 생각하다가 입을 열었다.

"공의 말이 맞소. 나 또한 후회하고 있소."

그러나 이미 때는 늦었다. 등공은 지금의 산시성에 있는 성고(成固) 사람으로 앞을 내다보는 지략이 매우 뛰어난 정치가였다. 무제 때 등용되어 경제에 이르기까지 입바른 진언을 자주해서 여러 신하들 사이에서도 칭송을 받았던 대신이었다. 그의 아들 장(章)도 유가와 노자의 사상을 두루 섭렵해서 대신들 사이에 명성이 높았다고 전해진다.

조조는 비록 '오초칠국의 난'을 이유로 처형당했지만, 그가 만들어놓은 무게, 부피에 대한 규격화와 수매제 개념은 오늘날까지 사용되고 있다.

히스토리

13

흉노로부터 배우자

야생에서 길러진 또 다른 중국 이야기

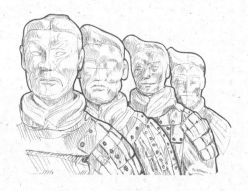

Story 01

유목 민족의 집합체, 흉노

역사적으로 중국의 제후국 및 국가의 생존 수명은 100여 개국으로 쪼개졌던 춘추전국시대를 제외하고 평균 70년을 넘지 못했다.『삼국지』에 나오는 유비의 촉나라는 42년이었고, 조조의 위나라는 45년이었다. 그리고 제일 마지막까지 남았던 손권의 오나라는 58년이었다. 진나라는 초대 양공(襄公) 때부터 진시황의 통일 전까지 약 577년간 유지되었다가, 진시황의 중국 통일 이후 불과 14년 만에 멸망했다. 물론 중앙 집권화를 이루고 경제를 정비한 유방의 한나라는 약 410년간 지속되었다.

이에 비해 흉노족(匈奴族)은 주(周)나라 때부터 진(秦), 한(漢) 시기까지 약 1,000여 년 동안 줄기차게 중국을 괴롭히며 생존해왔다. 흉노는 중국의 고비사막을 중심으로 북쪽과 서쪽 부근의 황량하고 미개척된 광활한 초원에서 활동했던 소수 유목 민족의 집합체를 통칭해서 부르는 이름이다. 이들은 '게르'라고 부르는 이동식 천막에서 살면서 주로 말, 소, 양 등의 가축을 기르며 생활했다. 지역에 따라서는 낙타, 나귀, 노새 등의 동물도 기르며 생활했다.

이들은 일정한 주거지와 정착지가 없었다. 척박한 들판에서 가축을 몰고 물과 풀이 있는 곳을 따라서 옮겨 다니며 생활을 했기 때문에 국가에 대한 개념 같은 것도 없었다. 그러나 이들은 자기들만의 세력 범위와 경계에 대한 개념만은 확실히 가지고 있었다.

글이나 문자도 가지고 있지 않았으며 전해지는 서적도 없어서 기록 대신에 말로 전했다.

그렇기에 문화적으로 낙후될 수밖에 없었다. 예의범절 같은 모습은 찾아보기 힘들었다. 이들의 주거지는 옮겨 다니는 평원이었고, 성곽이나 집을 지을 필요도 없었기 때문에 남겨진 유적도 거의 없다. 몇몇 건물 유적을 제외하고는 고작 무덤 터 같은 것뿐이다. 말을 타며 기동성을 중시하는 유목 민족의 특성상 어쩔 수 없는 현실이다.

이들은 어렸을 때는 양을 타는 법을 배워서 양을 탔으며, 활로 새나 쥐를 잡았고, 소년이 되어서는 여우나 토끼 사냥을 해서 양식으로 먹었다. 성년이 되어서는 자유자재로 활을 다룰 수가 있어 남자들은 항상 활로 무장하고 다녔다. 전쟁이 나면 곧바로 싸움터에 나갈 수 있는 기마병으로 활동했다.
그들은 전통적으로 목축업이나 새나 짐승을 사냥해서 생계를 꾸려나갔지만, 생필품이 모자라는 긴급한 상황이 벌어지면 모두가 군사 행동에 나서 다른 나라를 침략해 물품을 조달했다. 이것은 그들의 타고난 천성이었다.

그들은 기본적으로 말 위에서 활과 화살 그리고 창과 검을 다루었다.

Story 02
생존을 위해 치고 빠져라

어떤 일을 하기 위해서는 목표가 명확하고, 그 핵심을 정확히 알아야 한다. 세상이 복잡해질수록 자신이 나아가야 할 길을 또렷하게 정해야 할 필요성을 더욱 느끼게 된다. 자신의 생존과 관련된 일이라면 더욱 그러하다. 우리는 흉노에게서 이런 사실을 찾을 수 있다.

흉노에게는 '선우(單于)'라 불리는 왕이 있었다. 그러나 왕을 위한 거대한 궁궐은 없었다. 그들의 목적은 분명하고 또렷했다. 바로 생존을 위해 치고 빠지는 것이었다. 전투에서 흉노의 특징은 승산이 있을 때는 앞으로 과감히 돌진하고, 불리할 때는 뒤로 재빨리 후퇴하는 것이었다. 그들은 도주하는 것을 절대 수치로 여기지 않았다. 게다가 상황 판단이 아주 빨랐다.

오로지 이익을 위해서만 전념할 뿐, 형식 따위는 전혀 고려하지 않았다. 먹는 것부터 건강하고 건장한 사람을 우선했으며, 노약자나 몸이 약한 사람들을 천시했다.
전통적으로 이름만 불렀을 뿐 성(姓)이나 글자 같은 것은 아예 없었다.

흉노는 예의범절보다 힘이 세고 말을 잘 타고 활과 검을 잘 다루는 사람이 우선이었다. 춘추전국시대 이후로 중국을 늘 괴롭혔기에 중국으로서는 커다란 골칫거리였다. 그래서 흉노족 하면 우선 떠오르는 것이 북방 오랑캐 민족이라는 것과 함께 진시황이 흉노를 막기 위해 세운 만리장성(萬里長城)이다.

그러나 흉노는 우리에게 아무런 피해도 주지 않았다. 오히려 이들은 우리와 같은 북방 알타이 어족에 속하는 민족으로서, 우리가 이들을 부정적으로 볼 필요는 전혀 없다.

중국에서 오랑캐라고 부르는 민족은 지금의 간쑤성에 있는 고비사막 서쪽으로 면저(綿諸), 곤융(緄戎), 원(獂), 적(翟)이라고 불리는 오랑캐가 있었으며, 지금의 산시성(山西省)에 위치했던 진나라 북쪽에는 의거(義渠), 대려(大荔), 오지(烏氏), 구연(朐衍) 같은 오랑캐가 있었다. 그리고 산시성(陝西省) 북쪽에는 임호(林胡), 누번(樓煩) 등의 오랑캐가 있었으며, 지금의 북경 부근에 있었던 연나라 북쪽에는 동호(東胡), 산융(山戎) 같은 오랑캐가 있었다.

흉노나 오랑캐라는 말은 중국에서 부르는 용어였다. 고대 중국에서는 한족 이외의 민족을 모두 오랑캐라고 불렀다. 심지어 우리 고조선도 동쪽에 있는 오랑캐라고 하여 동이(東夷)라고 불렀다.

중국에게 오랑캐라고 불리는 이들은 모두가 생존하기 위해서 환경에 맞추어 살아온 선한 민족들이었다. 이들은 주로 골짜기를 사이에 두고 각기 떨어져 살았다. 가끔 서로 합치는 일은 있어도 하나로 통일되지는 못했다. 고대 중국 사람들은 흉노에게 얼마나 많은 괴롭힘을 당했던지 시나 노래로 남길 정도로 매우 증오했다. 『시경(詩經)』에 이런 시가 있을 정도였다.

오랑캐들이 준동해서 우리들은 너무 힘들도다.
왕이 출정하여 우리나라 구해내셨다.
우리가 증오하는 오랑캐를 쳐부수어 큰 공을 이루리라.

흉노는 특유의 기동성을 활용해 툭 치고 빠지는 식으로 침략과 노략

질을 일삼았다. 이들의 역사는 초기 중국의 역사와 거의 같은 시기에 시작되었지만 문자가 없었고 한곳에 오래 정착하지 못했기 때문에 별로 알려진 것이 없다. 이들은 다른 나라를 점령해서 그곳을 빼앗기보다는 자신들의 기동성을 살려 단순한 약탈 행위를 일삼았다.

Story 03
야생에서 길러진 사람들

일반적으로 군대에서 병력과 무기 장비 등을 빠르게 이동시킬 수 있는 능력을 기동력이라고 표현한다. '기동력이 좋다'는 것은 그만큼 빨리 움직이며 활동할 수 있는 영역이 넓다는 의미다. 상대방이 10걸음 갈 때 나는 20걸음 갈 수 있다면, 그만큼 활동 영역이 넓고, 기동성이 좋고, 또한 유동성이 좋다는 말이다. 흉노가 바로 그랬다. 진시황 때 이사가 건의한 내용을 보면 흉노의 특성을 알 수 있다.

"흉노는 성곽 같은 건축물을 만들지 않아서 한곳에 정착하는 일이 없고, 재산이나 물건을 한곳에 쌓아놓는 일이 없으며, 동작이 새처럼 빠르게 옮겨 다니니 잡기가 어렵습니다. 우리 진나라 군사가 먹을 음식과 무장을 가볍게 하고 흉노를 치러 깊숙이 들어가면 거기까지 식량 공급이 제대로 안 되어서 군량이 부족하고, 먹을 식량을 충분히 가지고 흉노의 속으로 깊숙이 들어가면 우리가 가지고 간 짐이 무거워서 기동력이 우세한 흉노를 당할 재간이 없습니다. 우리가 그들의 땅을 빼앗는다 해도 우리에게 전혀 득이 될 게 없습니다. 전혀 이로운 것도 없고, 그들의 백성들을 잡아와도 우리와 함께 조화를 이루며 살아가지 못합니다.”

이럴 정도로 흉노는 매우 독특한 민족이었다. 한고조 유방 때도 흉노를 정벌하려 하자 어사(御使)인 성(成)이 임금 앞에 나아가 말했다.

“안 됩니다. 흉노의 성격은 짐승처럼 모였다가 새처럼 흩어지는데, 이를 쫓는 것은 마치 그림자를 치는 것과 같습니다. 신은 이제 폐하께서 인자한 덕만을 생각하시고 흉노를 공격하는 것을 위험스럽게 생각합니다.”

이 말의 의미는 흉노를 공격하기 위해서는 한고조가 생각하는 것 이상으로 잔인한 방법을 동원해야 하며, 또한 그들은 기동력이 좋아서 흉노를 공격하는 걸 쉽게 판단해서는 안 된다는 것이었다.

송(宋)나라 때 사마광(司馬光)이 저술한 역사서인『자치통감(資治通鑑)』에서는 흉노를 이렇게 설명했다.

흉노를 잡아서 제압하기가 어려운 것은 우리 한 세대만의 일이 아니었다. 도적질하고 침략하고 달아나는 것이 그들의 직업이고 천성도 본래 그렇다. 고대의 하, 은, 주 시기 옛날부터 본래 책임감이란 것도 없었고 남을 다스리지도 못했다. 흉노는 야생에서 금수로 길러주었지 사람에 소속시키지 않았다.

예부터 중국을 얼마나 오랫동안 괴롭혔는지 흉노를 야생의 금수와 같은 민족이라고 극단적으로 표현했다. 흉노는 문서로 확정된 규율이 없었기 때문에 병사들이 그저 흉노의 왕을 의미하는 선우를 따르는 경우가 많았다. 우녹려(右谷蠡)라는 사람이 있었는데, 그는 선우가 죽은 줄 알고 스스로 선우가 되었으나, 나중에 알고 보니 기존 선우가 살아 있는 바람에 선우라는 호칭을 버리고 다시 일반인으로 돌아갔다고 한다. 이럴 정도로 흉노의 군사 규율에는 체계라는 것이 없었다.

Story 04

배워야 살아남을 수 있다

'아는 것이 힘이다. 배워야 산다.' 1960년대만 해도 우리나라 국력의 핵심은 경제와 교육이었다. 1900년대 초 신문화가 들어올 때쯤에는 나라에서 문맹률을 낮추기 위해 글자 교육에 적극적으로 나서기도 했다. 그만큼 배움과 교육이 곧 국력이기 때문이었다.

흉노에게는 글자나 문자가 없었기 때문에 교육이라는 것도 없었다. 그들의 행적은 후대에 역사 기록으로 전해지지 않았고 다만 구두로만 전해 내려왔다. 그들은 정착 생활을 하지 않았기 때문에 생활 물품의 생산이 제대로 이루어지지 않았다. 단지 가축에서 나오는 가죽이나 고기, 젖 같은 것으로 자급자족할 뿐이었고, 나머지 생필품들은 이웃 한나라를 침략해서 조달할 수밖에 없는 구조를 가지고 있었다.

중국으로서는 흉노의 침략을 막기 위해 비단옷과 여러 종류의 솜옷, 빗, 허리띠 등을 주고 화친을 맺어 이들을 달래는 수밖에 없었다. 흉노를 설득하기 위한 방법은 그들에게 생활에 필요한 물자를 지원해주는 것뿐이었다.

기원전 172년인 문제 8년, 한나라 문제는 흉노를 달래려고 환관인 중항열(中行說)*을 흉노에 사신으로 보내기로 했다. 중항열은 문자도 없는 흉노에게 사신으로 가는 것을 극구 거부했지만, 황제의 명령을 거역할 수는 없었다. 하는 수 없이 한나라 사신으로 지금의 산시성 동북쪽

---

* '중항'은 성이고, '열'이 이름이다.

에 있던 노상계육(老上稽粥) 선우를 만났다. 중항열은 노상계육 선우의 극진한 총애를 받았다. 그리고 흉노에게 한나라 문물과 제도 등을 교육시키며 선우를 도왔다.

중항열은 우선 선우와 신하들에게 문자를 가르쳐서 기록하는 방법을 알려주었다. 그리고 인구와 가축 수를 조사해서 이를 통계로 기록하는 방법을 가르쳐, 자신들이 기르고 있는 가축의 수를 기록하도록 했다. 그리고 선우에게 한나라로 서신을 보낼 때 글 쓰는 방법과 형식도 가르쳐주었다. 가족의 성(姓)은 없고 이름밖에 없는 이들에게 혈통을 보존하고 이어가기 위해 가족의 성(姓)이라는 개념을 알려주었다. 흉노로서는 중항열이 더할 나위 없는 스승이었다.

사신으로 가는 걸 거부했던 중항열은 어느덧 흉노 사람으로 동화되었다. 그 당시 흉노에 갔던 한나라 사신들은 흉노를 보고 난 후 중항열에게 "흉노는 노인을 공경할 줄 모르고 천대한다"고 떠들어댔다. 이에 대해 중항열은 흥분하며 말했다.

"당신들 한나라의 풍습에도 국방을 지키기 위해서 군대로 가는 젊은이를 위해 늙은 부모가 자기의 두껍고 따뜻한 옷을 벗어주고 기름지고 맛있는 음식을 내주지 않는가?"

이에 한나라 사신이 그렇다고 답했다.

"흉노는 천성적으로 싸우는 것을 큰 자랑으로 여긴다. 나이가 많고 몸이 연약한 사람들은 싸울 수가 없기 때문에 자기들이 먹을 살찌고 맛있는 음식을 건장한 젊은이들에게 먹이는 것이다. 이것은 스스로를 보호하기 위해서이며 아비와 자식 모든 가족이 대를 이어갈 수 있도록 하기 위해서다. 이 모두가 흉노의 생존을 위한 일인데, 이것이 무슨 잘못이며 노인을 천대한다고 할 수 있겠는가?"

중항열은 오히려 따져 물었다.

현재 시대라면 있을 수 없는 일이지만 이 당시 흉노에게는 가능한 일이었다. 최근 일어난 코로나 사태로 인해 전 세계에서는 고령자나 연장자부터 백신을 맞았다. 우리나라도 75세 이상 고령자부터 먼저 백신을 접종했다. 젊은이들은 제일 나중에 접종하는 게 일반적인 원칙이었지만 흉노라면 정반대였을 것이다.

다시 한나라 사신들이 흉노에 대해서 비웃으며 말했다.

"흉노는 아비와 아들이 같은 천막 속에서 살며 아버지가 죽으면 아들이 그 계모를 아내로 삼고, 형제가 죽으면 남아 있는 죽은 형제의 부인을 아내로 삼는다. 그리고 옷과 관복을 차려입을 때 머리에는 관을 써야 하는 것이 예의인데, 머리에 관도 안 쓰며 허리띠 같은 것도 없고, 조정에서는 의식과 예절 같은 게 전혀 없다."

중항열이 다시 말했다.

"흉노 사람들은 가축의 고기를 먹고 그 젖을 먹으며 살고 그 털가죽으로 옷을 해 입는 것이 풍습으로 내려왔다. 가축은 물과 풀을 먹고 철을 따라 옮겨가면서 생활한다. 그러므로 싸울 때를 대비해서 사람들은 말을 타고 활 쏘는 법을 익히며 일이 없을 때는 음악을 즐긴다. 그들의 약속은 간단해서 실행하기가 아주 쉽다. 임금과 신하 관계도 매우 단순해서 나라의 정치는 마치 한 가정의 집안일과 같다. 늘 옮겨 다니며 생활하기 때문에 대가 끊기는 것을 매우 두려워한다. 그래서 형제가 죽으면 그 아내를 남은 형제가 자기 아내로 삼아 대를 유지한다. 흉노는 가족 관계가 좀 복잡하기는 하지만, 척박한 환경에서 종족이 그대로 유지되고 있는 이유가 여기에 있다."

중항열은 과거에 한나라 왕실에서 생활했기 때문에 한나라 방식에 익숙해서 다른 나라의 생활 방식에 대해서 배타적이었다. 하지만 지금은 흉노에 동화되어 오히려 흉노의 간단하고 직선적인 생활 방식과 법도에 더 익숙해졌다. 그는 흉노의 생활을 옹호했다. 흉노가 예절이나 가정의 법규 같은 것이 없는 이유는 그들만의 생존을 위한 방식이었다. 계절에 따라 옮겨가며 생활해야 하는 흉노는 한곳에 대궐같이 큰 집을 짓고 사는 한나라 사람들을 이해하지 못했다. 중항열은 한나라 사신들에게 핵심을 찌르는 말을 했다.

"한나라 왕실은 충성이나 신뢰의 마음도 없이 예의만을 강요하기 때문에 상하 군신 관계가 형식적으로 맺어져 있고, 궁실을 크게 짓는 것에만 모든 힘을 다 쏟기 때문에 백성들의 삶이 피폐하다. 한나라 백성들은 대개 농사를 짓고 누에를 길러서 먹고 입는 것만 구하고 성곽을 쌓는 데만 온 힘을 기울이니, 전쟁이 나면 싸움도 제대로 하지 못하고 쉽게 지치고 만다. 안타깝다! 흙으로 만든 집에 살고 있는 한나라 사람들이 불쌍하다! 무슨 말로 위로해야 할지 모르겠다. 겉만 화려하고 실속은 없으니 머리에 관을 써보았자 무슨 소용이 있겠는가?"

중항열은 한나라에 대해서 예의를 강조한다는 이유로 마음에도 없는 행동을 해야 하고, 군신 상하의 신뢰 없는 충성 관계가 증오를 만들고, 대궐의 크기 같은 외형적인 것만 추구하기 때문에, 한나라가 오래가지 못하고 쉽게 무너질 것이라고 생각했다.

Story 05
가려운 곳을 긁어주어라

상대방의 가려운 곳을 긁어주면 일을 편하게 만들 수 있다. 가려운 곳이란 상대가 원하고 필요한 것이다. 상대가 원하는 것이 무엇인가를 정확히 알고 이를 줄 수 있다면 우리는 상대에게 신뢰를 얻을 수 있다. 이것이 소통의 시작이다. 그리고 개인이나 사회나 국가 모두 마찬가지다.

흉노에 중항열을 사신으로 보낸 한나라 문제의 정책이 바로 이런 것이었다. 한나라는 중항열을 통해 흉노에 대한 많은 정보를 얻을 수 있었다. 중항열도 어느덧 흉노의 생활에 젖어들었다. 흉노가 살아온 땅은 척박하고 광활한 평원이었다. 흉노는 이동하면서 사는 유목 민족이었기 때문에 농작물을 경작하는 방법도 몰랐다. 그들에게 가장 필요한 것은 당연히 식량과 생필품이었다. 그래서 중항열은 한나라 사신들을 만날 때마다 단호하게 말했다.

"한나라 사신 당신네들에게는 여러 말이 필요 없다. 우리 흉노로 보내주는 비단, 솜옷, 쌀이나 밀가루, 누룩 같은 것을 좋은 것으로 많이만 보내주면 된다. 그밖에 다른 말은 필요 없다. 보내주는 물건의 수량이 많고 좋으면 된다. 만약 수량도 적고 질도 좋지 않은 것을 보내준다면, 가을 추수기에 우리 기마병이 너희의 농작물을 모조리 쓸어버릴 것이다."

흉노에게는 생필품이 절대적으로 부족했다. 이러한 중항열의 말이 문제의 귀에 그대로 들어갔다. 문제는 이것을 흉노와 협력의 도구로 삼았다.

중항열로부터 편지 쓰는 법을 배운 흉노의 노상계육 선우가 먼저 문제에게 편지를 보냈다.

우리 두 나라는 서로 화친하여 우리 두 임금이 함께 즐기며 싸움을 그쳐 병사들을 쉬게 하고 말을 길러 대대로 후세의 번영을 위해 새 출발하고 싶다.

문제 18년, 한나라 문제는 흉노의 선우에게 답장을 보냈다.

황제 본인은 삼가 흉노의 선우에게 문안하오니 평안하셨는지요?
우리 한나라와 흉노는 서로 대등한 나라입니다. 흉노는 북쪽에 위치하여 날씨가 춥고 냉기가 무서울 정도로 불어와서 농사가 잘 되지 않습니다. 그래서 우리가 해마다 일정량의 찹쌀과 누룩, 금, 비단, 솜과 무명 등 생활에 필요한 물건을 보내주는 것입니다.
짐은 선우와 더불어 지나간 일이나 과오를 깨끗이 씻어버리고 천지의 큰길을 따라 이제부터 새로운 앞날을 도모하여 두 나라 백성들을 한집안 식구처럼 대하고 모든 백성과 움직이는 모든 것들이 위험하지 않게 생존하도록 만들고 싶습니다. 오는 것을 막지 않는 것이 하늘의 도입니다.

한나라 문제는 흉노에게 이렇게 편지를 보내고, 흉노에게 가장 필요한 식량과 일용품을 매년 보내주어 흉노를 달랬다. 그래서 노상계육 선우가 있는 몇 년 동안은 흉노와 한나라 양쪽 백성들 간에 서로 싸움 없이 지낼 수 있었다.
흉노의 노상계육 선우가 죽고 그의 아들 군신(君臣)이 대를 이어 선우가 되었다. 중항열은 새롭게 즉위한 군신 선우를 계속 모시다 흉노 땅에서 병으로 죽었다. 중항열이 언제 죽었는지는 기록으로 남아 있지 않다.

한나라 문제는 흉노의 선우가 바뀌어도 흉노와의 교역을 계속 유지했다. 여전히 필요한 물품을 제공해주면서 흉노를 달랬다. 그리고 흉노를 자극하는 일이 없도록 백성들에게 당부했다. 그러나 군신 선우가 즉위한 지 4년, 흉노는 또다시 화친을 끊고 3만 명의 기병으로 침입해 물자를 약탈해갔다. 한나라 조정에서는 이 소식을 듣고 군사를 보냈으나 도착하기도 전에 흉노는 이미 치고 빠진 뒤였다. 한나라 군사는 헛수고만 하고 다시 철수할 수밖에 없었다.

문제가 죽고 6대 경제(景帝)가 즉위했다. 경제는 즉위 1년이 지나서 흉노와 다시 화친을 맺고 문제 때 약속한 대로 흉노에 필요한 쌀, 옷, 그릇 등 생필품을 보내주고 공주까지 시집보냈다. 이 덕분에 경제 시대가 끝날 때까지 한나라는 흉노에게 크게 침략당하지 않고 비교적 평화롭게 지냈다.

어쨌든 기동력이 워낙 뛰어나 대적하기 어려웠던 흉노는 한나라에게 목에 가시였다. 흉노를 달래기 위해서 지속적으로 필요한 물자를 보내주었지만, 계속되는 흉노의 침입은 커다란 골칫덩이였다.

Story 06

가장 늦었다고 생각할 때가 가장 적절한 때

우리가 사용하는 말 중에 '때를 아직 못 만났다'라는 말이 있다. 흔한 말이면서도 어찌 보면 가장 중요한 말이기도 하다. 실력은 충분한데 인정을 받지 못할 때 주로 듣는 말이다. 이런 예를 한 사람 들자면, 흉노를

무찌르는 데 가장 큰 공헌을 한 한나라 문제 때 이광(李廣)을 들 수 있다.

이광은 흉노가 자주 침략했던 지금의 간쑤성 동북쪽에 있는 진안현(秦安縣)에서 태어났다. 그의 가문은 대대로 어렸을 때부터 궁술을 익히는 집안 내력을 가지고 있었다. 이렇게 성장한 이광은 말을 타는 기마술과 활을 쏘는 궁술이 매우 뛰어나 항상 활을 휴대하고 다녔다. 이광은 문제를 수행하는 일을 했는데, 길을 지나갈 때 맹수가 나타나면 용감히 나서 맹수를 때려잡았다. 이를 본 문제는 이광에게 아쉬움을 표했다.

"아깝도다, 그대는 때를 만나지 못했구나! 만일 그대가 한고조 때만 살았어도 만호후(萬戶侯)*가 되는 것쯤은 문제가 없었을 터인데!"

하지만 이광은 지금이 자신이 활약할 가장 좋은 때라고 생각했다. 문제가 죽고 경제가 즉위한 2년 후, 오나라와 초나라 등 주변 일곱 제후국들이 경제의 정책에 반대하여 반란을 일으킨 사건이 있었다. 한고조는 한나라를 건국한 후 나라를 세우는 데 공이 많았던 친척들과 제후들에게 땅을 나누어 주었는데, 경제 때 어사대부 조조(晁錯)가 나누어 주었던 땅의 일부를 다시 환수하거나 몰수하는 정책을 제정했기 때문에 지방 제후들이 일으킨 반란이었다 오나라와 초나라 등 주변 7개국 제후들이 힘을 합쳐 이른바 '오초칠국의 난'을 일으켰다. 한나라 건국 이후 최대의 위기였다.

경제는 이 반란을 진압하기 위해 이광을 기마병을 통솔하는 효기도위(驍騎都尉)로 임명했다. 이에 이광은 오와 초를 격파하고, 주변 반란군들을 모두 제압해 큰 공을 세웠다. 이후 이광은 여러 지방을 두루 다니면서 지금의 군수 격인 태수가 되어 명성을 드높였다. 『사기』는 이광

* 　1만 가구의 백성이 사는 땅을 가진 제후를 이른다.

에 대해 이렇게 기록하고 있다.

> 이광은 그의 능력을 일찍이 인정받아 상군(上郡) 태수로 임명되었으며
> 후에 농서(隴西), 북지(北地), 안문(鴈門), 대군(代郡), 운중(雲中) 등 여
> 러 곳의 태수를 지냈는데, 가는 곳마다 용감히 전투에 임해서 이름을
> 날렸다.

> 이광이 부임한 지역은 주로 흉노가 자주 침략하는 곳이었다. 흉노의 잦
> 은 침입은 오히려 이광의 능력을 더욱 빛나게 만들었다. 평소 무예를 꾸준히
> 갈고닦은 이광은 한나라가 위기에 닥쳤을 때 비로소 자신의 능력을 발휘할
> 기회를 얻은 것이다.

Story 07

자율을 주면 더 강해진다

병사들에게 가장 중요한 것은 전쟁에서 승리할 수 있는 최강의 전투
력을 유지하는 것이다. 전투력은 지휘관의 지도력과 훈련을 통한 병사
들 각자의 자신감에서 나온다. 또한 병사들 각 개인이 전쟁의 명분을 충
분히 인지할 때 동료의식이 발동되고, 여기서 공동체의 내면적 자신감
이 나온다. 그것은 커다란 무언의 힘이다.

이광은 병사들을 훈련시킬 때 규율 내에서 병사들이 최대한 자유롭
게 훈련하도록 했다. 행군 중에도 엄격한 대오 편성이나 진형을 갖추기

보다는 편하게 행군하도록 했으며, 맑은 물이나 그늘과 풀밭이 있으면 가다가 쉬어가도록 했다. 밤에도 정찰병을 제외하고는 보초 같은 것도 두지 않았다. 대신 정찰병들을 멀리 배치해 적을 두루 관찰하도록 해 피해가 없었다.

이광은 병사들을 이끌고 행군할 때 물이 있으면 병사들 먼저 먹이고 본인은 맨 나중에 마셨다. 먹을 음식이 있으면 병사들이 모두 먹은 후에야 먹었다. 그는 관대한 마음 덕분에 모든 병사들로부터 존경을 받았다. 병사들은 모두 그를 잘 따랐다.

흉노와 전투가 없을 때 이광의 군사는 궁정의 경비와 경호를 담당하는 일을 맡았다. 궁정의 경비와 경호는 이광과 정불식(程不識)이라는 장군이 함께 책임지고 있었다. 정불식은 사람됨이 청렴하고 엄했으며, 이광과는 달리 병사들에게 규율을 강조해 매사에 매우 엄격했다. 행군 시에도 병사들에게 열과 대오를 질서 정연하게 유지하도록 했다. 장교들도 밤을 새울 정도로 열심히 일하도록 했으며, 병사들에게 휴식 시간을 먼저 보장하고 남는 시간에 훈련을 시켰다. 『사기』에서는 두 장군을 이렇게 평했다.

당시 한나라 변방 지역의 군 태수 이광과 정불식은 모두 명장이었으나, 흉노는 이광의 지략을 두려워했으며 병사들도 대부분 정불식보다는 이광을 따랐다.

이에 많은 병사들이 자연스럽게 이광을 위해 목숨을 바쳐 충성을 다했다. 정불식은 이광에 대해 이렇게 말했다.

"이 장군은 군사들을 아주 편하게 해주며, 흉노의 공격을 받아 사로잡아도 처단하지 않았다. 그의 병사들은 모두 즐거워하며 장군을 위해 죽도록 싸운다."

이광과 정불식은 같은 장군이면서 병사를 다루는 방법이 확연히 달랐다. 한 사람은 자유로운 분위기 속에서 병사들에게 자율을 주고 다스렸고, 한 사람은 엄격한 규율하에 병사들을 다스렸다. 흉노는 이광의 병사를 더 두렵고 무서워했으며, 병사들도 이광을 더 따르고 좋아했다. 이광의 전투에 대한 집중력과 계략은 매우 뛰어났다. 흉노는 그를 매우 두려워해서 이광이 있는 곳에는 감히 쳐들어오지 못했다.

한나라에서는 6대 경제가 죽고 무제(武帝)*가 집권했다. 무제가 재위한 지 4년 무렵 이광이 흉노의 공격을 막기 위해 산시성에 있는 안문(雁門)으로 출전했다. 그런데 워낙 많은 흉노 군사들이 한꺼번에 들이닥치는 바람에 부상을 당해 흉노에게 사로잡혔다. 하지만 붙잡혀가는 도중에 흉노의 활을 빼앗아 추격해오는 기병을 활로 쏘아 사살하고는 간신히 탈출에 성공해 한나라 조정으로 도망쳐왔다.

조정에서는 이광이 흉노에게 패했다는 이유로 형리에 넘겨 심판을 받도록 했다. 이광에게는 참수형 판결이 내려졌으나, 속죄금을 내고 풀려나와 평민이 되어 고향 집으로 돌아가 살았다. 그는 고향 집에서 시골에 묻혀 살면서 유방을 도와 한나라를 건국한 공신 관영(灌嬰)의 손자 관강(灌强)과 함께 산시성 남전현(藍田縣)에서 주로 사냥을 하면서 세월을 보냈다.

이광이 은거하며 보낸 지 몇 년이 흘렀다. 어느 날 시종 한 명과 함께 밖에 나가 술을 마시고 밤에 한나라 문제(文帝)의 묘가 있는 패릉정(霸陵亭)을 지나는 길이었는데, 부근에서 술에 취한 경비대장이 이광을

---

* 기원전 141~87년 동안 재위한 한나라 7대 왕. 장건을 통해 실크로드를 개척했다.

검문했다. 이광의 시종은 술 취한 경비대장에게 말했다.

"이분은 옛 장군이신 이광 장군이시다."

"여기는 현직 장군이라도 밤에 통행할 수 없는데 하물며 옛 장군이랴!"

경비대장은 이광을 패릉정에 하루 잡아두고 다음 날 아침에 풀어주었다. 경비대장이 근무 중 술을 먹는 것은 분명 잘못된 일이었다. 그러나 이광은 자신의 잘못 또한 인정하며 군말 없이 하루 동안 잡혀 있었다. 얼마 뒤 이광은 복권되어 우북평군(右北平郡)** 군수로 임명되었다. 평소 병사들을 자유롭게 훈련하도록 한 이광이었지만 대신 군무를 이탈한 행위에 대해서는 엄벌에 처했다. 이에 지난번 패릉정에서 근무 중 술을 마시고 경비를 보았던 경비대장을 붙잡아 처형했다.

근무 중 일탈 행위에 대해서는 한 치도 용납하지 않는 이광의 태도가 오히려 신하들의 본이 되어 많은 신하들이 이광을 좋아하고 따르게 되었다. 이광이 우북평군에 군수로 부임하자 소문을 들은 흉노는 수년간 침입하지 못했다.

집단의 자율성은 구성원 각자가 스스로를 통제하고 책임지는 도덕적 책임을 바탕으로 해야 한다. 또한 집단에게 부여된 자율이 구성원 공동의 규율 범위를 벗어났을 때는 엄격히 통제해야 한다는 사실을 실천한 이광이었다.

** 지금의 내몽고 자치구 적봉시(赤峰市) 남부에 있다.

Story 08
집중하면 화살촉이 바위를 뚫는다

본인이 하는 일의 목표를 이룰 수 있느냐 없느냐 하는 문제를 자기 능력과 견주어 비교할 때가 있다. 물론 능력도 관계가 있을 테지만, 무엇보다 중요한 것은 하고자 하는 본인의 의지와 집중력이다. 마음이나 주의를 모아서 모든 힘을 한곳에 쏟아붓는 것을 집중이라 하고, 그렇게 집중하는 힘을 집중력이라고 한다.

맹자는 "이루고 못 이루는 것은 그 사람의 능력과 지혜로 이루어지는 것이 아니다. 오로지 집중의 결과에 따라 달라진다"고 말했다. 맹자는 이를 전심치지(專心致志), 즉 '마음과 뜻을 오로지 한곳으로 모은다'라고 표현했다. 맹자는 이에 대해 바둑의 예를 들었다.

바둑을 아주 잘 두는 혁추(奕秋)라는 사람이 있었다. 혁추는 두 사람에게 바둑을 가르치고 있었다. 한 사람은 혁추의 말을 듣고 온 마음을 다해 혁추가 시키는 대로 했다. 그에 반해 다른 한 사람은 혁추의 말을 듣기는 들어도 바둑 생각보다는 기러기가 날아가는 것을 활로 쏘면 어떨까 같은 딴생각만 했다. 두 사람이 바둑을 겨룬다면 이기는 편은 뻔하다. 지는 사람은 능력과 지혜가 모자라서 그런 게 아니라 집중하는 힘, 즉 '전심치지'가 모자라서 그렇다. 그래서 맹자는 "진 사람은 능력과 지혜가 이긴 사람보다 못해서인가? 그렇지 않다"라고 말했다.

이광에게 이런 일이 있었다. 이광은 어릴 때부터 부친을 따라다니며 활쏘기를 배웠다. 그는 워낙 재능이 뛰어나서 호랑이 사냥을 자주 나갔다. 이광은 아무리 바람이 불어도 온 힘을 집중해서 일단 쐈다 하면 활

시위 소리와 함께 목표물을 명중시켰다. 이광은 그만큼 모든 일에 철저하게 집중했다.

어느 날 이광이 사냥을 나갔다가 날이 저물어 돌아오는 길에 어둑어둑한 숲속에서 호랑이를 보았다. 그야말로 호랑이에게 잡아먹힐 순간이었다. '저 호랑이를 죽이지 못하면 내가 잡혀 먹히겠구나.' 그는 이런 생각으로 온 힘을 다해 화살을 쏘았더니, 명중해서 화살촉이 깊숙이 호랑이에게 박혔다. 그런데 가까이 다가가 자세히 보니 그건 호랑이가 아니고 바위였다. 순간 안도의 한숨을 내쉬고는 바위에 다시 활을 쏘아보았다. 그러나 화살촉은 바위에 박히지 않고 부러지기만 했다. 처음에는 저 호랑이를 죽이지 못하면 자신이 호랑이에게 먹혀 죽는다는 절대 절명의 마음으로 온 힘을 다해 집중해서 쐈지만, 두 번째는 호랑이가 아니고 바위라는 사실을 알고 다시 쐈기 때문이었다.

중석몰촉(中石沒鏃), '화살촉이 돌 가운데를 뚫는다'는 말은 온 힘을 다해 집중해서 활을 쏴 바윗돌을 뚫은 이광의 일화에서 나온 말이다.

'중석몰촉'은 이광의 집안 내력으로부터 나왔다. 이광의 가문은 대대로 궁술을 익히는 것을 집안의 내력으로 삼았다. 이광도 활을 다루는 것이 어렸을 적부터 자연스럽게 몸에 배었다. 또한 이광은 신체가 장대하고 원숭이처럼 팔이 길어서 선천적으로 활을 잘 쏘았다. 그의 자손이나 다른 사람들은 아무리 궁술을 배워도 이광에게는 미치지 못했다.

이광은 일생 동안 오로지 활 쏘는 것을 낙으로 삼아 생을 마쳤다.

사마천은 『사기』에서 이광을 이렇게 평가했다. 궁술을 익히는 집안 내력은 이광의 아들인 이감(李敢)으로부터 이감(李敢)의 증손인 이릉(李陵)에게로 이어져 4대가 흉노와 맞서게 되었다.

Story 9
천고마비가 아니라 흉노마비

가을을 비유해서 '하늘은 높고 말은 살찐다'는 의미로 천고마비(天高馬肥)의 계절이라고 한다. 흉노족이 위치한 몽고 지역은 비가 거의 없는 지역이라서 가을 하늘은 유난히 높고 푸르다. 비록 비가 적고 땅은 척박하지만 산이 거의 없고 대부분이 평원으로 이루어져 말을 기르기에는 천혜의 좋은 조건이다. 몽골 지역과 중앙아시아 지역에는 지금도 좋은 말들이 매우 많이 난다.

천고마비는 '흉노의 말은 살찐다'라는 흉노마비(匈奴馬肥)라는 말에서 나왔다. 흉노마비란 '흉노의 가을은 하늘이 높고 푸르러서 말들이 모두 살이 찌고 강하기에 흉노와의 전쟁은 가을을 피해 내년 봄으로 미루자'는 말에서 나왔다. 이 말이 누구의 입에서 처음으로 나왔는지 알아보자.

이릉(李陵)은 이광의 손자로 할아버지를 닮아서 활쏘기에 매우 능했다. 이릉은 흉노의 침입에 대비해 병사들에게 궁술을 가르쳤다. 숙달된 병사들은 흉노와의 전투에서 활과 징 소리를 활용해 흉노를 공략했다. 이릉의 부대는 흉노를 추격하여 여러 전투에서 많은 승리를 거두었다. 그렇지만 한무제는 여전히 흉노의 침입으로 매우 골머리를 앓고 있었다. 이 시기에 흉노의 침입을 막기 위해 이광의 손자인 이릉과 함께 이광리(李廣利)와 노박덕(路博德), 이렇게 세 장군이 서로 무제에게 잘 보이려고 충성을 다투었다.

활로 흉노와의 전투에서 승승장구하는 이릉의 모습을 본 무제는 그에게 군사를 주어 지금의 후베이성 남부에 있는 형주(荊州)를 지키도록 했다. 그리고 그 지역의 태수를 보좌하고 있는 노박덕에게도 군사를 주어 이릉을 돕도록 했다. 노박덕은 이릉과 서로 업적과 공을 다투는 경쟁 관계였기 때문에 서로가 협조하기엔 좀 껄끄러운 사이였다.

노박덕은 무제 29년에 지금의 광둥성 남쪽에 있는 남월(南越)을 멸망시킨 전적이 있었다. 그는 지혜가 매우 뛰어나서 무제의 신임을 단단히 받았다. 당시 흉노를 지나 서쪽으로 가는 길, 지금의 중앙아시아 카자흐스탄 부근에 대원(大宛)이라는 나라가 있었다. 대원에는 뛰어난 말이 많아 한나라에서 이를 무척 탐내며 부러워했다. 대원을 다녀온 사신들은 한결같이 무제에게 보고했다.

"대원의 도읍지인 이사성(貳師城) 안에는 좋은 말들이 많이 있는데, 감추어두고 한나라 사신에게는 주지 않으려고 합니다."

이에 한무제는 자기 부인의 오빠인 이광리를 이사장군(貳師將軍)으로 임명하고는 대원의 이사성에 있는 좋은 말*을 빼앗아 오도록 했다. 무제는 이광리를 대원의 도읍지인 이사성의 이름을 따서 아예 '이사장군'이라고 이름 붙인 것이었다. 이광리는 돈황에서 출발해 대원을 정벌하여 말 3,000필을 빼앗았다.

그렇지만 대원과 가까이에 있는 흉노는 이들의 뛰어난 말을 이용해서 여전히 한나라를 괴롭혀왔다. 한나라 무제는 이것을 몸에 난 가시처럼 여겼다. 무제는 노박덕에게 추운 겨울이 오기 전에 이릉을 도와 후방을 막아주도록 지시했다. 노박덕은 무제의 말을 듣고 곰곰이 생각한 끝에 말했다.

"지금은 가을철로 흉노의 말이 살이 쪄 싸우기가 어렵습니다. 제가

---

* 당시 중국 서쪽 중앙아시아 지방에는 명마들이 많아서 그 명맥이 지금까지 이어지고 있으며, 중앙아시아에서는 지금도 말 경주가 많이 열리고 있다.

원하는 것은 이릉도 지금 싸움을 원치 않고 있으니 내년 봄까지 기다렸다가 기병을 각 5,000명씩 거느리고 동쪽과 서쪽에서 내몽고 서북쪽에 위치한 준계산(浚稽山)을 공격하면, 틀림없이 흉노의 선우를 잡을 수 있을 것입니다."

그는 마치 이릉도 흉노와 전쟁하기를 원하지 않는 것처럼 꾸며 말했다. 그러나 이를 안 한무제는 이릉에게 9월에 곧바로 출발하도록 했다. 결국 이릉은 준계산에 대기하면서 흉노와 전쟁 준비를 했다.

여기서 노박덕이 무제에게 말한 '가을철로 흉노의 말이 살찌는 계절', 방추 흉노마비(方秋 匈奴馬肥)가 지금 우리가 사용하는 '천고마비의 계절'의 유래가 되었다. 노박덕이 지금은 가을철이라 흉노의 말이 모두 살이 찌고 건강해서 전쟁을 하기에는 역부족이라 내년 봄으로 미루자고 한 말에서 나온 것이다. 이 말을 했을 당시 계절이 하늘이 높은 가을이었기 때문에 흉노(匈奴)를 천고(天高)로 바꾸어 천고마비(天高馬肥)가 된 것이다.

Story 10

사마천, 역사가가 해야 할 일

사마천의 『사기』는 어떻게 쓰였을까? 기록으로 남기는 것에는 분명히 이유가 있어야 한다. 또한 어느 사실까지 기록해야 하는가 하는 문제도 있다.

예를 들어 한나라 무제가 황하를 건넜다면, 역사가의 역할은 단순히 건넜던 사실만을 기록해야 하는가, 아니면 그 당시 건너게 된 이유와 주변 상황까지 설명할 것인가 하는 문제가 생긴다. 사마천은 이를 가지고 고민했다. 무제가 황하를 건넜다는 사실은 반드시 기록해야 한다. 그러나 왜 건너야만 했는지, 그리고 건넌 결과는 어떻게 되었는지는 주변의 상황을 기술하는 일이다. 이것은 기록하는 사람의 개인적인 관점에 따라 내용이 달라질 수 있기에 고민이 따를 수밖에 없다. 이에 대해 사마천은 건넜다는 사실뿐만 아니라 건너야 했던 이유와 주변의 상황까지 기록하는 것이 역사가가 할 일이라고 여겼다.

이릉이 흉노의 공격을 막기 위해 5,000여 명의 군사를 데리고 적진으로 갔다가 패하고 붙잡혔다.

역사가의 입장에서는 단순하게 '이릉이 흉노에게 패했다'는 사실만 기록해도 된다. 그러나 사마천은 역사가로서 개인적 판단까지 포함해 이릉에 대해 기술했다. 사건이 발생한 원인과 경과, 그리고 결과까지 기록하는 것을 역사가의 기본 역할로 본 사마천은 당시 상황을 묘사하면서 무제에게 역적으로 몰린 이릉에 대한 판단까지 기술할 수밖에 없었다. 그리고 그 내용은 본의 아니게 이릉을 변호하는 내용이 되었다. 결국 사마천은 아무런 죄도 없이 억울하게 궁형이라는 치욕적인 형을 받게 되었다. 이것이 위대한 역사서를 쓰게 된 원인 중 하나였다.

이릉에 대해 기술한 『사기』의 내용은 이렇다. 준계산에 머물러 있던 이릉은 병사 5,000여 명을 데리고 주변의 산천과 지형을 숙지하면서 신시를 구축했다. 이릉은 돌발 상황에 대비해서 만반의 준비를 다 하고 있었다. 병사들은 이릉의 명령만을 기다렸다. 활과 화살 등 모든 것이 완벽하게 준비가 되었다고 판단한 이릉은 병사들에게 일제히 활을 쏘라고 명령했다.

흉노의 선우는 크게 놀라 좌우의 기병 8만여 명을 동원해 이릉을 공격하도록 했다. 치열한 싸움이었다. 하지만 활과 화살을 이용해 싸움을 해야 했던 이릉이 전쟁을 계속하기 위해서는 무엇보다 화살의 공급이 뒷받침되어야만 했다. 이것을 미처 생각하지 못한 이릉의 병사들은 계속 남쪽으로 후퇴하며 내려왔지만 제한산(鞮汗山)*에 있는 진지에 도착하지도 못하고 50만 개의 화살을 다 쏴버렸다. 화살이 소진된 이릉의 병사들은 이리저리 뿔뿔이 흩어졌다. 이릉은 탈출하지 못하고 주둔지에서 꼼짝달싹 못한 채 머물러 있었다. 준비되지 않은 전투는 패하는 법이다. 이에 이릉은 탄식하며 말했다.

"화살 수십 개만 더 있어도 도망칠 수 있었을 것이다. 이제 화살도 다 떨어져 다시 싸울 수 없으니 나는 날이 밝으면 붙잡힐 것이다."

다음날 이릉은 "폐하를 뵐 면목이 없다"고 탄식하며 흉노에 투항했다. 5,000명의 군사를 거느리고 시작된 싸움에서 살아남은 병사는 고작 400여 명뿐이었는데, 그나마 뿔뿔이 도망가고 말았다. 흉노로 투항한 이릉은 흉노의 선우로부터 극진한 대접을 받았다. 선우는 자신의 딸을 이릉의 아내로 주었다.

나중에 이릉이 흉노에게 투항했다는 소식을 들은 무제는 불같이 화를 내며 이릉의 모친과 동생, 아내 등 그의 일가족을 처형했다. 여러 신하들도 이릉을 비난만 할 뿐, 무제의 권위에 눌려 누구 하나 당시 상황에 대해서 이릉을 변호하는 사람이 없었다. 오히려 군신들은 흉노와 끝까지 싸워보지도 않고 화살이 떨어졌다는 이유로 흉노에게 투항한 이릉의 죄가 크다고 말했다. 그러나 사마천만은 이릉을 변호했다.

---

*   내몽고 남서부 국경 지방에 있는 산으로 준계산으로부터 50킬로미터 남쪽에 있다.

"이릉은 부모에게 효도하며 주변 사람들에게는 신의가 있고 자신을 돌보지 않고 우리 한 제국을 위해 몸을 바쳐왔습니다. 지금 한 번의 실패한 모습만 보고 이릉의 죄를 더 부풀려 말하는 것은 정말 가슴 아픈 일입니다. 게다가 이릉은 5,000명도 안 되는 병사를 거느리고 적진 깊숙이 들어가 수만 명의 흉노와 싸웠고, 죽어가는 병사들을 구원할 틈도 없이 치열하게 싸웠습니다. 흉노는 전 부족을 다 동원하여 이릉의 군사를 포위 공격했습니다. 천 리에 걸쳐 전투를 계속하여 화살은 떨어지고 길도 막히자, 병사들은 빈 활을 당겨야 했고 흉노의 창칼을 무릅쓰고 적과 함께 죽을 각오로 싸우면서 사람으로 할 수 있는 사력을 다했습니다. 아무리 명장이라도 이보다 더하지는 못했을 것입니다. 몸은 비록 패전하여 흉노에 잡혔으나 그의 전과는 천하에 드러낼 만합니다. 그가 죽지 않고 투항한 것은 나중에 적당한 때에 한나라를 위해 보답하려는 생각 때문입니다."

흉노에 대해 매우 민감했던 무제는 이 말을 듣고 크게 화를 내며 사마천을 하옥시켜 손발을 나무 족쇄에 묶고 옥에 가두었다. 여기서 사마천이 죽음을 면할 수 있는 길은 50만 전의 돈을 바치거나 궁형을 택하는 것뿐이었다. 그러나 사마천에게는 50만 전을 바칠 돈이 없었다. 하는 수없이 그가 택한 것은 치욕적인 궁형이었다.

사마천은 태사공(太史公)**인 부친을 따라 역사서에 많은 관심을 갖고 있었다. '역사는 있되 역사서가 없는 나라는 오래가지 못한다'는 그의 생각은 확고했다. 사마천은 역사서를 쓰기 위해 살아남아야만 했다. 살기 위해 어쩔 수 없이 운명적 선택을 했다.

사마천은 흉노와의 싸움에서 화살 부족으로 전쟁에 패배하고 투항

** 역사를 기록하는 직분을 가진 관리를 태사(太史)라 하며 그 직분의 최고 책임자를 태사공이라 한다.

한 이릉을 변호했던 사건으로 말미암아 생식기를 절단당하는 궁형에 처해졌다. 아무런 죄도 없는 자신이 궁형 처벌을 받은 것을 늘 억울하게 생각했던 사마천은 이로 인해 생긴 열등의식을 극복하고, 끝내 위대한 역사서인 『사기』를 완성했다.

사마천이 변호했던 이릉은 흉노에서 20여 년을 살다가 한나라 소제(昭帝)*** 때 병으로 죽었다. 이렇게 해서 이광으로부터 시작된 활쏘기 명문 집안의 4대 가문은 이릉으로 끝나버렸다.

***　무제의 뒤를 이은 한나라 8대 왕으로 기원전 87~74년까지 13년간 재위했다.

Story 11

몸을 일으켜 세우고 이름을 날려라

우리가 종종 듣는 입신양명(立身揚名)이란 말은 '몸을 일으켜 바로 세우고 이름을 날리는 것'을 의미한다. 그런데 이 말의 바른 뜻은 '자신의 이름을 떳떳하게 일으켜(입신), 자신의 이름보다 부모님의 이름을 날린다(양명)'는 의미다. 이것은 사마천의 아버지 사마담(司馬談)이 역사에 대한 기록이 끊어질 것을 염려해 그의 아들 사마천에게 부탁한 말에서 유래를 찾을 수 있다.

『사기』라는 위대한 역사서의 필연성은 아버지 사마담이 아들 사마천의 손을 붙잡고 울면서 일러주었던 "입신양명을 하라"는 말에서 찾을 수 있다.

한나라 7대 왕인 무제가 천하의 왕으로 등극하여 황실이 하늘과 땅에 봉선(封禪)*제를 처음으로 거행했다. 당연히 태사공인 사마담이 참석해야만 했다. 그러나 사마담은 그때 400킬로미터나 떨어진 허난성 낙양에 있는 주남(周南)이라는 곳에 머물러 있었기 때문에 이 행사에 참여할 수가 없었다. 무제는 사마담이 국가에서 거행하는 봉선제에 고의적으로 참석하지 않은 것으로 판단하고는 이를 매우 불쾌하게 생각했다. 아들 사마천은 이때 마침 낙양 지방으로 출장을 가게 되어 아버지를 만날 수 있었다. 사마담은 아들의 손을 울며 붙잡고 자신이 곧 죽을 것임을 알려주고는, 사마천에게 앞으로 아버지를 대신해서 해야 할 일에 대해서 마지막 말을 남겼다.

"우리 집안의 조상은 주나라 왕실에서 역사를 기록하는 태사(太史)였다. 우리 집안은 옛날 하(夏) 시대부터 역사와 천문에 관한 일을 주관해왔다. 그런데 후대로 내려오면서부터 점차 맥이 희미해지더니 이제 내 대에 와서 단절되는 것 같구나. 그러나 네가 다시 나를 잇는 태사가 된다면, 우리 집안의 조상들이 이루어 놓은 유업을 이을 수 있을 것이다. 지금 천자께서 천년 이래 황제의 대통을 이어받아 처음으로 태산에서 봉선을 행하셨는데 내가 거기에 수행을 못 했으니, 이는 내 운명이로다! 내 운명이로구나! 내가 죽은 뒤 너는 반드시 태사가 되어야 한다. 태사가 되어서 내가 하고 싶었던 일을 잊어버리지 말고 네가 꼭 이루어주기 바란다. 대개 효도라는 것은 어버이를 섬기는 것부터 시작해서 군주를 섬기는 것을 거쳐 '입신양명' 하는 데서 끝나는 것이다. 후세에 이름을 날려 부모를 영

---

* 고대 중국의 제왕들은 산둥성에 있는 태산(泰山)에서 하늘에 제사를 올렸는데, 하늘에 지내는 제사를 봉(封)이라 했다. 또한 태산 남쪽의 양부산(梁父山)에 제단을 만들어놓고 지제(地祭)를 지냈는데, 곧 지신에게 지내는 제사를 선(禪)이라 했다. 봉선이란 이렇게 천신(天神)과 지신(地神)에게 제사 지내는 것을 말한다.

광되게 하는 것, 입신양명이야말로 효도 중 가장 중요한 것이다."

사마담은 아들에게 조상과 부모의 덕이 끊어지지 않도록 역사를 후대로 잘 전해달라고 부탁했다. 이에 사마천은 눈물을 흘리며 대답했다.

"소자 비록 불충하오나 조상 대대로 내려오던 것을 글자 하나도 빠뜨리지 않도록 하겠습니다."

그 후 사마담은 무제가 보낸 군관들에 의해 쓸쓸히 죽음을 맞이했다. 태사공 사마담이 세상을 떠난 지 3년 후 사마천은 태사령(太史令)**이 되자 곧바로 사관(史官)의 기록과 석실(石室)에 소장해온 국가의 서적들을 모두 정리해서 묶음으로 만들었다. 그리고 5년 뒤인 기원전 104년에는 하늘의 움직임에 따라 천력(天曆)을 처음으로 만들었다. 또한 조회, 행사, 강연 등을 하는 명당(明堂)을 새롭게 세워, 여기서 여러 신하를 모아놓고 말했다.

"주공(周公)***이 죽은 뒤 500년 후에 공자가 나왔다. 공자가 죽은 지 이제 500년이 되었으니 누군가가 그 뒤를 이어 세상을 밝히기 위해 '역전(易傳)'을 바로잡고 역사서인 『춘추(春秋)』****의 정신을 계승해서 『시경』, 『서경』, 예(禮)와 악(樂)의 정신을 찾는 사람이 나와야 하지 않겠는가? 아버지 사마담의 뜻이 바로 여기에 있지 않았던가! 아버지의 뜻이 바로 여기에 있었도다! 그런데 내가 어찌 감히 그 일을 사양하겠는가?"

왕도가 무너지고 예와 악이 쇠퇴하던 시기에 사마천은 바른 역사서를 만들 필요성을 더욱 느꼈다. 그리고 신하들에게 태사공이었던 아버지 사마담의 뜻을 분명하게 전했다. 이것이 중국 역사의 불멸의 대서사

하스토리텔링 저아나

** 역사, 천문, 사서 편찬 등을 담당한 중국의 관직명이다.
*** 주나라를 세운 무왕(武王)의 동생을 말한다.
**** 공자가 노나라 역사를 정리해서 묶은 역사서. 역사를 '춘추'라고도 한다.

시 『사기』의 출발이었다.

Story 12
1%가 99%를 점령하다

1개가 99개를 점령했다면 이는 실로 엄청난 1개의 힘이다. 1개는 하나를 잃으면 모든 걸 다 잃는다. 그렇기 때문에 1개를 유지하기 위해서는 환경에 적응해야 한다. 이를 위해서는 여러 가지로 변형을 이루면서 생존해나가는 방법밖에는 없다.

1개가 오랫동안 생존하기 위해서는 강하고 빠르게 움직이는 '강한(強悍, 강할 강(強), 세차고 빠를 한(悍))'이 있어야 한다. 그러나 거기에도 분명 한계가 있다. 흉노가 그랬다.

1,000여 년 동안 중국을 괴롭혀 왔던 흉노도 결국은 그 힘을 잃어가고 있었다. 일정한 거처 없이 말을 타며 물과 풀을 찾아다니는 흉노의 생명력을 이어가기 위해서 또 다른 형태의 유목 민족이 새로운 세력으로 등장했다.

지금의 랴오닝성인 요동(遼東)과 요서(遼西)에서 흉노의 지배를 받아왔던 선비족(鮮卑族)이 급속히 성장했다. 선비족은 한나라와 동맹을 맺고 힘을 잃어가는 흉노를 공략하기 시작했다. 한나라 장제(章帝)*는

---

* 76년부터 88년까지 12년 동안 재위한 후한의 3대 왕.

선비족과 함께 흉노를 공략하여 우류(優留) 선우를 죽였다. 선우를 잃은 흉노는 중심을 잃고 극심한 내분에 휩싸였다. 장제의 뒤를 이은 화제(和帝)**는 흉노 정벌에 더 적극적으로 나서 서기 90년 선비족과 함께 남과 북의 양방에서 흉노를 공략했다. 이 공격으로 흉노의 선우는 행방불명되었고, 결국 흉노는 붕괴되었다. 남아 있던 흉노의 부족들은 한나라와 선비에게 항복하거나, 아니면 서방으로 멀리 도망가 서방의 다른 나라에 흡수되었다.

이로써 1000여 년을 이어온 흉노족은 사방으로 모두 흩어져 막을 내리고, 선비족이 고비사막을 중심으로 몽고 일대를 점령하게 되었다. 흩어진 흉노족은 서방의 문화에 동화되거나, 일부는 한나라 물건을 서방으로 판매하는 중간 역할을 하며 생존해나갔다.

흉노족부터 시작해서 선비족, 거란족, 몽골족, 만주족 같은 북방 유목 민족들은 중국을 끈질기게 괴롭혔다. 이후에는 몽골족이 세운 원(元)나라와 만주족의 청(淸)나라가 중국을 통일하게 된다. 1634년 명(明)나라가 망하고 북방의 만주족이 청나라를 세울 때 만주족의 인구는 150만 명 정도에 지나지 않았다. 당시 중국의 한족(漢族) 인구는 약 1억 5,000만 명으로 추정되었다.

흉노와 같은 유목 생활을 하던 150만의 만주족이 당시 1억 5,000만 명의 중국을 어떻게 지배할 수 있었는지, 즉 1%가 어떻게 해서 99%를 지배할 수 있었는지는 흉노에게서 그 해답의 원류를 찾을 수 있지 않을까.

거기에는 이들의 생활환경에서 나오는 뛰어난 기동력을 바탕으로

** 89년부터 105년까지 16년 동안 재위한 후한의 4대 왕

한 군사력이 있었다. 또한 문자도 없었고, 가족의 성(姓)도 없었던 흉노가 한족과 끊임없는 전쟁 속에서도 오랫동안 지속된 것은 전통과 관습에 얽매이지 않는 그들만의 독특한 문화 덕분이었다.

흉노족은 파미르고원 서쪽의 강거(康居, 카자흐스탄), 중앙아시아 지방의 대월지(大月氏)***, 안식(安息, 이란) 등의 제국과 왕래하면서, 이들의 문화를 수용해 자신들의 문화와 융합해 세력을 키워나갔다. 변화하는 주변 환경을 재빠르게 자기 것으로 만들어 세력화시켰던 것이다. 지금 우리가 배워야 할 모습이다.

이렇게 해서 실크로드의 토대를 만들어낸 민족이 바로 흉노였다. 흉노족은 실크로드를 장악하고는 페르시아 같은 서역과의 교역을 통해서 서역의 화려한 문명과 문화를 독점하고, 이를 중간에서 중국에 전달하는 역할을 했다.

정착지가 없었던 흉노는 유목 민족으로서 황량한 사막과 초원을 끊임없이 이동하면서 살아야만 했다. 그들의 생존을 위한 노력은 결국 실크로드라는 위대한 인류 문명의 토대를 만들어냈다.

*** 원래 간쑤성 일대에서 유목 생활을 하던 티베트 계통의 부족 국가였으나 흉노의 공격을 받아 서쪽으로 계속 이동했다.

실크로드는 어떻게 시작되었을까?

인류가 만든 길 중 가장 위대한 길은 어떤 길일까? 한나라의 차 (Tea)와 티베트 지방의 좋은 말(馬)을 서로 교환하기 위해 4,000킬로미터 이상의 험준한 산길을 뚫고 만들었던 차마고도(茶馬古道, Tea Horse Road)와 비단길이라 불리는 실크로드(Silk Road)를 들 수 있지 않을까.

서양에는 미국 서쪽에 거주하던 인디언들이 들소와 짐승을 사냥해서 얻은 가죽과 고기를 팔기 위해 만든 길인 '인디언 트레일(Indian Trails)'이 있다. 인디언 트레일은 나중에 미 대륙의 동서를 잇는 대동맥이 되었다. 이런 길들은 모두 동서 양쪽의 거대한 문명을 바꾼 역할을 했다.

진시황 이야기에서 설명한 것처럼 진시황 이전까지만 해도 수레바퀴의 폭이 일정치가 않아서 지방마다 도로의 폭이 서로 달랐다. 그래서 수레를 타고 멀리 이동할 수가 없었다. 이에 진시황은 전국에 있는 수레의 폭을 6척으로 통일했다. 이로 인해 모든 도로의 폭도 수레에 맞게 균일화할 수 있게 되었다. 진시황의 수레바퀴 통일이야말로 중국이 서역으로 진출할 수 있게 된 결정적 요인이었다.

중국인들이 처음으로 서역(西域)과 관계를 맺은 것은 한나라 무제 때였다. 여기서 '서역'이라 함은 일반적으로 지금의 간쑤성에 있는 돈황(敦煌)으로부터 중앙아시아까지를 총칭해서 이르는 말이다. 실크로드를 이해하기 위해서는 서역의 여러 나라들에 대해 간략히 알아둘 필요가 있다. 이 당시 서역으로 가기 위해서는 한나라와 아프가니스탄 북쪽에 접해 있는 평균 해발 3,000미터의 파미르고원 지방에 있는 천산산맥, 볼로르(Bolor) 등 여러 험준한 산맥을 넘어야만 했다. 특히 그 가운데 자리 잡고 있는 흉노를 통해야만 했다. 서역에는 대월지(大月氏, 티베트 계통의 부족 국가), 대원(大宛, 카자흐스탄 부근), 대진(大秦, 메소포타미아), 안식(安息, 이란), 조지(條枝, 이라크), 대하(大夏, 아프가니스탄), 강거(康居, 우즈베키스탄), 오손(烏孫, 중국 천진산맥 북쪽) 등 36개 국가가 있었다. 『한서』에는 "한무제 때 처음으로 왕래했던 서역 국가는 36개국이었으나 점차 50여 개국으로 확대되었다"라고 설명되어 있다.

중국의 북서쪽 신장 위구르 자치구 끝마디에는 동서로 뻗어 있는 천산산맥이 있다. 천산산맥 바로 위쪽에는 우루무치(烏魯木齊)*가 있다.

이들 국가 중에서 대월지가 가장 큰 세력을 형성했는데, 대월지는 처음에 지금의 간쑤성 부근에 자리 잡고 있었다. 그러나 기원전 177년경 흉노에게 쫓겨 중국의 서북부 끝 카자흐스탄과 접해 있는 신장 위구르 자치구의 이리(伊犁) 계곡으로 도주해서 살았다. 대월지는 후에 이 지방에 살고 있었던 오손(烏孫)을 침략해서 일부를 점령하고, 카자흐스탄 부근의 대원, 대하와 티베트족에 이르기까지 서역의 여러 국가를 점령했다.

기록에 의하면 이후 대월지는 인도의 서북부로 이동하여 펀잡(Pendjab) 지방까지 진출했으며, 그 후 카슈미르를 공략하려다 인도 제국을 세운 힌두(Hindu) 제왕에 의해 여러 갈래로 분열되었다가, 5세기경 악훈(Ak Hun)에 의해서 멸망했다고 한다. 대월지의 이와 같은 이동으로 인해 중

* 몽골어로 좋은 풀밭 목초지라는 뜻이며, 현재 신장 위구르 자치구의 행정 수도다.

히스토리 13   405

국은 서역을 알게 되었고, 서역 역시 중국을 알게 된 계기가 되었다. 흉노에 의해서 쫓겨나 여러 곳으로 이동해야 했던 대월지는 당연히 흉노에게 원한을 가지지 않을 수 없었다. 당시 흉노에 대해서 골머리를 앓고 있었던 한나라와 대월지는 흉노를 견제하자는 공통된 인식을 가지고 있었다. 이러한 상황을 안 무제는 대월지와의 교역을 시도했다. 그러나 대월지로 가기 위해서는 반드시 흉노의 땅을 거쳐야 하는데, 아무도 가려는 사람이 없었다.

Story 14

지금 어디로 가는 중이냐?

옛말에 '궁하면 서로 통한다'라는 말이 있다. 간절하고 궁하면 누군가가 나타나게 마련이다. 흉노에 대한 두려움으로 인해 아무도 서역에 가려는 사람이 없었을 때 나타난 사람이 바로 장건(張騫)이었다. 장건은 지금의 차관급 관리로 시대적 감각이 매우 뛰어난 인물이었다.

그는 월지 사신으로 가게 되자 안내자로 길을 잘 아는 흉노 노예인 감보(甘父)를 데리고 지금의 간쑤성 농서(隴西)에서 출발해 월지로 향했다. 장건이 월지로 가기 위해서는 흉노의 땅을 지나가야만 했다. 그런데 흉노 땅을 지나다가 붙잡히고 말았다. 붙잡힌 장건은 10년이 넘게 흉노에 억류되었다가 감시가 소홀한 틈을 타서 달아났다. 여기서 안내자인 감보를 잃었다.

도망친 장건이 제일 먼저 도착한 곳은 지금의 카자흐스탄 부근의 대원이었다. 대원국은 한나라와는 아무런 교역이 없었지만, 한나라에는 비단과 그릇, 도자기 같은 물자가 풍부하다는 사실을 알고 있었다. 대원은 진작부터 한나라와 교역을 원했지만, 양쪽 두 나라를 모두 알고 있는 사람이 없어서 그동안 교역을 하지 못했던 터라 장건을 매우 환대했다.

장건이 대원에 도착했을 때 대원 왕은 장건에게 어디로 가는 중이냐고 물었다.

"월지에 한나라의 사신으로 가던 중에 흉노에게 붙잡혀서 10년 동안 갇혀 있었습니다. 이제야 도망쳐 나왔는데 한 가지 부탁이 있습니다. 왕께서 길을 잘 알고 있는 사람을 저에게 붙여주어 길을 인도해주십시오. 제가 월지를 방문하고 다시 한나라로 돌아간다면, 한나라 무왕께 말씀드려 대왕께 많은 재물을 선물하도록 하겠습니다."

이 말을 들은 왕은 안내자와 통역을 붙여 장건을 월지로 안내해주도록 했다. 『사기』는 당시 대원에 대해 이렇게 기록하고 있다.

대원에서는 우물 파는 방법을 몰라서 마실 물을 전부 성 밖에 있는 강에서 떠다 먹었다. 그래서 한나라 사신이 우물 파는 방법을 알려주었다.

장건은 월지로 가기 전에 먼저 강거에 도착했다. 강거에서 마찬가지로 환대를 받고 난 다음 목적지인 월지로 향했다. 이때가 기원전 128년 장건의 나이 36세였다. 이로써 강거가 한나라에 처음으로 알려지게 되었다. 장건은 의지가 굳세고 마음이 너그럽고 또한 모든 사람에게 성실해서 많은 사람들이 그를 따랐다. 그러나 처음에 장건이 길을 떠날 때는 100여 명의 일행이 있었으나, 13년 후 다시 돌아올 때는 오직 두 사람만이 돌아왔다.

이렇게 해서 기원전 126년 장건은 최초로 서역에서 한나라 수도인 장안(長安)으로 돌아와, 나라 밖 소식과 서역의 문물과 지식을 중국으로 가져왔다. 장건이 직접 서방 세계를 다녀오기 전까지 중국에서는 서역을 막연히 상상으로 존재하는 나라들이라고 생각했다. 그러나 장건이 서역을 직접 다녀오면서, 중국은 더 이상 우물 안 개구리가 아니라 몇천 킬로미터 밖으로 시야를 넓혀 서방으로 통하는 실크로드의 기반을 만들게 되었다.

Story 15

서역으로 가는 또 다른 길을 찾아라

미지의 길을 개척하는 일은 누군가 꼭 해야 할 일이다. '최초'라는 수식어가 따르는 개척이란 말에는 두려움과 설렘이 함께 들어 있다. 특히 전혀 알지도 못하고 가보지도 못한 새로운 길을 간다는 것은 공포감과 함께 기대감도 갖게 만든다. 그리고 그 뒤에는 영광이 따른다. 모든 것을 극복하고 또 다른 길을 개척해서 보다 나은 길을 만든다면, 그 길은 사람과 문명과 문화 교류의 절대적인 통로이자 보루가 되기 때문이다. 장건의 의지가 이것을 가능하게 했다.

장건은 대월지에서 1년간 머물고는 다시 대하(大夏) 등 중앙아시아의 여러 나라를 찾아가서 한나라의 문화와 실정을 알렸다. 이들은 한결같이 한나라의 풍부한 물자를 부러워하면서 교역을 원했다. 나중에 실크로드를 통해서 한나라의 비단, 도자기, 그릇, 칠기, 차 등의 물자가 서역으로 가고, 서역에서 생산되는 코뿔소의 뿔, 상아, 수정, 호박, 유리, 석영, 참깨, 등의 물자가 중국으로 들어오게 된 중요한 동기가 되었다. 특히 이들 지방에서는 포도가 많이 생산되었는데, 포도 재배법과 포도주 만드는 방법이 이들에 의해서 한나라에 전수되었다. 장건은 한나라로 돌아오는 도중 흉노에게 다시 붙잡혀 1년 동안 억류되었다가 겨우 풀려났다.

장건은 강거와 대하와 인도 등 여러 나라를 거쳐 돌아오면서 이들의 이색적인 문물과 생활용품을 한나라로 갖고 왔다. 한나라로 되돌아온 장건은 흉노를 통하지 않고 서역으로 가는 또 다른 길이 있을 것이라고 생각했다.

장건은 무제에게 자신이 방문해서 그동안 얻은 지식을 바탕으로 지리적 위치, 기후, 특산물, 사람들의 생활 방식, 풍습, 정치제도, 그들의 관심사 등 자신이 수집한 정보에 근거해서 얻은 서역에 관한 사실을 상세히 알려주었다. 이 말을 들은 무제는 서역에 월지 이외에 더 많은 국가들이 있다는 사실과 함께 이들 국가의 문물과 문화에 대해 새롭게 알게 되었다.

무제는 다시 장건에게 신하 300명과 소와 양, 그리고 금과 비단을 주고는 지금의 중앙아시아 지방에 있는 오손(烏孫)으로 보냈다. 지난번 왔던 길과 다른 길을 택하여 오손에 도착한 장건과 신하들은 환대를 받았다. 그리고 금과 비단과 함께 대원, 강거, 대월지, 대하, 안식, 우전 등 여러 인접한 나라에 사신을 보냈다. 이들 국가의 왕들은 사신으로부터 한나라가 물자와 재물이 풍부하다는 사실을 선해 듣고 이들을 무척 만기며 한나라와 교역하길 원했다.

이후 장건은 이들과 함께 한나라로 되돌아온 후 1년 만에 죽었다. 장건의 나이 50세였다. 장건이 죽은 후 각 나라에 파견되었던 신하들은 각기 한나라로 돌아왔다. 이때부터 서역의 여러 나라들과 한나라의 교역이 시작되었다. 드디어 동서(東西) 간 문물 교역이 시작된 것이었다.

장건의 원정이 남긴 또 다른 결실은 무제가 티베트와 인도를 거쳐 대하로 가는 또 다른 길을 찾아내려는 노력으로 이어졌다. 무제는 이 뜻을 펼치지 못한 채 기원전 87년에 죽고 말았지만, 서역을 개척하려는 의지는 후대 왕 때 이르러 더욱 강력히 추진되었다.

기원전 57년 한나라 선제(宣帝)* 때에는 흉노에 대해 강력한 대응 조치를 취함과 동시에 서방으로 영역을 더욱 넓혀갔다. 이때 한나라 세력은 지금의 신장 위구르 자치구인 신강(新疆) 지역까지 진출했고, 지금 신강은 중국의 영토가 되었다.

이렇게 서역으로 세를 확장한 한나라는 선제 이후 약 90여 년간 그 세력이 점차 약화되었다가, 58년 명제(明帝) 때 이르러서야 비로소 서역과 다시 교역하기 시작했다. 83년에는 중국 역사상 가장 뛰어난 장군인 반초(班超)가 대장군에 임명되어 장건이 만들어놓은 서역과의 통로를 실크로드라는 이름으로 다시 태어나도록 만들었다.

흉노로부터 시작된 동쪽 한나라와 서역의 교류가 동방과 서방의 통로 역할을 하면서, 동서 양쪽의 문화와 문명을 연결하는 인류 최고의 교류의 길을 만들어냈다. 역사 이래 가장 중요한 상업 도로인 실크로드를 탄생시킨 것이다.

---

* 한나라 소제(昭帝)의 뒤를 이은 9대 왕으로 기원전 74~49년까지 25년간 재위했다.